인지정서행동치료 [REBT] 단기 상담 사례 연구

Rational Emotive Behavior Therapy

박경애 저

학지사

머리말

인지행동상담이론은 앨버트 엘리스(Albert Ellis)의 인지정서행동치료(Rational Emotive Behavior Therapy)와 아론 팀 벡(Aaron Tim Beck)의 인지치료(Cognitive Behavior Therapy)를 중심으로 양대 산맥을 이루어 왔다. 이제는 유명을 달리한 이 두 거장 중 엘리스는 죽어 가는 순간까지 현장에서 그의 임상적 경험을 바탕으로 이론을 발전시켜 온 반면, 정신과 의사이자 과학자로서의 연구 능력을 지녔던 벡은 우울증 환자들의 연구를 시발점으로 그의 이론을 확장하고 정교화시켜 왔다. 두 거장은 서로의 약점을 보완하고 강점을 극대화하며 자신의 이론을 발전시며 왔으며, 수용전념치료, 변증법적 행동치료, 마음챙김 인지치료 등 제3세대 인지행동치료의 근간으로서 그 기반을 확실히 다졌다.

많은 상담과 심리치료 이론의 기초가 프로이트(Freud)의 정신분석학임을 부인할 수 없는 것처럼, 최근 부상한 새로운 인지행동치료의 기저에는 엘리스와 벡이 있음을 부인할 수 없다. 엘리스의 이론을 전파하고 현장에서 적용하고 있는 필자로서 안타까운 점은 우리나라 사람들의 특성상 새로운 것에 더 방점을 찍고 오래된 것에는 관심이 멀어져 간다는 점이다. 그러나 새로운 이론의 출현은 기존 이론의 한계를 보강하여 현장에서 작동이 좀 더 용이하게 한 것일 뿐 완전히 새로운 것은 없다. 기존의 이론적 개념과 기법을 철저하게 습득한다면 기존의 이론에 새로운 개념을 보강하여 얼마든지 만족할 만한 상담의 결과를 산출할 수 있다는 점을 유념해야 한다. 상담의 결과는 상담자와 내담자 양쪽의 변수가 모두 작동하지만 더욱 중요한 것은 상담자의 숙련된 전문성임은 이미 밝혀진 연구 결과이다.

이 책은 인지행동상담이론의 원조격인 엘리스의 접근법을 주요 골격으로 하고 필요에 따라 벡의 개념과 기법들을 활용하여 10회기 전후로 이루어진 단기 상담 사례를 제시하고 있다. 제1장에서는 우울증 극복 사례, 제2장에서는 시험불안 극복 사례, 제3장에서는 외모 콤플렉스 극복 사례, 제4장에서는 신체화 증상 극복 사례를 다루고 있다. 인지행동치료의 적용 범위는 정상군에서 임상군까지 그 스펙트럼이 확장되고 있는 추세이지만, 이 책에서는 비교적 정상군에 속하는 내담자들을 중심으로 이루어진 상담 사례를 다루고 있다. 자신의 사례를 세상에 내어놓는 것은 늘 부끄러운 일이지만 이를 통해 독자들이 숙련된 상담자가 되는 데 필요한 도움을 받을 수 있다면 이번에도 기꺼이 부끄러움을 무릅쓰고자 한다. 부디 이 책이 REBT에 기초한 인지행동치료를 자신의 이론적 근간으로 삼고자 하는 상담자들에게 작은 도움이 되기를 바란다.

2024년 2월 광운대 연구실에서

저자 박경애

차례

사례 1

우울증 극복 사례

1. 내담자 기본자료
2. 상담과정
3. 상담과정의 전략, 사용기법, 이론적 개념
4. 인지정서행동치료(REBT)에 근간한 사례의 종합적 개념화

1. 내담자 기본자료

내담자: 여, 50대 초반, 주부

상담경위

내담자 아들의 무능력과 삶에 대한 의욕상실 때문에 사회교육기관의 여러 곳을 전전하다가 본 상담자를 알게 되어 오게 되었다.

내담자의 인상 및 행동특성

내담자는 상담자의 한마디 한마디를 놓치지 않으려는 듯 혼신의 힘을 다해 상담자의 말을 경청하였다. 그리고 상담자의 말에 즉흥적으로 반응하기보다는 잠깐의 사색하는 과정을 거치면서 반응하였다. 눈물이 빨갛게 자주 고이는 슬픈 눈을 하고 있다.

상담동기

내담자는 아들의 무능력과 의욕상실 때문에 도움을 얻고자 상담실에 왔다. 그에 따른 엄마의 상실감 때문인지 우울이 너무나 역력하게 표현되었다. 상담자는 내담자에게 내담자의 아들이 아닌 바로 아들의 엄마인 내담자가 상담을 받아야 할 필요를 설명하자 그도 흔쾌히 응하였다. 뿐만 아니라 그렇게 하고 싶다는 강한 의지를 표현하였다.

호소문제

상담신청서에는 아들의 무능력과 의욕상실이라고 호소하고 있다. 상담자는 그의 근본적인 문제는 아들의 문제 때문에 기인한 우울증으로 파악하였다. 내담자도 상담을 통해서 우울에서 벗어나고 싶다는 것을 강하게 호소하고 있다.

이전 상담경험

몇 개월 동안 신경정신과에 다니고 있으나 진전이 없어서 그만두려 하고 있다.

가족관계

남편과의 사이에 1남 1녀를 두고 있다.

2. 상담과정

1) 치료적 관계의 구축

내담자는 상담자의 전문성을 신뢰하였다. 상담은 전체 10회로 진행되었는데, 상담자가 몸이 아파 한 번을 연기한 것을 빼고는 시간 약속을 정확하게 지켰다. 또한 내담자의 생활연령이 상담자의 그것보다 훨씬 위에 있음에도 불구하고 상담자에 대한 태도는 항상 공손하고 정중하였다.

상담자도 상담의 회기 시작 전에 상담 준비를 하였으며 상담과정을 녹음하여 다시 듣고 사례를 분석하고 정리하였다. 이러한 노력이 치료적 관계를 돈독히 하는 데 상당히 기여한 것으로 보인다.

2) 상담의 진행과정

(1) 초기 상담과정(제1회~제2회): 내담자의 문제에 대한 개념화 및 상담목표의 설정

① 접수면접, 제1회 상담, 3월 19일(수)

내담자는 아들 때문에 상담실의 문을 두드리게 되었다. 아들은 고등학교 때 족집게 과외를 하여 K대학에 장학생으로 입학을 하였으나 이제는 더 이상 학교를 안 가겠다고 버티고 있다. 2년 전 시험 때는 백지를 냈다. 대학교 2학년 때부터는 술을 매일 같이 지나치게 마셨다. 모든 것을 하기 싫어하고 삶을 포기했다. 뺨을 때리면 아이처럼 홀딱홀딱 뛰어다니고 아버지의 말도 전혀 듣지 않는다. 종합병원에서 추천하여 모 신경정신과에 다니고 있는데 '회피성 성격장애'로 진단을 받았다고 하였다. 내담자의 아들은 의사의 요구대로 지금은 일주일에 두 번만 술을 마시고 있다. 내담자의 아들은 어렸을 때도 말을 늦게 시작했는데 대학생이 된 지금까지 사용하는 단어의 총수가 500단어도 안 된다고 한다. 지능검사 결과는 수리적 영역은 상당히 우수하고 언어적 영역이 많이 떨어진다고 했다.

내담자는 아들의 성장과정 중에 무엇인가가 이상하고 석연치 않았다고 했다. 중학교 2학년 때부터 이상하다고 느꼈는데 고등학교에 들어와서는 정말 이상하였다. 잘 아는 신경정신과 의사에게 자문을 구했는데 그 나이 때 아이들은 다 그러는데 오히려 엄마가 이상하다고 나무람을 당했다. 하나의 예를 들면, 내담자의 아들이 고등학교에 다닐 때 옷을 제대로 걸지 않아 옷걸이에 걸라고 하면 그것은 엄마가 가르쳐 주지 않았기 때문에 못 건다고 했다. 내담자는 어떻게 일일이 모든 것을 엄마가 챙길 수 있겠느냐고 하면서 아들이 적응력이 전혀 없는 것 같다고 했다. 내담자는 이렇게 부족한 아들이 서울에 있는 대학을 들어가야 치료해 줄 수 있을 것 같아 어떻게 해서든지 서울에 있는 대학을 보냈다.

남편과는 일곱 살이나 차이가 나는데도 집안이 좋다고 하여 결혼을 하였다. 남편도 정신연령이 너무 어리다. 하나 있는 딸은 성장과정 중에 날라리기도 보이는 등 어려운 시절이 있긴 했으나 다 겪어 내고 지금은 좋은 대학에 들어갔다. 정신과 의사는 딸도 가족병 때문에 제짝을 만나기 어려울 것이라고 하였다. 내담자는 이 말 때문에 무척 괴롭다고 하였다. 상담자는 가족 구조나 관계에 병리적인 특성이 있다고 해서 딸까지 그렇게 된다고 확신하는 것은 논리적으로 비약된, 타당한 생각이 아님을 지적하였다. 물론 건강한 가족을 둔 아이들과는 다르겠지만 그렇기 때문에 자기 짝을 제대로 만날 수 없다는 결론을 내리는 것은 옳지 않다고 지적해 주었다. 상담자는 내담자가 여러 면에서 우울증세가 있음을 확인하였다. 그리고 이러한 증세는 내담자가 세상을 보고 이해하는 방식 때문에 그렇다고 설명해 주었다. 내담자의 딸은 생각하기에 따라서 내담자에게 희망을 제공해 줄 수 있는 대상이라고 하였다. 상담받을 것을 권유하고 다음 회기를 약속하였다. 내담자 직장의 스케줄 때문에 2주 후에 만나기로 하였다.

② 제2회 상담, 4월 3일(목): BDI 35

내담자가 그의 아들 때문에 다니던 신경정신과 의사가 내담자에게 우울증이라는 진단을 했다고 했다. 남편은 9대 종손이다. 종손집으로 시집가서 항상 방긋방긋 웃으며 살았다. 엄청난 부잣집인줄 알고 시집을 갔는데 모든 것이 거품이었다. 남편도 살면 살수록 모자람이 드러났고 시아버지도 마찬가지였다. 시어머니도 괴로움을 견디다 못해 알코올 중독자까지 되었고 젊을 때 사망하셨다. 시집을 가니 종가집이라서 일년에 제사가 7번이나 되었다. 사람들이 한 번 오면 일주일을 법석대다가 갔다. 그 와중에 눌려 살면서 뭐가 뭔지도 잘 몰랐다. 시집 사람들은 주말에 집에 있으면 대화를 하거나 책을 보는 등의 건강하고 생산적인 활동을 하지 않았다. 모두 하나같이 오징어를 질겅질겅 씹으면서 표정 없이 텔레비전만 쳐다보며 시간을 보냈다. 친정은 너무나 열심히 사는 사람들이었는데 친정 식구들과 비교가 되기도 하면서 시집이 너무나 무덤 같았다.

남편은 무조건 아끼는 것을 미덕으로 삼아, 공부하는 아이들이 있는 집에서 불도 못 켜고 살게 하였다. 남편이 생각하고 판단하는 것은 무엇이든지 현명하지 못했다. '내가 저 인간을 믿고 평생을 살아야 한다.'라는 생각만 하면 미칠 것만 같았다. 결혼 후 9년 만에 정말 못 살겠다고 느꼈다. 호흡도 안 되었고 가슴이 두근두근 뛰고 심호흡을 해야만 견딜 수 있었다. 정말 자신이 진짜로 슬프다는 생각이 들면 무엇인가 새로운 일자리를 계속해서 찾아 일 속에 빠져들었다. 결혼 후에는 직장을 그만두었는데 10년 후에 새로운 직장을 찾아 지금까지 일하고 있다. 1년 반 전부터 최근까지 아들 문제 때문에 정신과 의사와 상담을 하였다. 정신과 의사는 우울을 충분히 느끼지 못했기 때문에 오히려 문제가 되었으니 지금은 자꾸 우울을 깊숙이 체험해 보라고 하지만 나에게 별 도움이 안 되는 것 같아 그만 우울하고 싶다고 하였다. 지난번에 선생님을 만나고 난 다음에 많이 좋아졌다. 선생님께서 "딸에게 희망을 걸면 되지 않느냐."라고 하신 말이 상당한 희망을 주었다. 그리고 나도 대학원에 진학해야겠다는 생각을 하였다. 상담자도 이번에 오시면 그런 제안을 하려고 했다며 그의 생각을 격려해 주었다.

상담자는 그가 삶을 너무나 절망적으로 지각하고 있음을 그의 핵심문제로 파악하였다. 내담자에게 상담자가 취하는 인지적 접근에 대한 이론적 기초교육을 하였다. 우울증 환자들은 세상을 지각하고 해석하는 방식이 너무나 부정적임을 직시하였다.

내담자의 삶도 생각하는 각도에 따라서 그렇게 절망적이지 않을 수도 있음을 이해시켰다. 먼저 남편에 관해서 논의하였다. 정신연령이 성숙하지 못하고 단세포적인 의식구조를 지니고 있긴 하지만 알코올 중독자보다는 낫지 않느냐고 하였다. 아들의 경우에도 유사한 비유를 들었다. 평생 아들이 없어 아들에 대한 한을 가지고 살아가는 사람도 있는데 거기에 비하면 그나마 아들이 있었으니 그런 한은 없지 않느냐고 말해 주었다. 딸도 그렇게 훌륭하게 성장하여 번듯한 대학에 다니고 있는 것도 너무나 당당한 자랑거리가 아니냐고 직시하였다. 내담자 자신도 일류대학을 나왔고 지금 대학원 진학까지 생각할 정도로 인텔리 여성이 아니냐고 하였다. 내담자가 지니고 있는 여러 가지 강점에는 눈뜨지 못하거나 별로 대수롭게 여기지 않으면서 자신의 약점만 극대화하는 인지적 왜곡이 그가 세상을 이해하는 그의 틀 속에 스며들어 있음을 인식시켜 주었다. 그는 너무나 초롱초롱한 눈빛으로 상담자의 말에 귀를 기울였다.

상담자는 인간의 심리구조의 3요소와 심리과정의 상호작용에 대해서 설명해 주었다. 바로 지금 내담자가 겪고 있는 우울이라는 정서 밑에는 비합리적 사고 내지는 인지적 왜곡이 자리 잡고 있음을 설명해 주면서 그가 처해 있는 상황, 정서 그리고 사고의 분석을 바로 시도하였다. 그녀가 지금 체험하고 있는 C(결과)는 우울이며, A(상황)는 약 1년 후에 아들이 결혼을 하게 되는 상황에 대한 상상이다. 그에 대한 B(비합리적 신념)는 내 아들이 잘나지 못했으니 형편없는 며느리감이 나타날 것이라는 생각이다. 아들이 잘나지 못 했으니 엄마가 아들의 배우자를 찾아 주어야 하는데 나는 그 일을 감당할 자신이 없다. 내가 나서지 않으면 아이는 영영 결혼을 못할지도 모른다. 또 하나의 핵심생각은 '아들이 정신과에 다니는 것은 내가 아이를 잘못 키웠기 때문이다. 내가 남편에 대한 불만과 속상함을 이 아이를 잘 키워서 보상받으려고 했는데 보상을 받기는커녕 아이의 심리적 질환이 심각하니 이제 내 인생은 더 이상 걸 기대가 없다. 내 인생은 끝장이고 내 삶은 절망적이다.'라는 것이다. 이는 전적으로 내담자의 발달된 부정적 시각에 기인한 것으로 설명해 주었다. 그러자 그는 정신과 의사와 치료를 받는 중에 우울증이 있다는 것을 알았다고 했다. 시어머니를 따라 절에도 가 보았지만 별 도움이 안 되었다. 이승의 삶이 이렇게 절망적인데, 누구나 나처럼 이렇게 슬픈 인생을 살지는 않을 텐데, 절이 나에게 무슨 소용이 있겠는가, 정말 모든 것이 다 싫었고 이렇게 찌그러진 인생 속에서 살다 보니 어떤 순간엔 몸과 마음이 분리되는 것을 느꼈다고 했다.

작년 12월부터는 내가 여태까지 잘 못 살아왔으니 잘 살아가고자 찾아 나선 곳이 A성당, K교회, S교회였다. 의지처를 찾아 소위 쇼핑(shopping)을 다닌 것이다. S교회의 목사님 설교가 마음에 와닿아 지금은 그곳에 다니기로 결정하였다고 했다.

이 점에 대해서 다음 시간에 좀더 심층적인 이야기를 나누기로 하였다. 숙제로『인지 · 정서 · 행동치료』(1997) 2장을 읽어 오고 일상생활 속에서 체험하는 ABC를 분석해 오기로 하였다.

상담자는 내담자가 교회에 다니고 있음을 지적하면서 데살로니가전서 "항상 기뻐하고, 쉬지 말고 기도하며, 범사에 감사하시오!"를 마지막 말로 남겨 주었다. 상담과정 중에 표현된 내담자의 ABC를 도식화하면 다음과 같다.

A(상황)	B(비합리적 신념)	C(결과)
아들의 무능력	아들이 이런 식으로 살아가다가는 제 할 일도 못하게 된다. 그런 아들을 둔 내 인생은 이제 더 이상 희망이 없다.	우울증
	내 아들이 잘나지 못했으니 형편없는 며느릿감이 나타날 것이다. 아들이 잘나지 못했으니 엄마가 아들의 배우자를 찾아 주어야 하는데 나는 그 일을 감당할 자신이 없다. 내가 나서지 않으면 아들은 영영 결혼을 못할지도 모른다.	우울증
아들이 알코올 중독 때문에 정신과에 다닌다.	아들이 정신과에 다니는 것은 내가 아이를 잘못 키웠기 때문이다. 아들을 통해서 보상을 받으려고 했는데 보상을 받기는커녕 아이의 질환이 심각하니 이제 내 인생은 더 이상 걸 기대가 없다. 내 인생 끝장이고 내 삶은 절망적이다.	우울증

2회 상담을 마치고 내담자와 합의한 커다란 목표는 일단 우울증에서 벗어나는 것으로 결정하였다.

• 초기 상담과정의 요약 •

내담자는 아들의 문제를 호소하기 위해 상담실에 왔다. 상담자는 바로 그 아들의 문제를 지각하는 내담자의 지각 방식 때문으로 파악하고 상담을 받을 것을 권유하였다. 내담자는 심각한 우울증세를 보였으며 자신이 그렇게 된 데에는 아들과 남편 때문이라고 굳게 믿고 있었다. 내담자가 남편에 대한 실망을 보상받기 위해 의지했던 아들이 알코올 중독에 빠지게 되고 내담자는 삶의 의미를 잃게 되었다. 상담자는 내담자의 주요 호소문제가 자신의 처지와 상황을 바라보는 내담자의 부정적 시각에 기인하고 있다는 것을 주지시켰다. 그리고 인지행동 접근법을 통하여 내담자의 문제해결을 도울 것이라고 말해 주었다.

상담의 목표는 일단 우울증에서 벗어나는 것으로 합의하였다.

(2) 중기 상담과정(제3회～제8회): 내담자의 핵심문제의 형성배경과 핵심문제의 해결과정 제시

① 제3회 상담, 4월 8일(화)

내담자의 아들은 강남의 한 고등학교에서 반에서 12등 정도를 했다. 엄마는 어떻게 해서든지 이 아이를 서울에 있는 대학에 보내야 한다는 신념 때문에 고3 마지막 무렵엔 과목마다 족집게 과외를 시켜서 평상시에 모의고사에서 230점 정도를 맞는 아이가 전국연합학력평가에서 300점을 맞았다. 자기 실력이 아니고 완전히 과외 덕분에 가능했다고 했다. 내담자는 그의 아들이 5지선다형 등의 찍는 문제에서 상황판단감각력에는 천재적인 능력을 발휘했다고 믿었다. 지능검사에 의하면 수리력, 상황판단 능력은 만점이고 언어력은 바닥이라고 했다. 신경정신과에서 심리검사를 한 사람이 주의력결핍 과잉행동장애가 있는지도 모른다고 했다. 아이가 알레르기 천식이 있어서 주의력이 부족하다. 평소 아들의 실력을 알고 있었기 때문에 대학에 원서를 낼 때에는 아주 낮추어서 냈다. 아들은 장학금까지 받고 모 대학에 들어갔지만 입학하자마자 여러 가지 억압에서 헤어났기 때문인지 술독에 빠졌다. 그 대학에서 1년 동안 평점 1.5점을 받고 2학년에 가까스로 진급은 하였다. 2학년 1학기를 마칠 즈음에 또 휴학을 하겠다고 하여 학교에 알아보니 거의 모든 시험에서 답안지를 백지로 냈다고 했다. 3학기를 거의 모두 F학점을 받았기 때문에 휴학을 해야만 할 상황이었는데 그 대학에 교수로 있는 친구 남편에게 가서 통사정을 하여 여러 가지 보충과정을 겨우 면하여 2학년 2학기에 올라갔다. 그러다가 3학년 1학기에 결국 낙제가 돼서 반년 휴학을 했다. 휴학 중에 처음에는 당구장에서 밤일을 했다. 그다음부터는 매일 밤 1시에 들어와서 뭐하느냐고 물어보면 자기는 "나름대로 열심히 살고 있다. 낮에는 당구장에서, 밤에는 술집에서 아르바이트를 한다."라고 했다. 내담자는 아들이 술을 먹게 되니까 많은 걱정을 하였다. 그러다가 아이가 공부할 기회를 영영 잃어버릴 것 같아서 반년만 휴학하고 여름에 유럽여행을 보내 줄 테니 2학기 때에 등록해서 5과목만 신청해서 들으라고 설득을 했다. 그러는 와중에 밖에서 술을 마시고 와서 "엄마, 나 정신병 걸렸나 봐."라는 말을 했다. 그 말을 듣고 밤새워 왜 아이가 이 지경까지 되었는지에 관하여 곰곰이 생각했다.

유럽여행을 갔다 와서도 아들은 완전히 '열등한 자' '패배자'의 느낌이었다. 내담자는 사실 그의 아들이 고등학교 2학년 때 정신과 치료를 받아야 된다고 생각했으나 그때 받으면 대학은 끝장일 것 같아 오로지 공부를 시키는 것에만 몰두하였다. 그리고 서울에 있는 대학을 가야지만 보살필 수 있겠다는 생각을 했고 악착같이 과외를 시켜서 대학을 보냈던 상황이었다.

내담자는 생각다 못하여 정신과 의사를 만나게 됐다. 그때 너무너무 슬펐다. 이 아이를 어떻게 해야 할지 너무 괴로웠다. 그러던 중에 아들은 복학을 했으나 몇 년이나 공부를 따라잡지 못했는데 아들이 잘할 수 있을지 생각하니 내담자는 가슴이 뛰었다. 아들도 열등의식에 사로잡혀서 "엄마, 나 대퇴야."라는 말을 자주 했다. 대퇴에 만족하는 음성으로 자존감이 없었다. 어렸을 때부터 "너 이 다음에 뭐 될 거냐?"고 물으면 "엄마 마음대로."라고 하면서 내담자에게 너무나 의존했고 내담자도 그의 아들에게 너무나 의존하였다고 했다.

재작년 9월부터 지금까지 정신과 치료를 받고 있다. 나는 돈을 다 냈는데 아이는 갔다가 안 갔다가 하고, 속이 터져 죽겠다. 아이에게 상담료를 말하면 너무나 비싸다고 안 가려고 하기 때문에 아이에게는 상담료를 속이면서 보냈다. 엄마는 2주일에 한 번씩 아이에 묶여서 상담받게 되었다. 지금 현재까지도 받고 있다. 이제는 그만 다니고 싶은데 내가 안 다니면 아들이 안 다니니까 아들 때문에 그냥 끼어들어 다닌다고 하였다. 정신과에서 받았던 혜택이 무엇이냐고 묻자 "거기 다니기 전에는 우울하다는 것을 몰랐다. 거기에 가서 내가 우울하다는 것을 알았고 그다음에 거기(우울)에서 빠져나와야 되겠다는 것을 느꼈다."라고 했다.

다음은 내담자와 계속되었던 상담과정의 축어록이다.

상담자: 정신과에서 내담자가 받았던 혜택이 무엇입니까?

내담자: 거기 다니기 전에는 제가 우울하다는 것을 몰랐어요. 거기 가서 제가 우울하다는 것을 알았고 그다음에는 거기에서 빠져나와야 하겠다는 것을 느꼈어요.

상담자: 우울한 것을 모르다가 의사가 직면을 하니까 내가 우울한 사람이구나를 알았단 말씀이죠.

내담자: 네.

상담자: 우울한 사람인데 우울하지 않으려고 이 일, 저 일 닥치는 대로 일만 챙겨서 하셨군요.

내담자: 네, 저는 그것이 행복인 줄 알았어요.

상담자: 남편한테 불만이 있다고 하셨잖아요.

내담자: 그것은 이 땅의 거의 모든 여성이 그렇다고 생각을 했어요. 나 정도면 괜찮아. 그래도 먹고 살고, 나도 돈을 벌고, 아이만 장가를 가면, 이 정도면 나도 성공한 인생이야.

상담자: 아. 그러셨군요.

내담자: 네.

상담자: 그런데 그 상황을 의사가 직면하여 오히려 우울하게 되셨단 말이군요.

내담자: 네.

상담자: 의사 선생님이 당신은 정말로 우울해야 될 사람인데 우울을 회피하여 왔다, 이제는 우울을 체험해야 한다고 하셨죠. 그리고 내담자는 굉장히 우울하셨고요.

내담자: 네, 선생님, 무지무지하게 우울했어요.

상담자: 얼마 동안이나 우울하셨어요?

내담자: 그 해 겨울이 피크였어요.

상담자: 그러니까 재작년 겨울이군요.

내담자: 네, 구정 연휴 때 너무너무 힘들었어요. 아이는 매일 술 먹고 늦게 오고 남편은 남편대로 아들이 병자도 아닌데 정신병원에 보내서….

상담자: 그림이 그려집니다. 남편을 굉장히 원망했겠지요.

내담자: 네.

상담자: 행복하게 잘 지내던 사람이 어느 날 갑자기 정신과를 다니면서 우울해지고 이상해지고 남편을 미워하게 되고 가족들에게 나쁜 여파가 미치고 그러니까 얼마나 한탄했겠어요.

내담자: 네, 당연히 그랬지요. 남편이 그 의사를 무지 미워했어요. 그래서 제가 그랬어요. "당신이 그렇게 싫으면 가서 그만 치료받는다고 해." 그런데 가서 말도 못해요. 자기도 확신은 없지만 어쨌든 싫은 거죠.

상담자: 네, 그렇군요. 구정 연휴 때 굉장히 우울했었고….

내담자: 네, 너무 우울해서 그때는 수면제까지 먹었어요.

상담자: 불면증이 왔군요.

내담자: 네. 아주 극심했어요. 그때 체중이 약 4kg 정도 빠졌어요.

상담자: 보통 때의 체중은 몇 kg이었는데 그렇게 빠지셨어요?

내담자: 56kg였는데 52kg 나갔다가 지금은 약 2kg 정도 회복이 되었어요.

상담자: 네, 그때 1년 6개월 동안의 그 과정을 다시 한번 정리해 봅시다. 아이가 정신과를 갔다는 그 사실이 나를 우울하고 힘들게 만든 것이 아니라, 정신과 의사 선생님이 당신을 우울해야만 하는 상황인데 우울해하지 않고 무엇을 하느냐, 당신 참 바보다. 그 얘기를 듣고 보니까 어! 그러네, 그래서 우울하기 시작한 것이었지요.

내담자: 내가 우울해야 할 텐데 우울하지 않으니까 아이도 그 모양이고, 내가 직시하지 않고 피하니까 애도 피하고 남편도 피하고… 힘든 것을 우리 식구가 다 피한다는 거예요.

상담자: 그것이 어쩌면 살아가는 과제이며 방법인데요, 그러면 힘이 든 것을 다 직면하여 다 우울하면 어떤 효과가 있다고 그래요?

내담자: 아, 아, 그런데 코미디언 같이 피한대요. 그러니깐 힘든 것을 직면해야 될 때도 있는데 모든 것을 다 피하다 보니까 오히려 설 자리가 없어진다는 거죠.

상담자: 힘든 것을 직면하고 극복하고 어려움을 헤쳐 나가야 되는데, 당신들은 어려움을 피해 간다는 것이죠. 그래서 그 어려움은 그대로 남아 있다는 것이고요.

내담자: 그래서 성장할 틈이 없다는 거예요. 그래서 우리 집의 모든 식구들이 미숙하

대요.

상담자: 엄마도 미숙하대요?

내담자: 네, 저도 나중에 보니까 정서적으로 참 미숙했더라고요. 왜냐하면 남편도 참 눈물이 많은 사람이데, 그 사람도 그것을 보기 싫으니까, 속으로는 슬프면서 겉으로는 TV 보며 웃고 그렇게 살았어요. 그래서 그것을 직면하라고 하니까, 애도 그 모양, 남편도 그 모양. 남편이 그렇게 살았기 때문에 저도 그렇게 됐어요. 시집오기 전에 친정집은 장사하는 집이라 참 바쁘게 살았거든요. 그런데 이 집은 이렇게 사니까, 저도 이렇게 사는 것이 좋은 것인가 보다 하며 살다 보니까, 그것이 어느덧 애같이 되어 버린 것이더라고요.

상담자: 그러니까 내담자께서 주관이 없이 살아오셨단 말이군요. 너무 어릴 때 시집을 가셔서 적응하느라고 정신이 없으셨군요.

내담자: 그때는 옛날이니까, 직장생활을 1년도 안 하고 그 집에 적응해서 사는 것이었어요. 지금 와서 보니까 멀쩡한 사람이 하나도 없어요. 모두 다 어려요. 종교를 믿는 것도 다 기복적으로 믿어요. 다 그런 종류예요. 그런데 대부분이 그래요.

상담자: 우리나라는 아직까지 종교가 참 기복적이지요.

내담자: 그리고 정서적으로 보통 사람이 여기까지 올라오는 것도 참 쉽지가 않을 것 같아요, 보통 사람이….

상담자: 그것이 무슨 의미이죠?

내담자: 제가 이제, 저를 들여다보고 과거를 들여다보는 만큼 보통 사람은 이만큼도 안 보고 산다…. 저는 고생 끝에 내가 무엇이 문제가 있나 보다, 한 6개월을 고민한 다음에 이제 알았거든요.

상담자: 맞아요, 저는 아직 내담자를 충분히 만나지 못했기 때문에 정확하게 파악은 못하지만 대부분의 여성은 그동안 남편만 믿고 살다가 40대에 주부 우울증이 오고 그러잖아요. 그러니까 대부분의 사람이 자신을 못 보고 산다고 단정하기는 어렵잖아요. 우울을 느끼는 경우에 자신의 현재 모습과 이상적으로 생각하는 모습 간의 괴리를 받아들일 수 없을 테니까요.

내담자: 우리 나이 때는 대부분이 우울증이 있어요. 안 그렇다면 안 느끼고 못 느낄 뿐이예요. 다 그렇게 살아요. 화병 있잖아요. 저도 아들 문제가 아니었다면 화병이 있는지 몰랐어요. 저도 친구들하고 놀고 남이 골프치면 같이 치고 그랬어

요. 더 늙게 된다면 그때는 살아 있는 것도 행복한데 무엇을 느끼겠어요. 그러고 그냥 사는 것이죠. 그런데 저는 아들이 브레이크를 걸어서 내가 왜 이럴까 돌아보면서 우울이 있는 것을 알았어요.

상담자: 네.

내담자: 제가 제 친구들 동창계에 가 보면요, 우리 다같이 똑같이 사는데 너는 왜 문제가 없지? 그래서 제가 다시 한번 생각을 해 보게 된다니까요.

상담자: 그러면 다시 한번 생각을 잘해 보지요. 다른 친구들은 정말 우울이 있는데 나처럼 모르고 살아온 것인지 아니면 그러한 상황으로 받아들이지 않아서 우울을 안 느끼는 것인지 그것을 잘 생각해 보셔야 합니다.

내담자: 네.

상담자: 내가 보기에 쟤는 참 우울할 수밖에 없는 상황인데 저 애는 우울을 못 느끼고 일부러 안 느끼고 사는 것은 아니지요. 인간은 어떻게 보면 생존할 수밖에 없는 본능적인 욕구가 있기 때문에 우리가 이왕 사는 것 행복하게, 즐겁게 살도록 하자는 자기 나름대로 삶의 기제를 터득한 거죠.

내담자: 네, 네. (수긍이 된다는 표정으로)

상담자: 우울해 봤자 무슨 소용이 있어요? 내담자처럼 생각한다면 이 세상의 모든 사람이 우울하지요. 상담자인 저를 포함해서요. 왜냐하면 우리 인간은 완벽한 만족이나 완벽한 욕구의 충족은 없기 때문이에요. 잘 생각해 보세요, 우울을 느끼지 않고 사는 것이 건강한 것이지요. 그렇지 않아요?

내담자: 우울한 것은 사실이지만요?

상담자: 아니요. 어떤 상황은 우리가 만족할 수 없는 것이 사실이지요. 거의 한 사람도 자신의 처지가 완벽하게 만족스러운 사람이 없는 것 같아요. 그렇지만 '상황이 만족이 안 되기 때문에 대부분의 사람이 우울을 체험하는데 다만 느끼지 못할 뿐이다.'가 아니라는 것이죠. 그 사람들은 그것을 부족하다고 지각하지 않는다는 것이죠. 또한 부족하다고 지각하더라도 그것을 못마땅하게 평가하지 않지요. 저도 저의 부족한 점, 못난 부분이 많지만 그것 때문에 우울해하지는 않는단 말이죠.

내담자: 아! 아! (이해가 된다는 듯이)

상담자: 그러니까 내담자께서 '모든 친구들이 우울한데 저 사람들은 통찰력이 부족하여

느끼지 못하는 거야.'라고 생각하시는 것이 논리의 비약이 심하다는 것이죠.

내담자: 음. 음.

상담자: 그러니까 다른 사람들은 만족스럽지 않은 상황을 이 세상의 끝으로 지각하지 않으니까, 받아들일 수 있다고 생각하니까 그것을 현실의 부분으로 수용하는 것이죠. 그러니까 내가 굉장히 우울한데 그것을 억눌러서 우울이 없는 것처럼 가장하는 것이 아니지요.

내담자: 아! 아!

상담자: 우울을 가장하여 태연한 척한다면 언젠가 우울은 드러나게 돼 있어요.

내담자: 네.

상담자: 울화 같은 것도 내가 굉장히 화가 나는데 안 낸다면 그 화는 언젠가 폭발하게 돼 있어요.

내담자: 네.

상담자: 그러니까 잘 생각해 봐야 되는데, 이것이 '억압'인지 아니면 진짜 그 감정 자체가 없는 것인지에 대해서요.

내담자: 네에.

상담자: 내담자는 '내 친구들, 모든 여자들이 다 우울한 감정이 있어. 그런데 쟤네들은 그것을 억압해서 다만 드러내지 않을 뿐이야. 느끼지 못하는 거야.'라고 생각하시는 거예요.

내담자: 아! 아!

상담자: 그럴 수도 있지만, 대부분의 사람들은 우리들의 삶이 부족하고 만족스럽지 않은 것으로 받아들이지만 그것을 우울하고 속상하게 보지는 않아요.

내담자: 네.

상담자: 물론 사람들이 자신의 부족한 부분에 대해서 아쉬움과 안타까움은 있지만 그래서 "난 정말 속상해, 우울해." 이건 아니라는 거죠.

내담자: 네.

상담자: 그러니까 내담자께서 그 시각 자체를 바꾸셔야 돼요. 그리고 의사가 우울하지 않았던 사람을 우울을 느끼고 체험하게 한 것은 나름대로 이유가 있겠지요. 현실 속에 들어오게 하여 삶에 대한 현실적 지각력을 갖게 하는 데 의미가 있겠지요. 현실 밖에서 현실을 외면하고 살았으니까. 그러나 이제는 자신의 모

습을 보고 나니까 자신이 싫어지셨잖아요. 이제 그만 우울해지고 싶다고 하셨잖아요.

내담자: 네.

상담자: 우울해서 도움이 되는 것이 무엇인가. 꼭 우울해야지 내가 현실을 직시할 수 있는 것인가. 정말 우울이 심해지면 자살까지 가는 것이고…. 어느 정도 우울하고 속상해하는 기간이 필요하기도 하지요. 그러나 그 기간이 지속될 때 나에게, 내 직장에, 내 가족에게 도움이 되지 않잖아요.

내담자: 네.

상담자: 그전에는 내 현실들을 보지 않고 포장된 현실만 보았지요.

내담자: 네.

상담자: 누구나 다 이렇다. 여자의 길이 다 이렇다. 이렇게만 생각을 하고 우울을 안 느꼈다면 지금은 그래, 내 삶은 질곡이 있어, 내 남편은 똑똑하지 않아, 내 아들도 좀 모자라 등의 현실을 있는 그대로 직시하고도 우울을 느끼지 않으셔야죠. 그 전에는 내가 그것을 못 봐서 우울을 못 느꼈고 현재는 의사의 도움으로 나의 현실을 보고 우울을 느끼셨다면 이제는 그것을 보고도 우울을 느끼지 않으셔야 한다는 것입니다. 심리적인 힘이 생겨서….

내담자: 네, 선생님. 이젠 정말 의사한테 그만 다니고 싶어요. 우리 아들을 그래도 술에서 건져 주고 해서 가는데, 의사한테 갔다 오면 힘이 들기 때문에 그만 다니고 싶어요. (힘주어 강하게 이야기한다.)

상담자: 어떤 점에서 힘이 드세요?

내담자: 살 만하면 자꾸 의사는 새로운 걱정거리를 줍니다. 아들의 졸업 후의 문제 등 새로운 걱정거리요.

상담자: 힘이 드는 것을 견디어 내야죠. 어차피 직시해야 되니까. 의사는 나름대로 직시를 시키는 것인데 그것이 나를 힘들게 하는군요.

내담자: 제가 거기서 벗어나는 것이 좋아서 아이가 안 가면 나도 얼씨구 좋다고 안 갔는데, 하루는 의사에게서 전화가 왔어요. 자기가 더 도와주고 싶다고요. 그래서 의사의 말을 진실로 받아들이고 갔는데 이제는 정말 싫어요.

남편은 가부장적이고 권위적인 9대 종손이라고 했다. 시아버지도 남편한테 맞추어 준다. 식탁에서도 자기 자리가 따로 있어서 누가 거기에 앉으면 인상을 쓴다고 호소하였다. 상담자는 그것이 그 사람의 스타일인데 그것을 바꾸려고 하면 어려울 거라고 했다. 변화 자체를 기대하지 말고 그에게 적응해 가는 방법을 찾아 내가 적응하자. 그러자 내담자는 조금만 더 숨을 쉬고 싶다고 했다. 상담자는 여태까지 숨죽여 왔던 것을 자기주장 또는 자기표현 기술을 터득해서 개선해 가도록 도와주었다. 중요한 것은 이때 상대방을 존중하는 태도를 밑에 담고서 주장을 해야 되는 것임을 교육하였다. 내가 존중하지 않고 무시하는 태도를 갖는다면 남편은 절대로 변하지 않는다고 일러 주었다. 자신은 여태까지 남편을 너무 원망하고 무시해 왔다고 했다. 그렇기 때문에 바로 남편이 더 권위적이고 폭력적으로 되어 집안을 살벌한 분위기로 몰아넣었다고 해석해 주었다. 이제는 이나마 이런 사람이라도 나에게 있다는 것에 대해서 감사하고 남편을 존중하는 태도로 나아가자. 성서에도 “섬기는 사람이 다스린다.”는 글귀가 있음을 말해 주면서 내가 먼저 남편을 섬겨서 남편을 다스려 가는 지혜가 필요하다는 것을 역설하였다.

우울에 대한 시각의 교정에 대한 필요성을 다시 한번 강조하였다. 즉, 모든 사람이 다 우울한데 우울을 못 느끼는 것이 아니라, 나 같으면 우울을 느낄 수밖에 없는 상황이지만 다른 사람들은 그 상황을 합리적으로 잘 이해하고 잘 받아들이기 때문에 우울이라는 정서를 느끼지 않을 뿐임을 다시 한번 기억하라고 했다. 우울한 나의 현실이 우울을 일으키지 않을 수 있는 방식을 터득해 가자. 우울한 사람들은 대부분 나에게 좋은 점을 보는 시각, 즉 내담자의 경우, 나 자신도 잘났고 딸도 잘났고, 먹고 살 만한 것 등을 지각하는 시각은 발달이 되어 있지 않으며, 자신에게 부족한 것을 유독 확대해서 지각하거나 부정적으로 보는, 소위 최소화 시각이 너무나 발달되어 있음을 직시하였다. 이제부터는 내가 가지고 있는 장점을 찾아내는 눈을 기르고 내가 가지고 있는 약점을 바라보고 이해하는 다양한 시각을 배우자. 이미 주어진 생인데 재미있고 즐겁게 살아가야 되지 않겠느냐. 전에 내가 우울을 못 느꼈던 것처럼 혹시 행복을 못 느끼는 것은 아닐까에 대해서 잘 살펴보아야 한다고 강조하였다.

내가 한 가지 면에 있어 부족하다고 해서 ‘나는 불행한 사람이야.’라고 하는 것은 논리의 비약이 심한 비합리적 생각임을 가르쳐 주었다. 이것이 맞는 표현이 되기 위해서는 “나는 이런 점에서 부족해.”라고 표현하도록 하였다. 즉, 나는 “나의 아들은 똑똑하지 않지만 그러나 딸은 똑똑해."라고 말해야 한다. 그런데 "내 자식은 못났어."라고 하면서 아들 때문에 딸까지 매도하지 말도록 하였다.

회기의 중요 이슈

인지상담교육: 남편이 나를 불행하게 하는 것이 아니다. 원인은 남편을 지각하고 있는 나의 태도임을 다시 한번 확인시켰다.

내담자의 상황이 최악은 아님을 알게 했다. 희망적인 부분이 얼마든지 있는데 나쁜 부분만을 과장하지 말고 좋은 부분도 직시해서 보자. ABC 분석지를 예를 들어 설명해 주고 인지상담을 구조화하면서 내담자의 적극적 참여의 중요성을 설명하였다. 앞으로 총 회기가 10~15회기를 넘지 않는 범위 내에서 바람직한 결과를 내자고 격려하였다.

• 내담자의 회기 정리 •

내담자는 자신이 기록해 온 ABC를 보고 자기 생각의 패턴을 알았다고 했다. 생각이란 자신이 스스로 세상을 이해하는 방식임을 알았다고 했다. 지금의 선생님 방법은 좀 더 희망적이며 고치기 쉬운 방법일 것 같다고 했다(전에는 심해서 막 약을 먹었다).

② 제4회 상담, 4월 18일(금): 우울은 사라지고… 진정한 행복은 나의 마음속에, 내담자의 첫 웃음

내담자는 아주 밝은 모습으로 상담실에 나타났다. 내담자가 처음에 왔을 때는 눈에서 '우울'이 뚝뚝 떨어지는 소리가 들렸는데, 지금은 아주 밝아졌다. 내담자는 5월 초 대학 졸업 후 25년 만에 있을 동창 부부들과의 재상봉의 시간을 위한 준비, 그리고 기다림으로 마음이 많이 설레인다고 하였다. 지난주에는 1년 동안 발을 끊고 가지도 않았는데 모처럼 백화점에 가서 옷도 입어 보고 쇼핑도 했다고 하였다. 그러면서 내담자는 하염없이 남편에 대한 험담을 늘어놓았다. 내담자는 결혼 5년 차에 어딘가 모자라는 것 같은 남편의 문제 때문에 가정법원에 가서 이혼을 하려고 시도했다. 법원의 상담원이 남편은 이혼할 의사가 전혀 없기 때문에 지금 이혼하면 합의이혼이 되고 그러면 위자료도 한 푼 못 받게 되는 알거지가 되며 아이들도 각각 1명씩 맡아 기르면 불행하니까 아버지가 다 맡아서 기르게 될 수도 있다고 말했다. 내담자는 도저히 아이들을 그 남편 밑에서 자라게 할 수가 없어서 거기서 이혼을 하지 않기로 결심을 했다. 그리고 '내 인생은 끝이다. 앞으로 나는 모든 것을 포기하고 산다.'고 다짐하였다. 그다음부터는 남편의 무엇인가 모자라고 덜떨어진 것 같은 점, 단점을 가슴에 묻어 두고 가려 주며 살아왔다. 그렇게 살아오는 과정에서 아이에게 문제가 터졌다. 상담자는 아들도 기질적으로 문제가 있겠지만 아이들은 분위기가 잘 만들어지면 스스로 크고 성장하는 부분이 많이 있는데, 그렇게 썰렁한 분위기 속에서 아이들이 눈치만 살피게 되고 좋지 않은 영향을 받게 된 것 같다고 말해 주었다.

아들이 2학년 때 내담자는 직장을 나가게 되었고 너무나 사는 기분과 맛이 들었다. 직장에 가면 숨도 쉴 수 있었고, 남편에게 복수하는 기분도 들었고 자신에게는 더없이 좋은 탈출구였다. '엄마가 직장에 가지만 아이들한테도 더 좋은 엄마가 될 거야.'라는 다짐을 하였다. 그러면서 오로지 일에 몰두하여 살았다. 지금 내담자의 속을 썩이는 바로 그 아들이 사춘기 때 "엄마, 엄마는 왜 죽도록 일 만하고 그렇게 살아요? 나는 엄마가 왜 사는지 모르겠어요."라는 말을 할 정도였다. 그때 내담자는 "네가 있기 때문에 나는 행복해."라고 말했다. 그때 아들과 함께 절에 갔었는데 스님께서 "인생이란 죽는 날까지 재미있게 사는 거야."라고 말해 주었다. 그런 생각이 아이한테 뿌리 깊이 박혀 있었던지 "○○야, 인간이 왜 살지?"라고 물으면 "죽는 날까지 재미있게 살기 위해서."라고 별 생각없이 대답을 하곤 하였다.

아들의 문제가 터지고 정신과 의사에게 상담을 받게 되면서 내담자는 진정으로 아이들을 존중하고 수용하지 못했음을 알았다. 아이의 부족함을 끌어올려서 이상적으로 만들어 가는 것이 사랑인 줄 알았다. 밥을 해 주고 "이것 빨리 먹고 공부해." 주스를 만들어 주고 "이것 빨리 먹고 공부해." 등이 그가 쏟았던 사랑의 전부였다. 그러면서 내담자는 엄마 노릇을 잘하고 있다고 스스로 만족을 했었다. 아들은 보기만 해도 예쁘고 좋았다. 아들의 알코올 문제가 있기 전까지는 그랬다. 그러나 아들은 엄마가 지긋지긋했을 것 같다. 내담자가 했던 사랑은 지금 와서 보면 무서운 간섭이었고, 아들을 내담자의 틀에 맞추려고 헛욕심을 부렸다. 상담자는 내담자에게 이제는 스스로 자신이 얼마나 허구적인 가치를 좇으면서 살아왔는지를 깨달았느냐고 물었다. 그는 자신이 남편 밑에서 그나마 살아남을 수 있었던 것은 바로 그런 외형적인 가치, 즉 남 보기에는 멀쩡하고 괜찮았기 때문이었다고 했다. 이제는 그런 너울을 벗어나야 진정한 삶의 실체를 볼 수 있는 것이 아니냐고 했다. 정신과 의사와의 상담을 통해서 자신이 진지해질 수 있었다고 했다. 식구가 모두 TV를 보아도 개그와 코미디 프로만 본다. 슬픈 연속극도 본 적이 없다. 아들이 어릴 때 동화책은 강제로 읽혔다. 이런 분위기에서 살아왔지만 의사와의 상담을 통해서 사색이 많이 이루어졌으며 자기 식구들이 좀 더 진지해질 수 있었다고 했다. 상담자는 그들이 진지하지 못했던 것은 어떤 기질적인 이유도 있을 수 있다고 말했다. 전적으로 내담자가 우울을 직면하지 않았기 때문만은 아님을 직면하였다.

상담자는 자신의 과거를 들여다보고 자신의 정서를 생생하게 체험해 보는 것의 이점이 무엇이냐고 물었다. 그전에는 5분이나 10분 등의 길지 않은 시간도 그냥 있으면 불안했다고 한다. 무엇인가 일을 하거나 운동을 하거나 놀기라도 하지 않으면 불안했다. 그런데 결국 그렇게 한다고 불안하지 않았던 것은 아니고 불안은 계속해서 내 문제로 남아 있을 뿐이고 내가 해결해야 할 문제임을 알았다고 했다. 그리고 종교에 대해서도 눈을 떴다. 인간이 이렇게 발전을 하고 이런 식의 성장이 계속되면 예수님과 같은 성인의 경지에도 오르는 것이 아닐까 생각했다. 그전에는 종교를 통해서 극복하는 것만을 알았고 윤리 정도로만 생각했었다. 지금 목사님의 설교를 들으면 쏙쏙 들어오고 사람을 변화시키는 의미를 알았다. 인간이 변화되고 발전되고 성장하는 세계가 있는 것을 그전에는 몰랐다.

정신과 의사에게서 독립하고 싶었다. 독립하는 방법으로 PET(효과적인 부모역할 훈련)를 배웠다. 그전에는 의사가 아무 데도 가지 말라고 했는데 어느 순간부터 아무 데나 가도 좋다고 했다. 지금은 의사에게 독립하고 싶다는 이야기를 누차 했고 곧 그만두려고 한다. 그러면서 내담자는 정말 '남편 때문에' '아들 때문에'라는 생각을 많이 해 왔음을 반성했지만 그래도 너희들이 조금만 괜찮았으면 내가 이렇게 괴롭지 않았을 텐데 아쉬움이 많다고 했다. 상담자는 이제부터 '○○ 때문에'라는 말을 쓰지 않았으면 좋겠다고 하였다. 내가 겪고 있는 문제의 원인을 나 이외의 외부로 돌리면 나는 무기력해진다고 하였다. 나의 환경이 바뀐다고 해서 나의 문제가 없어지고 행복해질 수 없음을 역설하였다. 행복이란 삶의 조건에 의해서 결정되는 것이 아니고 자기 스스로의 주관적 내면세계에 의해서 창조된 것이기 때문임을 생각하게 했다. 그리고 지금 내담자에게 괴로움을 주고 있는 남편과 아들은 시간의 흐름과 함께 향상되고 좀 더 나아질 수 있지만 근본적인 것이 혁명적으로 변화되지 않을 것임을 알려 주었다. 내담자는 의사에게 이 세상에 우리 아들 같은 아이들도 많다, 꼭 1등만 살아가느냐고 대들었다고 했다. 상담자는 바로 이 점을 거론하였다. 정말로 이 세상에는 1등만 사는 것이 아니며 더군다나 인간이 가장 이상적으로 바라는 '행복'은 인위적인 서열에 있는 것이 아님을 힘주어 강조하였다. 이것을 진심으로 받아들이면 그렇게 슬프고 속상하지만은 않을 것이라고 직면하였다. 남편도 명문고, 명문대를 나와서 자격증을 가지고 일하고 있으며 아들도 내 기대에는 못 미치지만 바보도 아니고 장애자도 아니지 않냐고 하였다.

내담자는 자기 주변의 사람들이 다 우울에 묻혀 있는데 다만 문제는 그들이 그것을 느끼지 못할 뿐이라고 역설한 점에 대해서 다음과 같이 논박하였다. 사람은 누구나 재미있고 즐겁고 행복해지기 위해서 산다. 어차피 인간의 조건은 완전할 수 없기 때문에 조건을 통해서는 인간은 결코 행복의 경지에 도달할 수 없음을 강조하였다. 진정한 행복이란 나의 내면에서 우러나는 것이기 때문이다. 대개의 경우 우울증 환자는 자신의 강점, 좋은 점 등의 긍정적인 면을 지각하고 느끼는 눈은 발달이 안 되어 있으면서 자신의 부끄러운 점, 약점 또는 단점 등을 느끼는 눈은 상당히 발달되어 있음을 설명해 주었다. 내담자의 경우도 후자를 보는 눈이 잘 발달되어 있기 때문에 상담자의 도움을 받아 자신의 장점과 단점을 동시에 바라볼 수 있는 균형감각을 찾아가는 것이 중요함을 말했다. 이러한 과정을 통해서 느끼지 못했던 행복을 느끼게 도와주는 것도 상담자의 몫임을 천명하였다.

내담자가 비참하다고 지각하는 부분은 내담자의 남편에 대한 지나친 기대, 아들에 대한 과도한 기대에서 파생한 것임을 환기시켰다. 욕심은 거의 대부분 해를 불러일으킴을 상기시키고 자족할 줄 아는 능력이 중요함을 상기시켰다. 내담자가 아들의 결혼에 지레 겁을 먹고 우울해하는 것도 내담자가 훌륭한 며느릿감을 봐야 되겠다는 생각 때문이 아니냐고 지적하였다. 내담자의 말처럼 세속적 기준의 일류가 진정한 의미의 일류 인생을 사는 것이 아니기 때문임을 강조하였다. 빌립보서 4장 12절과 13절의 말씀을 인용하였다. "나는 어떤 처지에서도 자족하는 법을 배웠습니다. 비천하게 살 줄도 알고 풍족하게 살 줄도 압니다. 배부르거나 배고프거나 넉넉하거나 궁핍하거나 그 어떤 경우에도 적응할 수 있는 비결을 알고 있습니다. 나에게 능력을 주시는 분을 힘입어 나는 무슨 일이든지 할 수 있습니다." 널려 있는 내담자의 행복의 조건을 알지 못하고 그것에 대해서 행복을 느끼지 못하는 자신에 대해서 오히려 비참해해야 한다고 직면하였다. 5월 초에 상봉하게 될 동창도 있고, 그때에 같이 갈 남편도 있으며, 자랑스러운 딸도 있고 그나마 아들도 있음을 상기시켰다. 그러자 그는 자신이 대학에 수석으로 입학하였기 때문에 '나는 우리 동창생보다 못살면 큰일이다.'라는 생각을 이제까지 어깨에 메고 살아왔다고 했다. 상담자는 바로 그러한 내담자가 스스로 지운 짐 때문에 스스로도 괴로웠고, 남편도, 아이도 괴롭혀 온 것이 아니냐고 직면하였다. 물론 우리 나라의 사회풍토에서는 '학력' '학벌' 그리고 '수석' 이러한 요인들이 이 세상을 좀 더 편안하게 살아갈 수 있는 여러 가지 프리미엄을 준 것, 그리고 공부를 잘하면 너무나 많은 문제가 쉽게 해결되는 것이 사실이긴 하지만, 그렇다고 해서 그것이 인간 자체를 평가하는 기준이 되어서도 안 되고 더군다나 '내가 공부를 잘했기 때문에 내가 제일 잘 되어야 하고 제일 행복해야 한다.'는 비논리적, 비현실적, 비실용적인 비합리적 생각의 3요소를 어쩌면 이렇게도 아이러니하게도 지니고 있냐고 했다. 정말로 인생을 잘사는 사람은 나물 먹고 물 마시면서도 행복할 줄 아는 사람이 아닌가 하고 반문하였다. 그러자 내담자는 자신은 여태까지 '노력하면 되지 않는 것이 없다.'는 것이 진리인 줄 알고 살아왔다고 했다. 상담자는 그 말은 내담자의 경우에, 그리고 내담자의 경우에서도 예컨대 공부와 같은 지엽적인 면에서는 가능할 지 모르지만 어떻게 인간이 겪어 내고 체험해야 하는 모든 면에서 '노력하면 되지 않는 것이 없느냐.'에 대해서 논박을 시도하였다. 그 사고는 너무나 지나친 긍정적인 사고이고 비현실적인 사고이고 그렇기 때문에 내담자가 현실과 괴리될 때 더욱 더 괴로운 이유가 된다고 설명해 주었다. 그리고 바로 그런 생각 때문에 남편과 아들이 이해되지 못했음을 지적하였다. 사람은 누구나 나와 같지 않고 나와 다르다는 점을 인정해 주었을 때 그 시점이 바로 인간을 이해하고 사랑하게 되는 시발점일 수 있음을 강조하였다.

이제 상담을 받으면서 달성해야 할 또 하나의 목표는 인간을 이해하고 수용하는 나의 안목과 생각의 폭을 넓히는 것이라고 했고 내담자도 이에 흔쾌히 동의하였다. 내가 품고 감싸안을 수 있는 범위가 넓어졌을 때 나는 진정한 나를 발견하게 되고 그간에 못 느끼고 그저 나를 우울하게만 했던 나의 환경에 감사할 수 있는 힘이 생길 것이라고 했다. 그러면서 여태까지 25년 동안 살아오면서 수없이 많은 부부관계를 맺어

오면서 진실로 사랑하는 마음으로 해 본 적이 있느냐고 물었다. 내담자는 슬픈 표정을 지으며 서서히 고개를 가로저었다. 남편의 입장에서 진실로 남편을 이해해 본 적이 있느냐고 물었다. 역시 고개는 서서히 가로로 돌아갔다. 남편도 명문고와 명문대를 나온 엘리트인데 아내의 냉소적인 태도를 모를 리 없고 그 남편은 스스로가 얼마나 남모르는 불행을 느꼈겠는가라고 묻자, 그의 남편은 평소에 자신이 "고등학교만 나온 여자와 결혼했으면 훨씬 행복했을텐데."라는 말을 많이 했다고 했다. 상담자는 내담자가 불행한 것 이상으로 남편도 내담자 덕택에 불행한 삶을 살아왔음을 상기시켰다. 내담자 자신이 겉돌았기 때문에 집안의 분위기는 냉랭하였으며 냉랭한 분위기 속에서 눈치 보면서 힘겹게 살아오는 와중에 아들도 알코올에 손을 대게 된 것이 아니냐, 모든 것이 자업자득임을 연결해서 보게 도와주었다.

내담자는 자신이 여태까지 꾹꾹 참아 왔음을 강조하였지만 상담자는 그것이 진정한 의미의 꾹꾹 참아 온 것이 아님을 강조하였다. 내담자가 자신의 내부에서 일어나는 감정을 표현하지만 않았을 뿐 내담자의 환경을 감싸안지 못했음을 보게 하였다. 인간을 진정으로 이해한다는 것은 그 사람의 성장배경과 살아온 환경까지도 이해하고 수용하는 것임을 상기시켰다. 그리고 인간을 진정으로 용서한다는 것은 용서할 수 없는 것을 용서하는 것임을 말했다. 내담자가 먼저 변하지 않으면 남편은 절대로 먼저 변하지 않는다고 직면하였다. 엄마가 바뀌지 않으면서 아들이 바뀌는 것을 기대하는 것은 비현실적 기대임을 또한 상기시켰다. 내담자는 별문제가 아닌 것을 그가 지닌 비합리적인 망원렌즈로 엄청나게 확대해서 바라보았으며 심각하게 해석해 왔음을 상기시켰다. 내담자는 그동안 내가 잘났기 때문에 너 같은 인간 만나서 참고 산다고 생각하고 "얼마나 그동안 당당했다고."라고 하면서 고개를 떨구었다. 인간은 정도의 차이가 있을 뿐 누구나 문제가 있다는 점을 확인시켰다. 그러니 나 혼자 이 세상의 십자가를 다 짊어진 것처럼 괴로워하고 노여워하는 것이 얼마나 자기손실인가에 대해서 말했다. 인간이 쓰고 있는 껍데기를 벗어던지면 다 거기서 거기다. 인간은 너나 없이 운명적으로 불완전할 수밖에 없는 존재이다. 다만 차이가 있다면 나의 상황에서 만족을 하고 행복을 느끼는 존재인가 아니면 불만을 느끼고 불행을 느끼는가의 차이일 뿐이다. 내 처지에 만족을 하고 기쁨과 행복을 느끼는 것을 또 하나의 상담의 목표로 삼자고 했다. 내담자는 여기서 자신이 아이에 대해 걸었던 기대도 남편으로부터 충족이 되지 않으니까 아이를 통해서 보상받으려 했다는 비합리적인 기대가 있었음을 털어놓았다. 이제부터는 이 모든 것을 잘 생각해 보면서 아이에게 할 수 있는 것을 하겠다고 하였다. 이 세상은 절망의 낭떠러지가 아님을 말해 주었다. 나에게 주어진 인연, 나의 운명인 남편과 아들을 진심으로 감싸안는 작업을 도와주겠다고 했다. 그러면 남편이 바뀌고 가정의 분위기도 바뀌니까 그나마 멀쩡한 딸마저 어떻게 될까 봐 내담자는 걱정하는데 딸도 쉽게 정서적 안정을 되찾을 수 있을 것이라고 했다. 아들도 어차피 내담자의 도움이 필요한 사람이라면 울면서 지겨워하면서 도와주는 것보다 기쁜 마음으로 즐겁게 도와주는 것이 도움의 질을 높이지 않겠느냐고 말해 주었다.

내담자는 상담자와 상담을 하면 이틀은 잘 지내는데 또 그 이틀이 지나면 잘 안 된다고 했다. 상담자는 내담자가 새롭게 터득하고 깨달은 새로운 시각이 완전히 내 안에서 자리 잡지 않았기 때문에 약효가 떨어지기 때문이라고 설명해 준 뒤 앞으로의 상담 작업은 내담자가 새롭게 찾은 남편과 아들과 세상을 이해하는 방식이 완전히 내재화되어 나의 행동양식으로 드러나게 하도록 해야 한다고 상담의 방향감을 제시하였다. 낡은 생각을 몰아내고 그 자리에 새롭고 참신한 생각이 편안하게 자리 잡힐 수 있도록 해 나가자고 하였다. 불교의 『화엄경』을 보면 일체유심조(一切唯心造)라는 말이 있는데 이 세상은 다 내가 마음먹기에 따라 달리 보이고 달라질 수 있다는 시각을 피력하였다. 성서에도 '천국'은 너희 마음 속에 있다고 예수께서 말씀하셨음도 일러 주었다. 내담자가 지금 종교생활에 입문하여 종교를 통해 이 세상의 어려움에서 벗어나고자 안간힘을 쓰고 있는 처지여서 상담자는 또 한마디 덧붙였다. 교회에서 하느님이 나에게 무엇을 가져다주는 것이 아니며 내가 스스로 내 안에서 깨닫고 스스로 체험함으로써 하느님의 사랑을 깨닫고 성숙해지는 과정임을 상기하게 하였다.

자신의 실수와 허점을 드러내 보이는 사람이 정신적으로 건강한 사람임을 천명하며 무엇인가를 자꾸 포장하려 들지 말고 내 모습 이대로 자신을 받아들이고 이 모습 속에서 행복해지는 법을 알자, 인간은 행복하기 위해 이 세상을 사는데 내담자는 지난 50년 동안 불행만을 주로 느끼며 살지 않았느냐고 했다. 내담자는 상담의 말미에 다시 태어난 기분이 든다고 했다. 다이아몬드 반지를 끼고 밍크 코트를 입은들 이렇게 기쁨이 크겠느냐고 했다. 선생님 말씀을 한 번 듣고 두 번 듣고 세 번 들을 때마다 새로워지고 자꾸 변화되는 기분이 든다고 했다. 자신은 상담실에 오기 전에는 '나의 길은 막혔다.'라고 생각했는데 이제는 새로운 희망을 찾았다고 했다. 다음번 회기부터는 내가 가지고 있는 비합리적 생각에 대한 각각의 대안적 신념을 찾고 그것을 내재화하는 작업을 하기로 했다. 그러면서 상담자는 상담자의 저서『인지 · 정서 · 행동치료』(1997)에 나오는 Ellis의 11가지 비합리적 사고의 부분을 펴 보이면서, 합리적이라고 믿었던 신념이 얼마나 비합리적이고 인간을 파괴적으로 몰고 가는가에 대한 설명을 해 주자 자신도 집에서 다 읽어 보았다고 하면서 도움이 되니 외워야겠다는 말까지 하였다. 인지상담의 전 과정을 읽는 숙제를 내주고 다음에 올 때까지 남편에게 진심으로 눈물을 흘리며 사죄하고 잘해 줄 것을 숙제로 내주었다.

③ 제5회 상담, 4월 22일(화): BDI 13

남편에게 눈물을 흘리며 사죄하고 잘해 주었느냐고 숙제의 점검을 시작하였다. 그는 눈물을 흘리며 사죄할 수 있는 분위기가 되지 않아 사죄는 못했는데 같이 영화를 보러 갔다고 했다(남편도 자신이 변화된다고 느꼈기 때문에 동행하여 영화를 보는 것에 흔쾌히 응했다). 영화를 보러 가기 위해 자신의 집에서 씨네하우스 극장까지 가는 버스편에 대해서 그동안 말도 잘 안 하고 지내던 아들에게 남편과 함께 자세하게 물어보았다. 그리고 버스 정류장에 와서 버스를 기다리고 있는데 택시가 코앞에 서니까 남편이 택시를 타고 가자고 제의했다고 했다. 내담자는 남편의 행동이 말도 안 되는 행동이라며 길길이 뛰었다. 그러는 사이 버스가 왔고 자신은 남편의 손을 낚아채서 버스에 올랐다고 했다. 그리고 버스를 타지 않고 택시를 타려 했던 남편을 비난하였다. 남편은 남편대로 자신의 말을 들어주지 않은 내담자에 대해서 불만이 많아 씩씩대면서 자신의 말을 들어주지 않았던 것에 대해서 크게 화를 냈다고 하였다. 자신이 생각할 겨를도 주지 않고 팔을 잡아당겨 버스에 올라타게 한 행동에 대해서 또한 비난을 했다고 한다. 제발 당신 이런 행동하지 말라고 하면서. 내담자는 남편에게 버스를 타려고 했던 것은 나의 의견이라고 했다지만 상담자는 의견이란 서로 타진해 볼 여지가 있는 것인데 그의 행동은 상대방에게 타진해 볼 여유를 주지 않았음을 직면하였다. 상담자는 택시를 타는 것이 경제적으로 무리가 없었다면 편안하게 극장에 가기 위해서 택시를 타려 했던 남편의 행동이 아주 자연스럽게 느껴졌는데 굳이 남편을 비난했던 이유가 무엇이냐고 물었다. 내담자는 아들에게 버스편까지 물어보아 놓고 버스를 타지 않는 것은 아들을 무시하고 비난하는 행위라고 했다. 그리고 아들이 버스편을 자세히 일러 주어 버스를 잘 타고 극장에 다녀왔노라고 아들에게 대화거리를 마련하려 했다고 했다. 그렇기 때문에 버스를 타려 했던 자신의 생각이 너무나 당연한 것 아니냐고 힘주어 강변하였다. 상담자는 아들에게 꼭 버스를 타고 가겠다고 약속을 했느냐고 물었다. 내담자는 그것은 아니라고 했다. 그렇다면 아들도 그의 부모가 꼭 버스를 타고 가야만 한다는 기대를 하지 않았을 가능성이 높다고 말해 주었다. 그리고 남편이 아들에게 버스노선을 자세하게 물어보았다고 해서 남편의 머릿속에서는 택시가 코앞에 있어도 버스를 타야만 한다고 생각하지 않는 것이 오히려 자연스럽다고 했다. 남편도 만약에 내담자가 버스를 타려 한 내력에 대해서 알고 있었더라면 버스를 타려고 했을 텐데 남편은 미처 내담자의 속마음을 헤아리지 못했을 수도 있다고 했다. 남편의 입장에서 참 기분이 나빴을 것 같다. 왜 이 여자는 남편의 말을 안 듣고 무시할까에 대해서 속상했을 것 같다고 했다.

내담자는 '내가 항상 옳다'고 생각하는데 나의 생각이 항상 옳지 않을 수도 있음을 직면하였다. 내가 너무나 당연하다고 생각하는 것은 사고의 자동화가 된 것이다. 나의 고정관념은 내 생각의 틀 내에서 당연할 뿐이지 남편의 입장에서도 당연한 것이 아님을 말해 주었다. 그러니까 내담자가 해 왔던 모든 불평거리들이 내 주장만 강하게 펼치고 상대방의 입장을 이해 못 하는 것에서 나온 것일 수도 있었다. 내담자는 "아하! 이 책에서도 보니까 고정관념의 틀을 깨는 것이 중요하다고 나왔어요."라고 말했다. 어쨌든 당연히 이렇다, 절대로 이렇다는 것은 나의 언어이지 다른 사람도 나와 같이 생각하지는 않는다는 것을 이해해야 한다고 말했다. 너무나 하찮은 것을 가지고 고집을 부렸다고 직시하였다(여기서 내담자는 통찰이 일어난 듯, 아! 하!). 내담자가 남편이 어떻게 할 여지를 주지 않고 강하게 밀고 나간 후, 왜 당신은 그때 말하지 않았느냐고 하는 것도 비합리적임을 명시하였다. 남편은 "당신하고 나하고 잘 살면 모든 것이 해결이 된다."는 생각을 평소에 강조했다고 한다. 그러나 내담자는 "애가 아픈데 왜 내가 네 생각만 하니."하면서 남편을 무시했다고 한다. 상담자는 이제 남편의 입장이 이해가 된다고 했다. 지난 25년간 결혼생활 동안 남편도 비참함을 느꼈을 것 같다고 했다. 왜냐하면 결혼생활은 상대적이기 때문에 내담자의 결혼생활이 비참했다면 남편의 결혼생활 역시 비참했을 것이기 때문임을 역설하였다. 일요일에 남편이 "나는 당신에게 정이 없어."라고 말해서 "나도 정이 없다."고 대답했다고 했다. 어쩌면 그것은 '정이 있다'라는 말이다. '내가 당신을 좋아하고 사랑을 주고 싶은데 네가 나에게 사랑을 안 주니까 나도 정을 안 줘서.'라는 의미일 수도 있겠다고 말했다. "선생님, 저는 제가 항상 당연히 옳다고만 생각했어요. 그렇다면 무조건 남편의 뜻을 따라야 하나요?"라고 내담자가 물었다. 상담자는 그럴 필요는 없다고 했다. 항상 마찰과 갈등의 순간에 서로가 서로의 속마음을 헤아리지 못해서 그러는 경우가 많으니 서로의 마음을 확인하고 내비출 필요는 있다고 말해 주었다. 예를 들면, 아까와 같은 상황에서 버스를 타려고 하는 이유를 남편에게 잘 설명을 해 주는 과정이 필요함을 역설하였다. 내담자는 자신들에게 여태까지 그런 순간이 너무나 많았고 서로가 서로를 무시하게 되고 이로 인해 관계 자체가 차단되었다고 했다. 일례로 집에서 가구를 하나 옮길 때도 상의하지 않고 혼자 했다고 했다. 내담자는 아이들 때문에 속상할 때 자기 전에 양주를 한 모금씩 마시고 잔다. 그전에도 집에서만 있을 때, 하루종일 시간이 남았고 자고 싶으면 자고 밤낮의 구분이 없이 지내다가 밤에도 잠이 잘 안 오는 경우가 많아서 잠들기 위해서 아들이 어렸을 때부터 술을 먹었으며, 지금도 아들이 안 들어오거나 딸이 안 들어오면 술을 먹는다고 했다. 내담자는 그래서 주부들이 알코올 중독이 되는 것도 이해가 된다고 하였다. 상담자는 그런 모습을 아들이 보고 배워서 따라 하는 것일 수도 있음을 가르쳐 주었다.

상담자는 내담자가 작성해 온 기록지를 보면서 '평생 애를 끓이면서 살 것 같다.' '평생 내가 그 꼴을 보고 살 것 같구나.' '내가 이런 바보하고 살아가다니 무슨 재미로 살꼬.' '오죽하면 이런 못난이를 만났을까 생각하니 서글펐다.' '의욕이 없고 패배감에 젖어 있는 아들을 생각하니 전신에 힘이 쭉 빠지고 물속에서 걷는 것 같이 힘이 든다.' '엄마 자격이 없는 것 같아 무력감을 느낀다.'라는 생각을 논박하면서 인지상담 기법을 아들에게 활용할 것을 강조하였다. 아직 일어나지 않은 상황에 대해서 미리 걱정하지 말고 그때에 가서 걱정하라. 할일이 없는 사람이 미리 걱정을 하는 것이라고 했다. 그의 기록지 중에 "애인 버리고 시집 잘 온다고 온 것이 이런 구덩이로 들어오다니 나는 슬픈 드라마의 주인공이며 모든 것이 나의 죄다."라는 말이 나오는데 이런 말을 쓰면 쓸수록 내가 더욱 불행해짐을 강조하였다. 내 인생이 모파상의 목걸이라고 하셨는데 우리들의 인생이 부분적으로는 다 속고 속이면서 사는 것이 아닌가, 당신은 계속해서 속아서 한 결혼이라고 강조하지만 상담자가 객관적으로 보기에는 꼭 그런 것만이 아니다. 당신의 남편도 명문고, 명문대학을 나오고 그래도 한 분야에서 자격증을 가지고 호구지책을 해결하는 사람이고, 시아버지에게서 커다란 집도 한 채 물려받았다면 당신의 기준에 들어오지 않는다고 속아서 결혼했다는 것은 앞뒤가 안 맞는 말이다. 당신은 얼마나 잘났느냐, 당신도 상담자가 보기에는 그런 남편을 만난 것이 그렇게 억울한 결혼을 한 것으로 보이지는 않는다. 이 세상의 상당히 많은 사람 중 상대방 배우자에 대해서 속속들이 알고 결혼하는 경우는 거의 없다. "흔히들 반쯤은 속아야지 결혼을 하는 것이란 말들을 하지 않느냐."고 하자 내담자도 수긍하였다. 내가 한 선택에 대한 책임은 내가 져야 하는 것이다. 나의 판단이 흐린 것에 대한 책임을 내가 져야 하는 것이라는 것을 강조하였다. 그러면서 엄마가 우울해서 집안도 돌보지 않고 내버려둔다면 집안의 가족구조 자체가 파괴되는 것임을 상기시켰다. 숙제로 다음의 사항을 내주었다.

숙제

1. 남편에게 가서, 영화 보러 갔을 때 자신의 주장을 무조건 밀어붙였던 것에 대해서 진심으로 사과하기
2. 남편과 가족에게 진심으로 우러나는 서비스하기
3. 남편에게 양보하기
4. 남편이 나에게 잘해 주었을 때 진심으로 고맙다는 표현을 해서 남편의 바람직한 행동에 대해서 격려하기
5. 비합리적 생각을 찾아오기
6. 4회기 녹음 파일을 듣고 느낌이나 소감을 적어 오기

④ 제6회 상담, 4월 29일(화)

상담자는 먼저 4회기 녹음 파일을 듣고 느낀 소감에 대해서 물어보았다. 그는 너무나 남편과 똑같이 행동하고 있는 자신을 발견했다고 말했다. 어쩌면 그렇게 남편의 싫은 부분이 그대로 자신에게 스며들어 있는지 놀랐다고 했다. 그러면서 상담을 통해서 깨달은 바가 많기 때문에 거기서부터 가는 지점은 빠르고 희망적이라고 했다. 상담 내용을 들으면서 나만 고치면 남편은 저절로 고쳐질 것이라는 확신이 들었다고 했다. 화가 날 때마다 자신을 돌아다보며 화나는 감정을 조절할 수 있는 열쇠를 얻은 것 같다고 하였다. 자기는 스스로를 지탱해 주었던 모든 생각의 파편들이 너무나 옳다고만 생각했었는데 그것이 바로 잘못되었던 것임을 분명히 알았다고 했다. 상담자

는 이제 내담자의 문제와 그 문제해결의 실마리가 내담자 스스로에게 있다는 확실한 통찰이 있었던 것으로 판단이 되어, 내담자가 앞으로 상담을 통해서 성취하고 싶은 것이 무엇인지 물었다. 그는 억지로 아이들 때문에 끌려온 남편과 자신의 결혼생활을 이제는 자발적으로, 재미있고 행복하게 살고 싶다고 했다. 그렇게 하기 위해서 내담자가 좀 더 구체적으로 해야 할 일이 무엇이냐고 물었다. 그는 남편을 이해하고, 남편의 존재를 인정해 주며, 남편을 사랑하는 일일 것이라고 했다. 그렇게 하기 위해서 남편을 비난하지 않을 것이며, 남편에게 요구하기 전에 자기 자신이 먼저 변화하기 위해서 노력하는 자세가 필요하다고 했다. 상담자는 지난 회기 때 내담자가 했던 말을 상기시켰다. 내담자의 남편이 내담자에게 "너하고 나하고 잘 살면 아이들 문제는 없을 것이다."라고 하면서 잘 살아 보자고 했던 기억을 떠올리면서 그 말은 참으로 명언이라고 말해 주었다. 문제 아이 뒤에는 거의 문제 부모가 있음을 상기시켰다. 부모들이 서로 간에 관계가 좋고 가정의 분위기가 좋은 환경에서 자라는 아이들이 빗나가는 경우는 드물다는 것을 말해 주었다. 그러자 내담자는 자신이 요즘에는 변화가 많이 되었고 많은 것이 해결되었다고 생각하니 기분이 좋아서 〈존재의 이유〉라는 노래를 흥얼거렸는데, 가사 가운데 "네가 있어 나는 살 수 있는 거야."라고 하는 부분에서 남편이 가사가 틀렸다고 하자 화가 또다시 뻗쳤다고 했다. 그래서 이럴 때 화가 나는 것은 당위적 사고 때문이 아니야 하면서 도대체 이럴 땐 어떻게 해결해야 할지를 몰랐는데 오후에 『인지 · 정서 · 행동치료』(1997) 책을 읽으면서 그 해법을 찾았다고 했다. 남편이 나를 수용해 주기를 바라는 것은 내 마음이고 남편이 나를 수용하고 안 하는 것은 그 사람의 자유라는 것을 알았다고 했다.

상담자는 남편의 입장을 설명해 주었다. 부인을 비난하기 위해서 가사가 틀렸다고 말한 것은 아니었는데 내담자가 막연하게 넘겨짚어서 화가 났을 뿐임을 말해 주었다. 다른 사람이 나를 화나게 한 것이 아니고 내가 화가 나기로 선택한 것임을 다시 한번 확인하자, 자신도 책에서 다른 사람이 자신으로 하여금 '화'가 나게 해 주는 단추는 될 수 있지만 그 단추에 전기가 통하게 하는 배선에 대한 책임은 자신에게 있다는 것을 확인했다고 하였다. 그리고 부부의 관계는 "이기고 지는 관계가 아니다."라는 구절을 보면서 또 '아! 하! 바로 이것이구나, 아! 내 문제는 이제 해결이 다 된다.'라는 생각을 했다고 했다. 상담자는 그것은 어쩌면 비현실적일 수도 있는 생각이라고 말했다. 인간의 일상사에서는 마음먹은 대로 생각하는 대로 전부 되지 않을 수도 있는데 그때에 실망할 수 있기 때문에 '나는 다 됐어.'라는 막연한 생각보다는, 어떤 면에서 어떤 것이 해결이 되었는지에 관해서 구체적으로 생각하는 연습을 하도록 하는 것이 중요함을 역설하였다.

자신은 상담을 통해서 너무나 많은 것을 습득해서 기분이 좋으며 너무나 많은 도움을 받는다고 하였다. 자신이 왜 그렇게 모르고 살았는지 한심스럽다고 하였다. 이제는 자신의 생각이 많이 바뀌었으며 경직되고 융통성이 없고 고지식한 것이 나쁘다는 것을 알았다고 했다. 상담자는 내담자 사고의 패턴을 확인해서 고쳐 가는 것이 바로 인지상담 기법임을 상기시키면서 몰랐을 때는 분별력이 없었지만 지금은 알았으니 아는 대로 행동하는 것이 중요함을 강조하였다. 사람은 아는 만큼 보이고 보이는 만큼 느끼고 느끼는 만큼 배울 수 있음을 힘주어 강조하였다. 제대로 잘 아는 것이 참 중요하다는 것을 다시 한번 말을 했다. 그러자 자신의 집에는 모든 남자들이 우유부단하기 때문에 자신의 옛날 방법이 먹혀들어 갔다고 했다. 상담자는 그 방법이 결국은 바람직한 방법이 아니었기 때문에 그동안 남편과 아들과 얼마나 갈등이 많았으며 결국은 아들 문제 때문에 브레이크가 걸린 것이 아니냐고 직시하였다. 내담자는 만약에 자신의 남편이 믿음직스럽고 강해서 자신이 남편에게 끌려갔더라면 이런 스트레스를 받지 않아도 될 텐데 한스럽다고 했다. 상담자는 내담자의 바로 그 믿음, '남편이 나보다 믿음직스러워 가정사를 모두 이끌어 갔으면 스트레스를 안 받는다.'라는 것은 하나의 가정(assumption)일 뿐 사실이 아님을 직면하였다. 아울러 정말로 남자가 지금보다 더 세고 강했으면 더 피곤하고 더 불행할 수 있는 가능성이 있음을 역설하였다. 이 땅의 여성들 중에서 남편이 가부장적 권위를 지나치게 내세우기 때문에 살기가 어렵고 힘들다고 호소해 오는 사람이 더 많음을 확인시켜 주었다. 결국 인간의 많은 문제해결의 열쇠는 자신의 내부에 있음을 역설하였다. 요즈음에 많이 팔리는 베스트셀러를 보면, 모든 것은 마음먹기에 달려 있다는 명상법, 생각을 바꾸면 운명이 달라진다, 모든 것은 마음먹기에 달려 있다류의 책들이 거의 대부분 생각을 바꾸고 마음을 정리해서 행복을 찾아가는 방법을 제시하고 있음을 알려 주었다. 내가 바뀌고 내가 변화되어야 세상도 바뀌고 세상도 변화되는 것이지, 내가 바뀌지 않으면서 상대방의 변화만을 요구하면 상대방은 변화되지 않는다는 것은 거의 진리에 가깝다고 말했다. 내담자는 자신은 이제야 그 사실을 알게 된 점에 대해서 몹시 안타까워했다. 등잔 밑이 어둡다고 자기에게는 별일이 없다고 믿었다. 여차해서 무슨 일이 일어나면 남보다 더 많은 혜택을 받을 수 있다고 자만해 왔는데 이런 상담이나 심리치료의 세계에서 도움을 받고 보니 참으로 기쁘다고 했고 자신의 어리석음을 발견했다고 했다.

상담자는 그다음으로 남편을 이해하고 인정하고 사랑하기 위해서 어떤 일을 해야 하겠느냐고 물었다. 내담자는 나서지 않아야겠다고 했다. 상담자는 그 말의 의미를 물었다. 내담자가 집안의 중요한 경제적 문제, 재산 관리하는 것들을 다 알아서 하다 보니 남편이 자신의 치마폭에 들어와 버리기 때문에, 이제 그를 남편의 모습으로 홀로 우뚝 서도록 도와주고 싶다고 했다. 상담자가 만약 그런 남편이라면 일을 철저하게 보지 못할 수도 있고 그렇게 되면 많은 손해를 보게 될지도 모름을 상기시키자 내담자는 각오가 되어 있다고 했다. 이제는 남편이 해야 할 일은 그가 스스로 알아서 하도록 해야겠다고 다짐했다. 상담자는 아내에 대한 남편의 새로운 불평도 감내할 수 있는지를 물었다. 내담자는 그럴 수 있겠다고 했다. 그러나 바로 어제, 이제는 남편에게 잘해 줄 생각으로 딸기를 깨끗하게 씻어서 갖다주니까 남편이 거들먹거리면서 "연유도 가져와."라고 말하는 모습이 너무나 미워서 자기가 변하고 싶은 마음이 사라지기도 한다고 했다. 자기가 잘해 주면 남편이 다시 옛날로 돌아가 버려서 자신을 괴롭힐까 봐 걱정이 된다고 했다. 상담자는 내담자에게 상대방을 존중하면서 자신의 의견을 표현하는 주장훈련(assertive training)에 대해서 설명을 해 주었다. "당신의 그런 행동이 얼마나 상대방을 힘들게 하는지 아느냐. 당신이 그 모습을 제대로 바라볼 수 없기 때문에 자기도 모르게 그렇게 할 수도 있을 것이다. 우리가 부부로 만나서 서로 이해하고 사랑하면서 조화롭게 살아가는 것이 중요하지 서로에게 과시하고 상처를 주기 위해서 살아가는 것이 아니지 않느냐."고 정중하게 말하도록 교육하였다.

내담자는 사실은 자신의 남편도 변화하려는 자세가 있다고 했다. 상담자는 정말로 어제와 같은 상황이 앞으로도 많이 벌어질 텐데 벙어리 냉가슴 앓듯 하지 말고 상대방을 존중한다는 마음을 바탕으로 정중하게 자신의 생각을 표현할 것을 요구하였다. 내담자의 남편도 내담자가 참 많이 변한 것 같은데 언뜻보면 옛날과 똑같다고 불평을 해서 내담자는 "나도 가슴이 아파. 너는 변할 수 있을 거야."라고 이야기해 달라고 남편에게 말했다고 했다. 상담자는 참 잘하신 일이라고 격려해 주었다. 그다음에 남편을 또 사랑하기 위해서 어떻게, 무엇을 할 수 있는지를 물었다. 내담자는 남편을 사랑하는 것이 참으로 어려운 것 같다고 말했다. 지난 일요일에 남편이 나를 만나서 안 해도 될 마음고생을 무지 했겠다고 생각하니 잘해 줄 수는 있겠는데 사랑하기는 정말로 어려운 것 같았다고 했다. 자신이 변화되고 거듭나서 과연 이 사람을 가슴으로 사랑할 수가 있을까에 대한 강한 의심이 들었다고 했다. 상담자는 그러기 위해서는 무수히 많은 생각과 행동의 변화가 있어야 가능할 것이라고 했다. '이 사람을 정말로 사랑하고 싶다.'는 생각이 가슴으로 우러나지 않더라도 행동을 통해서 사랑하고 싶은 감정과 생각이 들 수도 있음을 설명하였다. 사랑을 충분히 느끼지 못해도 꼭 껴안고 여러 가지 다양한 행동으로 사랑의 표현을 할 것을 강조하였다. 내담자는 이제는 거의 싸우지 않는다고 했다. 옛날에 비하면 아주 용이 됐다고 했다. 사실 내담자는 남편과 부부관계를 하기가 싫다고 했다. 상담자는 아마도 내담자의 그런 정서의 이면에 있는 '내가 이 나이를 먹도록 이것을 해야 하나… 너무나 동물적이다.' '아들은 저 모양인데 아버지라는 작자는 동물적 쾌락이나 추구하다니 너무나 한심하다.'라는 생각을 찾아냈다. 이런 행위를 통해서 남편과의 관계를 촉진할 수 있다면 그 행위가 의미가 있지 않겠느냐고 했다. 이것을 통해서 그동안 못다 했던 부부관계를 만들어 가는 것임을 말했다. 남편의 요구에 피하지 말고 성실하게 응해 주었을 때 관계가 변화될 수 있다는 사실을 말해 주었다. 내담자는 남편은 성행위를 하는 것으로 나에게 잘해 준다고 생각하는 것 같다고 했다. 그리고 자기가 아직도 내담자보다 한 수 위에 있음을 과시하는 무기로 사용하는 것 같아서 싫고 남편에 대해서 비굴함을 느낀다고 했다. 상담자는 이것 또한 내담자의 추론이기 때문에 진짜로 내담자의 남편이 그런 생각을 하는지는 확인하기 전에는 확실하게 알 수 없는 것이라고 했다. 내담자 자신도 자신이 먼저 남편에게 사랑을 베풀지 못했음을 시인하였다. 자신은 남편에게 '사랑을 먼저 주는 것은 남편을 무시하는 것이다.'라고 지각하고 있다고 했다. 그리고 '나의 남편은 나의 모든 것을 다 수용해 주어야 한다.'고 생각했다고 말했다. 내담자 스스로 이런 생각들이 자신을 파괴적으로 몰고 간 요인이었음을 깨달았다고 했다.

상담자는 그다음으로 내담자를 이해하고 인정하기 위해서 또 어떤 점이 필요하냐고 물었다. 자신의 남편은 자신이 소속해 있는 전문가 협회에서 부회장까지 했으나 자신은 한 번도 그런 남편의 자랑스러운 점을 인정해 준 적이 없다고 했다. 남편은 잘해 주면 철저하게 아내를 깔아뭉개는 것 같았고 자신도 남편을 누르려고 하면 할수록 처절할 정도로 잘난 척을 하는 것 같았다고 하였다. 이제는 정말로 베풀어 주어야겠다고 하였다. 상담자는 사람들이 애정과 특별한 친밀감을 느끼는 사람은 나의 존재를 인정해 주고 나의 좋은 점을 알아봐 주는 사람에게서 정이 가고 고마움이 느껴지며 친화감이 생긴다는 것을 설명해 주었다. 내담자는 자신이 남편을 먼저 사랑하고 감싸는 것은 생각해 보지도 못하고 남편은 반드시 나를 감싸 주어야만 하고 수용해 주어야만 한다고 생각했던 자신의 어리석음을 한탄하였다. '나는 반드시 남편에게 보호를 받아야만 하고 여자는 사랑을 해 주면 안 된다.'라는 생각이 깊이 머릿속에 내재화되어 있다고 했다. 상담자는 아마도 한국 문화의 영향이 아니겠느냐고 했다. 행복한 여자의 잣대는 남편에게 사랑받는것이고 여자인 내가, 아내인 내가, 먼저 사랑을 해서는 안 되는 것이라고 생각했다고 고백했다. 그래서 내가 이 집에 시집을 올 때에도 그 집은 부자고 남편이 나이도 많으니까 나는 사랑을 많이 받을 수 있다는 확신을 가지고 왔는데 실제는 그러하지 못했기 때문에 더욱 깊은 슬픔이 가중된 것 같다고 했다. 상담자는 이 땅의 많은 여성이 불행을 느끼는 이유는 내가 시집을 갈 때, 내가 희생해서 이 남편과 가정을 살리고 사랑을 주겠다는 마음가짐보다는 내가 시집 식구나 남편에게 사랑을 듬뿍 받고 나의 부족한 부분을 남편에게 보상받으려는 심리로 결혼을 하기 때문이며, 현실이 나의 그러한 욕구를 충족시켜 주지 않기 때문에 오히려 많은 불평과 불만이 싹트게 될 것임을 일러 주었다. 어떻게 보면 모든 인간관계, 특히 남녀관계는 서로 주는 만큼 받게 되어 있음을 말했다. 그런데 현재 내담자가 남편에 대한 사랑의 감정이 없으므로 남편이 나를 사랑하고 싶은 마음이 안드는 것도 어쩌면 자연스러운 것인지도 모르겠다고 말했다. 인간과 신의 관계에서는 우리가 하느님을 사랑하지 않아도 하느님은 우리를 사랑할 수 있겠으나 남녀 간의 인간관계에서는 그것이 어려울 것임을 말했다. 물론 인간관계 중에서도 부모와 자식 간의 관계는 물론 다를 터이지만.

그러자 내담자는 자신은 사랑을 받으려고만 했고 사랑을 주는 것을 전혀 몰랐다고 했다. 남편에게 사랑을 주는 것은 남편을 무시하는 것이란 생각까지 했다. 그리고 남편 역시 "날 좀 사랑해 줘."라는 말을 입에 안 올렸다고 했다. 내담자는 또다시 남편이 비위에 거슬리는 점을 지적하였다. 이모가 일곱 명, 여자 형제가 다섯 명. 모든 것을 주변 사람들이 다 해 주고 자신은 권위만 내세우고 해서 어떨 때는 남편이 죽어 버렸으면 좋겠다고 생각한 적도 있었다고 하였다. 그래도 과부가 되는 것보다는 낫다고 위로하며 살 때가 많았다고 했다. 상담자는 누구를 이해한다는 것은 그 사람의 살아온 성장배경과 환경까지 감싸안는 것을 포함하고 있다고 말해 주었다. 내담자는 스스로 하지 않아도 주변에서 수족처럼 모든 것을 다 해 주었던 남편의 성장과정을 받아들이면서 남편을 수용하고 남편의 약점을 서서히 고쳐 나가도록 하겠다는 다짐을 하였다. 남편을 진정으로 이해한다는 것은 그의 가족구조, 종가집의 종손, 성장환경을 이해하는 것이다. 시아버지도 시골에서 내담자의 집에만 오면 아들 종노릇을 하는 꼴을 보면서 '나는 앞으로 영원히 이 꼴을 보면서 속이 상해야지 별 도리가 없다.'는 참담하고 비참한 생각을 많이 했는데 이제는 내가 변화되면 남편도 변화될 것이라는 확신을 가지고, 안 되면 안 되는 대로 절망하지 않고 부딪치면서 '그런 남편은 능력이 없으니 이 세상 살기가 얼마나 힘이 들까.'라는 생각까지 해 보라고 하자 '아!하! 그렇게 생각해야 되는구나!' 하면서 또다시 감탄사를 연발하였다. 그러면서 지난주에 자신이 변하니까 남편이 태도가 바뀌는 체험을 구체적으로 했다면서 몹시 기뻐했고, 자신의 변화된 태도에 어떤 강한 확신이 있는 것 같았다. 2주 전에 극장에 갈 때에 탄 버스 속에서 자신은 앞자리에 앉는 것이 너무나 당연하여 앞자리에 앉았는데 남편은 버스의 엔진이 불쑥 튀어나온 부분이 싫다면서 뒤로 가서 앉았을 때, 당신의 행동에도 일리가 있음을 깨닫고 나부터 먼저 고쳐야 되겠다고 자신의 약점을 고백했다고 했다.

숙제

1. 5회기 녹음 파일 듣기
2. ABC 채우기
3. 책의 모르는 부분 적어 오기
4. 남편을 이해하는 것이 자신의 입장에서 어떻게 해야 하는 것인지 적어 오기
5. 내가 어떻게 변화되어야 하는 것인지 적어 오기

내담자는 상담실을 떠나면서 PET(효과적인 부모역할 훈련)에서 마지막 부분에 들었던 가치관의 변경, 속이 변화되어야 한다는 소리를 들었는데, 바로 이것이 그것이라는 것을 깨닫게 되었다고 했다.

* 6회기에서는 내담자가 자신이 지니고 있는 인지체계 및 여과기능이 잘못되었음을 인정하고 고쳐 나가려는 노력이 역력하게 나타난다. 상담자가 내담자의 역기능적 신념들이 내담자를 파괴적으로 이끌게 한 요인임을 논박하고 설득하는 과정이 비교적 잘 드러나 있어 상담과정의 전체 축어록을 수록한다.

6회 축어록

상담자: 안녕하세요, 지난번 녹음 파일은 들으셨지요?

내담자: 느낀 바가 아주 많았어요.

상담자: 아, 제가 소감을 적어 오라고 했는데 적어 오셨어요?

내담자: 소감이요? 그게… 여기 있어요.

상담자: 그대로 하고 계신 것 같았어요?

내담자: 예.

상담자: 아, 소감은 안 적으셨구나. 녹음 파일을….

내담자: 녹음 파일을 듣고.

상담자: 아, 그럼 저한테 얘기를….

내담자: 녹음 파일을 듣고….

상담자: 믿어지지 않을 정도로 나의 이야기가 다 나오는구나?

내담자: 예. (웃음)

상담자: (웃음) 말도 많고 쉼을 없애려는 듯이 서둘러 했다?

내담자: 예.

상담자: 쉼이 뭐예요?

내담자: 그러니까 선생님이나 내 얘기나 끝나면 그 중간 시간을 너무나 조급하게 서두르는 것.

상담자: 아, 그러니까 무엇인가 하시고 싶은 얘기가 그만큼 많아서 그러신 거지요. 그것을 확인하셨으면 좋겠어요.

내담자: 조급한 것 같았어요.

상담자: 내가 남편에게 싫어하는 부분을 그대로 내가 또 하는구나. 25년을 살았기 때문에 서로 많이 닮았을 거예요 아마.

내담자: 그런가 봐요, 아주 똑같다고 느꼈어요.

상담자: (웃음) 닮았고, 그러니까 내가 남편에게 가지고 있던 불만을 남편이 가지고 있을 수 있고, 그렇지요?

내담자: 예.

상담자: 오늘 우리가 6번째 만나는 거예요. 그런데 구체적으로 ○○ 어머니가 이 상담을 통해 내가 무엇을 얻고 싶다… 지금까지 중요한 문제를 논의하며 시간을 5번을 보냈는데 정말 내가 이 상담을 통해서 무엇을 얻을 것인가, 소위 상담의 목표, 아마 이 책에도 나와 있을 거예요. 그것을 정하셔야 되는데, 우리가 논의를 해야 하는데, 어떠한 것을 우리가 상담의 목표로 정하면 좋을까요?

내담자: 제가 사는데 억지로 살지 않고 좀 자발적으로 재미있게, 자발적으로 살고 싶어요. 여태까지는 억지로 끌려서 사는 것 같고 애 때문에 사는 것 같고 애를 위해 사는 것 같고 그랬거든요.

상담자: 아, 애를 위해 사는 것 같다?

내담자: 예, 남편은 속썩였지만 애를 위해 산다. 이런 생각을 했는데, 이제 아니다, 남편하고 나하고도 얼마나 어렵게 만났나…. 또 이 모습을 내가 고치면 남편도 분명히 고쳐질 것이다.

상담자: 맞아요.

내담자: 예, 그런 생각을 확실하게 가졌어요. 그래서 사는 것 자체가 제가 억지로 억지로 힘들게 살았는데 이제 얼마 남지 않은 생을 인생답게 한번 살아 보고 싶다.

상담자: 예. 얼마 남지 않은, 아직도 많이 남았지요.

내담자: 예, 어떻게 생각하면 70까지만 살아도 20년 남았지만, 참 긴 세월이에요 20년도.

상담자: 그렇지요.

내담자: 내가 20년 동안 이렇게 애쓰고 살았으니까 나머지 20년 행복하게 살면….

상담자: 행복하게 살고 싶다. 그러기 위해서, 그러니까 내가 억지로 살지 않고 자발적으로 살고 싶다는 것은 정말 재미있고 즐겁고 행복하게 살고 싶다, 행복을 느끼면서 살고 싶다, 이거잖아요?

내담자: 네.

상담자: 그렇게 하기 위해서 첫 번째는, 제가 볼 때 남편을 내가 많이 이해해야 될 것 같아요, 그렇게 하기 위해서는 남편을 이해하고 자꾸 남편보고 변하라고 요구하기 전에 내가 먼저 변하고, 그렇죠?

내담자: 예.

상담자: 내가 먼저 변하고, 그러니까 제가 지난번에 그 녹음 파일을 드리면서 좋아했던 생각… 남편이 그러셨다고 했잖아요. '너하고 나하고 잘 살면 애들은 정말 문제 없어.' 그것은 정말 명언이에요. 그니까 선생님이 결혼 초기부터 지금까지 남편과 정말 사랑을 나누고 행복하게 살아오셨다면 아마 ○○의 그런 문제가 안 나타났을지도 몰라요. 그러니까 저희가 흔히 여기서 보는 것이 그 문제 아이들에게는 항상 문제 부모나 문제 가정이 있다는, 이런 얘기를 하거든요?

내담자: 예.

상담자: 그 말이 정말 맞아요, 그 말이 너무나 진리예요. 그러니까 부모가 정말 서로 행복하고 서로 사랑하고 좋은 가정의 분위기에서 살아가는데 애들이 빗나가는 경우는 거의 없어요. 만약에 빗나간다 하면 그럴 때 문제는 굉장히 쉽게 고쳐져요. 그런데 가족구조 자체에, 전체에 문제가 있을 때는 아이들만 다루어서는 어려울 때가 많거든요. 가족 전체를 다시 구성을 해야 될 때가 많은데 지금 ○○ 어머니께서는 그것을 깨달았잖아요. 그러니까 깨달았기 때문에 거기서부터 가는 지점은 굉장히 빠르고 굉장히 희망적이지요….

내담자: 예.

상담자: 저는 굉장히 이 상담을 희망적이라고 생각을 해요.

내담자: 저도 그 녹음을 듣고 느꼈어요. 어, 나만 고치면 남편은 저절로 고쳐지는구나. 아주 똑같네. 그것을 제가 느껴서 그래, 바로 내가 그거 하난데 그때 나를 돌아다보는 거야, 그것을 알았어요. 아, 바로 그때다, 그래서 굉장히 키(열쇠)를 얻은 거 같아요.

상담자: 좋아요, 돌아다보는 거야 그랬는데, 어떻게 돌아다보실 거예요?

내담자: 그때 화날 때 상대방이 나한테 화를 내기보다 상대방은 화나 있는데 진짜 화난 거는 상대방의 그 모습을 보고 화가 난다. 그 책 보니까, 뒤에 보니까 단추는 내가 누른다 그런 대목이 있더라고요. 그런데 저는 그것 때문에 얻은 것이 아니라 그때 그것이 바로 자동화 사고다….

상담자: 아, 있어요, 사고의 자동화.

내담자: 그거를 무시했어요 제가. 그게 '그것은 아니다. 진리야. 그건 절대 불변이야.' 이렇게 생각하고 그게 비합리성, 그 비합리적 신념 그런 것은 전혀 몰랐어요.

그것에 무식했어요. '그게 바로 그거구나.' 그런 생각을 했기 때문에, 난 아주 큰 것을 알았기 때문에 가능성이 있지요. 그건 아주 진리라고 생각했거든요.

상담자: 아, 참 좋네요. 그럼 구체적으로 행복하게 살고 싶고. 남편하고 나하고 어렵게 만났다고 했는데 그것이 무슨 뜻이에요? 어렵게 만났다는 게?

내담자: 어렵게 살았다고.

상담자: 아, 어렵게 살았다, 어렵게 살았기 때문에 이제 재미있게 살고 싶다.

내담자: 예.

상담자: 이제 그러기 위해서 남편을 이해하고 비난하지 말고요.

내담자: 예.

상담자: 이 책의 어딘가에 나와 있지만 비난은 정서장애의 핵심이다라고 나와 있어요. 그러니까 분노나 화나 이런 것의 핵심은 비난이에요.

내담자: 예.

상담자: 그러니까 결국 내가 남편을 비난함으로써, 남편도 상담실에 오시지는 않았지만 화와 분노가 많을 거예요. 누구나 사람이 인정받고 싶고 이해받고 싶은 것이 본능인데 인정과 이해는커녕 비난을 받으니까 그게 얼마나 남편은 남편대로 화가 났고… 그러니까 이제 부인한테 잘 안 해 줬던 건 너무나 당연하고. 그게 비셔스 서클(vicious circle) 같은 거, 악의에 찬, 악순환의 연결고리지요.

내담자: 예, 어제도 제가 그 책의 뒷부분을 읽었는데… 제가 일요일에 또 한 번 사건이 있었는데요. 제가 모처럼 '아, 난 이제 모든 것을 해결했어. 여기서 난 모든 것을 해결했던 거야.' 이렇게 생각하고 일요일날 내가 흥얼흥얼했단 말이에요. 그런데 그 사람하고 나하고 〈존재의 이유〉란 노래를 했단 말이에요. 그런데 그 사람이 '언제가' 그 부분에서 잘 안 된단 말이에요. 아, 그래서 그 노래음을 완전히 알았어. 뭐, "네가 있어 살 수 있는 거야." 그랬더니 그 사람이 금방 "당신 그거 가사가 틀렸어." 이러는 거예요. 그래 내가 또 화가 치미는 거예요. "아. 좀 틀리면 어때. 난 지금 음이 중요하다고 그러는 건데. 아, 당신 내 기분을 그렇게 망쳐야겠어?" 그러면서 내가 화를 냈단 말이에요. 그런데 아무리 생각해도 '이건 당위성이 아니야. 당위성이 아니야. 이건 자동적 사고가 아니야.' 막 이렇게 생각을 하다 '이건 도대체 무엇에 해당이 되나?' 그러면서 저도 혼란이 일고 '이런 건 도대체 어떻게 해결을 해야 되나? 이건 할 수 없이 싸워야 되나

보다.' 저는 그렇게 생각을 하고요, 화가 났어요. 그런데 그날 저녁에 이제 이 사람이 어디 풍물을 간다고 해서 이 책의 나머지를 봤어요. 그런데 거기 바로 그런 부분이 있더라고요. 남편이 나를 수용해 주기를 바라지만 그 수용하는 것은 그 사람의 자유란 말이지요.

상담자: 그렇지. 예.

내담자: 그죠? 수용해 주기를 바라는 마음에 나는 흔히 수용해 줘야 된다고 생각을 했던 거예요.

상담자: 그렇죠.

내담자: 그래, 바로 그거구나. 전 '응, 바로 이 부분도 해결이 될 수 있는 거구나! 그것을 또, 제가 그것을 알고, 또 두 번째는 부부관계는 서로 이기고 지고 하는 관계가 아니구나.

상담자: 서로에게 맞춰야 되는구나.

내담자: 예, 그게 또 맞더라고요. 아, 그게 또 그거구나. 그것을 하나 느낄 때마다 '아, 나는 이제 해결됐어.' 생각이 드는 거예요. 아, 난 이제 돼. 이러면서. (웃음)

상담자: 아, 그것도 이제 제가 분명하게 얘기하면 다 된다 생각하시지 말고 그것 때문에 이것이 구체적으로 해결되는구나, 우리가 통합적으로 생각하지 않는 것이 좋지 않을 수도 있잖아요.

내담자: 예.

상담자: 다 된다고 했는데 실제로 안 되는 부분도 있을 때 또 좌절할 수도 있으니까, 그 말 때문에 이 문제가 이렇게 해결되는 구나, 구체적으로 생각하는 연습, 그것이 필요한 것 같고요.

내담자: 예.

상담자: 그래서 제가 남편의 입장에서 도와드리면 남편이 글쎄 가사가 틀렸다고 얘기했을 때 비난하려고 하셨던 건가요?

내담자: 아, 그건 아니에요.

상담자: 그러니까 내가 화를 내는 거지 내가 화나기로 선택한 거지 다른 사람이 날 화나게 하는 게 아니다, 이거 분명히 아셔야 돼요. 그래서 내가 그 단추 얘기를 분명히 썼어요. 단추, 화를 나게 전류를 통하게 할 수는 있지만 그것을 통하게 하고 안 하고는 내가 단추를 누르는 데 달려 있다. 이제 그 말이니까.

내담자: 예.

상담자: 그렇게 많은 것을 습득하셔서 참 기분이 좋네요.

내담자: 예, 꼭 내 얘기… 그렇니까 저는 굉장히 도움을 많이 받아요.

상담자: 원래 이 기법 자체가, 모든 기법이 사실 그런데, 머리가 좋은 사람한테는 더 잘 먹혀요.

내담자: 예, 왜 제가 그것을 모르고 살았을까요? 아주 이거 읽어 보니까….

상담자: 무지하셨던 거지 뭐, 인간의 행동을 이해하는 측면에서.

내담자: 예, 나는 그냥(안 들림) 이런데 눈도 안 돌리고, 그지요?

상담자: 예, 그러신 거지요.

내담자: 예.

상담자: 그런데 저는 ○○를 하셨다는데 그렇게 막히셨을까? 상담이고 이런 데에, 저는 그게 참 의문스러워요. 왜냐하면 ○○가 이런 사람들이 많이 와서 배우고 그러거든요. 사람을 다루는 데 이런 상담적인 지식이나 이런 게 얼마나 필요한데요.

내담자: 아이, 참 저도 이상해요. 저도 아주 희한한 게, 그런데 제가 인간관계에 힘들었던 게 제가 재미있는 얘기는 잘하는데 누가 괴로운 얘길 하면 어떻게 해야 될지를 몰랐어요. '또 여기서 어떤 얘기를 해야 되나?' 그런 것은 아주 그냥 당황하게 되더라고요. 그때도 내가 '나도 변화가 좀 있어야 돼.' 그리고 우리 집에서는 은근히 막았어요. 제가 사회활동 하는 거 공부니까 일만 해. 괜히 눈 돌리면 뭐 이런 쪽으로 은근히 막고, 또 절에 다닌다는 게 그게 조금 폐쇄적이예요. 그리고 정식으로 하지도 않고. 예, 정식으로 하지도 않고, 일요일날 안 하니까.

상담자: ○○ 어머니 생각 자체가 많이 바뀌었는데, 굉장히 비합리적이셨지요. 경직돼 있고, 융통성 없고, 고지식했던 거잖아요. 지금은 그런 것이 나쁘다는 것을 알고 사고의 패턴을 알아 가고 고쳐 가시는 거지요.

내담자: 예, 그렇지요.

상담자: 몰랐을 때는 모르니까 못했는데 지금은 알았으니까, 그러니까 사람들이 아는 만큼 보이고 보이는 만큼 느끼고 느끼는 만큼 배우고, 이런 말이 있잖아요. 그러니까 제대로 안다는 것은 정말 중요하지요.

내담자: 그런데 우리 집에서는 다 남자들이 우유부단하니까 내 것이 먹히더라고요, 내 방법이. 그러니까 내가 그런 스타일로 끌어갔어요.

상담자: 그러니까 그것이 지금까지는 됐는데 결국 그게 바람직한 방법이 아니니까 그게 막히잖아요. 끌어왔다고는 했는데 그간에 얼마나 갈등이 많았었어요 사실.

내담자: 만약에 우리 남편이 나보다 더 세서 그 남편 따라갔으면 더 낫지요.

상담자: 낫다고요?

내담자: 예, 그러니까 힘의 균형이, 이 사람은 뭐든지 안 하는 거예요. 예를 들어, 동사무소에 가서 주민등록등본을 떼어 오는 것 같이 조금이라도 스트레스받는 건 안 해요.

상담자: 그래요. 그런데 그것도 우리가 이렇게 생각해 봐야 돼요. 지금 내가 생각하는 건 가정이에요. 남편이 세면 낫겠다? 정말 세면 내가 지금보다 더 피곤할 수도 있어요.

내담자: 그럼 내가 오히려 지고, 이렇게.

상담자: 그럼 더 불행할 수도 있지.

내담자: 그럴까요?

상담자: 그럼요. '왜 내가 남편을 이런 사람을 만났나?' 그러니까 많은 사람들의 어려움과 불평이, 특히 여성들의 어려움과 불평이 ○○ 어머니같이 '왜 내 남편이 힘이 없이 내가 다 끌어가야 되나.' 이 불평보다는 '우리 남편이 너무나 가부장적이고 너무나 권위주의적이어서 못 살겠다.' 그런 것을 호소해 오는 여자가 더 많아요. 많지요.

내담자: 아, 저는 우리 시아버지까지요, 무슨 재산관리, 경제관리를 나한테 다 맞기는 거예요. 시집가서부터요.

상담자: 믿으니까, 믿으니까 그렇겠지요.

내담자: 워낙 억세게 하니까요. 그런데 그 사람들이 그렇게 안 해요.

상담자: 믿어서 그렇지요. 믿어서.

내담자: 내가 시집간 다음부터 우리 시아버지가 나한테 맡기는 게 시어머니가 없어서 그러니까. 내가 가자마자 시어머니 노릇을 한 거예요, 이 집에서. 시어머니가 없으니까 시아버지가 나한테 맡기는 거예요. 그러다 보니까 억세지고. 살다 보니까 이렇게 나도 억세져요. 그래서 나도 계속 그런 스타일로 끌고 가다가

여기 와서 애들 중학교 고등학교 6년 동안 옆을 볼 틈도 없었지요.

상담자: 그러니까, 그러니까요. 그게 결국은 그게 아니잖아. 잘 가르쳤으면 애가 잘 나갔었어야 되는데, 이게 브레이크를 걸게 되고. 그러니까 지금이라도 이제 삶의 다른 부분들에서 새로운 진리를 깨달아 보세요. 여기도 보면 마음을 다스리는 법이라고요. 이 책이요, 제가 저번에 나가서 사 왔는데, 이게 베스트셀러라고 해서 보니까 다 심리학에 대한 거고, 인지상담에 대한 거예요. 이게 생각을 바꿔서, 마음을 정리해서 인간관계를 개선하고, 이런 것을 다루었더라고요. 지금 나온 책들이 다 그런 것들이더라고요.

내담자: 예.

상담자: 결국 내가 바뀌고 내가 변해야지 세상이 바뀌고 세상이 변하는 것이지, 내가 바뀌지 않고는 상대방이 결코 바뀌지 않는다는 건 거의 진리예요 진리.

내담자: 그런데 난 그것을 이제 알았어요. 참 희한해요. 희한하다고 생각할 수밖에 없어요. 그런데, 참 등잔 밑이 어둡다고 '난 별일 없을 거야. 내가 ○○에 있는데'.

상담자: 예, 그러니까 말이에요.

내담자: 그것이 강하게 작용한 것 같애요. 제가 ○○에 있는데… 이런 맘 있잖아요. 무슨 일 있으면 남보다 더 빨리 혜택을 받겠지.

상담자: 너무나 자만에 빠지셨구나.

내담자: 그런가 보지요.

상담자: 그런 거일 수 있지요. 그러면 그럼 내가 억지로 살지 않고 이제는 정말 남편에게 행복, 남편과 식구들과 함께 행복하게 살기로 했는데 그러기 위해서 남편을 이해하고, 내가 먼저 변해야 된다. 이 두 가지는 제가 제시를 한 거고 ○○ 어머니가 생각하실 때 또 어떤 점이 바뀌어야 되고 그래야 될 것 같아요? 어떤 점이? 이제부터 행복하게 살기 위해서?

내담자: 나서지 않는다. 나서지 않는다.

상담자: 나서지 않는다는 건 뭐예요?

내담자: 그게 뭐냐면요. 이번에 인제 우리가 재판이 하나 붙었어요. 왜냐하면 요새 불경기니까 임대료가 안 나와서 재판이 붙었어요.

상담자: 어디 지금 건물도 있고 그러신 거예요?

내담자: 아니 건물이 아니라 아파트 한 채예요, 조그마한. 우리 옛날에 살던 데예요. 그

런데 그것을 이 사람한테 맡기니까, 제가 하다가 이게 안 되니까 남편한테 맡겼어요. 그런데 이 사람이 그게 경매가 아니라, 뭐 붙이는 거… 차압용지 붙이는 게 나왔는데 그 날짜를 두 번이나 어겼어요.

상담자: 남편이?

내담자: 예. 그것을 자기가 따라가서 붙이면 되는데, 그걸 안 가고 그냥 집달리를 시켜 버린 거예요. 그러니까 이 사람이 거기서 거의 1년을 그냥 사는 거예요. 두 번 다 그냥. 내가 그냥 울화통이 터지는 거예요. 그래서 그냥 안 나서기로 했어요. 그런데 내일 재판이에요. 그건 내 돈하고 상관없다, 당신이 해 봐라. 그런 것을 이 사람이, 그런 것을 안 하니까 내가 그 동안에는 애가 타서 다니고 그랬거든요. 하도 안 하니까. 돈은 이제 둘째다, 네가 해 봐, 그랬지요. 절대 이제 나서지 않기로. 이 사람한테 그냥 맡기는 거. 그런 거.

상담자: 글쎄, 그거… 나서지 않는다… 글쎄, 나서서 그렇게 나쁠 게 뭐가 있어요?

내담자: 그럼 이 사람이 모든 것이 내 치마폭으로 쑥 들어가 버릴 것 같은….

상담자: 아, 그럴 것 같아서?

내담자: 예.

상담자: 그러면 이것을 생각하셔야 돼. 내가 나서지 않았을 때 남편이 하는 것은 내가 보기에 답답할 수도 있고.

내담자: 무지 답답하고.

상담자: 무지 답답하고 또 어떻게 보면 많은 손해를 볼 수도 있어요. 그걸 내가 감수할 수 있다면 나서지 않으셔도 돼요. 그것을 내가 감수할 수 있다면.

내담자: 예, 예. 그러니까 '우리 그것 때문에 망한다.' 이거 아니면 '아니다. 저거 그냥 놔둬야겠다.'

상담자: 남편이 스스로 알아서 할 수 있게?

내담자: 예.

상담자: 내가 스스로 알아서 하면 내가 너무 싫고 그래요?

내담자: 내가 나서면요… 우리 모든 여러 식구, 이제까지 그렇게 살았어요. 이 사람이 그것을 안 하니까 죽어도 안 해요. 호적초본 하나 떼어 와야 그게 재판이 되는 건데, 그것을 안 해요.

상담자: 귀찮아서 그런 거잖아요?

내담자: 귀찮고, 어떻게든 되겠지, 회피성 그런 게 있어요, 이 사람도.

상담자: 저는 걱정이 되는 게, 이 나서지 않을 경우에 말이죠. 남편이 여태까지는 이 마누라한테 의지를 하고 모든 것을 마누라가 해 줬는데 만약에 내가 나서지 않아도 남편이 억지로라도 어떻게 꾸려간다라면 문제가 안 될 텐데….

내담자: 예.

상담자: 결국 남편이 못할 수도 있고, 또 이게 옛날에는 다 해 줬는데, 이제는 안 하고 손 떼는구나 해 가지고 불평을… 새로운 불평이 또 생길 수도 있고 그런데.

내담자: 그런데 제가 어저께 "어 당신 밥 먹었지? 딸기 줄까?" 그랬더니 금방 또 옛날 버릇이 나오는 거예요. "응, 딸기? 응, 연유도 가지고 와." 이러는 거예요. 그런 게 견제를 해야 된다고요. 옛날처럼 의존….

상담자: 아, 무슨 말 하는지 알겠어요. 그렇지요, 무조건 잘해 줄 수는 없지요.

내담자: 옛날하고 똑같아져요. 애쓰고 고치려 하는데 그 사람 옛날하고 똑같아져요.

상담자: 그러니까 그런 얘길 하세요. 나는 당신을 정말 헌신적으로 대하고, 애쓰고 고치려고 하는데 당신의 그 힘든 부분이 있다, 나도 그것 때문에 슬펐고 결혼생활이 그리고 또 ○○가 그렇게 된 것도 당신의 그런 행동 중에 있다.

내담자: 예.

상담자: 그러니까 나도 이렇게 변하려고 하니까 당신도 그런 부분은 변해 달라라는 얘기를 할 수 있겠어요?

내담자: 예.

상담자: 그렇게 해서 본인은 모른단 말이에요. 내가 이렇게 하는 게 상대방에게 얼마나 거부감을 주고 그런 행동이 상대방을 얼마나 힘들게 하는가를 모르기 때문에, 자기도 모르게 그렇게 할 수가 있어요. 그러니까 내가 이렇게 변하려고 노력하니까 당신도 우리에게 상처를 주는 그런 행동을 고쳐 달라. 왜 우리가 그렇게 살아야 하는가.

내담자: 예.

상담자: 서로 이해하고 사랑하는 게 중요하지 서로 이기고 지고 하는 게임이 아니잖아요? 서로 과시하고 서로 상처를 주려고 살아가는 게 아니잖아요?

내담자: 예.

상담자: 그러니까 우리가 그런 것을 고쳐 달라고 얘기하면 남편도 지금 변화하려고 하

는 자세가 돼 있잖아요. 그러니까 제 얘기를 하세요. 상담 선생님이 그렇게 얘기하더라. 그러니까 선생님 얘기를 하지 말고. 그러니까 나도 진심으로 우러나서 잘해 주려고 한다.

내담자: 예.

상담자: 어제 같은 얘기를 저한테 하듯이 하셔도 돼요. 제가 이렇게 잘해 주려고 했는데 당신 또 그런 행동을 보일 때 또 움츠러들더라. 당신이 또 같이 변해야지 상호 좋겠다.

내담자: 아, 예.

상담자: 그런 얘기를 하실 때 또 중요한 것은 내가 당신을 항상 존중한다는 마음을 바탕으로 깔고 해야 돼요. 그러면서 해야지 '나는 왜 이렇게 열심히 상담도 받고 의사도 만나고, 당신에게 잘해 주려고 이렇게 딸기도 씻고 그러는데 당신은 뭐야?' 이렇게 야단치듯이 말하면 남편 안 들어요. 사정하듯이 존중한다는 마음을 바탕으로 그렇게 해서 자기표현을 서서히 해 가는 것이 필요하지요.

내담자: 아, 진짜 그래요. 올라오니까 '아, 내가 덜 해야지.' 저 이 생각밖에 안 했어요.

상담자: 그러시진 말고 '더 잘해 주고 싶다. 그런데 당신이 그러면 안 하고 싶어진다.' 그렇게 얘기를 하시고 이제 잘 보셔야지요. 분위기를 무조건 잘해 주는데 이 남자가 변화될 태세가 안 돼 있어서 이것을 이용하려고 한다, 그럴 경우까지 할 건 없잖아요.

내담자: 그럼 옛날로 돌아갈까 봐… 그것이 무서워서.

상담자: '아, 나 정말로 당신에게 잘해 주고 싶은데.' 그 얘기를 하세요. '옛날로 돌아가 버릴까 봐 난 그것이 싫고 당신이 변화돼 주길 바란다.' 그렇게 해 주시면 어떨까?

내담자: 좋겠네요.

상담자: 예, 그렇지요?

내담자: 우리 남편도 내가 참 많이 변한 것 같은데 언뜻 보면 옛날하고 같다는 거예요. 그래서 내가, 아니 언뜻언뜻 그래서, 내가 "사람들이 함부로 변하겠어?"

상담자: 아니 그렇게 얘기하시지 말고 이제는 "정말로 나는 진심으로 변하고 싶은데 내가 너무 많이 변했을 때 당신이 옛날로 돌아가 버릴까 봐 그것이 두려워서 언뜻언뜻 또 그런다."고 하세요. 실제로 그런 거잖아요.

내담자: 그 장면은 나도 옛날처럼 화가 나는 경우도 그 사람이 얘길 하더라고요.

상담자: 예.

내담자: "나도 지금 변하는 과정인데 당신은 어떻게 말이야, 사람이, 내가 나이가 50이 다 되는데 한 번에 변하겠어. 나 좀 이해해 줘. 나도 애쓰고 있잖아." 이렇게 제가 얘기를 하지요. 그럼 "당신 누가 어째?" 그러면 "당신 그렇게 얘기하지 마. 나 가슴 아파. 나 노력하잖아. 변할 수 있을 거야. 그렇게 얘기해 줘." 그렇게 얘기하지요.

상담자: 잘하셨어요.

내담자: 그러니까 이 사람은 그런 식으로 항상 얘기해요. "네가 변하려면 딱 변해야지 한 번에."

상담자: 남편도 한 번 시간이 되면 상담을 받으러 오게 하세요. 남편이 5번 정도만 받아도 좋아질 수 있거든요. 그러니까 언제 모시고 오셔도 좋고.

내담자: 예.

상담자: 자, 그러면 계속 남편을 위하고 내가 변한다, 남편을 이해하기 위해서. ○○ 어머니는 뭘 하셔야지 될까요? 남편을 이해하고 사랑한다까지 할까요? 사랑한다까지.

내담자: 남편을 이해하고 사랑한다까지요?

상담자: 사랑한다는 좀 그런가?

내담자: 예, 그런데 제가 사랑하려고 그랬거든요. 그게 참 어렵더라고요. 우린 그렇게 안 살아서요. 그렇게 살 마음은 없고, 그거 정말 네가 참 나 만나서 고생 많이 했다. 어떤 여자 만났으면 좀 잘 살 텐데 정말 나 같이 억세고 드센 여자 만나서… 정말 사랑하는지 모르지만 맘고생을 무지 했겠다. 그러니까 내가 잘해 줘야지, 이제 생각했어요. 그런데 이해는 해 주고 잘해 주는 것까지는 되는데 마음에서부터 사랑은 어렵더라고요. 이건 더 내가 더 변해서, 거듭나서 내가 가슴으로부터 사랑해야 되는 거지, 이해는 되고, 아, 이 사람 나 때문에 고생은 많이 했어. 머리로 이해는 되는데 습관이… 그 동안 습관이 안 나올 수는 있지만 이해는 돼도, 그 사랑하는 데서는요….

상담자: 좋아요. 그건 어렵지요. 20년 동안 사랑하지 않았던 사람을, 거기에 무수히 많은 생각의 변화와 무수히 많은 행동의 변화가 같이 있어야 돼요.

내담자: 예.

상담자: 그러니까 어떤 사람이 웃으면 우리가 웃음의 내용을 모르고 같이 따라 웃기도 하잖아요. 우리가 행동하면서 우리의 생각이 바뀌는 것도 있거든요.

내담자: 예.

상담자: 내 생각에서는 정말 이 사람을 사랑한다는 생각이 가슴으로 우러나오지는 않아도 행동을 자꾸 가식적으로 해도 되잖아요. 그렇게 하다 보면 행동을 통해서도 또 내 생각이 조절이 돼요. 그러니까 좋아하지 않은 사람도 자꾸 껴안는다든지 이런 행동을 자꾸 하면… 내가 속상할 때 자꾸 웃으면 웃음이 나오잖아요. 그것하고 마찬가지란 말예요. 꼭 가슴으로 먼저 느끼고 생각하고 그 다음으로 행동으로 옮기고 하는 것이 아니고, 가슴으로 충분히 못 느껴도 내가 먼저 행동으로 옮길 수 있지요. 그러니까 그런 측면을 생각해서 남편을 많이 사랑해 주면 될 거 같아요.

내담자: 예, 그러니까요. 거의 안 싸우다시피 언쟁이 났다가도 '왜 그랬어? 당신은 이래야지, 이래야지.' 쭉 가라앉고, 쭉 가라앉고, 옛날에 비하면 용됐지요. 그런데 또 제가 우울했던 게 제가 폐경기였거든요. 그러니까 이 남녀관계가 더 힘이 들고 생각하기가 싫어져요.

상담자: 그런데 남녀관계라는 것이 뭐예요?

내담자: 그러니까 부부관계요. 딴 건 다 하겠는데 부부관계는 싫어요. 이것을 어떻게 하나. 부부관계 없이 살면 좋겠다. 제가 이런 생각도 하고.

상담자: 남편이 자꾸 요구를 해 와요?

내담자: 예. 때때로 한 1주일에 한 번, 2주일에 한 번 요구를 해 오는데 제가 참, 한 달에 한 번 이렇게 하거든요. 그러니까 이 사람이 내가 그 사람이 원할 때 그것만 잘 해 줘도 많이 할 거 같은데 참, 그게 싫더라고요.

상담자: 싫으셔도, 그게 이제 싫다라는 어떤 생각이 들어가 있을 거예요. '뭐, 이 나이 먹어서도 내가 이런 것을 해야 되나, 너무 동물적이다.'라는 생각도 들고 한번 찾아 보세요, 지금. 아니면 '내가 지금 싫어하는 남편하고 이것을 꼭 해야 되나?' 그것이 어떤 생각이 들어가 있을 거예요. '싫다'라는 것은 어떤 생각이 들어가 있는 것 같아요?

내담자: 그러니까 재미가 없어요.

상담자: 응, 그렇지요. 그러니까 잘 안 되지. 그러니까 내가 이제부터 이러한 행위를 통

해서 남편과 관계를 굳건히 한다. 그렇게 생각을, 의미를 부여하는 거에요. 섹스하는 거 자체에 의미를 부여하는 거예요. 의미 없이 그냥 동물적인 쾌감만을 추구하는 거라고 생각하니까 재미없고 하기 싫어지고 이 나이 되도록 내가 그런 쾌락이나 추구해야 되나, 아들은 저 모양으로 있는데 그런 생각이 들어서 하여간 싫어지는 건데. 이건 정말 부부만이 할 수 있는 것이고 이것을 통해서 그동안 못다 했던 부부간의 관계를 다시 만들어 가는 것이고 새로운 사람과 나를 주는 거다. 이렇게 성행위 자체에 의미를 부여하면 새로운 자세로 할 수 있을 거 같아요. 그러니까 피하시려고 하지 말고, 남편이 요구가 있으시다니까. 그런데 성실하게 응해 주었을 때 정말 관계라는 것이 좋아질 수 있는 거잖아요.

내담자: 예.

상담자: 아, 우울했던 것이 그런 영향도 있었겠네요? 폐경기 우울증. 내가 여성으로서의 아름다움을 다 잃어 가고 그런 것은 아니었을까요?

내담자: 사람들이 폐경기 우울증, 나는 지금 병원에서 폐경기 우울증인 줄 알아요. 그런데 사실….

상담자: 그건 아니었지.

내담자: 그건 아니었어요. 그것보다는 아들 때문에.

상담자: 예, 폐경기는 우연히 같이 온 것이고 어쨌든 성행위를 하실 때 아마 그래서 하기 싫으셨을 거예요. 애는 저렇게 돼 있는데 엄마인 내가 쾌락이나 느껴서 뭐 하나.

내담자: 그러니까 남편이 얄미워요.

상담자: 남편도 같이 힘들어야 되는데, 그런데 남편은 하나의 생리적인 욕구이지 그것을 꼭 안 하면서까지 금욕할 필요까진 없잖아요. 사실 남편의 입장에서 사실 또….

내담자: 예.

상담자: 그래서 남편이 요구를 한 것이고 또 남편은, 남자들은 좀 더 동물적인 부분이 또 있고요. 여자들보다는. 그런 것을 안 한다고 해서 아들이 더 좋아진다 그러면 안 할 수 있겠지만, 또 그런 것은 아니잖아요.

내담자: 그전에도 전 싫어했어요.

상담자: 원래 여자들은 싫어하는 경향이 많고, 그렇지요. 남자들은 좀 더 원하고.

내담자: 남자들은 그것으로 인해서 자기가 사랑이니 뭐니 모든 것을 다 완성하는지 알

잖아요.

상담자: 그렇지요. 단순하니까.

내담자: 싸우고 나서도 그것으로 해결되는 줄 아니까, 이렇게 아니까 그게 얄밉고 싫더라고요. 싫었어요. 그리고 내가 집안일이 굉장히 힘들었는데도 어느 땐 요구하고. 제사 때 너무너무 힘들 때도 요구하고 자기는 사랑을 준답시고 하겠지만 너무….

상담자: 내가 싫지만, 그 얘기 잘하셨는데 남편은 사랑을 준다고 했잖아요.

내담자: 예.

상담자: 그렇게 받아들이시고 정성껏 거기서부터… 제 생각에는 많은 부부관계가, 문제가 거기서부터 생기는 경우도 많고요. 또 개선이 되는 것도 그런 문제서부터 개선이 되기도 하고 그렇거든요. 사실 그렇지요. 우리 나라 사람들이 성격이니 뭐니 해도 성적 행동이 맞지 않을 때 이혼을 하게 되는 경우가 많잖아요. 그게 사실은 중요한 부분이니까 특히 ○○ 아버지 같은 경우에도 제가 볼 때 그런 것 같아요. 정신적으로 성숙이 많이 안 되신 분이기 때문에 그런 행위를 통해서 만족을 느끼고 그러한 행위를 통해서 사랑을 확인하고 그러기 때문에.

내담자: 그리고 자기가 내가 너보다 위라는 것을….

상담자: 예, 아직은 내가 기능하고 있다라는 것도 과시를 하셔야 되고 그러니까.

내담자: 그런 관계를 하고 나면 내가 너보다 위야 이런 느낌이 드나 봐요.

상담자: 아, 그러나 보다.

내담자: 그러니까 난 하고 나면 기운이 없고. 서로 싸우니까.

상담자: 그러니까 ○○ 어머니도 그런 거지. 하고 나면 남편이 그런 생각이 든다면 남편한테 어떻게 보면 말려들어 가신 거지. '나는 너보다 밑이다.' 그런 생각을 하셨나 보지요.

내담자: 아니, 하고 나면 더 '나는 너보다 얼마나 위고 그러니까 너 가서 물 떠 와.' 이런 식으로 아주 사람을 비굴하게 만들어요, 사람을. 조금 내가 비굴함을 느껴요.

상담자: 그러면 그런 얘기도 지금 당장은 안 되겠지만 나중에 하셔도 좋지요. '과거에는 내가 그런 것 때문에 잘 그랬는데 이제는 아니다.' 그것도 사실은 ○○ 어머니만의 생각일 수도 있잖아요. 실제로 ○○ 아버지가 그랬는지 안 그랬는지 얘기를 해 보기 전에는 모르는 거잖아요. 느낌으로 내가 그럴 것이다. 둘러 잡으

시는 거잖아요. 아니에요?

내담자: 그리고 하고 나면 거의 싸웠어요. 피곤하고 그런데 서로 서비스해 줬다고 그래요. 서로요. 그러니까 서로 피곤한데 그러니까 재미가 서로 없었나 봐요. 그 사람도 내가 그런 태도로 하니까 그랬겠지요?

상담자: 그렇죠.

내담자: 자기는 열심히 해서 이 사람 마음을 잡아 볼까 했는데 난 재미가 없고, 하고 나면 녹초가 되고 싫으니까. 그리고 하고 나면 태도도 얄밉고 그러니까 거의 싸웠어요. 거의 싸웠어요. 그 패턴이.

상담자: 싸우셨구나. 그런 거에서부터 시작하시는 게 남편을 이해하는 게 아닐까? 그렇지요?

내담자: 사랑 없이, 서로 결혼을 깨기는 싫으니까 의무로 해 줘야 되는데, 억지로 해 주는데, 너 왜 잔소리냐? 이런 마음 같아요.

상담자: 그리고 또 어떤 게 있을까요? 내가 남편을 이해한다는 게? 이해하고 인정한다. 인정한다까지 합시다. 그동안 남편의 존재에 대해 별로 인정하지 않았잖아요. 예, 일단 이해하고 인정한다에서. 일단 먼저 성행위에서부터 그렇게 하는 것도 있고, 또 하나는 어떤 게 있을 수 있을까요?

내담자: 그 사람은 자기가 직장에서 얼마나 위대한가, 자기가 협회의 부회장까지 했었어요. ○○ 협회에. 그러니까 자기가 얼마나 위대하냐는 거예요.

상담자: 그것도 부인이 인정을 좀 해 줬어야 하는데, 한심한 것은 넌 변호사한테 과외 받아 가지고 ○○가 됐잖아? 이런 식의 메시지가 암암리에 들어갔겠지요?

내담자: 그럼요.

상담자: 그러니까 얼마나 자존심 상해요.

내담자: 난 그걸 다 아는데. 내 앞에서, 그러니까 잘난 척하니까 '또 네가 협회 부회장 됐지? 네가 될 감이야?' 속으로 그런 생각을 하지요. 내가 아직 변화되지 않았으니까. 그리고 또 협회라는 게 뭐냐면 그 협회는 ○○가 주축이고 회원은 5명밖에 없어요.

상담자: 5명.

내담자: 협회를 운영하는 건 사실 사람이 많이 필요하지 않지요. 다섯 사람이 협회를 움직여도 별로.

상담자: 그렇지요. 간사 하나만 있어도 되잖아요.

내담자: 그렇지요. 근데 무지무지 좋은 것처럼 막 얘기를 하는 거예요.

상담자: 높은 것으로. 위대한 것으로.

내담자: 자기가 위원장이라고. 근데 전화를 하는데, 하다가 뚝 끊어요. 왜 그랬냐고 그랬더니, 높은 사람이 왔대요. 당신도 위원장인데 누가 더 높아? 그랬더니, 그 중에서 자기가 위원장이지만 거의 끝에서 두 번째더라고요. 그러니까 회장 하나, 부회장 하나, 이러다 보니까 5명 중에 중간이면, 위원장이면 세 번째잖아요. 그런데 그렇게 잘난 척을 해요. 내가 너무나 누르니까. 이 사람은 누르면 누를수록 더욱더 잘난 척을 하는 거예요. 처절하도록.

상담자: 그랬나 보다. 저는 그 심정이 너무나 잘 이해가 돼요.

내담자: 예, 그래서 내가 이 사람을 너무 눌러 가지고 이 사람이 안간힘을 써서 자기 잘났다고 하는 걸 이제 내가 이것을 인정해 주고 받쳐 줘야 되겠다….

상담자: 아, 네. 어떤 사람에게 우리가 매력을 느끼게 되는 때가 있어요. 나의 존재를 알아주고 나의 진가를 이해해 주고 인정해 주는 사람, 그런 사람에게 내가 정을 느끼지요. 제가 이렇게 어렵게 무언가를 해냈을 때 너무너무 고생했다, 너무너무 축하한다, 이런 전화를 해 주는 사람한테 제가 고마움이 가고 정이 가고 그 사람의 좋은 점을 제가 알아주게 되지요.

내담자: 예.

상담자: 그런데 나몰라라 하면 그래, 그러면 나도 나몰라라 하게 되지. 똑같은 거지요. 남편이 오죽했겠어요. 저는 그림이 그려져요.

내담자: 그런데 저는 당연히 남편이 여잘 감싸 줘야지, 내가 어떻게 널 감싸니?

상담자: 그 생각이었지 바로.

내담자: 예.

상담자: 여자는 남편에 의해서 보호받아야 한다, 사랑을 받아야만 하는 거고 여자는 사랑을 주면 안 된다라는 사고가 머릿속에 깊이 내재되어 있는 거지. 우리 문화 자체가 그런거니까요.

내담자: 예. 그렇지요?

상담자: 그런 거지요. 그리고 행복한 여자의 잣대라는 것은 사랑받는 것이지, 어떻게 여자인 내가, 아내인 내가 남편을 먼저 사랑하냐는, 그건 아니죠. 이렇게 생각

을 하셨겠지. ○○ 어머니가.

내담자: 시집올 때도 내가 나이 많은 사람한테 올 때는 '너는 사랑받을 거야. 그 남자는 돈도 많고 나이도 많아.' 그때부터 나는 사랑을 받으려고 온 것이거든요.

상담자: 그러니까요. 많은 여성들이 불행을 느끼는 이유가 그거예요. 내가 시집을 갈 때 내가 들어가서 내가 희생해서 내가 이 집을 살리고, 남편을 살리고 사랑을 준다, 이런 생각과 각오를 가지고 가기보다는 내가 사랑받고 나의 부족한 부분을 남편을 통해 충족하려고 갔는데, 가서 보니까 내세울 만한 것이 있는 게 아니라 오히려 내가 희생하고 헌신해야 되는 상황이니까 거기서 불만이 많이 오는 거예요.

내담자: 예.

상담자: 처음부터 내가 걷어붙이고 내가 희생할 각오를 하고 들어간다. 사랑받기보다는 주고, 베풂을 받기보다는 내가 베풀고. 이런 각오로 시집을 간다면 정말 사람들이 많은 불평에서 헤어날 수 있지요. 그게 바로 잘못된 생각이라는 거예요. 그 출발점이.

내담자: 근데 예전에는 다 그러고 갔잖아요.

상담자: 그건 예전이었고. 그러니까 많은 여성들이 불행했지요.

내담자: 그런 생각으로 살았어요.

상담자: 얼마나 많이 불행했어요. 남편이 사랑을 주고, 정말 행복하지요. 그러나 우리가 흔히 그런 얘기 하지요. 'Give and take.' 주는 만큼 받는다. 내가 사랑을 주지 않는데 온다, 그건 넌센스지요. 왜냐하면 둘 다 인간이기 때문에 그래요. 인간과 하느님과의 관계에서는, 우리가 하느님을 사랑하지 않아도 하느님은 우리를 사랑하실 수 있지요. 신이니까. 그러나 인간은 그렇지 않아요. 물론 부모와 자식 간은 달라요. 그러나 남녀 간에는 그게 아닌 것 같아요.

내담자: 예.

상담자: 그러니까 ○○ 어머니도 사랑을 받으려고 하고 내 것을 주는 것은 너무나 아깝고 이렇게 생각하셨지. 그렇지요?

내담자: 주는 걸 몰랐어요. 제가 막내였고 그 다음에 ○○ 아빠에게 사랑을 준다는 건 남자를 좀 무시하는 거다. 이런 생각까지 하고 있었어요.

상담자: 잘못된 거다.

내담자: 그리고 ○○ 아빠도 그런 생각을 했어요.

상담자: 내가 여자에게 사랑을 받는 건 무시당하는 거다?

내담자: 그건 아니지만 '날 좀 사랑해 줘.' 이런 얘기는 입에도 안 올린 것 같아요. 여자가 뭐, 그런 종류의 얘기는.

상담자: 그런 얘기는 하기가 사실 좀 어렵지요. 우리 나라 남자들의 자존심에서는 날 좀 사랑해 줘, 이런 얘기는.

내담자: 아니 그건 아니지만 선생님, 그거 비슷한 "너 말이야. 너 아무리 봐도 넌 아주 나한테 쩔쩔 매더라." 이런 식의 얘기를 하고 그렇게 몰아가는 거예요. 그래야만 행복한 가정이 되는 줄 아는 거예요.

상담자: 그렇지. '가부장으로서의 권위가 강하게 있어야지 내가 내 역할을 하는구나 내가 제대로 살아가는 거다.'라고 이분은 생각하고 있는데 ○○ 어머니가 가부장의 역할을 강하게 인정하지 않으니까 불만이 많은 것이지요. 힘들었던 거예요.

내담자: 예.

상담자: 내가 한 말마다 트집 잡고 내가 한 행동마다 우습게 보고. 근데 나는 가부장이 돼서 강하게 눌러야 되는데, 그러니까 이분이 얼마나 힘들었겠어요. 그런 생각 자체가 없다면 모르는데.

내담자: 그러니까 이 사람도요, 모자라는 부분을 제가 정말 인정을 해 줘야 되는데 왜 모자라는 것을 자꾸 느끼게 하려고 그래… 사실 이 사람은 그런 것을 잘 못해요. 왜냐하면 이 사람이 이모가 일곱 명이에요. 여자 형제도 다섯이에요. 모든 걸 다 해 줬어요. 그러니까 이 사람은 능력이 없어요. 그런데 자리만, 권위만 지키려고 그러는 거예요. 그러다 보니까 안 되거든요. 그럼 난 그 자체를 인정해 주면 좋은데 사실은 '꼴값하네.'죠. 행동을 하는 게 정말… 어, 정말, 저거 어떤 때는 '저 사람 죽어 버리는 게 더 편하겠다.' 생각을 했었어요. 그런데 가만 생각해 보면 '죽어서 과부 소리 듣는 것보다는 있는 게 낫지.' 그다음 순간엔 그렇게까지 생각을 한 거예요.

상담자: 그러니까 제가 언젠가 그랬던 것 같은데 누구를 위한다 하는 것은 그 사람이 살아온 성장배경과 환경까지를 우리가 받아들이고 감싸안는 거다. 그러니까 ○○ 아빠가 정말 ○○ 어머니의 눈에 여러 가지 무능력한 모습이 보이는 것은 진짜 주변에서 다 해 줬으니까, 이모가 다 해 주고 누나들이 다 해 주고, 여동

생이 해 주고 자기는 안 해도 되었던 환경이잖아요? 그걸 갑자기 ○○ 엄마가 고치려고 하니까 안 되는 것 아니에요. 그걸 받아들이고 수용해 가면서 서서히 고치려고 했으면 고쳤을지 모르는데 서서히 고치려고 하기보다는 '왜 너는 내가 원하는 식이 아니냐?'라고 맨날 비난하고 호통을 치셨기 때문에 관계가 악화되었던 것이지요. 그러니까 남편의 그런 것을 이해하신다는 것, 남편을 이해하고 인정한다는 것은 남편의 성장과정, 성장배경, 가족구조… 9대 종손, 얼마나 어마어마하게 떠받들었겠어요. 그것 자체를 내가 인정해 주는 것이지요. 수용해 주고. 그렇죠?

내담자: 지금도 자기 아버지가 ○○를 다니는데, 오면 이 사람 종이에요.

상담 자: 그러니까. 세상에.

내담자: 난 아주 그런 게 속이 상하지만.

상담자: 자기 아버지도 그렇게 하는데 뭐. 아버지가….

내담자: 그러니까 이 구조에서 나는 어떻게 할 수 없다. 내가 속이 상하는 것을 봐야만 한다는 거에요. 꼴은 보지 못할 정도니까 진짜 보고 살기도 힘들다. 이렇게 봤는데 이제는 당연히 틀어진 것이지요. 아, 내가 그것을 그대로 인정하고 내가 변화하고 그럼 이 사람도 변화를 하도록 하고 안 되면 안 되는 대로 수용하고. 이 사람이 못하는 것도 얼마나 힘들겠느냐 그 생각까지 하게 된 거예요.

상담자: 그렇지요. 힘들지, 힘들 거예요.

내담자: 이 사람은 능력이 없어 못하는데 얼마나 힘들까. 그렇게 생각해야겠구나.

상담자: 그렇게 생각하시면 전혀 문제가 안 될 건데. 물론 속이야 상하시지요. 남편이 척척척 알아서 해 주고 사랑을 많이 받고 그러면 좋지만, 그렇지 않은 사람이 더 많으니까. 또 그런 사람은 굉장히 운이 좋은 여자들이고요. 그렇죠?

내담자: 예.

상담자: 그런 여자들은 그런 여자들대로 또 고통과 어려움이 있는 것이고. 그러니까 ○○ 아빠를 정말 내가 이해하고 인정한다라고 하는 것은 그런 환경까지도 내가 수용하고 받아들이고… 그런 거에 대해서 컴플레인(불평)하지 않는 것이 ○○ 어머니에게 굉장히 필요한 거예요.

내담자: 가능할 것 같아요. 이전에는 이 사람을 계속 바보로 놔뒀거든요. 그냥 이해하는 게 바보로 놔두는 거다. 이제는 그게 아니고, 아! 이해하면서도 변할 수 있

는 그런 길을 제가 좀 알겠어요.

상담자: 그러니까 내가 먼저 변한다는 게 바로 그게 변한다는 거지요. 내가. 그렇지요? 그러니까 남편이 느끼겠지요. 이해를 받는구나. 나의 존재를 인정해 주는구나. 그런 것을 느끼면 남편이 변하는 것은 훨씬 쉬운 것이지요.

내담자: 그전에도 딸이 시험이 끝났다고 2시 반이 되도록 안 오는 거예요.

상담자: 새벽 2시 반?

내담자: 예, 그래서 자다가 벌떡 일어났어요. 딸이 군대 갔다 온 남자를 만난다는데 이게 어떻게 됐나, 별것이 다 떠오르더라고요. 그러니까 자기도, 왜냐하면 얘가 들어왔으리라 생각했는데 없으니까 딱 풀리더라고요. 그런데 ○○ 아빠가 '아이 그냥 자. 어디 친구집에 가서 자겠지.' 옛날 같으면 '당신은 걱정도 안 돼? 세상에 여자애가 안 오는데.' 이렇게 얘기했을 텐데 '글쎄 말이야. 힘이 드네. 그래, 그냥 잘게.' 하고 누웠어요. 근데 이 사람도 잠을 못 자더라고요.

상담자: 아버지니까.

내담자: 아버지니까. 그러니까 그전에는 나하고 싸우느라고 에너지를 거기에 다 소모했는데 이제는 나하고 싸울 일이 없으니까요. 자기가 막 못 자요. 그런데 딸이 들어왔어요. 그래서 내가 "얘, 너 그러면 내가 더 힘들잖아. 12시 전에 전화를 해 줘야지." "노래방 가서 늦었어요. 별일은 없었어요." "○○가 군대 갔다 온 애, 그런 남자애들을 네가 사랑해서 어떻게 되는 건 좋지만, 네가 사고로 어떻게 되면 얼마나 속상하니? 난 네가 그렇게 될까 봐 무지 걱정을 했다. 그러니까 네가 전화를 해 줘라. 그리고 너도 네가 훌륭하게 커서… 아직은 덜 컸으니까 ○○살이니까 아직은 더 커야 돼. 그치? 네가 훌륭하게 커서 그 눈으로 남자를 골라야지 지금 고르면 조금 이르지 않니?" 이렇게 제가 얘기를 잘했어요. 그러고 방에 들어갔더니 자기도 다 그걸 들었나 봐요. 그러더니 당신이 너무 길었대. 그런데 이 사람은 짧게 하라는데 짧게 안 되더라고요. 그래서 이 사람이 잠을 못자더라고요. 배운 대로 그대로 '자야지.' 했더니 이 사람도 잠을 못 자고, 1시간 동안을 엎치락뒤치락하다가 내가 얘기하는 것을 들었나 봐요.

상담자: 그거 보세요.

내담자: 그래서 그거 성공했어요.

상담자: 예, 그거 참 좋네요.

내담자: 예.

상담자: 그리고요. 제가 지난번에 오늘 책을 읽으면서 비합리적인 생각을 찾아오시라는 숙제를 내 드렸는데 찾아오셨어요?

내담자: 여기서요. 노래할 때 그 사람이 나한테 반박해서 이 사람이 내 기분을 깬 것이.

상담자: 예, 다 해 오셨네.

내담자: 요기 있는 것을 잘못 써서 한 번에 다 써 버렸어요.

상담자: 예, 됐어요. 내가 기분 좋은 대로 그대로 놔둬야지 남편이 그것도 모르고 모처럼 망쳐 놨다.

내담자: 남편이 날 모두 수용해야지, 왜 날 기분 나쁘게 하냔 말이냐. 내가 네 앞에서 노래 한 번 부르지 여러 번 부르냐? 좍 불렀는데 말이지. 그럴 수 있냐? 내 기분도 몰라 준다 한 거지요.

상담자: 그러니까요. 숙제를 꾸준히 하셔야 되겠어요. 이거 잘못된 것이지요. 남편이 날 다 수용만 해 줘야 되는 건 아니잖아요. 그리고 또 나를 수용해 줘야지만 나를 사랑하는 건 아니잖아요. 사람들이 속상해하는 이유가 뭐냐면 '남편이 나를 수용해 주지 않으면 나를 사랑해 주지 않는거야.'라고 수용과 사랑을 직결해서 생각하는데 그건 아니란 말이에요.

내담자: 예.

상담자: 아, 이거 상담이 너무 잘 돼서.

내담자: 어, 저는 굉장히 도움을 많이 받아요. 이 책 거의 끝까지 봤는데요. 통합 부분에 대해서 잘 모르겠어요.

상담자: 예, 통합이라는 건 뭐냐면, 생각이 바뀌는 거. 결국 ○○ 어머니가 아셨잖아요. 남편이 모든 것을 다 수용해 줄 필요는 없다. 이걸 알았지만 언젠가 또 남편이 나를 수용해 주지 않을 때 또 화가 날 수도 있어요. 그러니까 내가 이 생각을 알았다고 해서 화가 안 나는 게 아니란 말이에요. 이 생각이 내 안에서 정말 통합이 되어야 해요. 통합된다는 건 뭐냐 하면 남편이 나를 수용해 주지 않았을 때에도 내가 화나지 않는다. 그러면 이 생각이 나한테 통합이 된 거예요.

내담자: 아, 내 것이 된다?

상담자: 예, 내 것이 된다. 지금은 이해는 하지만 통합이 안 돼서 화가 났을 때도 많단 말이에요? 그래, 선생님 말씀이 맞지만 그게 이해는 되지만 내 것은 아니에요,

이럴 수가 있어요. 근데 ○○ 어머니를 제가 보니까 이해하는 순간에 통합이 다 되세요. 그러니까 그만큼 모르셨기 때문에 그렇지요?

내담자: 예.

상담자: 그런데 이해했는데도 통합이 안 된 사람은 그 점에서 어렴풋이 알고 있었어요. 알고 있었지만 자기 고집이 너무 세기 때문에 그걸 놓지를 못하는 거예요. 근데 우리 어머니는 그전에 전혀 모르셨기 때문에 새로운 것을 알게 되면서 '아! 그렇지!' 하고 이게 행동하고 직결이 돼요. 이해와 통합이 동시에 일어나는 거지요.

내담자: 아.

상담자: 굉장히 좋은 거지요.

내담자: 너무 편해요. 저는 사는 게 너무너무 편해진 거예요.

상담자: 너무 좋은 거예요.

내담자: 그래서 우리 남편한테 "여보 당신도 해 봐, 뭐든지 해 봐, 너무너무 사는 게 편해." 옛날에는 그 틀에 맞추어서 살았으니 얼마나 힘들었겠어요. 그런데 ○○ 아빠는 선생님이 한 얘기를 "나는 무엇무엇은 알았고." 얘기를 해요. "그게 그렇더라고. 내가 틀렸어."라고. 남편이라도 웬수는 아닌가 봐요. '그래, 어떻게 해서 고쳐야지.' 그 생각 때문에 30분이라도 한다고 일찍 일어났어요.

상담자: 언제, 내가 잘못했다고 얘기했을 때? 제가 상담시간에 해 줬던 얘기를?

내담자: 그것도 그렇고 '내가 뭐가 틀렸더라고. 나 이런 것 알았어. 이제 다 변할 것 같아. 그것만 하면 다 변할 것 같아. 난 이제 다 된 것 같아. 난 또 내일도 다 변할 것 같아.' 막 생각이, 막 그렇거든요. 그러니까 이 사람이 가만히 다 듣더니 "그건 일리가 있네." 이래요. "당신, 일리가 있다는 게 뭐야? 그것도 알았지. 당신이 생각도 못했던 부분들이잖아. 당신이 몰랐다고 해서 없었던 게 아니고."

상담자: 그 순간에도 남편이 얘기했을 때 그걸 비난하지 말고 "당신은 그렇게 말하는데 앞으로 내 얘기를 좀 더 들으면 이렇게 말하게 될 거야. '그것도 알았어?' 이렇게 말하게 될 거야."라고 얘기하세요.

내담자: 예.

상담자: 남편의 내 맘에 맞지 않은 그 태도를 비난하지 말고 "당신 내 강의를 좀 더 들으면 그 말투도 이렇게 변하게 될 거야."라고 얘기하면서 유도를 하라는 거예요.

내가 바람직한 방향으로.

내담자: "당신은 내가 얘기한 것 중에 뭘 알았을까? 이것도 알고 이것도 알고 4개나 되잖아? 4개가 얼마나 큰 건데 그것만 알았다고 그래?" 내가 막 그러니까 당신이 틀렸다고 당신이 뭐든 안 됐다는 식으로 말한 게 틀렸다고. 그랬지요.

상담자: 이해와 통합의 차이는 아셨지요?

내담자: 네.

상담자: 그것은 선생님이 이해와 통합이 동시에 되니까. 근데 중요한 것은 언젠가는 저를 떠나셔야 되잖아요? 저를 떠나셔도 제가 있었을 때와 똑같이 행동하셔야지요. 상담을 받을 때만 이러고 상담을 안 받아서 옛날로 돌아가 버리시면 그건 통합이 안 된 거예요.

내담자: 이제 불편한 사건이 일어나면은요, 자꾸 생각하게 돼 가지고 어디가 틀렸던가를 계속… 머리에서 떠나지 않아요.

상담자: 그러니까 이제부터는 어떤 사건이 생기면 분명히 어떤 정서를 경험할 텐데 정서라는 건 화, 신경질, 분노… 그런 건 내 생각 때문에 그렇지요. 그 사건에서 내가 어떤 생각 때문에 분노가 치밀었는가. 이게 그거지요. 어떤 사건 분노. 어떤 생각인가 이걸 찾아서 스스로 논박하면 스스로 내 정서가 변화하는 거잖아요.

내담자: 예.

상담자: 그러면 선생님, 제가 지난번 숙제를 아, '남편과 영화 보러 갔을 때 무조건 내가 폈던 주장' 이런 건 당연히 옳았다고 그 얘기를 하셨어요? 남편에게?

내담자: 예.

상담자: 남편의 반응이 어땠어요?

내담자: 남편이 또 자존심이 있더라고요. 그 말을 하면서도 "여보 내가 있지, 당신한테 ○○ 때문에 난 꼭 버스 타고 가야 된다고 자동적으로 생각했거든. 근데 그게 틀렸더라고. 바로 그 점이 틀렸더라고. 내가 진리라고 생각했던 게 틀렸어. 그리고 말이야, 또 버스에서 올라가서도 그래. 정말 자동적으로 앞자리에 앉아야 된다고 생각했거든. 왜냐하면 길을 모르니까. 반드시 내가 앞자리에 앉아야 된다고 생각했는데 당신은 자동적으로 버스의 불룩 올라온 부분 바로 뒤에 앉아야 된다고 생각을 한 거지. 거기서 당신도 자동이고 나도 자동이었어. 바

로 그 점이 잘못된 것이더라고. 그러니까 당신도 잘못이고 나도 잘못이야. 그러니까 그때 나 먼저 고쳐야겠어."라고….

상담자: 그러셨어요?

내담자: 나 먼저. 바로 문제가 있을 때 나 먼저 바로 고쳐야 되겠더라고요. 그러니까 이 사람이 "아, 진짜 그러네." 그러는 거예요. 거기서 나만 물고 들어가니까 또 그러더라고요. 그 사람도 그거잖아요. 거기서 물고 들어갔죠. 거기서 "당신도 잘못하고 나도 잘못한 거야. 그지. 당신이 생각하면 당신이 옳다고 생각하고 나도 생각해서 나도 돌아봐야 되고 당신도 돌아봐야 되는데 둘 다 똑같으니까 못 돌아보더라고. 그때 나 먼저 돌아보겠어. 그러면 당신도 자동적으로 변화하게 하겠어." 내가 막 이랬어요. 그래서 내가 이랬지. 내가 한참 지나서 또 잔소리가 붙어요. 뚝 안 끊어지더라고요. 조금 있다가 그 사람이 "아. 좀 고만." 또 이래요. 그래 제가 "내가 있지, 아침에 30분씩 이렇게 하는 게 사랑이야. 난 지금 다른 건 아무것도 관심 없어. 진짜 내가 이렇게 열정을 다해서 당신에게 어떻게 내 맘을 전하냐고. 당신과 함께 이렇게 변한다는 게 이게 사랑으로 가려는 거야."

상담자: 그것 봐, 그것 보세요. 진실은 통하잖아요.

내담자: 참, 여태까지 잔소리인 줄 알았대요. 잔소리. 내가 성이 나서 하면 잔소리, 이렇게 안 거예요. 그랬더니 그 후부터, 그날 아침부터 "정말, 당신 때문에 내가 많이 변화됐어. 당신이 그렇게 아침마다 무슨 얘기를 하고. 20분 만에 하고. 10분 만에 하고. 내가 어저께 ○○하고 이렇게 행동했는데 무슨 행동 불편한 게 있으면 밤새 생각하고 자면서도 생각하고 이런 거더라고." 그랬어요. "아, 이래라 저래라 한다."고 맨날 불평을 했거든요. 당신이 하려고 해도 나만큼은 못하잖아. 난 생각이 많으니까. 하지만 당신은 그렇게 못하잖아. 남자니까. 그러니까 나의 생각을 그렇게 얘기해 주니까 받아 주고 안 받아 주고는 당신 생각이야. 맘대로 해. 그저 난 이렇게 하는 게 좋겠더라고. 얘기를 하면 다 잔소리라는 거예요. 그러더니 "당신 덕에 내가 많이 변했어. 내가 이렇게까지 된 거는 다 당신 덕이야." 이렇게 얘기하더라고요.

상담자: 참, 남편께서 그런 말을. 남편이 나에게 잘해서 진심으로 고맙다고 하시면서 바람직한 행동에 대해서 격려하기. 이게 이제 그런 것에 해당하지요?

내담자: 예.

상담자: 앞으로도 계속 그렇게 하세요. 남편 격려하기. 이거 제가 복사해 드릴게요. 그리고 이제 내가 슬픈 드라마의 주인공이라든지 그런 생각은 이제 안 하실 수 있겠지요?

내담자: 이제 안 할 수 있어요.

상담자: 오늘 여기서 상담을 마치고요. 숙제는 계속 내가 어떤 정서가 나타났을 때 내가 가지고 있던 비합리적인 생각이 무엇인가를 계속적으로 찾아보세요. 어떤 비합리적인 생각들 때문에 내가 여태까지 남편하고 관계가 힘들었나. 이번 기회에 뿌리를 뽑는 게 좋잖아요? 그걸 찾아오시고.

내담자: 예.

상담자: 제가 또 지난번에 상담했던 녹음 파일을 보내 드릴 테니까 그것도 듣고 오시고요. 그걸 들으면 또 달라질 거예요.

⑤ 제7회 상담, 5월 9일(목): BDI 13

상담을 시작하기 전에 BDI부터 실시하였다. 내담자의 점수가 13점으로 떨어졌기 때문에 내담자가 우울의 상태에서 아주 벗어난 것 같다고 상담자가 말하자 내담자는 다음과 같이 말했다. 지난주에 남편과 아들 앞에서 사소한 일로 말다툼을 하게 되었는데, 자신이 조절하지 못하고 아들 앞에서 또 다시 어리석은 모습을 보여 주어 너무나 한심해서 잠시 우울했다고 했다. 상담자는 자신이 변화하려고 노력하는 만큼 그것이 쉽게 이루어지지 않는 것이 어떻게 보면 너무나 자연스러운 것이기 때문에 그러한 상황에서 우울을 유도하는 생각인 '내가 아이 앞에서 싸우는 모습을 보이다니, 이 얼마나 한심한 부모인가!' 등의 비합리적인 생각을 스스로 찾아서 논박하여 생각을 바꾸어 나가도록 하였다.

그리고 내담자에게 요즈음 내담자의 주요한 정서나 기분이 어떠냐고 묻자 아주 기분이 좋다고 했다. 지난주에 대학 졸업 후 25년 만의 재상봉 기념행사를 가졌는데, 그 행사를 주관하기 위해 회장을 했던 사람이 부친상을 당했기 때문에 자연스럽게 총무인 자신이 회장을 맞게 되었으며, 그 덕분에 25년 동안 묵혀 두었던 부정적 감정의 찌꺼기를 해소해서 기분이 좋았다고 했다. 자신은 25년 전에 그 대학의 모 학과를 수석으로 입학했다. 내담자가 졸업한 A여고 출신은 내담자를 포함하여 3명뿐이 안 되었으나 B여고 출신은 대다수를 이루었다. B여고 출신 아이들이 자기네들끼리 세력을 형성하여 자신은 얼굴도 잘 모르는 아이가 과대표를 하게 되었다. 자신은 멋도 모르고 그때의 상황을 보냈는데 소수파에 속하는 아이들이 과대표는 당연히 네가 해야 되는 것인데 억울하다고 하는 말을 들으면서 생각해 보니까 정말 억울했다고 했다. 그리고 그 대학의 거의 모든 학과에서는 수석 입학생이 과대표를 했는데 자신은 자기의 밥도 못 찾아 먹는 바보 같았다고 했다. 그런데 이번에 바로 그 과의 대표로 회장을 하게 되었기 때문에 그동안 가슴 속 깊은 곳에 품었던 한이 녹아내리는 것 같다고 하였다. 상담자는 그가 세상을 이해하는 방식을 인지적 접근을 통해 교정해 주었다. 예를 들면, 당연히 대표를 했어야 했는데 안 되었기 때문에 그 빚을 갚기 위해 살아왔다는 것은 초등학교식의 해결책임을 일러 주었다. 이제는 철학적 해결책을 찾는 것이 중요하다고 했다. 과대표를 하고 수석을 하는 것이 바로 그것이 근본적으로 인간을 행복하게 해 주는 것인가? 행복은 조건이 아님을 말해 주었다. 내담자는 대학 졸업 후 25년 동안 그 맺힌 원한을 스스로 보상받기 위해 악착같이 열심히 살아왔다고 했다. 그래서 시집을 좋은 집, 부잣집으로 만들어 오기 위해 부단히 노력했다고 하였다. 상담자는 25년 후에 그 사람들에게 보상하는 바람직한 방법은 내담자의 생각처럼 외형적인 조건이 아님을 천명하였다.

내담자는 25주년 결산을 하는 마당에 보니까, 그동안 잘나간다고 미국에 이민 가서 살았던 아이들이 한국에 남아서 사는 동창들을 많이 부러워했다고 한다. 자신이 보기에는 25년 동안 외지의 삶이 완전히 헛산 것 같이 보였다고 했다. 상담자는 인생이 외적인 성취와 재산에 있는 것이 아님을 강조하였다. 그들은 그 좋은 문화 속에서 문화의 진수를 향유하고, 인권이 존중되는 상황과 문화적인 질서 속에서 살면서 결과적으로 한국에 남았던 사람들보다 외적인 재산을 덜 가지고 있겠지만 풍부한 정신문화를 향유했다는 사실을 보도록 도와주었다. 이제는 누구와 누구의 삶을 비교하는 것에서 벗어나야 한다고 강조하였다. 다른 사람의 불행이 나의 행복이 될 수도 있겠지만 그것은 저질적인 방법이다. 내담자는 총무인 자신이 회장을 맡게 되어 기분이 좋다고 했는데 그것은 세상을 보는 틀이 바뀌어서 내가 바뀐 것이 아니라 상황이 바뀌어서 내가 변화된 것이니까 영구적인 것이 아님을 알게 해 주었다. 내담자가 수석을 했기 때문에 당연히 과대표를 했어야 됐는데 그렇지 못한 것에 대한 안타까움은 인간적으로는 이해가 된다고 말해 주었다. B여고의 세력 속에서 A여고 3명이 어떻게 당해 내느냐, 아무도 그런 얘기(상담 선생님이 하신 말씀과 같은 이야기)를 해 주는 사람도 없었다고 했다. 공부 자체가 싫었고, 자신의 전공도 싫었다고 했다. 다른 것을 찾아 헤매며 방황했다고 했다. 가장 중요한 것은 과대표가 되고 안 되는 것이 아님을 말해 주었다. 우리가 삶의 진정한 가치를 어디다 두고 살아가느냐가 더욱 중요한 것이 아니냐고 반문하였다. 누가 과대표가 되느냐가 뭐가 그렇게 중요한 절실한 삶의 문제냐고 반문하였다. 그 당시, 내담자가 그런 문제로 고민하고 마음 아파했을 때는 마음이 얼마나 힘들었을까 상담자도 이해가 가고 공감은 되나, 지금 돌이켜 보았을 때 그때 대표가 되었으면 그것이 꼭 내담자에게 유리하게만 작용했겠는가. 얻는 것이 있으면 잃는 것이 있고 잃는 것이 있으면 얻는 것이 있다. 인생의 모든 면에는 명암이 함께 공존하고 있음을 설명해 주었다. 당시에 내담자의 그 속상함은 자산이 되었을 수도 있다고 말해 주었다. 소외된 사람의 마음을 헤아려 주고 다른 사람을 이해하고 공감하는 능력이 개발되지 않았겠느냐고 하였다. 바로 이런 능력은 세상을 사는 데 필요하고 중요한 능력이 될 수 있음을 섬세하게 설명해 주었다. 내담자가 그때 그렇게 당했기 때문에 사회적 약자를 누구보다 이해하고 그들의 편에 설 수 있음을 강조하였다. 우연히 총무에서 회장이 되었기 때문에 내담자의 삶 자체가 달라질 수 있다고 했다. '기분이 좋은 것(feel better)'은 일시적일 뿐 영구적인 것이 아니라고 말했다. 영구적인 것은 오직 상황에 대한 나의 지각과 이해에서 비롯될 뿐이라고 설명해 주었다.

내담자는 그 피해감을 가지고 25년을 살아왔다. 자신에게 엄청 피해가 되었다. 시집갈 때에도 과대 선전을 했고, 그것을 맞춰 사느라고 힘이 들었다. 그것 때문에 내가 원하는 사람도 못 만났다고 한탄하였다. 상담자는 본질을 놓쳤기 때문에 그런 것이라고 했다. 그것을 보상하기 위해서 25년을 살았다. 그것이 바로 모파상의 목걸이와 같다. 어디에서 위로를 받거나 이야기할 데도 없었다. 우리나라는 너무나 집단주의, 소속주의 문화의 성향이 강해서 피해를 많이 본다고 했다. 속으로 외롭게, 외롭게 지냈다. 평생을 '내가 너희들한테 질 수 없다.' 그 생각이 얼마나 어리석은가. 그때는 어떻게 할 수가 없었다. 그렇게 묻어 버렸으니 이번에 재상봉을 하면서, 내담자의 친구들 마음속에도 그것이 있어서 내담자에게 4분 스피치를 하라고 했다. 네가 수석으로 들어왔으니까 네가 할 만하다고, 미안한 마음이 들어서 그런 것 같다고 했다.

재상봉한 친구 중에 미국에 가서 무시무시한 깡패 같은 남자를 만나서 희생봉사를 하고 살다가 이혼하고 미국 남자를 만나서 재혼했는데 너무나 행복하다는 친구가 있었다면서, 정말로 조건은 행복이 아니라 자신의 마음속에서 일어나는 것이라고 했다. 이야기하니까 속이 편하다고 하면서 입만 열면 말이 줄줄줄 나온다고 했다. 그 친구는 시집 이야기만 하면 징글징글하다고 했다. 상담자는 그런 것에 비하면 내담자의 시집은 얼마나 용이냐고 비유하였다. 내담자도 수긍했다. 시집의 구조 때문이지 악질은 아니라고 했다. 시집에서 미안해하기는 한다. 내담자는 그동안 벌어서 시댁 뒷바라지 하고 친구들은 제가 벌어서 집을 샀고, 그런 것을 따지면 후자가 더 나은 삶 같더라고 했다. 그것은 내담자가 선택한 것이기 때문에 책임을 져야 한다고 내담자의 선택에 대한 책임을 강조하였다. 상담자는 내담자에게 속상함이 있었다면 다른 친구도(과대표를 가로챈) 미안함이 있었을 거라고 말했다. 인생이 정의롭지 않은 것에 대해서 '세상은 반드시 공평하고 정의는 반드시 승리해야 한다.'가 비합리적 생각임을 상기시켰다. 세상 자체가 불합리하게 돌아가는 것임을 수용하고 정의롭게 되도록 노력하는 것이 중요함을 강조하였다. 대학생 때의 그 좌절 때문에 자신의 모든 성장이 멈추어 버린 것 같다고 했다. 그것을 자신의 성장의 자원으로 활용하지 못한 것에 대해서 안타깝다고 했다. 한 줄기의 신념이 얼마나 중요한 것인가. 그때 본질적인 것을 알았더라면…. 25년을 복수하는 마음, 친구들과의 외형적인 삶을 견주는 것 등 고도의 철학적인 태도가 아닌 모습으로 살아온 자기를 돌아보고 안타까워하였다.

이번에 재상봉 행사를 위해 제주도에서 남편에게 아침, 저녁으로 전화를 했는데 처음에는 어색해하더니 날이 갈수록 전화를 기다리는 것 같았다고 했다. 동창들에게 집에서 한 끼 대접하자고 했더니 "그래, 좋아." 그러더니 집에 화분도 사 놓고 단장을 아주 잘해 놓고 아내를 기다리고 있었다고 했다. 아들도 남편과 함께 청소를 다하고 내일 있을 파티 준비를 열심히 도와주었다고 말했다. 오늘 상담실에 오기 전에 "여보, 당신하고 나하고 그렇게 사이가 나빴던 것도 아니야. 아이들 중・고등학교 때에 교육시키다가 사이가 이렇게 나빠진 것 같아."라고 하자 남편도 그런 것 같다고 동의했다고 한다. 남편에게 "여보, 여기 꿀물도 있어요." 하면서 잘하니까 남편도 너무너무 좋아하고 해서 지금 남편과의 관계가 잘 되어 가고 있다고 했다. 상담자는 남편과 아들이 그렇게 호의적인 태도를 보일 때에 항상 진심으로 우러나는 마음에서 감사의 마음을 전달할 것을 권유하였다. 그리고 앞으로 3번 정도 더 만나고 상담을 종결할 것을 제의하였다. 내담자도 흔쾌히 응하였다. 내담자의 화사한 차림을 격려해 주면서 앞으로도 이렇게 밝고 아름다운 차림으로 옷도 입고 태도도 가질 것을 권유하였다.

숙제

1. 6회기 녹음 파일 듣기
2. ABC 채우기
3. 책의 모르는 부분 적어 오기
4. 남편을 이해하는 것이 자신의 입장에서 어떻게 해야 하는 것인지 적어 오기
5. 내가 어떻게 변화되어야 하는 것인지 적어 오기

⑥ 제8회 상담, 5월 16일(목): BDI 9

시아버지가 많이 아프셔서 남편과 함께 지방에 내려가면서 녹음 파일을 반복해서 세 번쯤 들으면서 많은 생각을 다시 하게 되었고, 자신의 행동이나 사고의 패턴이 바람직하지 않게 자동화된 부분이 많이 있었음을 다시 한번 확인했다고 했다. 예를 들면, 자신의 가정(assumption)이 마치 사실이고 진리인 것처럼 생각한 것이 잘못된 것임을 분명히 인식했다고 했다. 상담자는 내담자가 들었던 6번째 회기의 기록을 샅샅이 훑어보면서 그 회기에서 중요하게 다루었던 부분에 대해서 정리하여 주었다.

지난번의 재상봉 행사를 성공적으로 마쳤는지에 대해서 물었다. 남편과 아들의 도움을 받아 잘 치루었다고 했다. 지난 수요일이 석가탄신일이었기 때문에 남편과 절에 갔었다고 했다. 남편은 내담자가 교회에 다니는 것이 병을 치료하기 위해서였으므로 지금은 병(우울증)이 다 나았으니까 교회에 그만 다니라고 했다고 한다. 늙어서 남편은 절에 다니고 내담자는 교회에 다니면 서로가 불편하고 문제가 있을 것이라고, 나중에 늙어서 종교문제 때문에 헤어지는 일이 있으면 어떻게 하느냐고 했다고 한다. 부부가 종교가 같아야 한다는 것을 계속해서 강조했다고 한다. 부인은 상담시간에 배운 논박의 기술을 발휘하여 남편에게 부부가 종교가 같으면 참 좋겠지만 종교가 다르다고 해서 꼭 이혼을 해야 한다는 생각은 극단적이고 파괴적인 생각이라고 남편에게 논박하고 설득했다고 했다. 상담자는 '이제는 상담 선생님도 내가 다 나았고 더 이상 병자가 아니기 때문에 내담자에게 더 이상 병자라는 용어를 사용하지 말도록' 요구하라고 했다. 여기서 상담자는 내담자가 되고 내담자가 내담자의 남편이 되어 역할 연기를 하고, 주장훈련을 하는 연습을 시켰다. 내담자의 남편에 대한 언어 습관을 조금 더 공손하고 예의 바르게 했으면 좋겠다고 지적하였다. 그리고 내담자가

남편에게 좀 더 잘해 준다면, 바로 그것이 내가 그 사람을 다스리고 어떤 점에서는 그의 행동을 통제하기 위한 방법일 수도 있다고 말했다. 성서에도 "섬기는 사람이 다스린다."는 구절이 있음을 상기시켰다. 남편에게 잘해 주는 것이 '내가 굽히고 들어가는 것이다.'라고 믿는 그의 왜곡된 신념이 잘못되었음을 확인시켜 주었다. 내담자가 근무하는 직장에서도 직장을 위해서 성심성의껏 일하는 사람이 결국 자신이 소속한 직장에서 가장 많은 혜택을 받지 않느냐고 하자 내담자도 그렇다고 대답하였다. 남편과 대화할 때도 PET에서 배웠던 기술과 기법을 십분 활용하여 '당신'을 주어로 하는 말을 쓰게 되면 남편을 평가하게 되니까, 이제는 '나'를 주어로 하는 말을 쓰면 남편의 행동에 대해서 평가하지 않으면서 자신의 욕구를 표현할 수 있음을 상기시켰다. 딸도 내담자의 남편인 자기 아빠에게 함부로 말을 하고 무시하는 경향이 있기 때문에 내담자로 하여금 이제는 부모의 권위를 가지고 딸을 교육시켜 나가야 할 필요성을 역설하였다.

그리고 지난번에 상담자가 미처 짚고 가지 못했던 것이 내담자가 밤에 잠을 자기 위해서 지금도 밤에 잘 때 꼭 술 먹어야 한다고 한 부분이었다. 집안의 내력이 좀 불면증기가 있기 때문에 시집 와서부터 갈등이 심해서 잠을 자기 위해서 한 모금씩 양주를 먹으면 잠을 잘 이룰 수 있다고 했다. 상담자는 스스로 알아서 해결해야 할 문제인데 한 모금의 술이라도 의지하지 않고 잠을 잘 잘 수 있으면 좋겠다고 했다. 아들이 어렸을 때 엄마가 술을 먹는 모습을 보고 배워서 아이가 알코올 중독이 되었을 가능성이 있음도 시사해 주었다.

오늘의 상담을 내담자에게 정리해 보라고 하자 "섬기는 자가 다스린다."는 성서의 구절이 가장 마음에 떠오른다고 하면서, 남편에게 잘해 주고 잘 섬기면서 남편과 화목하게 가정을 이루도록 많은 노력을 하겠다고 했다. 상담자는 내담자의 아들 문제는 얼마나 해결이 되었느냐고 하자 아들의 알코올 문제는 많이 해결이 된 것 같다고 했다. 대학도 6개월 정도 더 다니면 졸업을 할 수 있다고 했다. 상담자가 엄마가 나아졌기 때문에 그 여파로 가족구조 전체가 좋아지는 데 영향을 미쳤다고 하자, 아들이 밤에 잘 때도 거의 술을 안 마시거니와 엄마에게 적극적으로 의사전달도 많이 한다고 했다. 여태까지 한 번도 집에 전화를 한 적이 없는 아이가 제주도로 MT를 가서 "엄마, 저 잘 있어요."라고 전화를 했다고 한다. 그러면서 자신은 아무것도 해 준 것이 사실은 없는데 아이가 이렇게 변한 것 같다고 했다. 상담자는 아이들에게 꼭 무엇을 해 주는 것보다 아이들이 스스로 성장하고 성숙할 수 있는 분위기를 조성해 주는 것이 다 큰 성인 자녀에게는 더욱더 중요하다는 것을 천명하였다. 딸이 아버지에게 막 대하는 것도 그전에는 그냥 내버려 두었는데 이제는 그것도 바로잡아 가야겠다고 하였다. 남편도 지난번에 절에 다녀와서는 스스로 김치찌개를 만들고 자신에게 먹어보라고까지 하였다. 그것은 남편의 변화된 행동이라고 내담자는 말했다. "그것은 내가 변화되었기 때문에 더불어 변화된 남편의 행동인 것 같다."는 말까지 내담자는 덧붙였다.

지난번에 수석 입학을 했는데 과대표가 되지 못했기 때문에 '수석 입학을 해 놓고도 과대표를 못한 나는 한심한 인간이며 그것을 보상하기 위해서 나는 누구보다도 시집을 잘 가서 보란듯이 잘 살아야만 한다.'라는 생각에서부터 내담자의 인생이 어긋나기 시작했음을 다시 한번 살펴보도록 도와 주었다. 내담자의 그 사고가 내담자의 삶을 모파상의 목걸이처럼 만든 비합리적 신념이었음을 확실하게 깨달으면 더할 나위 없이 좋겠다고 하자, 자신도 상담 선생님의 말씀을 듣고 많은 생각을 하게 되었다고, 자신이 그동안 허구적인 가치를 추구하면서 헛살았다고 했다. 그래서 재상봉 행사 때에 동창들을 대하는 태도도 달라졌고 친구들과 헤어질 때 서로 부둥켜안고 많이 울었다고 했다. 묵혀 왔던 찌꺼기 감정이 다 사라졌다고 했다. 상담자는 내담자의 언어를 교정하였다. 내담자가 '자신은 헛살았다.'라고 표현했는데 그것은 자신이 부분적으로 잘못 살았던 것을 마치 삶 전체가 잘못된 것처럼 매도하는 그릇된 표현임을 가르쳐 주고, 정확하고 구체적인 언어를 사용할 것을 독려하였다. 이제 앞으로 남아 있는 삶을 아름답고 소중하게 살아야 하니까 세속적이지 않은 본질적인 면의 가치를 추구해 나가는 것의 중요성을 역설하였다. 과거에 우리 나라 사람들이 열망했던 '내차(my car)' '내집(my house)' 등의 외형적인 가치가 많이 성취되었기 때문에 많은 사람이 지금은 허무에 빠져 있다. 여기에서 스스로를 보호해야 된다고 말했다. '가장 적극적인 치료는 예방'이기 때문에 앞으로 자신의 삶을 잘 추스릴 수 있어야 함을 강조했다. 내담자는 자신이 상담시간에 나온 내용을 아침마다 남편에게 말해 주고 설명해 주니까 남편도 상담을 받고 싶다고 했다고 한다.

숙제

1. 7회기 녹음 파일 듣기
2. ABC 채우기
3. 책의 모르는 부분 적어 오기
4. 남편을 이해하는 것이 자신의 입장에서 어떻게 해야 하는 것인지 적어 오기
5. 내가 어떻게 변화되어야 하는 것인지 적어 오기

• 중기 상담과정의 요약 •

상담자는 내담자가 느끼는 우울에 대한 인지적 시각을 설명해 주었다. 내담자는 상담자가 그가 가지고 있는 비합리적 생각, 예를 들면 '대학 입학 때 수석을 하였기 때문에 나는 우리 동창생보다 못살면 큰일이다.'를 논박하면 재빨리 그것을 흡수하고 합리적 대안신념을 찾아 냈다. 상담자가 진정한 인간의 행복은 외형적이고 물질적인 가치에 있는 것이 아니고 자기 마음 속 깊은 곳에 위치한 정신적 가치와 내면에 있는 것임을 논리적으로 설명해 주면 내담자는 재빨리 이해하였다.

중기 상담의 초기에 좀 더 구체적인 상담의 목표를 설정하였다. '인간을 이해하고 수용하는 나의 안목과 생각의 폭을 넓히는 것' '내 처지에서 만족하고 기쁨과 행복을 느끼는 것'으로 했다.

중기 상담의 중기에 접어들면서 내담자는 남편과의 관계에서 '나는 항상 옳다.' '나의 생각은 언제나 당연히 맞다.'라는 것이 옳지 않다는 것을 지각하기 시작하였다. 내담자는 부자인 줄 알고 시집와서 보니 빈껍데기뿐인 시집임을 알게 되었고, 자기 인생이 '모파상의 목걸이'와 같다고 늘 공허해 했었다. 상담자는 이것에 대한 새로운 시각을 갖도록 도와주었다. 내담자의 삶이 그렇게 부질없고 공허한 부분만 있었던 것이 아님을 직면시켜 주었다.

인간을 이해하고 수용하는 안목과 생각의 폭을 넓히기 위해 먼저 남편을 이해하고, 남편의 존재를 인정해 주며 남편을 비난하지 않고 사랑하는 것을 상담의 하위목표를 정하였다. 그래서 내담자는 남편에게 자기의 틀을 맞추도록 요구해 온 자신을 반성하고 자신이 먼저 변화하기 위해 노력하는 자세를 갖겠다는 다짐을 하였다. 그는 여태까지 '나는 반드시 남편의 보호를 받아야만 하고 여자는 남자에게 사랑을 주면 안 된다.'라는 생각을 갖고 있었음을 찾아내었고 상담자는 이를 교정해 갔다.

중기 상담의 마지막 부분에서 내담자는 자신이 대학에 입학할 때 과수석을 했는데 엉뚱하게도 과대표는 얼굴도 모르는 아이가 되었다고 했다. 그래서 내담자는 '나는 좋은 집으로 시집을 가서 그 아이들 보란 듯이 잘살아야만 한다.'라는 생각을 갖게 되면서 모든 것이 비틀어지는 것을 체험하게 되었다.

상담자는 그의 핵심 비합리적 사고를 논박하여 자신의 삶을 재조명해 보도록 하였다.

(3) 말기 상담과정(제9회~제10회, 종결회기): 상담의 종결과 앞으로의 계획 점검

① 제9회 상담, 5월 29일(목)

내담자는 이제부터 내가 화를 내지 않고 나의 감정을 보호하면서 어떻게 남편과 가정을 잘 리드하여 이끌어 갈 수 있을까에 대해서 많이 생각했다고 했다. 이제부터는 무엇이든지 급하게 서두르지 말고 천천히 나아가야겠다는 생각을 했다. '남편은 긴장 덩어리이고 남편은 우리에게 불편함을 주는 존재이다.'라고 했는데, 여기에서 상담자는 '남편과 남편의 행동을 이해하고 바라보는 사람은 나다.'라는 점을 다시 한번 강조하였다. 그동안 내담자가 이해할 수 없었던 남편의 행동에 대해서 불만을 갖고 짜증내고 속상해 하였다면, 이제는 그런 데에 쓰던 에너지를 내가 이 사람을 어떻게 이해하고 조절하고 이끌어 나갈 것인가에 쓰도록 하는 것에 대해서 곰곰이 많이 생각해 보도록 하였다. 앞으로 그것은 내담자가 살아가면서 계속해서 해야 하는 과제임을 천명하였다. 내담자가 숙제에 기록해 온 여러 가지 상황에서도 그러려니 하면 별 문제가 없는 게 될 수도 있다. 내담자의 남편은 자신이 가장이기 때문에 여태까지 집안의 식구들을 인위적으로 누르려고 들었고, 내담자 자신도 아내는 당연히 남편의 발밑에 서야 하고 남편이 자신보다 잘나야만 한다고 생각했다고 한다. 그러면서 남편이 나보다 좀 나아야 되니까 "잘나라, 좀 잘나라, 조금만 잘나고 조금만 고쳐라." 하면서 25년 결혼생활 동안 남편에게 많은 것들을 요구했고, 또 그 요구가 이루어지지 않은 점을 한탄한 것이 얼마나 잘못된 고정관념의 틀인가에 대해서 뼈아픈 후회가 앞선다고 했다. 남편이 사회생활 하는 모습은 멀쩡함에도 불구하고 남편을 정확하게 판단하지 못한 것에 대해서 회한이 앞선다고 했다. 남편의 여러 가지 다른 모습을 있는 그대로 수용하지 못하고 통합된 남편의 모습이 완전하고 이상적이기만을 바랐던

자신이 잘못되었음을 뼈저리게 깨닫게 되었다고 했다. 상담자는 상담자가 강의하는 중에 '당신의 배우자가 결혼하기 전에 맘에 들지 않는 부분은 내가 살아가면서 고쳐서 살아가야지.' 하고 마음을 굳게 먹고 결혼을 했지만, 결혼생활 수년 또는 수십 년을 하면서 남편이, 또는 아내가 내가 원하는 대로 바뀌어 주는 사람이 있느냐고 물어보면, 자신이 원하는 대로 상대방이 변화되었다고 보고하는 경우는 극히 드물다는 것을 상기시켜 주었다. 나도 내 마음대로 쉽게 안 되는데 상대방을 내 마음대로 조절하고 통제하려는 것이 얼마나 어리석고 무모한 짓인가에 대해서 다시 한번 상기시켜 주었다. 그리고 인생의 목적이 행복하기 위함이라는 것도 아울러 상기시켰다. 행복해지기 위해서 변하지 않는 남편의 행동을 변화시키려고 무리한 애를 쓰는 것은 아둔한 일이라는 것을 다음과 같은 비유를 하면서 일러 주었다.

"내가 어느 뜨거운 여름날 나의 사무실에 앉아 있다고 가정해 봅시다. 그리고 오늘 같은 날 일하는 것보다 스키를 타는 것이 얼마나 좋은가에 대해서 환상을 가지고 있다고 생각해 봅시다. 만약 내가 창문으로 걸어가서 나의 주먹을 흔들면서, 날씨가 춥고 눈이 와야만 한다고 요구한다고 합시다. 그러면 당신은 아마 내가 약간 돈 사람처럼 보일 것입니다. 그리고 제가 지금 날씨가 춥고 눈이 오기를 요구한다면 당신은 그것은 너무 어리석은 요구라고 저에게 말할 것입니다. 이 세상이 내가 원하는 대로 굴러가도록 요구하는 것은 어리석은 생각입니다. 물리적인, 천문학적인 그리고 기상학적인 요소가 화창하고 밝은 날씨를 유도하는 것은 명백합니다. 나의 요구나 나의 화나는 기질들이 이런 것들을 변화시킬 수 없습니다. 당신의 문제에 대해서 당신이 하는 것도 이와 유사한 것이 아닙니까? 당신도 역시 그와 유사한 요구를 하고 있는 것이 아닙니까?"

그러면서 우리가 상대방을 이해하는 태도를 바꾸는 것이 행복에 이르는 지름길임을 다시 한번 강조하였다. 남편의 변화 자체에 대해서 차단하고 봉쇄하라는 것은 아니고, 남편이 변화될 수 있는 부분에 대해서 지속적으로 원하고 도움을 주지만 변화 그 자체에 대해서 많이 기대하지 않는 것이 더 현명하다는 것을 강조하였다. 여태까지 내가 다 옳고 내가 다 잘났고 남편은 무조건 잘못되었고 글렀다는 식의 사고방식으로 꽉 차 있었기 때문에 더욱 불평과 불만이 심했고, 그것이 남편으로 하여금 더욱 가부장적인 권위를 내세우게 하는 이유가 되었다는 것을 다시 한번 말해 주었다. 자신은 정말로 남편이 조금만 더 잘나 주면 남편 밑에 편안하게 안주하려고 남편의 모자란 부분을 보충하고 보완하기 위해서 정말로 피나는 노력을 끊임없이 해 왔는데, 이런 자신의 무모함이 정말 잘못된 것이었다고 고백하였다. 상담자는 내담자의 남편이 내담자가 원하는 대로 그렇게 되어 주었다고 하더라도 그것이 내담자를 편하게 인도했을 것이라는 것은 어디까지나 가정(assumption)이지 사실이 아닐 수도 있음을 다시 한번 상기시켜 주었다. 지난번에도 내담자는 자기가 센 남자를 만나서 살았으면 이렇지 않았을 텐데라고 아쉬워했는데 그것도 역시 가정임을 환기시켰다. 센 남자를 만났다고 해서 지금보다 행복하리라는 생각은 가정일 뿐 그것은 사실이 아닐 수도 있음을 확인시켜 주었다. 내가 얼만큼 융통성 있는 틀을 가지고 남편을 대하느냐가 더 중요하다는 것을 알았으면 좋겠다고 했다.

내담자는 이제는 자신이 변화되었기 때문에 집에서는 많은 문제가 사라졌고 부부 사이도 많이 화목해졌다고 하였다. 정말로 화기애애하게 되었다고 했다. 알코올에 빠졌던 아이도 전에는 가족과 단절되었었는데 이제는 집에서 말을 많이 한다고 하였다. 대신에 이제는 딸이 반발을 한다고 했다. 지난번 어버이날에도 카드에 "어머니, 아버지, 행복하세요."라는 말밖에 안 씌어 있었다고 했다. 원래는 그런 카드를 보낼 때는 엄마의 아픈 마음을 그려서 섬세한 편지를 써 주곤 하던 딸이었는데, 어쩌면 이번에는 남편과의 관계가 좋아졌기 때문에 쓰려고 했던 말이 별로 없었던 것 같다고 하였다. 그러면서 요즈음 변화된 가정 내의 분위기와 가족구도 때문에 딸이 많이 힘들어한다고 하였다. 상담자는 부모의 관계가 좋아졌기 때문에 딸이 좋아해야 되고 마음이 편해져야 하는데 오히려 그 반대의 상태가 된 이유가 무엇이냐고 물었다. 내담자는 그전에는 딸을 통해서 엄마와 아빠가 속상한 것을 많이 풀었고, 딸을 통해 위안을 얻었다고 했다. 또한 아들 때문에 얻지 못하는 만족도 딸을 통해서 많이 얻었다. 그래서 딸도 집안의 구도 때문에 속은 상했겠지만 자연스럽게 딸의 요구를 많이 들어주었기 때문에 딸이 여러 가지 혜택을 많이 누리며 살아왔다고 했다. 그런데 요즘은 그런 혜택이 사라지니까 아주 불편해하면서 "엄마, 왜 요새 나를 이렇게 미워해?" 하면서 많이 대들고 섭섭해한다고 했다. 상담자는 부모가 그간에 딸과의 관계에서 권위를 잃어버렸음을 상기시키고 이제 딸의 요구에 무조건 끌려가는 것이 아니라 권위를 되찾아 딸을 지도하고 이끌어 가는 위치를 찾아야 함을 강조하였다. 이 부분에서 역할 연기를 통해서 딸과 대화하는 연습을 시켰다. 딸을 가르치려고만 하면 저항할 수 있을 테니까 엄마의 솔직한 고백을 해 볼 것을 권유하였다. 엄마가 잘못 기른 부분이 없잖아 있기 때문에 여과 없이 행동을 하다가 다른 집에 시집을 갔을 때에 그 집에서도 통할 수 있을지 생각해 보아야 할 것을 가르쳐야 한다는 것을 강조하였다.

아들도 엄마가 보기엔 중간 정도는 된 것 같다고 했다. 그동안 남편이 중국을 갔는데 그동안의 아들의 행동을 보면 거의 정상이 된 것 같다고 하였다. 상담자는 부모가 많이 변화되었기 때문에 아들도 변화될 수 있었던 것 같다고 하였다. 아들은 술을 게임으로 대체했다. 술은 과거에는 술을 너무 많이 먹어서 완전히 지척지척 걸어 들어와서 누군가가 부축했어야 했는데 지금은 일주일에 2~3번 마시지만 자신이 스스로 걸어 오고 "다녀왔습니다."라는 인사까지 할 정도가 되었다. 이제는 자신이 조절해 가면서 먹는 느낌을 받아서 그다음부터는 엄마가 일일이 몇 번을 먹었는지에 관해서 점검하지 않는다고 했다. 이제는 아들이 이성교제를 할 수 있는 기회가 있으면 엄마가 마음껏 격려해 주면 좋겠다고 했다. 그렇지 않아도 마침 누군가와 데이트를 시작한다고 하길래 데이트 보조금까지 주었다고 했다. 아들에게 정말로 나아질 수 있다는 가능성과 희망을 불러일으킬 것을 강조하였다.

이제 집에서 웃는 가정의 분위기를 형성할 것을 강조하였다. 웃으면 복이 온다는 옛말을 생각하면서 가능하면 웃음소리가 가득한 집안의 분위기를 연출할 수 있으면 좋겠다고 하였다. 웃음을 통해서 그동안 알게 모르게 감돌았던 무겁고 암울했던 집안의 분위기를 바꾸어 갈 수 있기를 권유하였다.

내담자는 상담자가 부과한 숙제를 비교적 열심히 해 왔는데, 그는 다음과 같이 숙제의 효과에 대해서 말하고 있다.

숙제의 효과

- 숙제를 통해서 복습을 하니까 어렴풋이 알았던 것을 확실히 알게 되었다.
- 나의 행동을 다시 돌아보게 되니까 일상적인 실수가 줄어들었다.
- 내가 '화'를 낼 때의 그 행동 패턴이 똑같았음을 확인하였다.
- 내가 평소에 무심코 사용하던 언어 중에 극단적인 표현을 많이 하고 있음을 알게 되었다.

② 제10회 상담, 6월 5일(목): 종결회기(BDI 5)

밥만 먹고 사는 것이 다인 줄 알았는데 이제는 그것이 아닌 것을 알았다고 내담자는 고백하였다. 가족 구성원의 상황에 대해서 점검을 하였다. 딸은 미국으로 어학연수를 떠나기로 했다고 말하였다. 딸도 자기처럼 잘못된 결혼생활을 할까 봐 걱정이 된다고 하였다. 상담자는 엄마의 이야기를 딸에게 알려 주고 엄마는 이러이러한 생각 때문에 이렇게 뭔가 어긋난 삶을 살아왔으니 너라도 제대로 된 시각과 삶에 대한 태도를 가지고 제대로 살 수 있기를 진정으로 바란다는 내용의 이야기를 서로 마음을 툭 터놓고 하기를 바란다고 말했다.

상담자는 내담자에게 지난번에 합의한 대로 오늘이 마지막 회기인데, 오늘 상담자에게 도움을 받고 싶은 부분이 무엇이냐고 물었다. 내담자는 도움을 받고 싶은 부분을 리스트로 작성해 왔다.

- 대학원 진학 문제
- 아들 문제에 대해서 간섭하지 않고 스스로 성장하도록 도와주는 문제
- 자녀의 결혼문제 때문에 노심초사하지 않고 여유를 가지고 대하는 문제
- 대학원에 진학할 경우에 몸이 피곤할 텐데 그럴 경우에 어떻게 남편을 사랑할 수 있으며 자녀와 좋은 관계를 맺을 수 있는지에 관한 문제
- 친정 부모와 시부모 모두 소원한 관계의 문제

대학원 진학에 따르는 여러 가지 현실적인 궁금한 점에 대해서 대답을 해 주었다. 내담자는 자신이 진학하고 싶은 학과와 대학을 이야기하였고 상담자는 소신껏 그에게 필요한 조언을 해 주었다. 아들한테는 간섭하지 않고 있다. 내담자의 표현을 빌면 '노터치(no touch)'하고 있는데 그 결과가 더 좋다고 하였다. 아들이 엄마에게 "엄마 나 이번에 여름학기(summer school)에 등록할 테니 돈 주세요."라고 말했다고 하면서 아주 흐뭇해하였다. 계속해서 이렇게 아들에게 노터치해도 되는 것이냐고 물었다. 상담자는 궁극적으로 엄마의 간섭 없이 스스로 삶을 꾸려 가게 하는 것이 중요함을 강조하였다. 그러나 간섭을 하지 않는 것과 무관심한 것은 구별해야 함을 일러 주었다. 내담자의 아들에게도 엄마가 그전과 다르게 행동하는 것은 아들에 대한 엄마의 애정이 식어서가 아니고 아들을 스스로 독립성 있게 성장하도록 도와주기 위해

서 선택한 방법임을 아들이 알게 해 주는 것이 중요함을 또한 역설하였다. 딸의 문제로 넘어갔다. 딸은 자기가 대학교 4학년인데 선이 안 들어온다고 걱정한다고 했다. 엄마는 그런 딸이 속물 같다고 말했다고 했다. 딸아이는 부잣집 남자 꼬셔서 멋들어지게 한번 잘살아 보겠다는 생각으로 머릿속이 꽉차 있다고 했다. 상담자는 그 부분이 어쩌면 엄마를 닮은 부분이 아니냐고 하자 내담자는 닮아도 어쩌면 이렇게 끔찍하게 닮았는지 속상하다고 하였다. 그러면서 딸의 문제에 대해서도 노터치하고 있고, 아들도 딸도 서른만 안 넘기고 결혼했으면 좋겠는데 그렇게 해도 괜찮겠느냐고 물었다. 상담자는 물론 괜찮다고 대답했다. 요즈음 여성들은 과거와는 달리 시집가서 아이 낳고 가정을 꾸리는 것만이 삶의 주요한 목적이 아니고 자기의 일을 갖고 살아가는 추세이니 그런 부분에 대해서 깊은 성찰을 할 수 있도록 딸을 도와줄 것을 당부하였다. 과거에는 우리가 너도나도 못살았기 때문에 너도나도 부잣집으로 시집가는 것이 여성들의 최대 목적 중에 하나였다면 지금은 결혼의 의미가 과거와는 많이 달라졌음을 말해 주었다. 지금은 함께 삶을 꾸리고 엮어 가는 삶의 동반자를 찾아가는 것이라고 했다. 참다운 행복이란 물질에 있는 것이 아님을 다시 한번 상기시켰다. 엄마도 그런 인생관 때문에 함정에 빠져서 이렇게 불행하게 살아왔지 않느냐, 같이 함께 생각해 보고 분명한 가치에 대해서 같이 나누어 볼 것을 요구하였다.

딸은 엄마가 변화되면서 아빠가 변화되고 가족구조 전체가 바뀌면서 자기에게 돌아오는 이익이 줄어드는 것에 대해서 상당히 힘들어한다고 하였다. 내담자는 자녀에게 생각과 가치를 집어넣어 주는 일을 잘 못 한다고 하였다.

그다음으로 친정 부모와 시부모의 소원한 관계에 대해서 함께 논의하였다. 양쪽의 부모가 모두 다 며느리와 딸에게 너무나 의지를 많이 하고 있다고 하였다. "어버이 살아실 제 섬기기란 다하여라"란 송강 정철의 시구를 대면서 힘들어도 잘해 주었을 때 그분들이 돌아가신 후에 후회가 없을 것이란 말을 했다. 내담자는 친정어머니가 본인이 막내 딸인데도 잘해 주지 않은 것에 대해서 상당히 속상해 했다. 내담자가 뭐든지 잘하니까 자신한테는 야박한 엄마가 야속하다고 했다. 친정 언니는 한때 귀신에 씌어서, 염불을 하는 동안에 제정신이 돌아온 적이 있었다. 사방에 언니 얼굴이 보여서 무서워서 견딜 수 없어서 메디컬 센터에 상담치료를 받으러 간 적이 있었다. 언니와 반대로 살아야겠다는 내담자의 결연한 의지가 내담자로 하여금 더욱 완벽주의적 경향성을 형성하도록 하는 강한 영향을 준 것 같았다. 그 이후 언니와 소원해졌다. 작년에 내담자가 우울증으로 많이 아팠을 때 친정 부모가 집안을 돌봐 주기 위해서 오셨다. 남편은 부모가 와서 아내의 자리를 대신해 주는 것에 대해서 내심 기뻐하고 있는 눈치였다고 했다. 그래서 내담자는 친정 부모에게 사정하여 집으로 돌아가 달라고 애원했다고 한다. "아버지, 내가 어떻게 살아왔는지 아시잖아요. 아버지가 여기 계시면 내가 이 집안 식구들을 고칠 수가 없어요. 아버지, 나를 믿고 가세요."라고 애원해서 돌아가셨다고 했다. 어쨌든 내담자는 자기의 엄마가 자신을 충분히 사랑해 주지 않은 것에 대해서 섭섭함이 있다고 했다. 상담자는 항상 내담자의 생각이 '사실이냐, 추측이냐'에 대해서 많이 생각을 하게 하는데, 엄마가 나를 사랑하지 않는 것이 정말로 사실이냐고 물었다. 내담자는 그렇다고 생각하는 여러 가지 증거를 제시해 주었다. 성숙하지 않은 언니가 불쌍해서 잘해 주고 나에게 못해 준 것을 안타까워하며 증거를 제시했다. 상담자는 엄마에게 좀 더 주장적으로 대하면 어떻겠느냐고 했다. 어렸을 때부터 친정에서도 너무나 희생하고 살았다고 했다. 밥하고 김치 다 담그고 희생양이 된 것에 대한 보상을 받지 못해서 안타깝다고 했다. 그야말로 그것이 나의 운명임을 받아들이는 것이 어떠냐고 했다. 내가 살 만큼 돈이 있는데 꼭 엄마한테 도움을 받아야지만 비참하지 않은가에 대해서 생각해 볼 것을 권유하였다. 엄마는 나한테 독하다고 했는데 그것도 정말 나한테만 그러는 것인지 아니면 다른 형제들도 그렇게 생각하는지 확인해 볼 것을 숙제로 내주었다. 엄마한테 기대를 많이 하지 말고 그 대신에 스스로를 보호하고 사랑하는 것이 중요하다는 것을 강조하였다.

그다음에 대학원에 진학해서 몸이 피곤할 경우에 남편과 가족에게 잘 못해 주게 되면 어떻게 하나 걱정이 된다고 하였다. 상담자는 그 말에 이해가 가기는 하나 일단 대학원에 진학해서 공부를 해 보면서 가정생활과 병행이 잘 되는지에 관해서 그 추이를 살펴보자고 제의하였다.

마지막 점검으로 상담의 효과를 물었다. 내담자는 상담자를 만나지 않았으면 이렇게 우울증이 회복되는 반전의 효과가 없었을 것 같다고 하였다. 저번에 만났던 의사 선생님과는 노선이 다르기 때문인 것 같다고 하였다. 의사 선생님은 우울증의 끝까지 가서 끝장을 보고 와야 한다는 노선이었는데, 이와는 다른 방법을 활용하시는 선생님을 만나지 않았으면 이렇듯 빠른 시일 내에 회복은 불가능했을 거라고 했다.

그다음의 효과는 '사고의 자동화'에 대해서 터득한 점이라고 했다. 자기는 자신의 모든 생각이 아주 당연하고 옳고 진리인 줄만 알았는데 그것이 아님을 확인한 것이 아주 큰 소득이라고 했다.

여러 가지 잘못을 하지만 '화'를 내고 나서도 나 자신을 다시 점검해 보고 논박해 보고 정리해 보는 좋은 도구를 얻은 것 같다고 했다. 앞으로 정서적, 행동적인 어려움이 있을 때 전문가에게 의존하기보다는 스스로 조력할 것을 강조하였다.

상담자는 새로운 행동의 지속이 가능하겠느냐고 물었다. 내담자는 보통 때는 지속이 쉬운데 돌발 사건이 생기면 어렵다고 하였다. 그때도 반응을 빨리 하지 않고 생각을 먼저 한 다음에 반응하겠다고 하였다.

그다음으로 자기 자신을 과거에는 참으로 비참하다고 생각하였는데 '이제는 그렇게 과장적으로 바라보지 않을 수 있느냐?"고 물었다. 그렇다고 했다. 그러면서 인간을 비교하지 않고 나보다 악조건에 있는 사람들의 상황과 비교하면서 견딜 수 있다고 했다.

내가 앞으로 겪어야 할 좌절을 이기고 관용적일 수 있겠는가 등의 점검목록표를 확인하였다.

마지막으로 내담자가 더 해결하고자 하는 문제가 실제 더 남아 있는지에 대해서 질문을 던지자 "없어요."라고 단호하게 대답하였다. 지금 당장은 없는데 앞으로 아무래도 사람이 살아가면서 문제는 생길 것 같은데 스스로 해결할 수 있을 것 같다고 하였다.

종결 후 상담의 효과를 증진시키기 위해서 인지상담 관련 도서를 읽고 지속적으로 노력할 것을 권유하였다.

• 말기 상담과정의 요약 •

내담자의 결혼생활 25년의 불행은 남편의 좋은 점은 보지 못하고 약점만을 확대해서 지각한 자신의 지각에서 기인한다는 사실을 바로 보게 되었다. 자신의 불행의 원인은 남편이 아니고, 남편을 바라보는 자신의 시각에 있음을 다시 한번 확인하게 되었다. 모든 문제의 근원을 외부로 돌리지 않고 자신의 인생관 속에서 찾으며 그것을 다시 한번 정리하는 계기를 만들었다. 앞으로의 삶에 대한 계획을 함께 나누었다.

• 상담과정 후 내담자의 소감 •

나는 결혼 후 지난 25년 동안에 가슴에 비수를 숨기고 살아온 것 같았다. 비수를 가진 사람이 아무리 남편과 가족에게 잘했다고 한들 그들이 같이 살고 싶었겠는가에 대한 통찰을 하게 되었다. 그들은 아마도 간담이 서늘한 살기를 느꼈을지도 모른다. 남편도 내가 적당히 위장을 했기 때문에 변덕이 심하다고 느낀 것도 당연했을 것이다. 아들은 나의 마음을 그대로 느꼈고, 무시무시해서 엄마와 가정으로부터 도망가고 싶었을 것이다. 딸은 나의 완악한 모습을 그대로 닮은 것 같다. 시부모도 황소같이 일하고 돈 벌어다 주는 며느리가 싫지는 않았겠지만 정이 깊이 들지 않은 것도 사실일 것이다. 그동안 집안의 구조가 모두 물질적인 이권 챙기기에만 급급하게 돌아갔다.

그것은 내가 결혼의 기본 조건인 사랑이 없이 이 집안에 시집을 왔고 남편도 마찬가지였기 때문에 어쩌면 당연한 결과인지도 모르겠다. 모든 문제의 근원이 나한테서 발생했다는 것을 실감하고 나의 잘못된 부분을 확인하고 그것을 교정해 왔던 좋은 시간이었다.

(4) 추수지도(follow up)

종결회기를 마치고 각각 3개월 후, 8개월 후 2번에 걸쳐 추수지도가 이루어졌다. 그 내용은 다음과 같다.

① 제1회 고양회기, 9월 5일(금)

내담자는 아주 환한 피부색과 편안한 모습으로 왔다. 상담자가 얼굴에 희색이 만면하다고 하자 굉장히 살기가 편해졌기 때문이라고 대답했다. 상담자가 살기가 편해진 이유에 대해서 묻자 내담자는 자신의 삶에 대한 관점인 신념이 바뀌었기 때문이라고 했다. 지금은 있는 그대로 수용하는 미덕을 생활화하고 있으며 자신의 여러 가지 모습이 변화되어 감을 체험한다고 하였다. 구체적인 예를 들면, '화'가 나는 순간에 즉각적으로 '화'를 내지 않으며 이것이 적절한 정서인지 아닌지에 대해서 먼저 헤아리는 여유가 생겼다고 하였다. 이제는 직장에서 사람을 대하는 태도도 많이 달라져서 가능하면 진실하고 친절하게 대하게 된다고 하였다. 길 가다가 모르는 사람이 길을 물어볼 때에도 구체적으로 자세히 안내하고 가르쳐 주게 된다고 하였다. 남편에 대한 태도도 많이 달라져서 우선 존댓말을 쓰기 시작했고 남편에 대한 존중의 태도를 지니기 시작했다고 하였다. 더불어 예기치 않게 남편도 괄목할 정도의 변화가 일었다고 하였다. 그전에는 아내인 내담자에게 사사건건 반대를 위한 반대만을 하였는데 이제는 아내의 의사를 존중하고 수용하는 태도를 많이 보인다고 하였다. 아들도 마찬가지로 이번 학기를 잘 보내면 무리없이 대학을 졸업할 수 있으며 자신의 생활을 스스로 꾸려 가는 능력도 생기는 등 장족의 발전을 이루었다고 하였다. 지난 학기 전공필수 과목에서 성적이 무척 나쁘게 나왔는데 담당 교수님을 찾아가서 여러 가지 상황 설명을 하고 졸업에 필요한 학점을 따게 되었다는 이야기를 아버지에게 하는 소리를 들었다고 하면서, 아이의 이러한 적극적인 태도도 전에는 상상할 수 없었던 눈물겨운 부분이라고 하였다. 아들에 대해서도 자신의 눈을 낮추니까 편해짐을 느낀다고 하였다. 상담자는 통계학에서 논의되는 리그레션 라인(regression line)에 대해서 설명을 해 주었다. 이는 평균으로 향하는 경향성을 말하며 통계학적 사실이지만 인간의 문제에도 그대로 적용이 됨을 말해 주었다. 한 인간이 또는 그가 속해 있는 가문이 대대손손 잘 살고 잘 먹고 찬란하지는 않은 것과 마찬가지로 대대손손 못 살고, 쇠퇴하는 경우도 없음을 비유하여 설명하였다. 내담자는 마음을 비우는 것의 중요성을 뼈저리게 깨닫게 되었으며 진정한 삶의 가치에 대해서도 다시 정립하게 되었다고 하였다. 이제는 자기 일에 최선을 다하고 즐겁게 살 것이며 모든 사람이 다 귀하다는 생각을 하게 되었다고 하였다. 내담자는 앞으로 대학원에 진학하여 공부를 더 하면서 자신이 잃어버렸던 삶의 소중한 한때를 다시 찾고 싶다고 하였다.

상담자는 앞으로 살아가면서도 화가 나고 속이 상한 일이 많이 있을 것이라고 상기시키면서 그때마다 상담시간에 배운 원리와 기법을 바탕으로 하여 스스로 현명하게 대처하고 해결해 나갈 것을 부탁하였다. 마지막 고양회기를 지금부터 5개월 후로 잡고 떠나가는 그의 뒷모습은 과거와는 다른 여운을 남기면서 총총히 멀어졌다.

② 제2회 고양회기, 다음 연도 2월 7일(토)

내담자의 사정으로 2월 4일에 만나기로 했던 약속이 3일 후로 연기되어 이루어졌다. 내담자는 그동안 자기의 집에 커다란 변화가 일어났다고 했다. 그동안 자기 몰래 남편이 주식 투자를 했는데 투자 실패로 거의 몇 억의 빚을 지게 되었다고 했다. 그전 같았으면 울고 불고 하면서 이혼을 하자고 격렬하게 요구했을 터인데 지금은 문제해결 방법이 달라졌다고 하였다. 남편도 자기가 우울증에 걸려서 사경을 헤매고 있을 때에 일확천금을 노력 없이 벌겠다는 허무맹랑한 생각을 하면서 스스로 외로움과 고독감을 달랬던 것 같다고 하였다. 기가 막히고 억장이 무너졌지만 이것이 자신이 처한 최악의 상황은 아니라고 판단을 하고 뒷수습을 하고 있다고 하였다.

아들은 대학을 어렵게 졸업을 하고 취직을 하였다. 아침에 나갈 곳이 있는 것에 대해서 너무나 행복해하고 있다고 하였다. 술을 먹기는 하지만 옛날처럼 자학하는 스타일이 아니고 살을 빼려고 밥을 조금만 먹고 술을 먹는 스타일로 마신다고 하였다. 아들은 자기의 자리를 찾아가는 것 같다고 했다. 상담자는 이 점에 대해서 축하해 주었다. 상담자는 재산은 있다가도 없고 없다가도 있는 것이지만 엄마가 용기와 기운을 잃으면 가족 전체에 악영향을 끼친다는 점을 상기시켜 주었다. 내담자도 그 점에 대해서 수긍을 하고 남편이 그런 무모한 행동을 한 것이 부분적으로 자신의 책임임을 통감하고 남편을 비난하지 않는다고 하였다. 내담자는 이번 사건이 자기 자신의 정서 상태를 시험해 보는 좋은 기회였다고 하였다. 크게 흔들리지 않고 담담하게 수용하고 처리를 할 수 있게 되었다고 하였다. 그러나 남편에 대해서는 '이것이 내가 인간을 이해하는 것이다.'라는 생각은 들지만 아직 용서는 안 된다고 하였다.

내담자는 만약 자신이 상담의 체험이 없이 이런 경우를 당했다면 지금처럼 대처하지는 못했을 것이라고 하였다. 상담을 통한 심리교육이 삶의 소중한 체험으로 승화되어 위기의 순간에 구출된 느낌이라며 상담자에게 감사를 표하면서 상담의 전 과정은 대단원의 막을 내렸다.

3. 상담과정의 전략, 사용기법, 이론적 개념

가급적 앞의 사례에서 언급한 내용들은 생략하고 이 사례에서 독특하게 등장한 내용을 중심으로 다루려고 한다.

◉ 1회 상담(접수면접)

- 내담자의 문제 확인: 내담자는 아들의 문제를 호소하기 위해 상담실에 왔으나 내담자의 우울증세를 확인하고 내담자에게 상담을 권유했고 내담자는 이를 수락하였다.

◉ 2회 상담

- **BDI(Beck Depression Inventory)를 실시함:** 벡 박사가 개발한 우울증 척도를 실시하였고 그 결과 내담자는 상당한 정도의 우울증세가 있는 것으로 판명되었다.
- **문제의 핵심원인 파악:** 내담자에게 우울을 초래한 인지적 요인은 '세상에 대한 절망적 지각'으로 파악되었다.

◉ 3회 상담

- **내담자의 왜곡된 지각을 교정함:** 남편이 나를 불행하게 하는 것이 아니며 남편을 지각하는 나의 태도가 나를 불행하게 하는 것임을 확인시켰다.

◉ 4회 상담

- **철학적 상담:** 내담자가 인간의 행복에 대해서 잘못 가지고 있는 관점에 대해 철학적인 수준에서 논박이 시도되었다. 즉, 인간의 진정한 행복은 조건에 있는 것이 아니라 인간의 마음속에, 행복에 대한 견해 속에 있는 것임을 주지시켰다. 또한 내담자는 자신이 여태까지 자녀들에게 쏟아부었던 사랑의 방법도 잘못되었음을 확인하였다.

◉ 5회 상담

- **BDI의 실시:** 벡의 우울증 척도 지수가 13으로 뚝 떨어졌다. 이는 우울 정도가 약간 있는 상태로, 2회기 때의 심한 상태보다는 많이 호전되었다.
- **사고의 자동화에 대한 발견:** 내담자는 자신이 하는 생각의 내용 중에 상당 부분이 자기도 모르게 자동화되어 버린 부분이 있음을 크게 깨닫고 그것이 얼마나 인간관계에 걸림돌로 작용하는지에 대해서 통찰이 이루어진다.

◉ 6회 상담

- **상담회기 녹음 파일 듣기:** 상담회기를 녹음한 것을 다시 들어 봄으로써 자신의 모습에 대한 객관적 성찰이 이루어졌다. 내담자는 그토록 싫어하는 남편의 모습을 자기가 그대로 닮았음을 깨닫게 된다. 자신도 남편과 다름없이 행동한 것이 그들 부부문제의 주범임을 알게 된다.

◉ 7회 상담

- **BDI의 실시:** 벡의 우울증 지수는 지난번 5회 상담 때와 같은 수치인 13이 나왔다. 내담자가 우울에서 벗어난 상태가 유지되고 있는 것 같았다.
- **철학적 수준의 논박:** 내담자의 삶과 인생에 대한 태도를 바로잡고 가치관을 교정하였다.

◉ 8회 상담

- **핵심 비합리적 신념의 재논박:** 상담과정과 함께 드러난 비합리적 신념인 '수석 입학을 해 놓고도 과대표를 못한 나는 한심한 인간이며 그것을 보상받기 위해서 나는 누구보다도 시집을 잘 가서 보란듯이 잘살아야 한다.'에서부터 그의 삶이 얼마나 어긋나기 시작했는가를 다시 상기시켰다.

◉ 9회 상담

- **인간에 대한 무조건적 수용(unconditional acceptance)의 강조:** 남편을 바꾸려는 노력보다는 있는 그대로 받아들이려는 노력의 중요성에 대해서 설명을 해 주었다.

◉ 10회 상담(종결회기)

- **BDI의 실시:** 벡의 우울증 척도는 5점으로 드러났다. 이는 내담자의 우울 정도가 아주 미약함을 나타낸다. 내담자가 초기에 호소해 왔던 문제는 우울이었다. 그의 아들과 남편의 문제 등으로 내담자는 임상적 우울을 경험하고 있었다. 상담이 진행되면서 자신의 문제를 바라보는 시각을 교정하면서 우울증이 해소되었다.
- **상담의 효과 정리 및 앞으로의 계획에 대한 점검:** 내담자는 상담자의 상담접근법(인지상담)이 자신의 문제를 이렇게 빠른 시일 내에 해결해 주는 데 큰 기여를 했다는 것을 인정하였다. 상담자는 내담자의 문제가 용수철처럼 다시 옛날로 회귀할 수 있음을 상기시키고 인지상담 관련 도서를 때때로 읽으면서 자기조력(self-help) 할 것을 강조하였다.

4. 인지정서행동치료(REBT)에 근간한 사례의 종합적 개념화

내담자는 부유하지는 않지만 바쁘고 생기 있게 움직이는 집안의 2남 2녀 중 막내로 태어났다. 공부를 잘하여 서울의 명문대학에 수석 입학을 하게 되었다. 그 당시의 내담자가 입학했던 대학의 다른 학과에는 거의 대부분 수석 입학생이 과대표를 했는데 내담자는 과대표를 하지 못했다. 내담자는 자동적으로 이것을 자신의 약점으로 여기고 이를 보완하기 위해서 자신과의 피나는 투쟁을 하게 된다. '다른 아이들 보란듯이 좋은 집으로 시집을 가서 남부럽지 않게 살아야만 한다.' '내가 공부를 잘했기 때문에 내가 제일 잘되어야 하고 행복해야 한다.'는 생각을 더욱 더 강화시키면서 대학생 때 사귀던 남자 친구를 뿌리치고 집안에서 중매로 소개받은 7살 많은 남자와 결혼을 하게 된다.

그 남자의 외형적인 모습을 보고 엄청난 부잣집인 줄 알고 시집을 가게 되었다. 가서 내막을 살펴보니 가난하다고 여겼던 친정보다도 더 실속이 없었다. 시집의 상황은 한참 내리막길을 가다가 이제는 거의 망할 처지에 놓여 있었다. 남편도 살면 살수록 종갓집의 종손으로 떠받들려서만 살아서인지 남을 배려하거나 이해하지 못했으며 전반적인 정신연령이 한없이 어렸다고 했다. 이혼을 하고 싶었지만 도저히 아이들을 그 남편 밑에서 자라게 할 수 없어서 이혼을 하지 않기로 결심하게 된다. 그리고 '내 인생은 끝이다. 앞으로 나는 모든 것을 포기하고 산다.'는 비합리적 신념을 마음속에 깊이 새기게 된다. 남편과 시집에 대한 희망은 모두 포기하고 그들에게 걸었던 모든 장미빛 인생을 내담자는 아들에게 걸게 된다. 내담자는 이 세상에 '노력하면 안되는 일은 절대로 없다.'는 또 하나의 비합리적 신념을 굳게 믿으면서 아들을 자신의 허무한 빈 곳을 보상해 주는 도구로 성장시키는 데 전력투구하게 된다. 아들이 있기 때문에 내담자는 행복하다고 자위하며 아들을 위해 무슨 일이라도 성심껏 하였다. 내담자는 고백컨대 진정으로 아이들을 존중하고 수용하지 못했다고 했다. 아이의 부족함을 끌어올려서 이상적으로 만들어 가는 것이 사랑인 줄 착각했다고 한다. 밥을 해 주고 "이것 빨리 먹고 공부해.", 주스를 만들어 주고 "이것 빨리 먹고 공부해." 등이 내담자가 쏟았던 사랑의 전부였다고 했다. 그러면서 내담자는 자신은 좋은 엄마 노릇을 잘하고 있다고 스스로 만족했다고 한다. 그러나 지금 와서 돌이켜 보니 내담자는 사랑이라는 이름으로 아이를 자신이 이상적이라고 생각하는 틀에 맞추기 위해 무진장 헛욕심을 부린 것을 깨닫게 된다.

내담자는 무엇인가 완벽하지 않으면 견딜 수 없었다. 내담자의 하나뿐인 언니는 내담자의 표현을 빌리면 정신이 너무나 유약하고 건강한 생활인이 아니라고 기술하고 있다. 그런 언니처럼 되지 않기 위해서라도 더욱 더 완벽해지려고 많은 힘겨운 노력을 해 왔다고 한다.

내담자의 삶은 내담자의 생각처럼 이루어지지 않았다. 남편에 대한 무너진 기대감의 보상으로 아들에게 기대를 걸었건만 아들은 이런 엄마와 가정의 냉랭한 분위기를 견디지 못하고 대학에 입학하자마자 술독에 빠져들게 되고 정신과를 드나들게 되었다.

내담자가 상담실에 왔을 때 그의 핵심사고는 '아들이 정신과를 다니는 것은 내가 아이를 잘못 키웠기 때문이다. 남편에 대한 불만과 속상함을 이 아이를 잘 키워서 보상받으려고 했는데 보상을 받기는커녕 아이의 심리적 질환이 심각하니 이제 내 인생은 더 이상 걸 기대가 없다. 내 인생은 끝장이고 내 삶은 벼랑의 끝에 있다.'로 기술될 수 있다. 이런 사고 때문에 그는 벡의 우울 척도 지수 35를 기록한 심각한 우울의 상태에 있었다. 내담자의 우울증이 기질적인 것에 있는 것이 아니고 환경적인 것임을 확인한 다음 상담자는 재빨리 주요 호소문제인 우울증의 원인이 내담자의 인지구조와 내재된 신념에 있음을 파악하였다. 상담자는 인지행동치료의 원리와 기법을 교육하기도 하고 상담자의 저서『인지 · 정서 · 행동치료』(1997)에 대한 책을 읽히는 독서치료(biblio therapy)를 병행하면서 상담을 진행하였다. 상담자는 또한 인지행동치료에서 숙제의 중요성을 강조하면서 매 회기 숙제를 내주면서 내담자의 적극적 참여를 요구하였다.

내담자는 상담에 대한 동기가 강했고 변화에 대한 강한 의지가 있었다. 상담자의 한마디 한마디를 놓치지 않으려고 무척 애썼고 숙제도 아주 열심히 해 왔다.

상담을 통해서 불행의 주범이라고 여기던 남편을 새로운 각도에서 이해하게 되었다. 그전에는 자기 자신은 무엇이든지 옳았고 남편은 글렀다고 생각했는데 이제는 그것이 모두 잘못된 지각임을 확실히 알게 되었다. 내담자가 추구해 왔던 외형적인 가치가 인간에게 '행복'을 가져다주는 것이 아님도 깨닫게 되었다. 참된 인간의 가치는 물질적 가치에 있는 것이 아니라 정신적인 가치에 있음을 알았다. 그리고 누구나 인간의 이름으로 지구상에 존재하는 한 아름답고 고유한 존재라는 것을 실감하게 되었다.

진정한 행복은 조건이 아니라 인간의 마음속에서 찾을 수 있는 것임도 알게 되었다. 내담자는 지난날의 자신의 잘못된 생각과 고정관념들을 상담자가 지적하면 통찰학습이 일어난 듯 재빨리 알아차리고 자신의 사고를 수정해 갔다. 이러면서 그의 우울증세는 상담 횟수가 거듭됨에 따라 약화되었으며(※참고: 아래 BDI 점수표) 자신의 비합리적 신념과 합리적 대안신념을 찾게 되었다. 그리고 새로운 가치를 습득하게 되었다. 아내인 내담자가 변하자 남편도 변화되고 부부관계가 변화되자 아들도 많은 변화를 가져오게 된다. 내담자 1인의 변화로 전체 가족구조에 영향을 미친 대표적 사례이다.

BDI 점수표

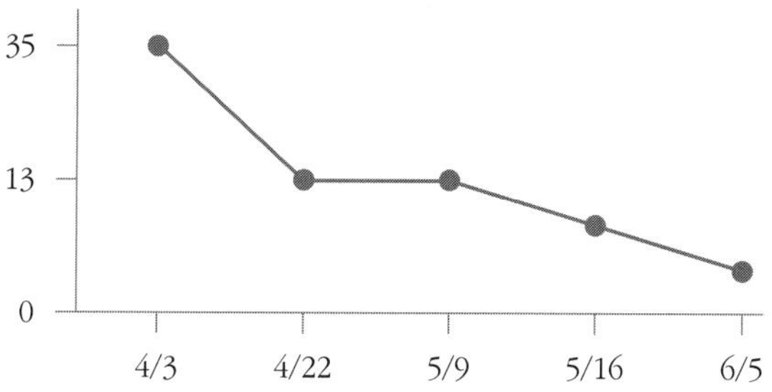

사례 2

시험불안 극복 사례

1. 내담자 기본자료
2. 상담과정
3. 상담과정의 전략, 사용기법, 이론적 개념
4. 인지정서행동치료(REBT)에 근간한 사례의 종합적 개념화

1. 내담자 기본자료

내담자: 남, 19세, 대입 재수생

상담경위

내담자는 지방의 중소도시에서 고등학교를 졸업했다. 평소에 긴장이 심하고 손이 떨리고 땀이 많이 난다. 이런 이유 때문에 작년 12월 EBS 청소년 상담실에 전화를 했고, 그곳을 통해 청소년 대화의 광장을 알게 되었다. 지난번 수학능력시험에서도 심한 긴장과 손떨림 때문에 제 실력을 발휘하지 못하였다. 재수를 하기 위해서 형들이 있는 서울에 올라왔는데 이번 기회에 고쳐 보려고 상담실에 왔다.

내담자의 인상 및 행동특성

내담자는 약 170cm의 키에 비만해 보인다. 머리는 짧게 깎은 스포츠 스타일이다. 얼핏 느껴지는 첫인상은 '순진하다'이다. 말은 약간 어눌한 편이고 속도가 느리나 물어보는 말에 대한 대답이나 자기가 해야 된다고 생각하는 말은 다 하는 편이다. 간혹 쑥스러운 미소를 띠며 상담시간에도 땀을 많이 흘린다.

이전 상담경험

지나치게 손이 많이 떨리고 긴장이 심해져서 신경정신과에 다니는데 심리치료는 받지 않고 약만 복용 중이었다. 상담자와 만나 새로운 상담을 시작하면서 약을 끊었다.

상담동기 및 호소문제

방송을 통해 본 기관을 알게 되어 자발적으로 찾아온 내담자인 만큼 변화에 대한 동기가 아주 강한 듯이 보인다. 올 초에는 긴장과 손 떨림 때문에 공부도 제대로 못하였고 대학에 원서도 못 냈기 때문에 어떻게 해서든지 이것을 극복해서 수능도 제대로 보고 좋은 대학에도 가야 한다고 생각한다.

내담자의 가족관계

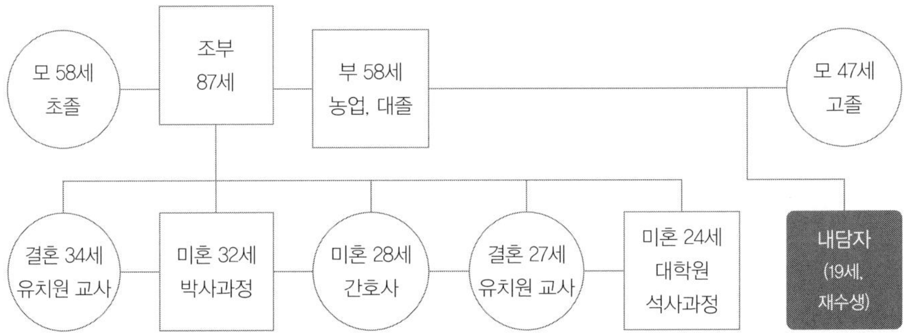

2. 상담과정

1) 치료적 관계의 구축

내담자의 주요 호소문제를 들으면서 내담자가 복잡한 가족관계 속에서 겪어야 했을 여러 가지 좌절, 슬픔, 압박감 그리고 아픔 등에 대해서 충분히 공감해 주었다. 공부를 잘해서 좋은 대학에 들어가 부모님, 특히 어머니의 낯을 세워 드리려 했는데 그것이 뜻대로 안 되고 오히려 불안증세가 심하여 정신과 약을 먹게 되었고 재수까지 하게 된 점에 대해서 상담자의 안타까운 심정도 전하려고 했다. 상담실에 온 것은 아주 잘한 일이고 지금은 학원의 수업이나 자율학습을 좀 빠지더라도 상담을 받는 것이 더 중요하다고 강조하고 내담자를 잘 도와주겠다고 약속했다.

2) 상담의 진행과정

(1) 초기 상담과정(제1회~제2회): 내담자의 문제에 대한 개념화 및 상담목표의 설정

① 접수면접, 제1회 상담, 2월 5일(수)

- 내담자의 주요 호소문제, 가정환경, 주요 호소문제의 배경에 대한 탐색이 이루어짐

- 상담의 구조화–상담자, 내담자의 역할에 대한 설명
- 내담자의 적극적 참여에 대해서 강조함

숙제

1. 내담자의 자랑스러운 점에 대해서 기록해 오기
2. SCT(문장완성검사) 해 오기

내담자는 아버지의 두 번째 부인에게서 태어났다. 아주 어릴 때는 외가에서 자라다가 네 살 때부터 아버지, 어머니와 함께 살기 시작했다. 성장하는 과정 중에 은근히 엄마는 내담자에게 공부를 잘해서 엄마의 기나 체면을 유지시켜 주어야 한다는 것을 강조하였다. 아버지의 본부인의 자식들이 공부를 잘하였기 때문에 더욱 내담자에게 많은 압박이 가해진 것으로 보인다. 내담자 스스로도 자신이 공부를 못하면 엄마가 얼굴을 못 들까 봐 많은 염려를 했다고 한다. 어렸을 때부터 친구들이 자신을 무시한다는 생각이 많이 들었고 친구들에게 참고서나 문제집 같은 것도 빌려주지 않았다. 빌려준 애가 나보다 시험을 잘 보면 속이 많이 상했고 뭔가 빼앗긴 느낌이 들었다. 어릴 때는 주로 엄마만 나를 힘들게 해서 중학교 때는 그래도 반에서 2~3등은 했는데, 고등학교에 올라간 후로 아버지까지 가세하는 바람에 긴장은 더욱 심해지고 성적도 15등 정도로 떨어졌다. 아버지가 ○○가 다 좋은데 공부를 못해서 걱정이라고 엄마에게 말하는 소리를 들은 후부터 마음에 더욱 부담이 갔다. 특히 고2 때부터 긴장과 손떨림의 증세가 심해지면서 급기야는 수능 때 답안지에 마킹도 제대로 못했다.

어릴 때 자라면서 지금 S대학교에 다니는 형과 많이 싸웠는데 형들이 크면서 도시로 학교를 다니러 집을 나가서 살았기 때문에 많은 접촉은 없었다고 하였다. 지금은 형들과 누나가 자취하는 집에 와서 함께 살고 있는데 그들이 잘해 주기는 하지만 내심 강한 경쟁의식을 가지고 있는 것 같다. 지난번에 학원에 등록할 때 학원 선생님이 가정조사서를 보시더니 형은 이렇게 공부를 잘하는데 너는 뭐냐고 해서 약간 속상한 듯했다. 내담자는 어렸을 때부터 공부 잘하는 이복형제들 틈에서 '형이 공부를 잘했으니 나도 잘해야만 하고, 부모님을 절대로 실망시켜 드리면 안 된다. 이 세상에 살면서 공부를 못하는 것은 부끄러운 일이다.' 등등의 역기능적 생각으로 꽉 차 있었고 그것이 급기야 평범한 일상생활을 영위하는 데에도 어려움을 가져다주게 된 것 같다.

◉ 사례의 개념화

이 사례는 인지행동적 접근 중 REBT의 방법에 따라 개념화하였다. 그 도식은 다음과 같다.

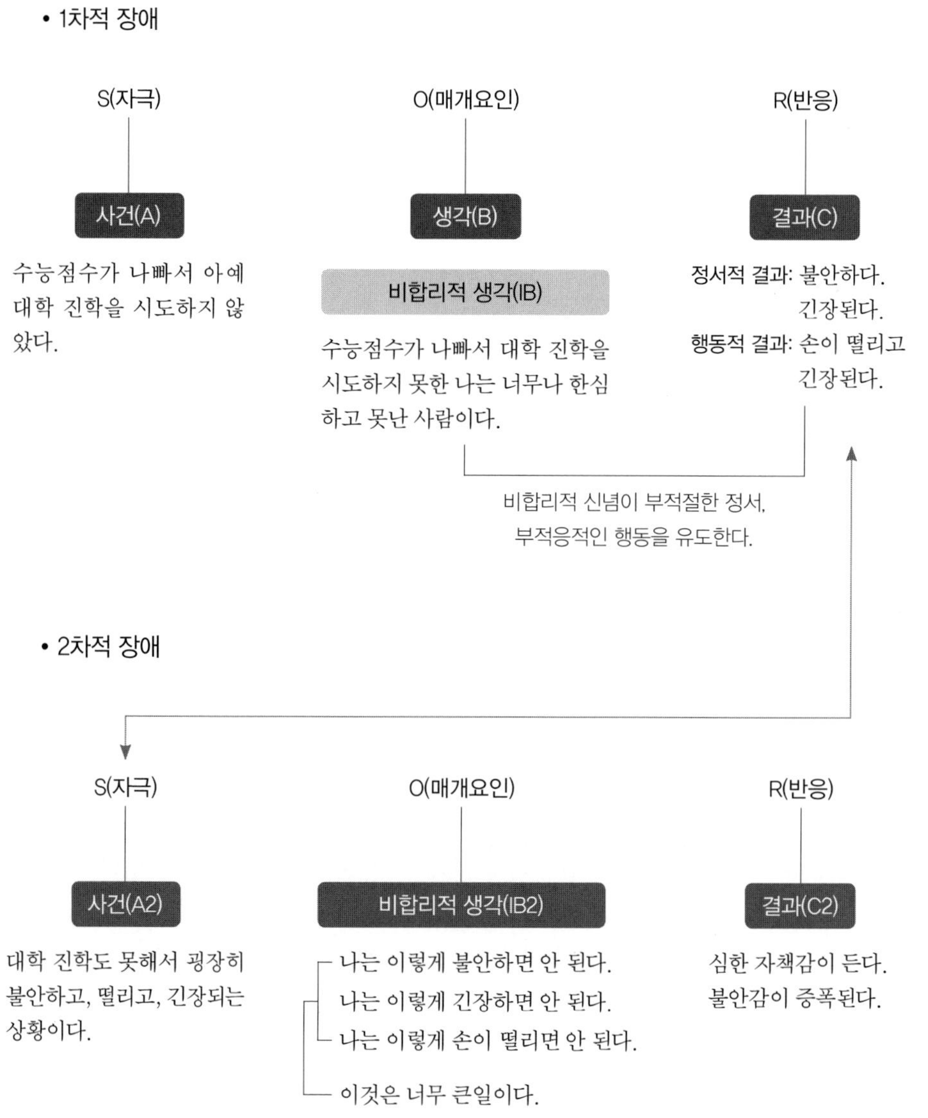

② 제2회 상담, 2월 12일(수)

◉ **숙제점검**

내담자는 숙제를 모두 해 왔다. 내담자가 자신에 대해서 기록해 온 점은 다음과 같다.

〈나의 자랑스러운 점〉

- 성실하고 착하다.
- 순수 그 자체다.
- 모든 일에 끈기가 있는 편이다.
- 선생님 말씀에 순종한다.

◉ **상담내용 및 개입**

나는 멍청하다고 생각하지 않는다. 머리가 나쁜 것도 아니다. 집에서 아빠도 머리가 나쁘지 않으면서 왜 시험만 보면 이 모양이냐고 하신다. 나는 평소에 긴장과 불안 때문에 실수를 엄청 많이 하는 편이다. SKY 대학 중에 하나는 올해에 꼭 들어가야겠다. 공부를 잘해서 부모님을 즐겁게 해 드리고 싶다. 시험을 안정된 상태에서 볼 수 있도록 시험불안과 마음불안에서 벗어나고 싶다. 긍정적으로 삶을 잘 꾸려 나가고 싶다고 자신의 생각을 표현하고 있다.

상담자는 내담자가 불안하고 긴장되며 손이 떨리는 이유는 내담자의 생각 때문에 그렇다고 지적하며, 시험을 볼 때나 불안할 때 드는 생각이 무엇인가에 대해서 질문을 하니 다음의 답을 하였다.

- 형들이 잘했으니까 나도 잘해야 한다.
- 남들도 하는 공부 나도 잘할 수 있다.
- 남들로부터 느껴야 하는 부끄러움에서 벗어나고 싶다.
- 부모님을 실망시켜 드리면 절대로 안 된다.
- 남들보다 잘해서 나를 깔보지 못하게 하고 싶다.

그의 생각 중에 나타난 전반적인 주제는 '공부를 잘하여 좋은 대학에 반드시 입학하고 부모님의 기대에 부응해야만 나는 아들로서의 도리를 다하는 것이다.'임을 찾아내었고, 이것이 지나친 긴장을 유도한다고 설명해 준 뒤에 다음의 심상법을 통하여 긴장해소를 도와주었다.

1단계

상담자: 지금부터 편안한 자세로 눈을 감고 올해 연말에 당신에게 닥칠 수 있는 최악의 상태를 상상해 보시오. 그 상황이 생생하게 상상이 된 다음에는 조용히 손을 드시오.

내담자: (조용히 손을 든다.)

상담자: 그 상황이 무엇입니까?

내담자: 제가 또 심한 긴장과 불안 때문에 수능을 망치게 되고 대학 진학을 못한 것입니다.

상담자: 그때 당신의 가슴 속에 드는 느낌은 무엇입니까?

내담자: 힘이 쭉 빠지고, 모든 일에 자신감이 없어서 아무 일도 할 수 없을 것 같고 다만 망연자실합니다.

2단계

상담자: 그때의 그 극단적인 느낌에서 좀 속이 상하고 마음이 아픈 상태로 바꾸어서 느껴 보십시오.

상담자: 그것이 되면 손을 드세요. 그리고 그때 드는 또 다른 느낌은 없는지요?

내담자: 힘이 조금 생기고 마음이 조금 안정된 것 같습니다.

3단계

상담자: (아까는 굉장히 과격한 정서를 느꼈는데 지금은 어떻게 좀 더 건강한 정서로 바뀔 수 있었는지에 대해서 교육함)

상담자: '내가 왜 이리 못났을까, 그렇게 어려운 것도 아니었는데 또 실수를 하다니 나는 너무나 어리석은 인간이다.'라고 생각하면 불안을 유도한다.

상담자: '나는 실수를 했다. 그렇다고 어리석은 인간은 아니다.'라고 생각하면 또 한번 시도해 보고 싶은 마음이 든다. 같은 상황에서 생각이 다름에 따라 나타나는 정서반응과 행동반응이 달라짐을 알게 한다.

상담자: (이 연습을 통해 생각과 정서의 관계를 가르쳐 주고 ○○가 생각하는 상황이 최악이 아님을 깨닫게 해 줌. 공부를 잘해서 어머니 낯을 세워 드려야만 한다는 생각이 강하면 강할수록 머릿속은 복잡해지고 이로 인해 불필요한 증상만 나타난다는 것을 내담자가 수긍함)

이 시점에서 상담자와 내담자는 합의하여 다음의 상담목표를 설정하였다.

상담목표

1. 시험불안에서 벗어나기
2. 긴장감을 해소하고 손이 떨리는 증상에서 벗어나기
3. 결과를 생각하지 말고 열심히 공부하기
4. 형제들과 좋은 관계를 맺기
5. 대학에 입학하기

그리고 내담자와 그가 가지고 있는 핵심 비합리적 생각을 찾아내고 이를 대치할 수 있는 합리적 생각을 찾았다. 이것을 그는 학원에 오고 갈 때 하루에 15번씩 마음속으로 되뇌고, 묵상하고 그래프로 그려 오기로 약속하였다.

• 초기 상담과정의 요약 •

내담자는 공부 잘하는 이복형제들, 그리고 큰엄마가 생존해 있는 가족구조 속에서 자신과 그의 어머니가 살아남는 유일한 길은 자신이 '반드시 공부를 잘하여 어머니의 위신을 세워 드리는 것'이라고 믿었다. 결과적으로 이 생각은 경직된 역기능적 신념으로 변화되어 내담자를 괴롭히는 증상인 긴장과 손 떨림의 주요 원인으로 자리 잡게 된다. 상담자는 내담자를 괴롭히는 주범을 그의 역기능적 신념에 있다고 가정하고 이의 해결을 위해 필요한 전략을 수립하고 상담목표를 설정한다.

(2) 중기 상담과정(제3회~제8회): 호소증상을 유도하는 신념의 변화, 그리고 호소증상의 약화과정

① 제3회 상담, 2월 21일(금)

◉ 숙제의 점검

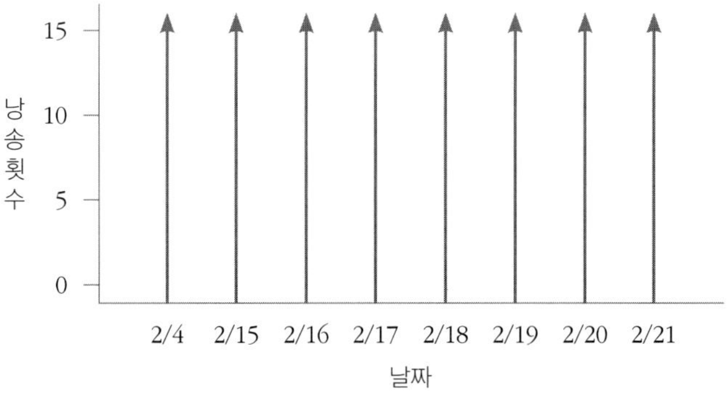

◉ 합리적 신념

'나는 꼭 형들처럼 시험을 굉장히 잘 보아야만 하는 것은 아니다. 나는 그냥 최선을 다하면 되는 것이다. 더군다나 내가 형들만큼 공부를 잘해서 일류대학에 들어가야지만 어머니의 위신을 세워 드리는 것은 아니다. 어머니는 이미 내가 있다는 사실만으로도 위신이 서는 것이다. 나는 느긋하게 그냥 열심히 공부하겠다.'

◉ 숙제 후의 소감

부담감이 사라지고 마음이 편해졌다.

◉ 상담내용 및 개입

학원 수업이 끝나고 자율학습을 빼먹고 상담실에 왔다(상담이 자기에게 가장 중요하기 때문이라고…). 작은아버지가 처음에는 엄마를 무시했는데 형들이 큰엄마하고 살았으면 대학도 못 갔을 텐데 엄마 때문에 대학도 가고 엄마 때문에 아버지가 마음도 안정이 되었다고 지금은 좋아한다고 한다(내담자가 중학생 때에 이런 이야기를 들었음).

지난해 12월 29일 아버지가 내담자를 데리고 서울에 올라왔다. 그다음 날 가시면

서 형들이 나를 미워할까 봐 속상해 하시면서 내려갔는데 형들과 누나는 내담자에게 잘해 준다. 오늘 아침에도 간호사인 누나가 일어나서 도시락을 싸 주었다. 그런데 어제는 누나와 같이 밥을 먹었는데 팔이 갑자기 굳어지고 뻣뻣해져서 혼이 났다고 하였다.

팔이 뻣뻣해졌을 때 어떤 생각이 들었느냐고 묻자 '내가 시험도 못 보고 공부도 못해서 점수도 잘 못 나오고 이 모양 이 꼴이 된 것이 너무도 한심하다.'는 생각이 들면서 깊은 자책감이 들었다고 했다. 상담자는 임상적으로 2차적 정서의 출현을 파악하고 이를 먼저 다루었다. 우리나라의 입시생 중에서 시험 못 본 사람이 한두 사람도 아니고 자기가 가고 싶은 대학을 가지 못한 사람도 많다. 바로 ○○와 똑같이 긴장이 너무 심하고 너무 불안한 증세 때문이며, ○○만 그런 것이 아니고 많은 수험생들이 그런 실수를 했다고 일러 주었다. 그것은 이미 엎질러진 물이기 때문에 이제 그것을 더 이상 후회하거나 안타까워하는 것이 도움이 안 된다고 하자 자기도 그렇게 생각한다고 수긍하였다.

너무 많이 땀을 흘려서 이완훈련과 심상법을 시도했다.

숙제

1. 합리적 신념을 계속해서 낭송하고 그래프로 그리기. 일주일간 하루도 빠지지 않고 실천하면 ○○가 좋아하는 장기를 두어서 스스로에게 보상을 주고, 못 하면 싫어하는 아침 운동을 학원 가기 전에 하도록 함
2. 일주일 동안 몇 번 정도 긴장하는지에 관한 구체적인 횟수와 긴장을 유도하는 때의 구체적인 사건, 상황 그리고 그때에 느끼는 구체적인 생각에 대해서 찾아오기

② 제4회 상담, 2월 26일(수)

◉ 숙제의 점검

- 합리적 신념의 낭송은 평소와 같이 이루어졌다.
- 긴장하는 횟수는 하루 평균 1.6회로 보고하였다. 긴장을 했을 때의 구체적인 사건은 다음과 같다.

– 집안 식구들이 형의 S대 졸업식에 참석하고 나서 밥을 먹으러 갔는데 순간 창피함을 느끼면서 손이 뻣뻣해지고 굳어졌다.
– 누나와 큰형이 대판 싸웠는데 혹시 나 때문에 싸운 것이 아닌가 하는 의심이 들면서 불안해지고 긴장되기 시작하였다.
– 서울에서 함께 사는 간호사 누나와 지방에 사는 누나가 전화로 싸우는 소리를 들었을 때
– 학원 끝나고 집에 와서 큰형과 같이 있을 때

내담자는 그런 상황 속에서 자신의 핵심신념이 '사람들이 싸우는 것이 다 나 때문이라는 생각 때문에 긴장이 되는 것 같다.'라는 것을 발견했다고 하였다.

◉ 상담내용 및 개입

내담자는 숙제의 내용을 보고하면서 오늘도 학원 선생님이 뭘 시킨다고 하니까 긴장이 되고 손에서 땀이 났다고 하였다. 초등학교 시절에는 자발적으로 손을 들고 발표를 많이 하였다. 그런데 고등학교에 올라와서는 놀림을 당할까 봐 발표하기가 싫다고 하였다. 성격이 너무 내성적이고 활달하지 못하다. 남과 어울리는 것도 그리 좋아하지 않는다. 그리고 고등학교에 다닐 때 아이들이 술 마시고 담배를 피우면 그것을 참 싫어했다. 머리모양도 학생답지 않으면 싫어했다. 내담자는 좀 고지식한 편이었는지 항상 모범생이 되어야만 한다는 생각이 뇌리에서 떠나지 않았다. 그래서인지 아이들하고 장난도 별로 쳐 보지 않았다. 지금 학원에서도 아이들과 별 말이 없이 지낸다고 한다. 말이 잘 안 나오고 발음도 안 돼 더욱 긴장하게 된다고 했다. 담임선생님과는 지금도 연락을 하고 지내고 있는데 목표를 크게 잡으라고 해서 SKY 대학에 가려고 마음먹은 것이다. SKY 대학이 아니더라도 내가 최선을 다해서 합격할 수 있는 대학에 가고 싶다고 했다.

내담자가 그의 형들과 비교하는 의식이 너무 강하여 참된 인간의 가치는 그 사람이 대학을 가고 안 가는 데 있는 것이 아니고, 이미 인간으로 존재하는 데에 그 가치가 있는 것임을 교훈적으로 이야기하였다. 일단 내담자가 같은 반에 있는 동료들에게 먼저 말을 거는 것을 불편해하고 수업시간에 지적을 당할까 봐 긴장을 하는 점에 우선 주목하였다. 긴장을 유발하는 상황을 회피하려 하면 할수록 긴장이 더 많이 됨

을 강조하고 수업시간에 용기 있게 선생님께 먼저 질문하고 선생님의 질문에 대해서는 먼저 손을 들고 답을 하도록 지시하였다. 그리고 주변의 학생들 5명 이상에게 다섯 번 이상 먼저 말 붙이고 인사할 것을 숙제로 내주었다. 내담자는 이에 흔쾌히 응하면서 자신의 과거 경험을 말하였다. 고등학교에 들어와서 초등학교 때 선생님을 처음에 두 번 정도 찾아가 뵈었을 때는 굉장히 쑥스럽고 긴장이 되었는데 그다음부터는 서서히 괜찮아지면서 지금은 아무렇지도 않다고 했다. 고등학교 때 담임선생님께도 처음에는 쑥스러웠는데 지금은 자주 전화를 하니까 마음이 편하다고 하였다. 내담자는 그러면서 숙제를 열심히 해 보겠다고 하였다. 상담자가 그의 수치와 긴장의 주범이라고 파악한 비합리적 신념에 대치되는 합리적 신념도 매일 같이 학원에 오고 갈 때 지하철에서 묵상하고 있으며, 그럴 때마다 마음이 상당히 편해진다고 보고하였다.

③ 제5회 상담, 3월 5일(수)

◉ 숙제의 점검

• 먼저 말을 걸기에 대한 점검

아이들과 5번 이상 말을 거는 과정에서 약간 친해진 느낌이 든다. 수업시간에는 몰라도 아는 대로 대답하고 넘어갔다. 어제부터는 문과와 이과로 새롭게 반을 편성했기 때문에 새로운 사람들을 다시 만났는데, 내가 먼저 어느 학교 나왔느냐고 말을 붙여서 어제 두 명을 사귀었다. 오늘은 옆에 앉은 형과 말을 하였다.

• 핵심 대안적 신념의 묵상에 대한 점검

집에서 학원으로 갈 때 지하철을 타고 50분 정도 걸리는데 그때 평균 10번 이상 정도 묵상해 본다. 선생님께서 내게 요구하신 15번 이상을 더 하면 더 했지 덜 하지는 않는다. 수업하기 전에도 한 번씩 했다. 긴장이 안 되고 마음이 편해짐을 느낀다.

• 상담내용 및 개입

지난주에는 긴장은 안 되었으나 머리가 아팠다고 호소해 왔다. 지금도 손은 조금 떨린다. 평소에는 안 떨리는데 밥을 먹을 때는 떨린다. 혼자서 먹을 때도 약간 떨린다. 상담자가 내담자에게 그렇게 떨리는 순간에 드는 생각이 무엇이냐고 묻자 밥 먹고 나서 무엇을 할 것인가, 어떻게 공부할 것인가 등등의 생각을 많이 한다고 했다. 상담자는 밥을 먹을 때 잡생각이 떠오르면 "잠깐 스톱"을 외친 후(만약에 학원이면 마음 속으로 외친 후!) 밥과 반찬의 맛을 느끼는 데만 몰두할 것을 부탁하였다.

내담자는 고등학교 때 담임선생님께 전화를 드렸는데 말이 많이 뚜렷해졌다고 하였다. 상담자도 내담자의 발음이 뚜렷하지 않다고는 느꼈으나 치아의 구조 때문인 것으로 추측만 하였기 때문에 이 부분을 명료화하였다. 내담자는 원래 말이 좀 분명하지 않다는 지적을 받았는데 지금은 자신감이 조금씩 생겨 말도 분명하게 하는 것 같다고 하였다. 수업시간에도 아는 것이 있으면 대답하고 모르는 것이 있으면 가르쳐 주는 대로 이해하고 넘어가니까 좋다고 하였다.

형과 누나가 나에게 잘해 준다. 그래서 나는 행운아라고 생각한다. 형과 누나가 잘해 줄 때는 마음속으로 되뇌이고 지난번 구정 때 간호사 누나만 당직 때문에 서울에 남게 되었는데 그때 누나에게 "열심히 공부해서 좋은 대학에 들어가겠다. 고맙다."는 쪽지를 남기고 시골로 내려갔다고 했다. 요새도 누나는 피곤할 텐데 도시락을 열심히 싸 준다. 상담자는 조심스럽게 내담자의 수치심의 주범인 가족관계 및 구조에 대해서 탐색해 들어갔다. 상황 자체는 본인의 의지대로 된 것이 아니기 때문에 운명으로 받아들일 뿐 부끄러워할 필요가 없음을 깨달을 수 있는 질문을 던졌다. 그 생각이 어떤 도움을 주는가? 내담자는 도움이 되지 않는다고 대답하였다.

- 숙제 내주기
- 핵심 합리적 생각을 계속해서 되뇌고 묵상한다.
- 계속해서 친구들을 사귀어 간다.
- 밥을 먹을 때 등 잡생각이 떠올라 손이 뻣뻣하게 굳으려고 하면 "잠깐 스톱"이라고 크게 외치고 음식의 맛을 느끼는 일에만 몰두한다.

④ 제6회 상담, 3월 10일(월)

⊙ 숙제의 점검

아이들에게 먼저 말을 붙여 보니까 다 똑같다는 것을 알게 되었다. 나보다 오히려 더 심한 아이도 있다는 것을 알게 되었다.

◉ 상담내용 및 개입

지난 주말에 시골에서 형제들이 느닷없이 모두 모였다. 형제끼리 친목을 도모하자고 지방의 중소도시에 사는 큰누나가 소집을 하였다. 토요일 저녁에 모두 모여 저녁 식사를 하는데 분위기가 낯설어서 그랬는지 손이 떨렸다. 식사 후 가족들과 노래방에 갔는데 옛날보다는 좋아졌다는 것을 느꼈지만 긴장이 많이 됐다. 사실은 안 가려고 했는데 그전에는 그런 일이 없었기 때문에 따돌림을 받을까 봐 갔다. 상담자는 이것이 백번 잘한 점임을 지적하였다. 또한 형과 누나들과 가능하면 많은 관계를 맺도록 격려하였다. 그리고 내담자가 긴장이 되고 불편함을 느끼는 상황을 회피하지 말고 좀 더 적극적으로 노출할 것을 강력하게 요구하였다. 내담자가 다른 형제들과 엄마가 다르다는 것이 내담자가 지각하는 것만큼 흠이 아님도 일러 주었다. 형제들에 대한 느낌은 본인한테 잘해 주는 것으로 다가온다는 말을 하였다.

엄마는 내담자의 말소리를 들으시고 목소리가 옛날과 많이 달라지고 안정되게 변했다고 하셨다. 고3 때 담임선생님도 만나 뵈었는데 많이 좋아졌다고 하셔서 용기를 얻었다. 공부를 하다가 막히니까 긴장되고 손이 떨렸다고 했다. 이제부터는 막힐 때 형에게 물어볼 것을 권유하였다.

◉ 추가 숙제

공부하다가 모르는 것은 형에게 적극적으로 물어본다.

⑤ 제7회 상담, 3월 19일(수)

◉ 숙제의 점검

내담자는 계속해서 착실하게 그의 핵심 비합리적 신념을 묵상하고 되뇐 것을 기록하고 그래프로 그려 왔다. 그리고 그 숙제를 이행한 다음부터는 마음이 차분해지고 평안해진다는 것을 보고하고 있다.

◉ 상담내용 및 개입

지난번 선생님께서 주변의 모르는 친구들에게 말을 먼저 붙이라고 했는데 그것을 잘 못했고 또 그렇게 하기 싫다고 보고하였다. 어떤 아이들은 머리에 무스를 바르기도 하고 염색을 하기도 하는 등 소위 날라리기를 많이 떠고 있는데 내담자가 고지식해서 그런지 자기는 그런 아이들이 싫다고 한다. 왜냐하면 행동이 다르니까 성격이 안맞을 것 같고 따로따로 놀 것 같아 친하게 지낼 수 없을 것 같다는 생각이 앞선다고 하였다. 공부를 열심히 하려고 노력하는 아이들과 사귀고 싶다고 하였다. 상담자는 내담자의 이러한 견해에 다소 주의를 기울이는 발언을 하였다. 인간을 겉으로 드러나는 단면만 보고 판단하고 평가하기보다는 그 사람의 모습을 있는 그대로 수용해 주고, 다른 사람의 생각과 행동이 나의 그것과 다르다고 해서 관계를 차단하는 것보다는 나와 다른 점을 인정해 주었을 때 나에게 중요한 사람이 될지도 모르는 주변의 사람들을 놓치지 않을 수 있음을 설명해 주었다. 그런 다음에는 내담자의 그러한 불편한 정서와 행동의 이면에 숨어 있는 생각이 무엇인지 탐색을 시도하였다. 내담자의 드러난 생각은 내가 그 아이들과 어울리면 어쩐지 내가 가치 없는 한심한 인간으로 추락할 것만 같다는 것이었다. 상담자는 실제로 그런지에 관하여 현실 검증을 해 보기 위해서 다음 주에 올 때까지 가능하면 그 아이들에게 말을 붙여 보고 사귀어 보라는 숙제를 내주었다. 여기에 덧붙여서 참된 인간의 가치, 즉 내담자의 인간의 가치는 내담자 주변의 사람이나 친구의 모습에 의해서 평가될 수 없는 것이며 내담자는 이미 존재하는 것 자체만으로 존엄한 인간임을 상기시켰다.

내담자는 또한 상담자에게 자신이 수행한 숙제를 보고하고 나서 지난주에 한 번 손이 갑자기 떨리는 체험을 했는데, 잠시 멈추고 스스로에게 "떨리면 안 돼."라는 자기말(self-talk)을 한 후에 손이 떨리지 않았다는 보고를 하였다. 상담자는 그렇게 하는 것이 당장의 효과는 있을 수 있지만 영구한 해결책은 아니므로 그 순간에 내담자의 머릿속을 스치고 지나가는 생각을 포착하여 그 생각의 왜곡된 부분을 찾아 스스로 논박할 것을 권유하였다. 내담자가 고민을 하고 있는 또 하나의 문제는 현재 같이 살고 있는 이복누나가 간호사 생활을 하기 때문에 상당히 고되고 힘이 드는데도 아침마다 일어나서 도시락을 싸 주는 것에 대해 감사의 마음을 전달하고 싶은데 그것을 어떻게 해야 할지 모르겠다고 도움을 청하였다. 이에 대해 상담자가 내담자의 누나가 되어서 내담자에게 "누나 참 고마워요. 누나가 바쁘고 고될 텐데도 저한테 잘해 주셔서 정말 고마워요."라는 말을 연습시켰다. 내담자는 쑥스럽지만 앞으로 누나에게 가끔씩 자기 표현을 하기로 약속하였다.

집에서 가끔씩 손이 떨릴 때마다 스스로 할 수 있는 제이콥슨(Jacobson)의 이완훈련을 시켜주었다. 약 20분 정도 걸렸는데 내담자는 정말로 성심껏 상담자의 지시에 따르는 모습이 역력했으며 훈련이 끝난 후에는 얼굴에 상담자가 보지 못했던 아주 밝은 희색이 감돌았다. 어떤 느낌이 드냐고 질문을 하자 지난해 수능시험을 보기 전에 EBS 방송국의 상담 프로그램에서 잠시 동안 이 훈련을 시켜 준 적이 있었는데 그때는 별로 잘 안 됐었는데 이번에는 아주 잘 된 것 같다며 만족해하였다. 그리고 오늘의 회기 중에 생각해 보고 싶은 것이 있냐고 물었다. 친구를 사귈 때 겉모습만 보지 말고 그의 속 모습도 들여다보는 것이 중요하다는 것을 알았다고 말했다. 사실 겉모양이 많이 나타나지만 그것이 전부는 아니고 선생님 말씀대로 주변의 사람들에게 편파적이지 않고 좋은 친구를 만들어 가는 것이 중요함을 느꼈다고 고백하였다.

◉ 추가 숙제

근육이 떨릴 때마다 늘 회기 중에 녹음한 이완훈련 녹음 파일을 주면서 실습할 것을 새로운 숙제로 내주었다.

⑥ 제8회 상담, 3월 27일(목)

◉ 숙제의 점검, 상담내용 및 개입

내담자는 상담실에 들어서자마자 합리적 신념을 낭송한 횟수를 담은 그래프를 상담자에게 먼저 내놓는데 오늘도 예외는 아니었다. 상담자는 그것을 보면서 내담자가 착실하게 숙제를 잘 해 온 점에 대해서 감사함과 아울러 큰 기쁨을 느낀다고 상담자의 생각과 정서를 표현하였다. 상담자 앞에서 다시 한번, 내담자가 매일 같이 학원과 집을 오고 가는 지하철에서 낭송하고 묵상했던 합리적 신념을 낭송하게 하였다. 내담자는 진지하게 상담자 앞에서 낭송하였다. 내담자는 낭송을 지금까지 해 오면서 '나는 나고 형은 형이니까 그들과 비교하지 말자. 나는 내 생활만 충실하게 하면 된다. 나는 나의 갈 길이 따로 있고 형은 형의 갈 길이 따로 있을 뿐'이라는 생각과 다짐을 하게 되었다고 하였다. 지난주에는 옛날처럼 손이 떨리는 증세가 찾아보기가 힘들 정도로 나타나지 않았다고 하였다. 오늘 학원에서 수학시험을 봤는데 너무 빨리 풀려고 하다가 부호를 잘못 붙이는 바람에 약간 긴장을 느끼려고 했다고 한다. 상담자는 내담자에게 '이번 시험이 모든 것을 결정짓는 것이 아니니까 천천히 하자.' '빨리

할 필요 없으니까 천천히 하자.' '급할 것 없잖아.' 등의 말을 속으로 되뇌며 좀 더 차분하고 천천히 해 나가도록 하였다. 상담자는 내담자가 상담받으러 올 무렵에 신경정신과 약을 복용하고 있음을 상기하고 지금 약을 복용하느냐고 묻자 상담받기 시작하면서 약을 끊었다고 하였다. 그러면서 자신은 정말로 많이 좋아진 것 같다고 하였다. 상담실에 맨 처음 왔을 때는 손이 너무 떨려서 상담신청서도 억지로 작성을 하였는데 지금은 떨리지 않는다고 하였다. 평소에는 학원 선생님 만날 때도 긴장을 많이 했는데 오늘은 학원에서 선생님과 면담을 할 때도 전혀 긴장이 되지 않았다고 하였다. 상담자는 좀 더 구체적으로 내담자의 개선된 점에 대한 구체적인 대답을 요구하였다. 학원에서도 친구들과 장난도 자유롭게 치고 이야기도 많이 한다고 하였다. 이야기를 하다 보니까 반이 바뀌기 전에 같은 반이었던 것도 알게 되고 서로 친해지게 되고 그런 체험을 하니까 기분이 좋아진다고 한다. 학습 이야기도 하고 장난도 많이 친다고 하였다. 선생님이 질문을 하면 내 차례가 되었을 때 모르면 모른다고 자연스럽게 이야기한다고 한다. 내가 친해지고 싶지 않은 애들한테는 굳이 친해지려고 애쓰지는 않지만 배타적이지도 않다고 한다.

집에서 형과 누나하고도 잘 지낸다. 지난 금요일이 내담자의 생일이었는데 누나가 생일 케이크를 사 오고 형은 지금 자기가 입고 있는 남방을 사주었다고 하였다. 지난주에는 형이 일찍 들어와서 모르는 것을 물어보라고도 하였다. 형과 누나에게 속으로는 고마운데 겉으로는 내색을 못했다고 하였다. 상담자는 지난 회기에 이어 다시 한번 내담자의 누나와 형의 역할을 담당하고 내담자에게 감사의 표현을 할 것을 연습시켰다. 내담자에게 지난번에 녹음한 긴장이완훈련 녹음 파일은 사용해 보았느냐고 하자 별로 긴장되는 사건이 없어서 많이는 못하고 한 번 했는데 기운이 쭉 빠졌다고 하였다.

상담자는 내담자의 변화를 격려해 주었고 더욱 열심히 자신의 삶을 꾸려 갈 수 있는 힘과 용기를 북돋워야 함을 일깨우며 다시 한번 그의 숙제를 상기시켜 주었다.

숙제

- 핵심 합리적 신념을 계속해서 낭송하기
- 주변의 친구들에게 마음을 터놓고 말하기

- 형과 누나에게 고맙다는 표현하기
- 손이 떨리거나 긴장이 될 때 긴장이완훈련 녹음 파일을 듣고 연습하기
- 학원에서 시험 볼 때 급하게 하지 말고 "이번 시험이 모든 것을 결정하는 것은 아니다. 급할 것은 없으니 천천히 하자."라는 말을 자신에게 하고 천천히 시험 보기

중기 상담과정의 요약

내담자는 그가 호소하는 증상이 나타날 때마다 머릿속에서 떠오르는 생각을 비교적 분명하게 찾아내었다. 예를 들면, '내가 시험도 못 보고 공부도 못해서 점수도 잘못 나오고 이 모양, 이 꼴이 된 것이 너무나 한심하다.' '사람들이 싸우는 것은 다 나 때문이다.' 등의 역기능적 신념 등이 그것이다.

상담자는 그에 대한 대안신념과, 가장 중요한 합리적 핵심 스키마로 '나는 꼭 형들처럼 시험을 잘 봐야만 하는 것은 아니다. 나는 그냥 최선을 다하면 되는 것이다. 더군다나 내가 형들만큼 공부를 잘해서 일류대학에 들어가야지만 어머니의 위신을 세워 드리는 것은 아니다. 어머니는 이미 내가 있다는 사실만으로도 위신이 서는 것이다. 나는 느긋하게 그냥 열심히 공부하겠다.'를 제시하였다. 내담자는 생산적인 신념을 기회가 있을 때마다 틈틈이 반복적으로 낭송하였다. 회기가 거듭될수록 내담자의 신념은 약화되었고 그 과정 속에서 그의 주요 호소증상도 점차로 사라지게 된다.

상담자는 이 과정에서 심상법, 사고중지법, 이완훈련 등의 다양한 인지행동치료 기법을 활용하였다.

(3) 말기 상담과정(제9회~제10회, 종결회기): 문제해결과 상담의 전 과정 복습을 통한 자기조력능력의 배양

① 제9회 상담, 4월 2일(수)

◉ 숙제의 점검

핵심 비합리적 생각을 점검했다. 이제는 굳이 몇 번 했는지 손으로 세지 않고 감으로 해도 몇 번 정도 낭송했는지 대강 알 수 있다. 그 생각은 정말 내 생각으로 자리잡

힌 것 같다고 했다.

다음으로 형과 누나에게 고맙다는 표현하기에 대해서 실천했느냐고 물었다. 내담자는 형과는 친구처럼 친해져서 고맙다는 말을 하기가 쑥스럽다고 하였다. 누나에게도 쑥스러워서 못했는데 앞으로 시도해 보겠다고 하였다.

손이 떨리거나 긴장이 됐느냐고 묻자 별로 없었다고 하였다. 그러면서 어제 형과 같이 라면을 먹을 때 형에게 "형, 나 이제 손 안 떨어." 하니까 형이 보더니 "어! 진짜 안 떠네."라고 하면서 참 신기하다고 했다고 한다. 역시 심리적인 것 때문이었나 보다고 하면서….

시험을 볼 때 황급히 서두르지 말고 천천히 보는 것은 잘 실천하느냐고 확인하자, 마음대로 안 되는 것 같다고 하였다. 이상하게 시험을 보면 조급한 마음이 생긴다고 하였다. 마음을 차분히 먹고 천천히 하려고 해도 잘 안 된다고 하였다. 상담자는 오랫동안 지니고 있었던 시험 볼 때의 내담자의 태도였기 때문에 하루아침에 잘 고쳐지지 않는 것이 어쩌면 당연할지도 모른다고 하였다. 이제부터 '그 어려움을 정복하기 위해 시험을 꼭 잘 보아야만 하는 것은 아니다. 다만 최선을 다하는 것이 중요하다.'라는 생각을 시험을 볼 때마다 반복적으로 낭송하도록 하였다.

상담자는 내담자로부터 지금은 처음에 왔을 때보다 긴장하거나 손이 떨리는 증상이 많이 감소됐다는 것을 다시 한번 확인하였다. 상담자는 그러한 행동의 변화가 어떻게 해서 이루어졌다고 생각하는지를 물었다. 그는 처음에 상담실에 올 때에는 상당히 불안했는데 이제는 마음이 안정되었다고 하였다. 그러한 정서의 변화가 어떻게 일어났는지에 대하여 물었다. 그는 마음의 상태가 변하였기 때문이라고 하였다. 즉, 처음에는 수능시험 성적이 안 나온 것이 너무나 창피했고 엄마의 체면도 못 세워 주는 한심한 놈이라고 생각했는데, 이제는 그것이 엄마의 체면을 못 세워 준 것이 아니라고 생각한다고 했다. 또 처음에는 자신과 친하게 지내던 친구 세 명 중 두 명은 대학에 들어갔기 때문에 걔들과 비교하면서 나는 못난 놈이라고 지각했는데 지금은 그렇게 경쟁적으로 생각하지 않는다고 하였다. 상담자는 내담자에게 ABC 분석을 내담자의 사례를 가지고 차분히 기술하고 설명해 주었다. 그의 행동의 변화가 상황적인 요인들이 바뀐 것이 아니고 내담자가 상황이나 환경을 해석하고 지각하는 눈인 그의 생각과 신념이 변화되었기 때문에 가능한 것임을 다시 한번 확인시켜 주고 종결을 준비하기 위한 숙제를 내주며 회기는 마감되었다.

숙제

1. 마지막 시간에 선생님을 통해 도움을 받고 싶은 부분 생각해 오기
2. 내가 어떤 과정을 거쳐서 행동이 변화되었나 생각해 오기
3. 주변의 사람들에게 상담시간에 배운 내용이나 기법을 적용하고 활용하기

② 제10회 상담, 4월 9일(수): 종결회기

내담자는 오늘이 마지막 회기이기 때문인지 노란색 프리지어(freesia) 한 묶음을 들고 상담실에 왔다. 수줍어하는 표정을 지으며 "제가 학생이라서 이것 밖에 못 사 왔다."라고 말끝을 흐렸다. 상담자는 그의 행동과 그의 표현에 마음이 흡족하였고 아주 기뻤다. 내담자에게 고맙다는 말을 하였다.

오늘이 마지막 회기인데 선생님께 도움을 받고 싶은 부분이 있느냐고 하자 그는 학원에서 보았다는 학습기술 검사결과 진단표(study skill profile)을 내놓으며 그것을 해석해 달라고 하였다. 그 진단표에 의하면 환경관리기술, 행동관리기술, 동기촉진기술이 아주 우수하게 평가되었음을 설명해 주면서, 상담자가 관찰한 그의 평소 행동과 비교하여 현실적인 자료를 제시하며 이야기해 주었다. 그의 약한 부분은 읽기기술, 정보처리기술, 그리고 긴장이완기술로 드러났다. 읽기기술과 정보처리기술을 향상시키기 위해 필요한 내담자의 실천사항에 대하여 상담자의 지식 내에서 설명해 주었다. 그리고 이완기술은 이 검사가 상담을 3회기(접수면접 포함) 정도 받은 후에 치른 것이기 때문에 상담을 종결하려는 시점인 지금 다시 치르게 된다면 아마도 많이 향상되었을 것이라고 알려주었다. 내담자도 이에 대해서 '그렇다'고 강하게 동의하였다. 이때에 상담자는 내담자를 위해 미리 준비해 둔 긴장이완훈련 녹음 파일(성우가 녹음을 하고 음악이 함께 흐르는 파일임)을 내담자를 위해 준비한 선생님의 선물이라고 내놓았다. 앞으로 시험 볼 때나 긴장이 될 때 녹음 파일을 들으면서 이완훈련을 할 것을 강조하였다. 이완이 잘 되면 불안하지 않을 것이고 불안하지 않게 되면 시험에 집중하여 최선의 실력을 발휘할 수 있다고, 이완훈련의 목적을 다시 한번 환기시켰다. 특별한 변화가 없을 때라도 일주일에 한 번씩은 연습하도록 하였고 내담자도 기쁘고 아주 즐거운 얼굴을 하면서 그렇게 하겠노라고 하였다. 그러면서 상담자는 지난해 수

능시험을 보았을 때 너무나 긴장하여 손이 떨렸고 답안지에 마킹을 제대로 못하여 점수가 예상 밖으로 나오는 바람에 대학에 원서도 내 보지 못하고 포기하게 된 것을 다시 한번 상기시켰다. 사람은 누구나 실수를 할 수 있지만 현명한 사람은 실수에 좌절하지 않고 그 실수를 새로운 도약의 발판으로 삼는다는 것, 그리고 똑같은 실수를 반복하지 않는 현명함에 대해서 같이 이야기를 나누었다.

상담자는 종결의 A점이니만큼 내담자가 상담 초기에 호소했던 문제와 상담에 대한 목표를 가지고 내담자의 변화를 점검해 나갔다. 먼저 긴장감을 해소하고 손이 떨리는 증상에서 벗어난다는 목표의 달성도를 점검하였다. 이제는 손이 떨리는 증상이 거의 나타나지 않았고 심한 긴장감도 돌지 않았다고 하였다. 상담자는 이런 증상이 나타나지 않은 이유가 무엇인지 아느냐고 물었다. 그다음 목표인 시험불안에서 벗어났느냐고 물었다. 내담자는 아직 중요한 시험을 한 번도 보지 않았기 때문에 잘 모르겠다고 하였다. 그때 한 번 보았지 않느냐고 하자 그것은 시험이 아니고 반에서 수학 선생님이 본 간단한 퀴즈시험이었다고 했다. 상담자는 그러면 내담자가 생각할 때 시험을 본다고 가정했을 때 그때처럼 불안할 것인지에 대해서 물어보자, 지금은 불안할 때 나타나는 증상 자체가 많이 없어졌기 때문에 괜찮을 것이라고 하였다. 그다음 목표는 '결과를 생각하지 말고 열심히 공부하기'였다. 이것에 대해서 얼마만큼 내담자가 실천에 옮기고 있느냐고 물었다. '최선을 다하기 위해서 열심히 노력하고 있다.'며 나중에 성적에 맞는 대학을 가겠다고 대답하였다.

그다음의 목표는 '형제들과 좋은 관계를 맺기'였다. 이 점에 대해서는 형제들과 아주 잘 지내고 있다고 하였다. 상담자는 최근의 2~3주 동안 매번 다루었던 형과 누나가 나에게 잘해 주었을 때 고맙다는 말의 표현을 했느냐고 묻자 말이 잘 안 나온다고 쑥스러운 표정을 지으며 대답했다. 상담자는 말이 터지기가 어려운데 한 번 터지면 그다음부터는 그리 어렵지 않게 말이 잘 될 것이라고 일러 주었다. 상담자는 선생님이 2~3주 전부터 내준 숙제를 아직 실천을 못 했으니 앞으로 잊지 말고 꼭 할 것을 당부하였다.

그리고 상담자가 처음부터 파악한 내담자의 증상을 유도하는 핵심문제는 내담자가 세상을 이해하고 지각하는 그의 사고의 틀이라고 파악하였다. 그 사고는 '자신이 공부를 큰엄마의 자식들만큼 또는 그 이상 했을 때 엄마의 위신을 세워 드리는 것이고 낯을 세워 드림으로써 자신의 존재 가치가 있다.'는 것이었다. 상담자는 바로 이러한 사고구조 때문에 어렸을 때부터 공부에 대한 압박감을 스스로 가중시켜 학년이 높아지면서 점점 더 스트레스가 심해지고 급기야는 아주 중요한 시험 때 실수를 하게 된 것을 설명하여 주었다. 그러면서 이를 대치할 수 있는 합리적 신념(제3회 상담 참조)을 하루에 15번 이상씩 계속해서 낭송하여 왔고 또 깊은 묵상을 하게 하였다. 상담자는 마지막으로 지금도 낭송하는지 확인하고 다시 한번 상담자 앞에서 낭송하게 하였다. 그것이 정말 내 생각이 되어야 함을 힘주어서 강조하였다. 그는 그렇다고 하였다.

상담자는 상담의 종결을 위한 종결목록표를 하나씩 점검해 나가기 시작했다. 먼저 '나는 새로운 행동을 습득하였는가? 그 새로운 행동은 영속적인 습관인가?'에 대해서 물었다. 처음에 호소한 문제행동들에서 벗어나서 새로운 바람직한 행동을 체득하였고 그것을 지속할 수 있을 것 같다고 하였다. 그때의 느낌은 어떠하였느냐고 물었다. 마음이 안정되고 편안하다는 대답을 하였다. 내담자가 자신을 받아들일 수 있는가에 대해서 그렇다고 대답하였다. 만약에 앞으로 살아가면서 또 새로운 어려움을 겪게 된다면 그것을 잘 대처해 나갈 수 있겠느냐고 물었다. '손이 떨리는 문제'도 극복했는데 다른 문제가 생긴다 해도 헤쳐 나갈 수 있을 것 같다고 하였다. 앞으로 만나게 될 어려움을 회피해 가는 대신에 부딪치며 해결해 나갈 수 있겠느냐고 물었다. 내담자 자신이 타인을 비난하지 않을 수 있겠느냐고 확인하였다. 나 자신이 비참하다고 느낄 때 내가 스스로 책임을 질 수 있겠느냐고 물었다. 즉, 내담자가 수능을 잘 못 봐서 대학에 원서도 내 보지 못했을 때 그것이 나의 탓임을 인정하며 내가 책임질 수 있겠느냐고 하자, 너무나 당당하게 "당연하죠. 다른 사람에게 책임을 떠넘기면 안 되죠." 라고 대답하였다. 또 단지 내담자가 기분 좋게 느끼고 있는 것인지 내담자가 진정으로 나아진 것인지에 대해서 물었다. 그는 옛날보다 좋아졌다고 했다. 손이 떨리는 것도 없어졌고 긴장도 잘 드러나지 않는다고 다시 한번 또랑또랑하게 말하였다.

그다음에 상담 선생님을 만나면서 앞서 언급한 것 외에 어떠한 효과가 있었는지에 대해서 물었다. 좀 더 적극적이고 대담해졌으며 사교성이 늘었다고 하였다. 초등학교 때까지도 굉장히 적극적이었던 성격이 중학교, 고등학교에 올라가면서 점점 소극적으로 변했는데 이제 다시 조금씩 적극적으로 변하고 있다고 하였다. 그 증거로 학원의 선생님께 개인적으로 찾아가서 잘 모르는 것도 물어보고 학원의 친구들에게 먼저 말도 걸고 장난도 많이 친다고 하였다. 처음에 서울에 올라와서 학원에 다닐 때(불과 10주 전에)는 날라리 같은 아이들이 못마땅하고 싫었는데 지금은 그 친구들을 긍정적으로 본다고 하였다. 그 친구들은 그 친구들이고 나는 나이기 때문에 서로가 다르다는 것을 알고 인정하게 되었다고 하였다. 상담자는 내담자의 핵심문제를 수정해 나가는 데 부수적으로 좋아지고 변화된 점에 대해서 기뻐하며 앞으로도 계속해서 그러한 노력을 게을리하지 말 것을 당부하였다. 상담자는 또한 조심스럽게 엄마, 아빠, 큰엄마 그리고 큰엄마의 자식들과 얽힌 가족구조 때문에 내담자가 겪어야 했던 어려움, 느껴야 했던 수치심이 어떻게 해결되었는지에 대해서 탐색해 보았다. 그것은 어른들의 일이고 나와는 별로 상관없는 것이고 내가 어떻게 할 수 있는 부분이 아니기 때문에 어쩔 수 없는 것으로 여기며 이제는 더 이상 수치심을 느끼지 않는다고 하였다.

상담자는 다시 한번 내담자의 주요 호소증상이었던 손이 떨리는 문제가 이제는 더 이상 떨리지 않는데 왜, 그리고 어떻게 그것이 변화되었는지 아느냐고 물었다. 내담자는 마음의 상태, 즉 자신의 생각이 변화되었기 때문이라고 하였다. 상담자는 처음의 상태와 지금의 상태를 구체적으로 말해 달라고 하였다. 처음에는 시험을 못 봐서 요즘 말로 '쪽팔렸다'. 그러나 지금은 그런 생각은 없어지고 '다시 시작해서 열심히 한다' '처음부터 다시 한다는 마음가짐'이라고 하였다. 상담자는 노파심에서 혹시 상담 선생님을 기쁘게 하기 위해서 변화된 것이 아니냐고 묻자 내담자는 큰 소리로 아니라고 말했다. 상담자와 내담자는 마치 질문 자체가 너무나 아둔하다는 듯이 서로 마주 보면서 깔깔깔 웃었다. 그리고 내담자가 호소한 증상이 없어진 것이 그런 증상을 일으킬 만한 상황이 없어져서 그런 것이 아니냐고 물었다. 상황은 똑같고 달라진 것이 없다고 하였다. 상담자는 여기서 다시 한번 분명하게 내담자의 호소증상이 없어진 것은 상황이 바뀐 것도 아니고 상담자를 기쁘게 하기 위한 것도 아니며 단지 내담자의 마음 상태, 즉 내담자가 세상을 이해하는 방식이 변화되었기 때문에 가능한 것임을 확인시켜 주었다. 바로 그러한 변화를 위해 내담자에게 합리적 신념을 낭송하게 하고 묵상하게 한 것이라고 다시 한번 말하였다.

마지막으로 내담자가 정말로 빠른 시일 내에 장족의 발전을 했음을 천명하고 축하의 악수를 제안하였다. 그리고 힘주어서 악수하였다. 10번의 회기, 즉 10주 동안 한 번도 지각하거나 빠지지 않고 상담자가 내준 숙제를 열심히 하였기 때문에 가능한 일이라고, 내담자의 근면성과 적극성에 대해 고마워하자 그것은 자신을 위해서 한 것일 뿐이라고 겸손해하였다. 상담자는 그것이 비록 내담자 자신을 위해서 한 것이긴 하지만 정말로 대단한 것이고, 상담자가 아무리 상담을 잘하고 열심히 했더라도 내담자가 따라와 주지 않았다면 비교적 단기간 내에 지금 내담자가 이룩한 중요한 변화는 일어나지 않았음을 분명히 하였다. 내담자로 하여금 자신의 노력 덕분에 가능한 일이었음을 알게 하고 앞으로도 스스로 노력해 나가는 모습을 체득하도록 하기 위해서였다. 내담자를 위해 다음번 고양회기 때 다시 만날 때까지 다음의 숙제를 해 오기로 내담자와 합의하였다.

숙제

1. 형과 누나에게 고마운 일이 있을 때 죽을 용기를 내서라도 고맙다는 말 하기(말이 터지는 체험을 해 보기)
2. 합리적인 신념이 완전히 머릿속에 들어갈 때까지 낭송하기
3. 1주일에 평균 한 번씩 긴장이완훈련 녹음 파일 듣기
4. 매일 한 가지씩 친절을 베풀거나 좋은 일 하기(타인을 이해하는 능력을 기르기 위해)
5. 실수를 했을 때 집착하지 말고 , 어리석은 행동을 했다고 느낄 때도 집착하고 속상해하지 말고 껄껄껄 웃어 젖히기
6. 내담자 자신을 위해 즐거운 일을 하기

고양회기는 앞으로 한 달 후인 5월 9일로 정했고 그때 만나서 변화된 행동이 지속되고 있는지 확인하기로 하였다. 그리고 그 이후에는 2개월, 3개월 후에 다시 또 만나기로 하였다.

상담자는 내담자가 가져온 '꽃 한 묶음'의 선물에 대해서 몇 가지 점에 뿌듯함을 표시했다. 먼저, 내담자가 선생님께 고마워하고 감사해하는 것, 그리고 그것을 선물을 통해 표현해 준 것(어떤 사람들은 마음으로는 생각해도 표현을 못 하는 경우도 많은데)에 대해 기쁘다고 하자, "당연히 고맙죠."라고 대답했다. 그러면서 "지금까지 심리적 안정을 이루었고 생활 태도가 바뀌었어요."라는 말을 남기며 그는 떠났다. 한 젊은이가 자신의 어려움을 극복하고 새로운 삶을 살고자 노력하는 모습이 상담자의 마음속 깊은 곳에 그가 남기고 간 진한 꽃향기로 변하여 스며들고 있었다.

말기 상담과정의 요약

내담자는 총 10회에 걸친 상담회기를 성실하게 채워 왔다. 상담자와 함께 굳건한 협력관계를 유지하면서 자신이 할 수 있는 최선의 노력을 하였다. 그 결과, 자신의 역기능적 신념을 합리적 대안신념으로 바꾸어 내재화하였고 이에 따라 그를 상담으로 유도한 증상은 제거되기 시작하였다. 상담자는 내담자가 호소한 문제를 중심으로 상담자와 함께 해결해 온 과정을 다시 한 번 설명해 주었다.

다음 고양회기 때 다시 만날 때까지 내담자가 수행해야 할 과업을 주면서 앞으로는 자신의 문제를 스스로 해결해야 한다는 것을 강조하고 회기는 마감되었다.

(4) 추수지도(follow up)

종결회기를 마치고 각각 1개월 후, 그리고 3개월 후에 이루어진 고양회기의 내용이다.

① 제1회 고양회기, 5월 9일(금)

상담자는 내담자가 가장 어려워했던 문제인 시험 때의 긴장의 정도가 얼마나 해소되었는지에 관하여 먼저 물었다. 지난 1개월 사이에 1번의 모의고사를 치를 기회가 있었는데 긴장이 좀 되었다고 했다. 상담자가 지난해 수능을 보았을 당시의 긴장이 100점 정도라고 한다면 모의고사 때 느꼈던 긴장은 몇 점 정도를 줄 수 있느냐고 묻자 내담자는 약 50~60점을 줄 수 있겠다고 하였다. 그러면서 지난번에 상담 선생님께서 하신 "지금 당장은 안 고쳐지더라도 앞으로 계속해서 꾸준하게 고쳐 가는 것이다."라는 말을 염두에 두었기 때문에 긴장이 되었을 때도 실망하지 않았다고 했다. 앞으로는 긴장도가 20~30점 정도만 되도록 꾸준히 노력하겠다고 했다. 상담자는 그 판단이 옳다고 격려해 주었다. 긴장감이 전혀 돌지 않는 상태보다는 적절한 긴장감이 있을 때 공부나 일의 성과가 극대화될 수 있음을 일러 주었다. 그리고 형제들과의 관계에서 고맙다는 말은 그들과 벽이 두텁게 있어서가 아니고 오히려 쑥스러워서 안 했다고 했다. 지난주부터는 형에게 수학 과외를 받기 시작했다고 한다.

합리적인 신념의 지속적인 낭송은 열심히 하고 있는 편이었는데 상담자는 생각이 내 머릿속 깊이 박혀서 행동과 연결이 되는 것이 중요함을 다시 한번 강조하였다. 그러자 내담자는 그 생각에 의해서 행동하는 것이 약 98%쯤 된다고 하면서 나머지 2%는 계속해서 노력하겠노라고 하였다. 긴장이완훈련 녹음 파일을 듣는 숙제는 머리끝에서 발끝까지 하는 것이기 때문이라서 좋다고 했다. 매일 한 가지씩 좋은 일을 하는 숙제는, 지난번(4월 9일)에 상담을 마치고 돌아가는 길에 인천에 가시는 할머니, 할아버지를 잘 안내하여 지하철을 태워 드렸는데 그러고 나서 뿌듯해지고 기분이 좋았다고 하였다. 그 후로도 시간이 많지 않기 때문에 일부러 시간을 내서 좋은 일은 못 하고 있는데 학원에서 친구들이나 형들이 수학문제를 물어 오면 친절하게 대답해 주고 자신도 역시 모르는 것이 있으면 주저하지 않고 물어본다고 하였다. 지난 한 달 동안 실수는 2번이 일어났는데 한 번은 시험 때 긴장하여 문제를 충분히 읽어 보지 못한 것이고, 또 하나는 윤리 시간에 선생님께서 문제를 읽으라고 해서 읽었는데 아이들이 나의 발음이 정확하지 않은 부분에 대해서 웃었을 때 좀 창피하긴 했지만 자기 자신도 껄껄껄 같이 웃고 그냥 넘어갔다고 하였다. 자신을 위해 수행하는 즐거운 일은, 주위의 친구들과 거의 매일 장난치고 웃으면서 지냈다고 하였다. 상담자가 그에게 선생님 앞에서 한번 웃어 보라고 하자 호탕하게 몇 번을 힘껏 웃었다. 밝은 행동의 중요성을 다시 한번 강조하고 내담자의 성실성에 대해서 격려를 아끼지 않았다. 앞으로 2개월 후와 그리고 그 이후 3개월 후에 고양회기를 다시 가질 것이지만 이제는 구체적으로 숙제를 점검하지 않겠다고 하였다. 이제부터는 나의 모든 것을 스스로 생각하고 판단하고 결정하는 연습을 혼자서 해 나가면서 독립적인 자신을 가꾸어 가는 것의 중요성을 역설하고 회기는 마무리되었다.

다음은 내담자가 기록해 온 숙제점검표이다.

月	火	水	木	金	土	日
		4/9 +△☆	4/10 +☆	4/11 +☆	4/12 − ☆	4/13 ○+☆
4/14 +☆	4/15 −●☆	4/16 +☆	4/17 +☆	4/18 +☆	4/19 +☆	4/20 +●

4/21 +○☆	4/22 +●∨	4/23 +☆	4/24 ●+	4/25 +☆	4/26 +☆	4/27 −☆
4/28 +●	4/29 +●	4/30 +☆	5/1 +☆	5/2 +☆∨	5/3 ●+○	5/4 +☆
5/5 −●	5/6 +●	5/7 +●	5/8 +●	5/9		

〈표시 설명〉

+ 좋은 일 했다 (총 30일 가운데 26일)

− 좋은 일 안 했다 (총 30일 가운데 4일)

∨ 실수한 날 (총 30일 가운데 2일)

☆ RB(합리적 신념) 낭송 5회 이상 (총 30일 가운데 20일)

● RB(합리적 신념) 낭송 5회 이하 (총 30일 가운데 10일)

○ 긴장이완훈련 녹음 파일 듣기 (1주일에 1번, 총 3번)

상담자는 이 시점에서 내담자로 하여금 그간에 받았던 상담과정 전체에 대한 평가를 하게 하였다.

내담자의 상담에 대한 평가

처음에 왔을 때 시험불안 등으로 손이 떨리고 긴장을 많이 하였는데 지금 약 3개월간의 상담을 받고 보니 처음보다 긴장이 적게 되고 손도 거의 떨리지 않고 내 생활에 많은 변화가 생겼다. 과거의 내 심정은 누구도 모르는 힘든 고통이었지만 지금은 그런 심정과 고통은 사라지고 긍정적인 생활을 하게 되었다. 지금 생각해 보니 과거의 내 행동과 심정은 너무나 바보 같은 일이었다. 내 주위의 눈치를 너무 보았기 때문에 정말 힘이 들었다. 지금은 나는 나고 내 주위의 사람은 내 주위의 사람일 뿐 내가 하는 일, 행동을 나의 능력과 성격에 맞게 하면 된다는 힘을 가졌다. 지금도 약간의 손 떨림과 긴장은 있지만 거의 없어졌다고 하여도 무관하다. 정말로 내 생각이 바뀌어 내가 새로운 생활을 할 수 있어 매우 기뻤다.

그리고 나에게 이런 변화를 가지게 해 주신 상담 선생님께 정말로 고마웠다. 사실

나는 말주변이 없어서 선생님께 큰소리로 말 한 번 제대로 못해 죄송스러웠다. “선생님 고맙습니다. 저를 이렇게 새 생활을 하게 도와주셔서요.”라고 진심 어린 글로 대신하고 싶다.

② 제2회 고양회기, 9월 4일(목)

내담자는 그 어느 때보다도 안정된 모습을 하고 상담실에 나타났다. 그전에 고통을 당했던 증상들이 별로 나타나지 않았을 뿐더러 마음이 많이 편해졌다고 하였다. 지금도 시험을 볼 때면 너무나 다급하게 풀어 나가다가 문제의 핵심을 파악하지 못하는 실수를 여전히 하게 된다고 하였다. 상담자는 여기에서 그것은 더 이상 내담자의 실수라기보다는 그것이 바로 내담자의 실력임을 지적하였다. 이것을 실력으로 받아들일 때 더 이상 나의 실수에 대해서 합리화하지 않고 그 사실을 있는 그대로 직시하게 되며 그것이 궁극적으로는 나에게 더 큰 도움이 될 수 있음을 강조하였다.

내담자는 이제 자신의 삶이 “작년과는 많이 달라요.”라고 말하면서 과거와는 많이 다르다고 하였다. 공부를 할 때에도 좀 더 가라앉고 차분한 마음으로 하게 되고 자신감도 많이 붙었다고 하였다. 선생님께서 지난번 상담기간 중에 낭송하고 사색해 보도록 요구하신 그 신념을 되뇌었고 그 결과인지는 몰라도 이제는 더 이상 형들과 비교하지 않는 자신을 발견하게 되었다고 하였다. 지금은 입시를 대하는 태도도 ‘못 보면 말지.’라는 생각으로 대담하게 임한다고 하였다. 그렇다고 이것이 시험을 포기하겠다는 것은 아니고 하는 데까지 열심히 해서 실력에 맞는 대학에 가도록 하겠다고 하였다. 상담자가 내담자에게 본 상담회기에 강조하였던 인간의 능력과 행동 여하에 따라서 인간의 가치가 달라지는 것이 아님을 강조하자, 내담자는 수줍게 웃으면서 “알아요 그건.”이라고 대답하였다.

상담실을 떠나는 내담자의 뒷모습이 그 여느 때보다도 두터운 자신에 대한 신뢰의 후광으로 빛나는 듯하였다. 내담자와의 마지막 고양회기는 다음 연도 2월 4일로 잡아 놓았다.

내담자는 수능시험이 끝난 후에 상담자에게 전화를 걸어 왔다. 시험을 볼 때 지난해처럼 그렇게 긴장하지 않았으며 손도 떨리지 않았다고 하였다. 점수가 몇 점이 나오든지 간에 자신은 만족할 수 있으며 성적에 맞는 대학에 진학할 것이라고 하였다. 어느 때보다 내담자가 편안함을 느끼고 있음이 상담자에게 전달되어 왔다.

③ 제3회 고양회기, 다음 연도 3월 10일(화)

내담자와 2월 4일날 만나기로 하였으나 입학시험 결과를 최종적으로 확인하고 만나자는 전갈이 와서 오늘 고양회기를 수행하게 되었다. 내담자는 서울 소재의 S대학교, K대학교, 또다른 S대학교에 예비 합격까지는 했으나 마지막에서 탈락하였다고 아쉬워하였다. 그리고 내년을 대비하기 위해서 벌써 학원에 등록해 다니고 있었다. 큰누나는 지방대에 가지 않았다고 나무랐지만 남보다 조금 늦게 가더라도 서울에 있는 대학을 가고 싶다고 했다. 상담자는 내담자가 다른 사람의 충고나 의사에 의해서 움직이지 않고 스스로 결정하고 스스로 판단을 내리고 그것에 따라서 결정을 내린 점에 대해서 크게 기뻐하며 격려해 주었다.

상담의 종결 시점에서 사라졌지만 내담자를 상담실로 몰고 오게 했던 구체적인 증상과 호소문제에 대해서 점검을 하였다. 지난해에는 손이 지나치게 떨려서 답안지에 마킹을 잘못하는 바람에 시험에서 자신의 실력이 전혀 발휘되지 않았고 그 결과로 대학에 원서도 내 보지 못했다고 하였다. 하지만 올해는 언어영역의 듣기평가에서 긴장돼서 막막한 느낌이 들었으나 그 외에는 괜찮았다고 하였다. 그러면서 이번에는 작년처럼 손이 떨려서 시험을 못 보지 않았으며 올해는 대학에 원서도 냈고 비록 합격은 못했지만 그래도 예비 합격까지 한 것이 자랑스럽다고 했다.

어렸을 때 수술한 것과 시력이 나빠서 군복무를 면제받았기 때문에 다른 학생들보다 시간을 벌었으니 좌절하지 않고 올 한 해도 열심히 해서 좋은 결과를 내겠다고 굳은 결심을 내비치었다. 상담자는 "젊어서 고생은 일부러 사서도 한다."는 속담을 환기시키면서 내담자의 결심을 독려해 주었다. 절망과 슬픔을 견디어 낸 다음에 얻게 되는 작은 행복이야말로 값진 영혼의 보석이 될 수 있다는 말과 함께.

3. 상담과정의 전략, 사용기법, 이론적 개념

1) 2차적 정서

REBT에서는 특히 2차적 정서의 출현을 중시 여긴다. 2차적 정서가 출현하면 그것을 1차적으로 호소해 온 부적절한 정서보다도 먼저 다룬다. 2차적 정서는 1차적 정서 때문에 부가적으로 수반되는 부적절한 정서를 일컫는다. 이 사례에서는 먼저 호소해 온 '불안과 긴장'이라는 정서 때문에 새로운 부적절한 정서인 '자책감과 더 큰 불안'이 유도되었다.

1차적 정서를 다루기 전에 2차적 정서를 우선적으로 해결해야 하는 경우

1. 2차적 문제의 출현으로 1차적 문제를 다루는 것이 어려울 때
2. 2차적 문제가 1차적 문제보다 임상적으로 더욱 중요할 때
3. 내담자가 그의 1차적 문제 전에 2차적 문제를 호소해 올 때

2) 상담과정

앞의 사례에서 사용한 기법과 중첩되는 것은 제외하고 새롭게 활용한 기법은 다음과 같다.

◉ 2회 상담 - 심상법

앨리스(Ellis)는 심상법을 합리적 정서적 심상법(rational emotive imagery)이라는 고유명사를 쓰고 있으며 이는 그가 많이 활용하는 기법이다. 그가 매주 금요일 밤 8~10시까지 '일상생활 속의 문제(problems of daily living)'라는 제하에 수행하는 워크샵에서 거의 예외 없이 공개상담시간에 활용된다. 심상법은 사고에 의해서 정서가 유도된다는 가정을 가지고 부적절한 정서에서 적절한 정서로 바뀌기 위해서는 비합리적 사고에서 합리적 사고로의 전환이 선행되어야 하는 것을 보여 주고 있다.

◉ 5회 상담 - 사고 중지법(thought stopping)의 활용

내담자가 비생산적이고 자기 파괴적인 비합리적인 생각이 떠오를 때에 "잠깐 스톱!" 또는 "중지!"라고 외치며 그 생각에서 벗어나도록 하는 기법이다.

◉ 7회 상담 - 제이콥슨의 이완훈련

이완훈련은 제이콥슨(Jacobson)에 의해서 처음으로 시작되었으며 후에 볼프

(Wolpe)에 의해서 계속되었다. 이는 사람이 불안해지면 신체적으로 긴장이 되므로 이 신체적 긴장을 풀어 주면 불안도 같이 줄어든다는 가정에서 출발하였다. 상담자들이 상담 장면에서 가장 손쉽게 활용할 수 있는 방법이다.

4. 인지정서행동치료(REBT)에 근간한 사례의 종합적 개념화

내담자는 어린 시절 양친의 단단한 울타리와 보호 아래 별 문제 없어 보이는 유년기를 보낸다. 그는 중등학교에 입학하고 철이 들기 시작하면서 복잡한 가족구조(앞의 상담과정 참조), 그리고 그 속에서 파생하는 여러 가지 장애에 직면하게 된다. 이것들은 내담자가 감당하기 어려운 심리적 부담으로 변하여 그에게 고달픈 청소년기를 보내게 하는 주요한 요인으로 작용하고 있다.

내담자의 이복형들과 누나들은 모두 공부도 잘하고 비교적 모범적인 삶을 꾸리고 있는 듯하다. 내담자는 자신의 엄마가 그 형들과 누나들의 계모 자리를 차지하면서 발생하는 여러 가지 수모, 알력, 불협화음들을 체험하고, 나름대로 자신이 어머니를 보호하는 바람막이가 되어야 하다는 생각을 막연하게 싹틔워 왔다. 내담자의 부모 역시 내담자가 형제간에서 위축되지 않고 당당하게 자기의 자리를 차지하기를 은연중에 요구했던 것 같다. 부모의 이러한 기대와 자신이 엄마를 보호해야만 한다는 강렬한 욕구를 충족시키기 위해서는 '공부를 잘해야만 한다.'고 나름대로 결론을 내리고 있었다. 특히 '엄마의 기를 죽이지 않고 위신을 세워 드리기 위해서는 공부를 잘해야만 한다.'는 강한 신념을 소유하게 된다. 내담자는 이런 강한 당위적 사고의 영향으로 지방 읍소재지의 중학교에 다닐 때에는 반에서 2~3등을 할 정도로 공부를 잘했다. 그러나 내담자가 중소도시의 고등학교에 올라간 다음부터는 상황이 많이 달라졌다. 여러 지역에서 우수한 학생들이 많이 와서 경쟁이 심해진 데다가 아버지께서 더욱더 공부를 잘할 것을 요구하는 바람에 마음에 부담이 아주 많이 갔다. 공부는 '열심히 하지 않으면 큰일이다.'라고 마음을 먹으면 먹을수록 잘 되지 않았고 성적은 계속 떨어져 갔다. 고등학교 2학년 때부터는 긴장과 손 떨림의 증세가 더욱 심하게 나타나서 내담자를 한껏 괴롭혔다. 수능시험 때에는 이 긴장과 손 떨림이 극도에 이르러 답안지에 마킹도 제대로 하지 못하고 대학교에 원서조차 내 보지 못하게 된다.

상담자는 내담자의 이런 호소문제의 주요 원인은 내담자의 신념구조에 있다고 가정을 하였다. 내담자를 괴롭히는 '불안감' '긴장감'과 '손 떨림'의 증세는 '공부를 잘하여 반드시 좋은 대학에 입학하고 부모의 기대에 부응해야만 나는 아들로서의 도리를 다하는 것이고, 아들로서의 도리를 다해야만 나는 가치 있는 인간이다.'라는 핵심신념에 기인하는 것으로 파악하였다. 내담자는 자신의 생존의 수단으로 앞서 언급한 강력하고 단단한 신념을 그의 사색의 구조 속 가장 깊은 곳에 뿌리를 내리면서 고단한 삶을 버티어 오다가 결국 벼랑의 끝에 서게 된다. 그의 핵심신념은 상황과 구체적인 사건에 따라서 다양한 역기능적 사고를 파생하게 되고, 이 사고는 예외 없이 부적절한 정서와 부적응적 행동으로 드러나 내담자를 구체적으로 괴롭히는 요인이 되고 있다. 예를 들면. '나는 반드시 형들만큼 공부를 잘하여 어머니의 위신을 세워 드려야만 한다.', 또 지난번에 수능점수가 나빠서 아예 대학의 진학을 시도하지도 못한 사건을 당면했을 때는 '수능점수가 나빠서 대학 진학도 시도하지 못한 나는 너무나 한심하고 못난 인간이다.'라는 자기비하적 사고, 형과 누나들이 싸우는 상황에서는 '사람들이 싸우는 것은 다 나때문이다.'라는 자기참조적 사고 등을 하게 되면서 '긴장감' '불안감' 그리고 '손 떨림' 등의 증상으로 나타나 내담자를 괴롭히고 있다.

상담자는 문제의 진원을 잘못된 신념으로 파악하고 그 신념을 기능적 신념으로 바꾸도록 하였다. 우선 내담자에게 심리구조의 역학에 대해서 먼저 설명을 해 주었다. 내담자는 전 과정을 통해서 자신이 그토록 고통받는 문제는 스스로 창출해 낸 것임을 선명하게 깨닫게 되었다. 그는 자신의 사고구조를 '나는 꼭 형들처럼 시험을 굉장히 잘 봐야만 하는 것은 아니다. 나는 그냥 최선을 다하면 되는 것이다. 더군다나 내가 형들만큼 공부를 잘해서 일류대학에 들어가야지만 어머니의 위신을 세워 드리는 것은 아니다. 어머니는 이미 내가 있다는 사실만으로도 위신이 서는 것이다. 나는 느긋하게 그냥 열심히 공부하겠다.'라는 합리적 신념으로 바꾸려고 다짐하게 된다. 상담자는 이 신념을 반복적으로 낭송하여 내담자의 사고의 텃밭 속에 각인되도록 노력할 것을 요구하였다. 내담자는 자신의 행동의 변화에 대한 동기가 누구보다도 강하였고 상담자의 전문성을 믿고 잘 따라와 주었다.

상담이 진행되면서 증상이 완전히 제거되지는 않았지만 점점 약화되는 듯하였고 이제는 거의 나타나지 않는다고 내담자는 보고하고 있다. 내담자는 자신이 지녀 왔던 수치심의 주범이라고 여겼던 복잡한 가족구조는 자신의 의지와는 상관없이 이루어진 것이기 때문에 그것을 그냥 수용하게 되었고, 그러자 수치심도 사라졌다고 하였다. 그리고 심리적 안정을 되찾았고 내담자 자신의 삶의 태도가 상담을 통해서 많이 바뀌게 되었다고 하였다. 이 사례는 10회기의 본 상담과 3회기의 추수상담 과정을 통해서 상담의 목표가 달성된 경우이다. 내담자는 이전에는 경험해 보지 못했던 상담자와의 독특한 관계, 자신의 문제를 이해하는 안목 그리고 구체적인 문제해결 기술의 습득을 통해 새로운 인생을 계획하고, 설계하고, 그에 따라 행동할 수 있는 강한 심리적 힘이 길러진 예이다.

사례 3

외모 콤플렉스 극복 사례

1. 내담자 기본자료
2. 상담과정
3. 상담과정의 전략, 사용기법, 이론적 개념
4. 인지정서행동치료(REBT)에 근간한 사례의 종합적 개념화

1. 내담자 기본자료

내담자: 남, 19세, 대입 재수생

상담경위

지인을 통해 상담자를 알게 되어 내방하게 되었다. 학생이 상담실에 오는 것을 많이 망설였다고 한다. 상담자를 방문하러 오는 중에도 내담자는 엄마에게 "나 같은 아이들이 많이 있나 보지요?"라며 스스로 위로를 하는 듯했다고 말한다.

내담자의 인상 및 행동특성

내담자는 멋있는 영화배우나 탤런트를 연상시킬 만큼 얼굴도 잘생기고 신장과 체격도 아주 준수한 편이다. 얼굴에 약간 붉은 홍조를 띄고 있으며 보통의 여성보다 흰 피부를 지녔다. 상담자의 말에도 딱히 저항하기보다는 비교적 수긍하고 잘 들으려고 하는 편이다.

상담동기

자신의 문제 때문에 도저히 공부에 몰두할 수가 없다고 호소하고 있다. 어떻게 해서든지 자신의 문제를 해결하여 공부에 몰두하고 좋은 성적을 내서 좋은 대학에 합격하고 싶다는 강한 의지를 표현하고 있다.

호소문제

상담신청서의 상담받기를 원하는 내용란에 '외모에 관한 문제'라고 씌어 있었다. 상담실에 방문하기 전에 청소년 대화의 광장에 전화를 했을 때에는 "자신이 지나치게 다른 사람에게 관심을 쓰고 남들도 자신을 이상하게 본다."라고 호소했다.

이전 상담경험

이전 상담경험은 없었다.

가족관계

양친 부모의 외동이다.

2. 상담과정

1) 치료적 관계의 구축

상담자로서의 전문적 능력이 치료적 관계의 구축에서 가장 중요한 역할을 한다. 접수면접 때에 내담자의 문제를 이해하고 해석하는 방법을 제시하였다. 내담자는 이를 통해 상담자의 전문성을 신뢰하였으며 자신의 문제를 치료해 줄 수 있는 전문가로 믿고 상담과정에 협력적인 태도를 취하였다.

2) 상담의 진행과정

(1) 초기 상담과정(제1회~제2회): 내담자의 문제에 대한 개념화 및 상담목표의 설정

① 접수면접, 제1회 상담, 3월 5일 (수)

상담자는 내담자가 그의 엄마와 함께 상담실에 들어오자마자 “내담자가 참 잘생겼다.”고 상담자의 첫 느낌을 진솔하게 표현하였다. 그리고 자리에 앉게 한 뒤에 상담신청서를 펴 보았다. 의아하게도 상담받기를 원하는 문제를 쓰는 란에 ‘외모에 관한 문제’라고 씌어 있었다. 상담자는 약간 놀라는 표정을 지으며 이렇게 잘생긴 사람이 외모에 대한 어떤 구체적인 문제가 있느냐고 질문을 하였다. 내담자의 모는 내담자가 재수없게 생겼기 때문에 엄청난 고민을 하고 있다고 말했다. 내담자는 처음에는 자신의 외모에 대해서는 별 관심 없이 살아왔는데, 중학교 2학년 때 학원에서 만난 여자아이가 자신을 보고 "쟤는 참 재수 없이 생겼다."라고 하는 말을 들은 후부터 고질적으로 자신이 못생긴 것은 아니지만 재수 없게 생겼다는 강한 믿음을 갖게 되었다고 털어놓았다. 전혀 낯선 사람이 자기를 쳐다보고 비웃었던 경험이 수차례 있었다고 하였다. 그래서 공부도 안 되고 그런 일이 있을 때마다 얼굴이 빨개지고 당황한다고 하였다. 결국은 본인이 가고 싶은 대학도 못 가고 이렇게 재수생이 되었다고 한탄하였다. 상담자는 내담자가 중학교 2학년 때의 체험, 즉 어떤 여자아이가 내담자를 보고 "쟤는 참 재수 없이 생겼다."는 그 말이 실제로 그렇게 말했는지 아닌지 그 사실을 지금은 확인할 길이 없지만 일단은 그것이 사실이라고 치자고 했다. 그때는 실제로 그랬다고 하더라도 그다음부터 내담자가 지각한 것, 즉 다른 사람들이 자기를 보고 비웃거나 재수 없는 아이라고 수군대는 것은 내담자가 추측한 생각이지 사실이 아니라고 분명히 말해 주었다. 그러면서 과거에 만났던 내담자의 이야기를 해 주었다. 그 내담자 역시 다른 사람이 나를 보고 비웃거나 소곤거린다는 추측으로 스스로를 괴롭혔다. 어느날 그 내담자가 길을 걷고 있었는데 맞은쪽에서 여자 두 명이 오면서 자신을 보고 둘이서 웃는 것 같았다고 한다. 그때 용기를 내서 다가가 왜 길거리에서 모르는 나를 보고 웃느냐고 따져 묻자, 그들은 자기네끼리 재미있는 이야기를 하다가 웃은 것이지 당신을 보고 웃은 것이 아니라고 말했다고 한다. 그다음부터 자신이 하고 있는 생각이 사실이 아닌 추론일 뿐이라는 걸 알았는데, 그때까지 그걸 가지고 스스로 괴롭혔다는 이야기를 들려 주었다. 이 말을 듣고 내담자는 수긍하는 듯 고개를 끄덕였으며 위안을 얻는 느낌이었다.

내담자의 모는 내담자가 상담실에 오는 중에도 "어머니, 이 세상에는 나만 이런 문제가 있는 줄 알았는데 나와 같은 아이들이 많이 있나 보지요?"라고 하면서 스스로 위로를 했다는 말을 하였다. 상담자는 요즈음 내담자가 지니고 있는 소위 '인지적 왜곡' 때문에 많은 문제가 생겨 상담실에 오는 사람들이 너무나 많이 있음을 알려 주었다. 여기에 올 때도 '내가 얼마나 한심하면 이런 곳까지 올까?' 하는 생각을 했다고 고백하였다. 상담자는 바로 그 생각 자체가 잘못되었음을 지적하였다. 우리가 살아가면서 몸이 아플 때는 내가 한심한 사람이라는 생각을 잘 하지 않는데, 마음이 아프다고 하여 한심하다고 생각하는 것은 비논리적 생각임을 일깨워 주었다. 그리고 다른 사람들이 자신을 쳐다보고 수군거린다고 생각하는 것도 내담자의 지각일 뿐임을 직시하였다. 이 바쁜 세상에 자기 자신도 추스르기 어려운데 내담자가 생각하는 것처럼 타인에게 그리 많은 신경을 쓰고 살아가지 않는다고 말해 주었다. 만약 진짜 그렇게 하는 사람이 있다면 그렇게 하는 상대방이 이상한 것이라고 말해 주었다. 그리고 그것은 이제 더 이상 내담자의 문제가 아니라 상대방의 문제라고 하였다. 아니면 내담자의 외모가 부러워서, 질투가 나서 그런 행동을 할 수 있다는 가능성도 생각해 볼 여지를 갖도록 하였다. 내담자의 어머니는 내담자가 누군가에 잘 보이려고 하는 경향성이 강하다고 말했다. 고등학교 3학년 때 집안의 아는 형에게 과외를 받았는데 그 형에게 잘 보이기 위해서 모르는 수학문제를, 푸는 과정을 달달 외워서 잘 아는 척을 했다고 한다. 가르치는 사람이 깜빡 속을 정도였다고 한다. 남에게 잘 보이려고 하는 것도 너무나 큰 문제인 것 같다고 어머니는 덧붙였다. 상담자는 이에 대해 남에게 자신의 약점과 단점을 아무렇지도 않게 노출할 수 있는 사람이 건강한 사람임을 역설하였다. 상담자는 지금 내담자가 겪고 있는 문제는 모두 내담자의 머릿속에서 주관적으로 창조한 생각임을 강조하였다. 문제의 원인이 내담자 내부에 있기 때문에 내담자가 노력하는 만큼 문제해결의 시간을 단축할 수 있음도 또한 언급하였다. 숙제로 하루에 몇 번, 그리고 언제 다른 사람들이 나를 재수 없다고 하는 체험을 하는지 탐색해 오도록 하였다. 앞으로 종결까지 약 3개월 정도 열심히 해 보자고 제의하였다. 그때 가서 상담을 더 할 것인지 종결할 것인지에 관해서 생각해 볼 것도 아울러 제안하였다.

② 어머니와 2회 단독 상담회기, 3월 13일(목)

내담자는 외동이다. 엄마가 내담자를 낳고 계속 하혈을 하는 바람에 더 이상 아이를 낳을 수 없었다고 한다. 부부는 아이가 하나뿐이므로 누구보다도 잘 키워 보려고 무던히도 애를 썼고 나름대로 아이에 대한 기대도 상당히 컸다고 하였다. 초등학교 시절엔 굉장히 짓궂었고 장난도 많이 치는 아이였다. 초등학교 5학년 때까지는 엄마가 없어도 완전하게 자기 할 일을 하는 편이었다. 그 후에 이사를 하게 되었는데 거칠고 드센 아이들을 만나면서 울곤 하였다. 그때부터 숙제를 잘 안 하기 시작했고 엄마의 강요에 의해서 숙제도 겨우 겨우 하곤 하였다. 중학교에 들어와서 누군가와 치고받고 싸운 후에 집에 돌아온 적이 있었다. 내담자는 한 번 잘못 보여서 싸움을 못하는 아이로 낙인이 찍히면 안 되기 때문에 자기가 나약한 아이가 아님을 보여 주기 위해서 그렇게 했다고 하였다. 그다음부터는 아이들이 내담자를 싸움을 잘하는 아이로 인식하였기 때문에 더 이상 싸움을 할 필요가 없었다고 하였다. 엄마는 아들에게 "반드시 몇 시까지는 집에 들어와야 한다."는 등의 강요를 상당히 많이 했다고 하였다. 내담자의 주요 호소문제에 대한 발단은 중학교 2학년 때 학원에서 우연히 만났던 어떤 여자아이가 "쟤는 참 재수 없게 생겼다."라고 하는 말을 들은 일이었는데, 그다음부터 내담자는 완전히 자신의 외모가 재수없다고 지각하고 있었다. 그 이후에 누군가가 말을 하고 있으면 내담자가 재수없게 생겼다는 이야기를 소곤거리는 것으로 착각하였다. 엄마와 같이 버스나 전철을 타고 갈 때에도, 엄마는 비교적 조용하게 말을 하는 편인데도 내담자는 소리가 너무 크다며 말을 잘 하려고 하지도 않고, 말을 한다고 해도 아주 가느다랗고 작은 소리로 한다고 한다. 그리고 어디를 가나 여자가 있으면 고개를 못 들고 다닌다고 했다. 한번은 옷을 사 주기 위해서 백화점을 데리고 갔었는데 그곳 여자 점원 앞에서도 고개를 못 들고 말도 크게 못했다. 내담자 아버지의 집안 내력이 유난히 부끄러움을 많이 타는 경향이 있으나 내담자는 너무나 지나치다고 어머니는 표현하고 있다. 고3 때는 등교시간이 1시간 이상씩이나 걸렸다. 화장실도 너무 자주 가며 화장실 안에서도 오래 있는다. 샤워도 하루에 두 번 이상씩 하며 속옷을 정신없이 갈아입는다. 어렸을 때는 책도 많이 읽고 음악도 좋아했는데 요즘엔 서점에 가면 만화를 주로 본다. 지난해까지도 여자주인공 만화와 여자아이 얼굴을 많이 그렸다고 한다.

내담자에게 중요한 시기에 아버지가 지방 근무를 하는 바람에 내담자와 그의 어머니는 서로 많이 의지하게 되었다. 내담자는 아버지에게는 별로 이야기하지 않는 것도 어머니에게는 다 털어놓고 말한다고 한다. 아버지는 참을성이 없고 직선적이고 즉흥적이며 자신의 권위를 많이 내세우는 편이다. 아버지는 특히 남의 아이를 칭찬하면서 내담자와 비교를 많이 하며 아이와 차분히 앉아서 대화를 못한다. 그러면서도 아버지는 내담자에게 아주 잘해 주는 편이다. 아이가 하나밖에 없기 때문에 아이를 잘 키워 보려고 무던히 애를 썼다고 한다. 요즘엔 두 부자가 엄마가 내담자를 돌보지 않고 부업을 해서 대학에 떨어졌다고 원망한다고 한다. 내담자는 무생물에 부딪혀도 그것 탓을 하는 등 모든 원인을 밖으로 돌린다고 하였다. 내담자는 어머니에게 의존심도 강하여 엄마가 자지 않고 거실에 있으면서 자신이 공부하는 것을 지켜 봐 달라는 요구를 한다고 하였다. 상담자는 내담자의 어머니에게 내담자가 이제 어머니로부터 심리적으로 독립할 때임을 말했다. 그리고 아버지에게도 내담자와 타인의 행동을 노골적으로 비교하지 않도록 해 줄 것을 요구하였다. 내 아이의 모습을 그대로 받아들이는 것이 아이를 타인과 비교하는 것보다 더욱 교육적인 효과가 있음을 설명하였다. 아버지는 우리 아이가 다른 집 아이처럼 잘해 주었으면 하는 심정으로 비교를 할 테지만 그것이 오히려 아들의 마음에 상처를 입힐 수도 있음을 강조하였다.

엄마는 아들이 이렇게 잘못된 것이 너무나 지나치게 '공부를 잘해야 한다.'고 강조했기 때문이라고 했다. 자신은 아이에게 칭찬하거나 격려를 하는 것이 아이를 잘못 키우는 것인 줄 알았다고 한다. 특히 다 큰 아이를 칭찬하는 것이 아이를 버리는 것이라고 지각한 자신의 잘못된 교육관에 대해서 뼈아픈 후회를 하고 있었다.

모는 내담자가 지난번에 상담실에 왔다가 가면서 얼굴이 많이 밝아졌다고 한다. 올 때는 고개를 숙이고 왔는데 갈 때는 아주 밝아졌다고 하였다. 보통 때는 아주 모기만한 목소리로 얘기하는데 갈 때에는 말도 비교적 큰 소리로 하였다는 보고였다.

③ 제2회 상담, 3월 13일(목)

지난번에 상담을 받은 후로 기분이 편해지고 막히는 것이 뚫리는 것 같았다고 했다. 그런데 그 다음날 아침이 되니까, '도대체 자신이 뭘 잘못해서 이런 고통을 받는가?'라는 생각이 들었다고 했다. 내가 이렇게 살면 뭐하나, 내가 신경이 날카로워지면 부딪치게 되고 폭발하는 것 같고, 친척분들이 말하는 것에 대해서도 과잉반응할 때가 많다고 했다. 집에서 어머니가 슈퍼에 가서 생강을 사 오라고 심부름을 시키면, 생강만 사면 가게 점원이 욕할까 봐 별로 필요하지 않은 것도 이것저것 사 가지고 오는 경우가 많다. 자신은 남을 너무 많이 의식한다고 하였다. 상담자는 내담자가 생강만 산다고 해서 그것을 이상하게 보는 슈퍼의 점원은 아무도 없을 것임을 말해 주었다. 상담자의 경우에는 슈퍼나 백화점에 갔다가 나에게 필요한 물건을 발견하지 못하면 그냥 오는 경우도 많다고 하였다. 그것은 결코 흠이 되지 않음을 강조하였다.

내담자가 심각하게 호소하고 있는 문제인 여자애들이 자기 보고 재수 없게 생겼다고 하는 문제에 대해서 논의해 보았다. 그는 정말 모든 사람이 자기를 그렇게 보는 것 같다고 하였다. 상담자는 그러한 생각, 즉 한 가지 상황에서 옳다고 믿는 것을 모든 경우로 확대해석하는 생각을 '과잉일반화'라고 부른다고 일러주자 자기는 정말로 과잉일반화하는 것 같다고 시인하였다. 그런 다음에 자신이 그렇게 다른 사람이 볼 것이라고 잘못 지각하기 때문에 더욱 행동이 위축되어 얼굴도 못 드는 고개 숙인 남자가 된 것이 아니냐고 직면하였다. 그리고 주변의 여자애들이 수군거린다면 내담자의 얼굴이 재수 없게 생겨서가 아니고 어쩌면 내담자의 그런 태도 때문에 여학생들의 눈에 이상하게 비칠 수도 있음을 말해 주었다. 그리고 마지막으로 내담자의 얼굴이 재수 없어서 수군대건, 고개 숙인 어정쩡한 모습 때문에 수군대건 그것은 수군거리는 사람의 문제이고, 그 애들이 수군거린다고 내담자의 본질이 바뀌는 것이 아님을 설명하였다. 상담실의 탁자 위 꽃병에 꽂혀 있는 프리지어꽃을 보고 누군가가 이 꽃은 프리지어가 아니고 국화라고 한다고 해서 그 꽃이 국화로 바뀌느냐고 물었다. 내담자는 아니라고 대답하였다. 상담자는 바로 그 점을 짚어 주었다. 프리지어꽃을 다른 사람이 국화라고 부른다고 해서 프리지어의 본질이 국화로 바뀌지 않는 것처럼, 내담자를 대상으로 수군거린다고 해서 내담자의 본질이 바뀌는 것이 아니므로 줏대 있게 자신의 주관하에 삶을 꾸려 갈 수 있는 능력을 기르는 것이 중요함을 강조하였다. 그러자 내담자는 정말 잘나지도 못한 아이들이 더 많이 남의 흉을 보는 것 같다고 하였다. 상담자는 내담자가 그렇게 평가하고 있는 사람들의 소리에 그토록 귀를 기울일 필요가 있겠느냐고 묻자 "없다."라고 대답하였다. 상담자는 전체 상담과정을 통해서 이루어야 할 상담의 목표를 나의 외모에 대한 지각을 객관적으로 바로잡아 보는 것으로 하자고 제안하였다. 그리고 내담자는 이에 수긍하였다. 회기를 마치면서 이번 시간을 통해 느낀 점을 물으니 솔직히 말하면 불확실하다고 하였다. 다음과 같은 과제를 내주었다.

- **문장완성검사 해 오기**: MMPI도 주었는데, 군대 가려고 신체검사 받을 때 했다며 약간 거부하는 태도를 보였다.
- **수치심 공격하기 연습**: 반 애들의 10명 이상에게 먼저 말을 걸고 인사하고, 가능하면 '재수 없는 아이'라는 소리까지 들어 오라고 하였다.
- **합리적 신념의 낭송 하루 15회 이상**: "나에게 재수 없다고 말하는 사람은 사실 없다. 단지 내가 그렇게 추측할 뿐이다. 혹시 나에게 그렇게 말하는 사람들이 있다면 그것은 내 문제가 아니라 그렇게 말하는 사람들의 인격의 문제일 뿐이다."
- **고개를 들고 걸어 다니기**

④ 어머니에게서 전화 옴, 3월 17일(월)

내담자가 학원에서 여자애들이 재수 없다고 해서 싸우고 집에 와서 학원을 옮겨 달라고 하는데 어떻게 했으면 좋겠느냐고 하기에, 설득해서 그냥 그 학원에 다니도록

• 말기 상담과정의 요약 •

19세의 미남 내담자는 뜻밖에도 '재수 없게 생긴 외모' 때문에 깊은 마음의 상처를 호소하여 왔다. 내담자의 양친은 외동인 내담자를 잘 키우기 위해 온갖 기대와 정성을 쏟았다. 부모의 지나친 기대와 완벽주의적 요구는 내담자가 수용하기에 한계가 있었고 삶에 대한 깊은 좌절을 유도했던 것으로 보인다. 지나가던 여학생이 "쟤는 재수 없게 생겼다."라고 던진 한마디가 자아가 강건하지 않은 내담자의 뇌리에 각인되어, 자신은 진짜 재수 없게 생긴 아이라고 신앙에 필적하는 신념으로 믿고 있었다. 그 이후 내담자가 겪는 수많은 문제는 자신이 재수 없게 생겼다는 믿음에서 파생하여 내담자를 더욱 파괴적으로 몰고 갔다. 상담자는 내담자가 겪고 있는 여러 가지 어려움은 내담자의 머릿속에서 주관적으로 창조한 생각임을 가르쳐 주었다. 즉, 내담자를 괴롭히는 문제의 주범은 내담자의 생각의 구조 속에 있음을 직면해 주었다. 그리고 상담의 목표는 자신이 재수 없게 생겼다는 잘못된 신념을 교정하여 자신의 외모에 대한 지각을 객관적으로 바로잡는 것으로 설정하였다.

하라고 한 후 전화를 끊었다.

(2) 중기 상담과정(제3회~제9회): '나는 재수 없게 생겼다'는 잘못된 믿음에서 벗어나다

① 제3회 상담, 3월 18일(화)

내담자는 상담실 의자에 앉자마자 기다렸다는 듯이 학원에서 안 좋은 일이 일어났다고 말하였다. 주변에 앉은 여자애들이 '재수없다'고 그러는 것 같아 대놓고 물어보았더니 대답을 안 해서 화가 났다고 했다. 상담 선생님은 우리와 세대가 다르기 때문에 자신을 잘생겼다고 보시는데, 자기 또래의 아이들은 자기를 분명히 재수 없는 아이로 본다는 것이다. 도대체 신경이 쓰여서 공부가 안 된다고 하였다. 목 뒤가 뻣뻣하고 귀에서는 윙윙 소리가 났었다고 하였다. 상담자는 배우 김지원이 예쁘다고 생각한다고 하면서 내담자는 어떻게 생각하느냐고 물었다. 내담자도 배우 김지원이 예쁘게 생겼다고 하였다. 또한 상담자는 배우 김수현이 잘생겼다고 생각하는데 내담자는 어떠냐고 물었다. 내담자도 그렇게 생각한다고 하였다. 상담자는 그의 대답이 끝나자 한 사람의 얼굴의 미추를 가리는 데 내담자가 생각하는 것처럼 세대차가 확연하게 나는 것이 아니고, 상담자도 내담자를 비롯한 이 시대 대부분의 사람들의 생각과 유리된 관점을 지니고 있지 않음을 분명히 하였다.

학원에는 한 반에 전체 90명이 있는데 그중에 여자애들은 20명쯤 된다. 내담자 근처에 앉은 5~6명의 여자애들 때문에 괴롭다고 하였다. 내담자는 학원에서 하루의 일과를 채 마치지 못하고 집으로 돌아온 후 엄마에게 학원을 옮겨 달라고 졸랐으나 엄마는 대학을 못 가면 못 갔지 그렇게는 할 수 없다고 버티었다. 그러자 내담자는 엄마에게 그러면 그 여자애들이 자기에게 재수없다는 말을 했는지 안 했는지 학원에 가서 확인을 해 달라고 부탁을 했다고 한다. 엄마는 용기를 내어 학원에 갔으나 차마 그 여학생들에게 물어보지는 못하고 담당 선생님께 잘 부탁한다는 말만 하고 돌아왔다고 한다. 나중에 엄마가 상담자에게 전화를 걸어 와서, 그때 여학생에게 물어보지 않은 이유를 물었다. 어머니는 그 여자애들이 그렇게 말하지 않았음을 확신하기 때문에 오히려 물어보면 아이 체면만 깍이게 될까 봐 물어보지 않았다고 하였다.

내담자는 자신이 처해 있는 어려움을 부모님이 도대체 인정을 안 해 준다고 불만을 토로하였다. 상담자는 부모님이 어려움을 인정해 준다면 어떤 이점이 있느냐고 물어보았다. 그는 이해받는 느낌을 가질 수 있다고 하였다. 이해받는 느낌을 갖는다면 어떤 이점이 있느냐고 물어보았다. 별 이점은 없다고 하였다. 상담자가 별 이점이 없는 것을 그토록 추구하는 이유를 묻자 이유는 없다고 하며, '아하, 그렇군요!' 하면서 스스로 어떤 통찰을 갖는 표정을 지었다. 상담자는 내담자가 학원에서 여학생들과 부딪혔던 사건에 대해서 좀 더 자세히 들은 뒤, 모든 것을 너무 성급하게 판단하고 일과를 마치지 않고 중도에 집으로 들어와 버린 점은 성숙하지 않은 행동임을 직면하였다. 좀 더 정확한 객관적인 사실도 파악하지 않은 채로 자기 식대로 해석해 버린 오류의 위험성에 대해서 잠시 논의해 보는 시간을 가졌다. 감정이 생기는 대로 즉석에서 반응하거나 행동하지 말고 반응을 잠시 유보하는 태도를 지닐 때 좀더 성숙한 태도로 주변의 반응에 대응할 수 있음을 일깨워 주었다.

내담자는 자신이 책상에는 오래 앉아 있기는 하나 잡생각 때문에 실제로 공부하는 시간은 길지 않다고 호소하였다. 잡생각의 내용을 들어 본 후 상담자가 파악한 내담자를 괴롭히는 핵심생각은 '어렸을 때 나보다 공부를 못했던 아이들도 소위 좋은 대학에 들어 갔는데 재수까지 한 다음에 일류 대학을 못 가면 큰일이다.'임을 찾아내었다. 상담자는 그렇게 되기를 바라지는 않지만 올해 말에 내담자가 원하는 대학에 들어가지 못한다고 가정하더라도 그것이 내담자의 생각처럼 그렇게 큰일 날 일은 아니라고 말해 주었다. 우리가 사용하는 언어에 의해서 우리의 사고는 지대한 영향을 받는데 우리의 언어 속에는 다분히 과장적인 요소가 많이 내재되어 있음을 설명해 주자 수긍하였다. 그래서 앞으로 가능하면 정확하고 구체적인 용어나 단어나 말을 사용할 것을 권유하였다. 더불어 내담자가 큰일이라고 생각하면 할수록 공부는 더욱 안 될 것이니 큰일이라고 생각하는 대신에 최선을 다하는 것이 중요한 것임을 스스로에게 말할 것을 숙제로 내주었다.

상담의 회기를 마치면서 오늘 어떤 점을 새롭게 배웠느냐고 하자 감정만을 앞세워서 실수했던 자신이 안타깝고 그것이 고쳐야 할 부분인 것을 깨달았다고 하였다. 사실 자신은 사람을 만나는 것을 싫어하는 것이 아니고 오히려 많은 사람을 만나는 것을 좋아한다고 하였다. 다만, 여자들과의 관계에 어려움이 있으니 정말 고쳐야 한다는 강한 의지를 보이며 상담을 마쳤다. 이번 상담내용을 녹음한 파일을 주며 다음 시간까지 한번 들어 오라고 하였다.

② 어머니와 전화상담, 3월 20일(목)

내담자와 3월 24일 월요일에 만나기로 하였으나 상담자의 사정에 의해서 상담시간을 연기하기 위해 내담자에게 전화를 시도하였다가 어머니와 통화를 하게 되었다. 어머니는 며칠 전에 있었던 이야기를 비교적 상세하게 하였다. 내담자가 그 여자애들을 한 번만 만나 달라고 너무나 간곡하게 애원을 하는 바람에 학원 상담 선생님만 만났다고 하였다. 선생님께 그 여학생을 대신 만나 달라고 부탁하였으나 선생님은 사내 녀석이 뭘 그까짓 것을 가지고 그러느냐고 했다고 한다. 엄마는 자신이 너무나 아이에게 끌려간다고 안타까워하였다. 집에 돌아와서 한참 있으니까 학원에 안 가겠다고 새로운 학원으로 옮기겠다고 버티던 아이가 '세상 일이 마음먹기에 달렸다'고 평소에 주장한 엄마의 생각이 옳았다고 했다고 한다. 저녁에는 밖에 나가서 청량음료를 사 와서 따라 주고 다시는 엄마 속을 안 썩이겠다고 약속을 했다고 한다. 그러더니 그다음 날 아침에는 또 학원에 갈까 말까 망설였다고 한다. 지난주 중에도 다른 여학생이 자기를 보고 웃었다고 하는데 피곤하고 신경이 예민해지면 더 그런 생각이 드는 것 같다고 한다. 상담 선생님이 자기보고 성격검사(MMPI)를 집에서 해서 오랬다고, 자신을 마치 정신병자 취급을 하는 것 같다는 얘기도 덧붙였다.

③ 제4회 상담, 3월 27일(목)

상담자는 숙제를 점검하는 것으로 회기를 시작하였다. 내담자는 낯이 뜨거워서 고개를 들 수 없었다고 하였다. 그러면서 자신에게 있었던 문제가 반은 풀렸다고 하였다. 좀 더 정확하게 표현하자면 80%는 해결이 되었다고 하였다. 선생님이 지난번에 어떤 심리학자가 식물원에 가서 101명의 모르는 여자에게 프러포즈를 했다는 이야기를 듣고 자신도 그렇게 시도해 보았다고 하였다. 어머니와 집에서 다투고 난 후에 엄마가 지친 듯이 넌 이제 틀렸으니까 군대나 가라고 말씀하시자 남자로서 오기가 생겼다고 하였다. 그래서 군대에 갈 때 가더라도 사람들에게 확인해 본 다음에 결정하려고 용기를 냈다고 한다. 지난 금요일(3월 21일) 길거리에 나가서 사람이 많이 지나가는 빌딩 앞에서 5~6명의 사람들에게 대놓고 물어보았다고 했다. 정말 창피했지만 창피를 무릅쓰고 했다고 한다. 맨 처음에 물어본 사람은 약 25세 된 여자였는데, 그녀는 자신도 대학생 때 그런 고민을 한 적이 있었는데 자기 암시에 걸리니까 정말 그런 것처럼 착각했었다면서, 절대로 재수 없거나 못생기지 않았다고 말했다고 한다. 학생 같은 스타일을 좋아하는 사람도 많을 것이라는 이야기까지 덧붙였다고 한다. 그 다음에도 물어보는 사람마다 전혀 재수 없거나 못생기지 않았다고 얘기했다고 한다. 엄마와 같이 나가서 엄마는 멀리에서 보조 역할을 하며 이번 기회에 끝장을 내자고, 20~30명에게 더 물어보자고 했는데 내담자가 "엄마, 이젠 됐어요. 이젠 확인했으니 그만 돌아가요."라고 했다고 한다. 내담자는 상담자에게 자신은 정말로 그렇게 물어보는 사람마다 그렇게 아니라고 대답할 줄은 몰랐다며, 내가 정말 잘못 생각하고 있었다고 깊이 시인하였다. 상담자는 내담자에게 손을 내밀어 힘찬 악수를 시도하였다. 정말로 용기 있는 행위였으며 잘한 일임을 가슴속 깊이 공감하며 격려해 주었다.

그다음 날(토요일, 3월 22일)은 학원의 여자애들에게도 먼저 접근하였다. 지난번에 자신이 오해를 했다고 사과하면서 "내가 그렇게 이상한 아이냐."고 다시 물어보자 "그렇지 않다."고 대답했다고 했다. 그러면서 자기 자신이 생각하면 생각할수록 너무나 꽁하고 외고집이었다고 하였다. 상담자도 내담자가 스스로 자신을 그렇게 지각하는 경향이 강하게 있음을 직면하도록 도와주었다. 상담자가 내담자에게 집에서 인성검사를 해 오라고 했을 때 정신병자 취급을 한 것이라는 얘기를 엄마에게 들었는데 그것에 대해서는 먼저 상담자가 잘못하였음을 시인하였다. 이런 식의 자가보고검사를 주는 이유를 충분히 설명하지 않은 것이 상담자의 불찰이라고 말한 뒤 이런 종류의 테스트는 상담자가 그를 더욱 객관적으로, 그의 여러 가지 성향과 기질에 대해서 빨리 파악하여 도움을 주기 위함이지 그를 정신병자로 취급해서가 아님을 알려 주었다. 자신이 너무나 삶 전체를 낭비한 것 같다고 하였다. 그런 잘못된 생각 때문에 대인관계가 많이 무너졌음을 고백하였다. 자신이 너무 꽁해서 정신적으로 성숙이 덜된 것 같다고 하였다. 쓸데없는 생각에 사로잡혀 공부하는 시간도 많이 빼앗겼고 여러 가지 점에서 낭비를 많이 했다고 했다. 중학교 때 엄마가 성당에 가자고 했는데도 나는 안 갔는데, 그런 것도 모두 후회가 된다고 하였다.

자신이 이렇게 된 것은 부모나 가정의 영향이 큰 것 같다는 자가진단까지 덧붙이며 다음과 같이 말하였다. 초등학교 때부터 엄마는 일주일에 한 번씩 방을 검사하고 뒤지곤 하셨다. 중학교 때는 나쁜 책을 보다가 들켰는데 정말로 강압이 너무나 심하여 괴로웠다. 부모님에 대한 적개심까지 생겼다. 고등학교에 들어와서는 자신이 외모에 관한 문제로 많은 고민을 겪었는데도 부모님은 상대를 안 해 주시고 쓸데없는 생각이라고 몰아붙였다. 내담자는 심각하게 말했는데 부모님은 이해해 주시기는커녕 오히려 때린 적도 있었다. 부모들 욕심만 채우려고 공부만 시키는 것이 아닌가 반발심도 심했으며, 부모님은 자신을 더욱 강압적으로 억누르신 것 같이 느껴졌다. 아버지는 당신이 어렵게 공부하여 K대를 나오셨는데 뉴스에서 서울대에 붙은 아이들 이야기가 나오면 나를 불러서 보라고 하시며 꼭 서울대에 가야만 한다고 강요하셨다. 나 자신도 고분고분한 성격이 아닌데 불만이 많이 쌓였고 폭발시킬 데가 없어서 취미생활에 몰두하였다. 특히 만화를 그리는 것과 모으는 것을 좋아하였다. 마치 미친 사람처럼 몰두하였다고 했다. 가만히 생각해 보니까 부모님의 너무나 과도한 영향권에 있으면서 자기 기를 펴지 못한 것 같다고 하였다. 엄마는 여러 가지 점에서 비약이 심하다고 하였다. 지난번에 상담 선생님께 집안의 형에게 과외를 받을 때 잘 모르는 문제를 미리 답까지 외워 가지고 그 형에게 잘 보이려고 했다고 엄마가 말씀하셨는데, 그것은 사실이 아니라고 하였다. 예습을 잘 해 가서 수업을 잘 받으려고 했을 뿐인데 엄마는 밖에서 엿듣고 실제 상황도 파악하지 못했으면서 그러는 것뿐이라고 강변하였다. 상담자는 내담자가 이제 성인이 되어 가는 길목에 있는 만큼 이제 와서 부모님을 탓한들 무슨 소용이 있느냐고 하였다. 이젠 혼자의 책임하에 스스로 생각하고 결정하고 책임을 지는 성숙한 자세와 심리적 힘을 기르는 것이 중요함을 역설하였다. 그가 취미에 몰두했던 에너지를 가지고 학습에 불같이 몰두한다면 분명히 좋은 결과를 얻을 수도 있지 않겠느냐고 하였다.

내담자는 상담의 말미에서 자신이 그런 실험을 한 후엔 정말로 사람들이 나에게 그런 반응을 보이리라는 생각을 전혀 못했는데, 이제는 수업도 집중이 잘 된다고 하였다. 상담자는 앞으로도 주변에서 소곤거리는 소리가 들려 오거나 나한테 누군가가 나쁜 소리를 한다는 생각이 들 때 '나한테 그러는 것이 절대로 아니다. 다만, 내가 그렇게 착각하고 오해하는 것일 뿐'임을 스스로에게 확인시킬 것을 종용하고 회기는 마감되었다.

④ 어머니와의 전화상담

내담자가 상담실을 떠난 뒤 곧바로 내담자의 집에 전화를 걸어 내담자의 어머니와 통화하였다. 내담자의 어머니는 내담자가 감기몸살로 아주 심하게 아파서 상담실에 갈 수 있는 상황이 아닌데도 선생님께 자신의 변화를 보여 주고 싶어서 상담실에 간 것 같다고 하였다. 길거리에 나가서 모르는 사람들에게 자신이 정말로 재수 없고 못난 사람인지 검증하는 과정에서 "엄마, 내가 너무나 바보였어. 내가 혼자 커서 그런 것 같아"라고 하면서 자신이 나름대로 그럴 수밖에 없었던 내력을 쭉 이야기하며 이제는 잘못된 환상에서 벗어날 수 있을 것 같다고 하였다. 내담자의 어머니는 자신은 내담자에게 그렇게 좋은 대학을 가야만 한다고 강요하지 않으며 실력에 맞는 대학에 가서 행복하게 사는 것이 중요함을 강조하였고, 내담자가 워낙 욕심이 많아서 초래하는 고민도 많다고 지각하고 있었다. 상담자는 어머니가 거리에 나가서 어려운 보조 역할을 해 준 것에 대해서 감사드렸다. 아들이 이제 성인이 되어 가는 길목에 있음을 상기시키며 간섭하지 말고 스스로 생각하고 결정하고 책임질 수 있는 기회를 많이 줄 것을 부탁하였다.

⑤ 제5회 상담, 4월 3일(목)

요즘은 마음이 많이 편해졌으며 특별한 변화는 없었다. 상담자에게 지금은 그때보다 훨씬 더 강하게 자신이 변화될 수 있음을 확신하고 있다고 했다. 상담자는 내담자들에게서 흔히 볼 수 있는 여러 가지 종류의 인지적 왜곡의 형태에 대해 설명했다. 즉,

과잉 일반화는 만약 한 가지 경우에 옳다면 조금이라도 비슷한 다른 모든 경우에도 옳을 것이라고 믿는 것이고, 선택적 추상화는 개인이 얼마나 실수를 많이 하고 약한가 하는 측면에서 평가되어야만 한다고 믿는 신념인데, 내담자는 자신이 잘하는 것과 자신의 장점을 보는 눈보다는 나 자신이 얼마나 실수하고 얼마나 못하는가에 대한 눈만 많이 발달이 되어 있음을 지적하였다. 또 인과성의 영속적 가정은 과거에 사실이었다면 앞으로도 영원히 사실일 것이라고 믿는 것인데, 내담자는 과거 중학교 2학년 때 어떤 여학생이 학원에서 "쟤는 재수 없게 생겼다."라고 말했다고 해서 지금도 앞으로도 영원히 사실일 것이라고 믿고 있음을 지적했다. 그리고 자기 참조는 실제로 그럴 만한 이유가 없음에도 '나는 모든 사람의 관심의 초점이다. 특히 나의 행동에 대해서 주위의 사람들이 나에게 관심을 기울일 것이다. 그래서 지하철에서도 사람들이 다 나만 쳐다볼 것이다.'라고 생각하는 것 등이 이에 해당된다고 설명해 주었다. 덧붙여 잘못된 마음 읽기 등에 대해 설명을 해 주자 내담자는 "선생님, 그 모든 경우가 저에게 다 해당됩니다."라고 하였다. 상담자는 내담자가 이런 종류의 잘못된 시각을 너무나 진실인 것처럼 굳게 믿고 있음을 상기시켰다. 자기는 이제는 거의 100% 정도로 자신의 현실을 잘못 지각하였음을 확신하고 있다는 말을 했다. 내담자는 더 이상 자신이 못생겼거나 재수 없게 생겼다는 과거의 잘못된 환상에서 벗어났다고 하였다.

상담자는 내담자에게 남자아이들과는 별 문제가 없다고 했는데 여자아이들과 잘 지내고 있느냐고 물었다. 그러자 정말 자기 주변에 앉아 있는 일부 특수한 여자애들이 해도 너무할 정도로 아주 심하게 떠들어대는데, 이제는 그것이 나에 대해서 어쩌고 하는 것이 아님은 알겠는데 짜증이 많이 난다고 했다. 신경이 예민해서 방해를 많이 받는다고 하였다. 상담자는 그럴 때 어떻게 대처해 나가는 것이 바람직한 태도라고 생각하는지에 대해서 물었다. 그는 그냥 개의치 않고 공부에 몰두해 버린다고 했다. 왜냐하면 아무리 떠들지 말라는 말을 해 보았자 20세나 된 아이들이 누구의 말을 듣지는 않을 것이기 때문이라고 하였다. 상담자는 그것은 맞는 말이라고 하였다. 그리고 그 애들과 같이 웃고 떠들고 섞일 수 있으면 좋겠다고 제안하였다. 그냥 무시하고 공부하는 것도 한 방법이겠지만 이제부터는 "같이 좀 웃자." 하면 좋겠다고 하였다. 그 여자애들을 나의 동료들, 친구들로 여길 수 있는 자세를 갖는 것이 어떠냐고 제의하였다. '남자'와 '여자'를 굳이 갈라야 할 필요가 있느냐, 친구인데 다만 성이 '여성'일 뿐이다라고 생각하면 어떠냐. 내담자가 평소에 주장하듯이 남자애들한테는 별 문제가 없는데 여자애들과 마찰을 일으켰던 과거의 전력을 상기하여 말을 해 주었다. 그리고 앞으로는 그 아이들과 같이 농담을 하고 웃는 기회를 가져 볼 것을 제의하였다. 길거리에 나가서 생판 모르는 사람들에게 접근하여 자신의 외모에 관한 질문도 하고 이야기도 나누었는데 교실에서 같이 공부하는 동료 여학생들에게 그렇게 못할 이유가 있느냐고 하자, 없다고 하였다. 그것이 성이 나와 다르다고 도외시하는 태도를 갖는 것보다 훨씬 더 자연스럽고 너그러운 인격의 소유자의 행동이 아닐까에 대해서 생각해 보라고 하였다.

그는 재수하는 것 자체를 굉장히 힘들어하였다. 이상하게 체력이 달려서 12시 30분에는 잠을 자려고 하는데 어머니는 그걸 가지고 야단을 치신다. 부모님은 정말로 내 말을 안 들어 주고, 한 번 잔소리를 하면 하루 종일 간다고 불평을 하였다. 상담자는 내담자의 생각처럼 엄마가 강하게 상위권의 대학만을 고집하는 것이 아니고, 사실은 중위권의 대학을 가도 거기서 최선을 다하면 되는 것이니까 별 문제가 없다는 엄마의 생각을 내담자에게 전했다. 그러자 자신도 그렇게 생각하였지만 주위의 친척과 이웃 분들이 "저러다가 아이 잡는 것이 아니냐."는 등의 말을 많이 했다고 하였다. 자신의 부모님은 누가 뭐라고 하든지 자신들이 옳다고 생각하는 것은 끝까지 밀고 나간다고 했다. 상담자는 그것이 아마 알게 모르게 내담자에게 영향을 미쳐서 내담자도 자신이 한 번 생각한 것은 강하게 밀고 나가는 경향성이 있을 것이라고 하였다. 그러자 자신도 고집이 센 편이라고 하였다. 고집이 센 것은 좋을 수도 있지만 너무나 지나치게 고집이 센 것은 자기의 삶을 파괴적으로 몰고 갈 수 있음도 언급하였다. 어쨌든 상담자가 보기에는 내담자 자신도 '일류대학을 가야만 한다.'는 강한 경직된 사고에 사로잡혀 있음을 내담자의 태도 여기저기에서 그리고 내담자의 고백을 통해서도 확인하였다. 부모의 강요와 스스로의 강요가 합쳐져 일류대 진학에 대한 강한 집착과 의지를 보였다. 상담자는 내담자가 맹목적으로 가지고 있는 일류대학에 대한 환상이 오히려 내담자를 파괴적으로 몰고가는 지름길임을 역설하였다. 고집이 셀 필요가 있긴 하지만 나를 파괴적으로 몰고 가지 않는 범위 내에서 고집을 부리는 것이 중요하다고 하였다. 세상을 보는 나의 사고방식을 곰곰히 생각해 보라고 하였다. '꼭 일류대학을 가야만 한다.'는 생각이 오히려 내담자를 힘들게 하는 주범임을 직시하였다. 그 생각 때문에 더 공부가 안 되고 불안하다고 내담자는 말하였다. 상담자는 '이제부터 내가 그냥 최선을 다해서 내 실력에 맞는 대학을 간다.'고 생각하는 것이 현실적이며, '참된 인간의 가치'라는 것에 대해, 즉 꼭 좋은 대학을 가야지만 나의 가치가 올라가고 소위 일류대학이 아닌 곳을 가면 나의 가치가 떨어져서 형편없는 인간이 되는 것인가에 대해서 생각해 볼 필요를 역설하였다. 그러자 내담자는 대학이 살아가는 데 굉장한 영향을 미치지 않느냐고 반문하였다. 물론 영향을 미치지만 일류대학을 졸업했다고 해서 꼭 좋은 영향만 있고 좀 후진 대학을 나온다고 해서 꼭 나쁜 영향만이 있는 것은 아니라고 말했다. 그렇게 생각하는 것은 이분법적인 사고로, 대표적인 비합리적 생각임을 설명해 주었다. 상담자는 일류 대학을 나오지 않았을 때 우리나라와 같은 상황 속에서 여러 가지 불편함이 있을 수 있겠지만 그것이 우리가 극복할 수 없는 불편함은 아니라고 말해 주었다. 일류대의 정원은 한정이 되어 있고 입시생은 엄청나게 많은데 일류대학에 들어가지 못한 사람은 들러리 삶을 사는 것이냐고 물었다. 내담자는 그것은 아니라고 대답했다. 이 대목의 축어록은 다음과 같다.

상담자: 물론 실력이 돼서 일류대학에 가면 좋지. 그러나 못 들어갔다고 해서 내 인생이 이류로 전락하는 것은 아니잖아요. 좀 불편을 겪는다고 해서 인생의 가치가 이류로 전락하는 것인가요?

내담자: 아니요.

상담자: 그것을 정말 곰곰이 한번 생각해 봐야 해요. 우리는 정말로 허구적 가치인 일류대 최면에 걸려 있어요. 이류대를 나왔어도 참된 인간의 가치를 발휘하며 사는 사람도 많고 일류대를 나왔어도 가치 없게 사는 삶도 주변에서 많이 볼 수 있지 않아요?

내담자: 네.

상담자: 그런데도 표피적으로 가지고 있는 대학의 명성에 나의 모든 것을 걸 것인가? 만약 그렇다면 선생님은 참 안타깝다고 생각해요. 물론 최선을 다해서 노력을 하고 그런 다음에 일류대학에 붙는다면 더할 나위 없이 바람직하겠지요. 그러나 안 되면 다른 대학에 가면 되지 않아요? S대를 들어간 사람의 인생이 K대를 들어간 사람보다 더 가치 있는 인생이 될 것이라고 말할 수 있는 사람은 아무도 없어요.

내담자: 네, 선생님 말씀이 맞아요. 그런데 주위에서 그런 사람을 많이 봐요.

상담자: 그건 자신(내담자)이 그렇게 바라보니까 그런 것이 아닐까요?

내담자: 이모부의 경우, 소위 이류급의 대학을 나왔는데, 지금 30대 후반밖에 안 됐는데 회사에서 나가라고 한다고 걱정을 하셔요. 웬만하면 다 그냥 잘라 버린대요.

상담자: 지금 그것을 걱정해서 내담자에게 어떤 도움이 되지요?

내담자: 도움이 되는 것은 없지요.

상담자: 물론 일류대를 나오면 삶의 조건은 유리해지지요. 그러나 나에게 부족함이 있을 때 그것을 극복하여 더 잘되려는 의지를 발동하는 우리 인간의 묘한 특성이 있지요. 그래서 우리 주변에서 보면 대학도 안 나왔지만 모범적이며 훌륭하게 사는 사람이 얼마나 많은가요? 왜 그런 것은 생각하지 못하고 허구적인 것만을 추구하지요? 만약 내담자가 걱정하는 시간의 양에 비례하여 일류대학에 갈 수 있는 기회가 많아진다면 걱정만 하고 있으면 되겠지만 그것은 명백히도 아니지요?

내담자: 네.

상담자: 걱정하는 만큼 대학에 갈 수 있다면 맨날 걱정만 하겠지만 걱정하는 만큼 공부가 안 되는 것은 너무나 자명한데, 쓸데없이 너무 지나친 걱정을 하는 이유는 무엇입니까?

내담자: 글쎄요, 내세울 만한 이유는 없지요.

상담자: 내가 최선을 다해서 실력에 맞는 대학을 가는 것이 지금으로선 더욱 건강한 생각이 아닐까요?

내담자: 네.

상담자: "뜻이 있는 곳에 길이 있다."고 하지 않아요? 나를 기다려 주는 어딘가가 있지요. 거기에서 자족하는 법을 배우는 것이 필요해요. 사람의 욕심이란 한이 없기 때문에, 문제를 일으키는 사람은 다 욕심이 너무 지나치게 많은 경우가 많아요. 요즈음 문제가 되고 있는 ○○○ 씨도, ○○도 그렇지 않아요?

내담자: 그렇죠.

상담자: 그러니까, 내담자도 내 실력은 요것인데(손으로 작은 모양을 만들어 보이며) 그것을 넘어서려고 하니까 여러 가지 부작용이 있는 것이 아닐까요? 공부도 제일 잘해야 하고 잘나가야만 하는데 그것이 마음대로 안 되니까 스스로 괴로운 여러 가지 증상을 호소하는 것이 아니에요?

내담자는 그것도 그렇지만 자신의 집에서도 그런 말씀과 요구를 많이 하신다고 했다. 상담자는 어머니의 생각은 그렇지 않다고 전하였다. 내담자는 자신의 엄마가 말씀과 행동이 다른 분이라고 강변하였다. 상담자는 설사 그 말이 사실이라고 하더라도 이제는 부모의 그늘을 벗어나야 함을 강조하였다. 요즘엔 체력이 달려서 12시 30분만 되면 자기로 했는데 어머니는 그걸 가지고 뭐라고 한다며 "한 번 잔소리가 시작되면 하루 온종일이 가요. 정말 피곤해요."라고 하였다. 엄마는 내담자가 빨리 잠을 자는 이유를 잘 몰라서 그럴 수도 있으니 이젠 좀 성숙하게 어머니께 상황을 설명해서 엄마를 설득하는 능력이 필요함을 강조하였다. 더 이상 엄마 아빠 타령하지 말고 자신의 주관을 가지고 그 그늘에서 벗어날 심리적 준비를 하는 것이 중요함을 일깨워 주었다. 내담자는 지금 자신의 환경에서는 주관을 가질 수 없다고 강변한다. 태블릿 PC도 갖다 놓았는데 엄마가 어디다 숨겨 놓았는지 없어졌다고 하였다. 자신의 생각을 너무나 무시하고 자신의 이야기는 들어 볼 생각도 하지 않는다고 하였다. 상담자는 어머니의 입장에서 그럴 수밖에 없는 어떤 이유가 분명히 있을 것이며, 내담자와 그 부모의 관점이 서로 너무나 다르고, 서로의 입장과 관점, 그리고 판단의 기준이 아주 다를 수 있음을 알려 주었다.

상담자는 내담자의 말을 들으면 그것도 이해가 되고 또 엄마 말을 들어도 그것이 이해가 된다고 하였다. 엄마는 내담자에게 최대한 자유를 주었고 꼭 일류대학에 가라고 강요한 적도 없다고 하는데, 그렇다면 이 상황을 파악하는 누군가의 지각의 문제가 있는 것이다. 그럴 때에 꼭 '엄마가 잘못했다고만 할 것인가? 나는 정말 잘못이 없는가?'에 대해서 잘 판단해야 할 것임을 강조하였다. 만약 태블릿 PC가 공부하는 데 필요하다면 내담자가 차근차근 설명하면 되지 않느냐고 하자 그런 것은 말도 못 꺼내게 하시고 아예 말하는 것 자체를 딱 잘라 버린다고 하였다. 우리 부모님은 당신들이 남들보다 우월하다고 생각하고 뭐든지 옳다고 생각하는 것은 밀고 나간다고 하였다. 자신도 그런 부모의 영향을 받아서 그런 경향이 있다고 하였다. 자신이 다른 사람하고 부딪쳤을 때 '애시당초 좀 떨어지고 못난 놈이니까 네가 생각하는 것은 다 틀리다.'라고 생각하는 경우가 많다고 하였다. 이것도 바람직하지 않은 생각임을 말하였다. 어떤 사람이 나보다 이런 점에서는 더 못하고 또 내가 다른 어떤 점에서는 더 우수할 수는 있겠지만, 한 가지 면만 보고 '통합적으로 인간 자체가 너는 나보다 못난 인간이다.'라는 단정해 버리는 것은 너무나 비논리적이고 비합리적이라고 말해 주었다. 이것도 내담자는 인간을 쉽게 하대하는 경향이 있는 부모의 탓이라고 하였다. 내담자는 자신이 지니고 있는 모든 특성은 부모의 영향 때문이라고 굳게 믿고 있었다. 상담자는 그 탓을 외부의 요인에 돌리는 것은 맞지 않다고 말해 주었다. 그런 상황을 어떻게 해석하고 판단하느냐 하는 것은 내담자의 문제이지 부모의 문제가 아님을 강조하였다. 책을 보면서 다른 사람이 내 정서의 원인이 아님을 말해 주었다. 정서는 '불안하다, 속상하다'와 같은 인간의 심리적 속성을 말하는데 일반적으로 사람들은 "나는 지금 나 자신을 화나게 하고 있어요."라는 말을 많이 하는 경향이 있다. 내담자의 경우에는 "엄마는 정말 저를 화나게 하고 미치게 만들고 있어요."라고 말한다. 그리고 우리는 이런 언어를 사용하는 데 너무나 익숙해져 있기 때문에 우리의 귀에 익숙해져 있고 아주 자연스럽게까지 들리기도 한다. 그러나 실제를 잘 살펴보면 내가 화나기로 한 나의 선택임을 강조하였다. 나의 심리구조 중의 하나는 내가 조절 · 통제하는 것이기 때문에 그리고 그리스 · 로마 시대의 대철학자 에픽테투스가 그의 강의록『The Enchiridion』('교본' 또는 '삶의 기술'로 번역함)에서 다음과 같이 강조하고 있음을 설명해 주었다.

"너는 사람들로부터 상처를 입는다. 그리고 그것 때문에 괴로워한다. 그러나 사람들이 과연 네게 상처를 입힐 수 있는가? 그들에게 그런 힘이 있는가? 그렇지 않다. 누군가 너를 나쁘게 말하거나 큰소리로 욕을 한다고 해서, 또는 너를 한 대 쳤다고 해서, 만일 네가 그것 때문에 마음의 상처를 받고 모욕을 당했다면 그것은 어디까지나 너 자신이 그것을 모욕적인 일로 생각했기 때문이다. 누군가 너를 화나게 했는가? 그것은 네가 화나는 일로 받아들였기 때문이다. 누군가 너의 감정을 자극했는가? 그것은 네가 그 일을 기분 상하는 일로 판단했기 때문이다. 따라서 누군가 너를 자극할 때 이것을 기억하라. 모든 것은 너를 자극하는 그 일에 대해 네가 어떤 판단을 내리는 가에 달려 있다고. 단지 일어나는 어떤 일 때문에 너의 감정에 불을 붙이고 습관처럼 그 감정에 이끌려 행동하지 말라."

엄마가 아무리 나의 감정을 상하게 하는 단추를 눌러도 그것을 자신에게 통하지 않게 차단하는 것은 내담자가 할 일이 아니냐고 상기시켰다. 또한 과거가 내 현재 행동의 원인이 아님도 말해 주었다. 내담자는 부모가 자신을 이렇게 되도록 잘못 키웠기 때문이라고 생각하고 있는데 그것은 잘못된 지각임을 일러 주었다. 그래서 내담자들은 무기력해 하는 경향이 있다고 설명해 주었다. 상담자는 내담자가 이렇게 불만을 느끼는 것은 내담자 내부의 문제이지 내담자의 부모나 그들이 내담자를 키우는 과정에서 일어난 여러 가지 사건 때문이 아님을 말해 주었다.

자신은 상담 선생님이 그렇게 말씀을 하셔도 불만이 없지는 않다고 하였다. 부모님도 인간이고 인간은 누구나 결함이 있기 때문에 이해는 할 수 있지만 견디기는 정말 괴롭다고 하였다. 말을 안 하려고 했는데, 대학에 가면 부모님을 떠나서 1년만이라도 살아 보고 싶다고 하였다. 우리 집의 압박이 심한 것이 정말로 사실은 사실이라고 강변하였다. 정말로 이렇게 살아서는 안 되겠다는 강한 생각을 하고 있었는데, 부모에게 너무 잡혀 있으면 발전이 없는 것 같아서 그런다고 하였다. 상담자는 그런 것을 생각해 보고 시도해 보는 것도 좋은 방법일 수 있지만, 그것은 미봉책일 뿐 영구적인 해결책이 아님을 다시 한번 알려 주었다. 그리고 다시 한번 궁극적인 해결책은 내담자 내부에 있음을 말하였다. 부모를 포함한 외부의 자극에 상처를 받지 않을 수 있는 심리적 힘을 기르는 것이 중요함을 강조하였다. 부모가 아무리 나를 종속시키려 해도 내가 종속을 당하지 않는 바로 그 '힘', 즉 모든 것을 부모의 탓으로 돌리지 않는 내담자의 모습이 필요함을 강조하였다. 내담자는 정말로 여태까지 자신의 일이 안 되면 부모를 걸고 넘어진 경향이 있다고 솔직하게 시인하였다. 원인이 부모에게 있다고 하더라도 그래 보았자 문제해결이 되는 것이 아니지 않느냐고 했더니 "그렇죠."라고 크게 말하였다. 내 안에서 요인을 찾아내서 내 안에서 고칠 수 있는 것은 고치고, 부모 때문에 그런 것은 고칠 수 없으니까 그냥 내버려두는 것이 더 현명함을 말했다. 어쨌든 상담자의 판단에 내담자와 그의 부모가 서로 이해하고 판단하는 서로의 지각에 문제가 있으므로 다음 주에 내담자의 어머니를 만나기로 하였다. 그는 형제가 많은 아이들은 관심이 한 아이한테만 집중되지 않아서 부럽다는 말까지 덧붙였다. 상담자는 그런 아이들은 부모로부터 온몸에 관심을 다 받을 수 있는 내담자를 또 부러워하고 있다고 했다. 어쩌면 우리 인간은 자신과 다른 상황에 처해 있는 타인을 부러워하면서 살아가는 존재임을 일깨우면서 이 세상에는 절대적으로 좋은 것도 절대적으로 나쁜 것도 없음을 말해 주었다. 이것을 우리들의 삶의 모습으로 받아들이자고 하였다.

⑥ 내담자 어머니와의 상담, 4월 8일(목)

일단 상담자는 내담자의 잘못된 생각(자신이 재수 없게 생겼다는 믿음)이 완전 타파

되었는지를 먼저 확인하였다. 어머니는 그때의 길거리 실험 사건 이후 그 문제는 완전히 좋아졌다고 하였다. 그리고 그전에는 욕실에서 샤워하는 시간이 한 시간 이상이었고 하루에도 몇 번씩 욕실에 들어 갔는데 지금은 아주 많이 좋아졌다고 하였다. 상담자는 그다음으로 내담자의 어머니와 상담을 원한 이유를 설명하였다. 내담자가 부모의 행동을 이해하는 관점과 부모의 관점이 너무 다른 것 같아 서로의 입장을 역지사지(易地思之)할 수 있는 해결점을 찾기 위해 이 만남을 원했다고 간결하게 설명하였다. 상담자는 어머니와의 대화를 통하여 내담자가 왜곡되게 지각하는 부분도 있긴 하지만 내담자의 어머니도 지나친 면이 있음을 통찰하게 하였다. 내담자의 아버지는 며칠 전 내담자가 "나를 20년 동안 장난감처럼 가지고 놀았으니 이제는 나를 좀 내버려 두라."고 하는 말을 듣고 너무나 충격을 받았다고 하였다. 상담자는 진실한 자녀에 대한 사랑이 지나친 보호와 지나친 관심에 있는 것이 아님을 알려 주었다. 아이들은 부모에 의해서 조절 · 통제를 당하는 수동적인 존재가 아님을 상기시켰다. 아이들이 스스로 성장해 나갈 수 있는 분위기와 터전을 만들어 놓는 일이 부모로서 추구해야 할 더욱 중요한 가치임을 가르쳐 주었다. 내담자의 모는 자신이 잘못한 것도 정말 많이 있는 것을 이제야 깨달은 것 같다고 자신의 속마음을 실토하였다. 자신이 아이 하나 낳은 후 지금까지 남편은 거의 지방에서 직장생활을 하였고, 아들 하나만 보고 살아오면서 자신도 모르게 아들을 너무 힘들게 한 점이 없잖아 많이 있는 것 같다고 하였다. 상담자는 이제 더 이상 내담자는 부모 품 안의 어린아이가 아님을 인정하게 하였다. 이제 서로가 서로를 떠나갈 수 있고 떠나보낼 수 있는 길을 다지고 준비해야 되는 시기임을 알려 주었다. 내담자의 어머니에게 본 상담자가 진행하는 매주 수요일의 인지상담기법 교실에 출석하여 상담이론도 배우고 자신의 여태까지의 행동양식과 사고구조를 점검해 보는 시간을 가져 볼 것을 강력히 권유하였고 그녀는 그렇게 하겠노라고 강한 의지를 표명하였다.

⑦ 제6회 상담, 4월 8일(목)

내담자는 약속시간보다 약 1시간 정도 늦게 나타났다. 머리가 아파서 늦게 왔다고 말했다. (상담자는 퇴근시간이 넘어 빨리 집에 가고 싶었으나 내담자를 기다렸다고 함)

요즈음은 체력이 너무 약해진 것 같다고 하였다. 상담자는 마음이 약해지면 체력이 약해질 수 있으므로 마음이 아픈 데가 있는지 점검해 보자고 하였다. 공부도 공부지만 너무나 생활이 단편적이라서 지루하다고 하였다. 그래서 아침에 일찍 일어나서 신문을 한번 돌려 보고 싶다고 하였다. 내담자의 단조롭고 갑갑한 생활은 알겠는데, 신문배달의 목적이 무엇인지 잘 생각해 볼 필요가 있음을 강조하였다. 갑갑함을 해소하기 위해서 신문배달을 하는 것은 이해하지만 궁극적으로는 나를 파괴적으로 이끌 수도 있지 않느냐고 하였다. 인지상담의 '장기적 향락(long-term hedonism)'과 '단기적 향락(short-term hedonism)'의 개념에 대해서 설명해 주었다. 당장 눈앞의 이익이 되는 것이 궁극적으로는 우리에게 피해가 될 때가 더 많고, 당장에는 이익이 안 되어도 궁극적으로는 우리에게 득이 되는 것이 있음을 일깨워 주려고 하였다. 그러면서 내담자 스스로 결정도 해 보고 거기에 따라 행동을 하고 그 결과에 스스로 책임지는 자세가 중요하기 때문에 신문배달을 하고 안 하고는 스스로가 결정짓도록 권유하였다.

상담자는 내담자가 '나는 지금 나의 단조로운 생활을 참을 수 없다.' '나는 결코 이렇게 갑갑한 생활을 견딜 수 없다.'라는 비합리적 생각에 사로잡혀 있음을 찾아냈다. 그러한 생각이 그를 더 공부에 몰두하지 못하게 하는 요인임을 찾아내고 그것을 견디는 것의 중요성을 논박하였다. 내담자가 힘들고 괴로운 상황에 부딪히고 직면하기보다, 가장 쉽고 회피하는 듯한 소극적인 방법으로 문제를 해결하는 것 같다고 하였다. 선생님은 내담자에게 이래라 저래라는 안 하겠다고 하였다. "여태까지 엄마한테 지시받고 명령을 받았던 것도 지겨웠을 텐데 선생님까지 그러면 되겠니? 선생님은 네 스스로 결정하기를 바라는데 선생님의 의견은 네가 신문배달을 안 했으면 좋겠어. 이것이 인생의 고비인데, 이 고비를 잘 견뎌 내면 정말로 긴긴 인생의 고난을 잘 헤쳐 나가고 견딜 수 있는 기초적 힘이 생기는 것인데…." 상담자도 미국에서 유학을 할 때 너무 힘들고 외롭고 죽음과 같은 고독을 느낀 적이 있었다고 자기 개방을 시도하여 상담자의 마음을 열어서 보여 주었다. 이런 위기의 순간을 잘 넘기면 새로운 삶이 펼쳐질 것 같은 확신이 있었음을 말해 주었다. 위기는 기회이기 때문에, 이 시기를 잘 견디어 내면 삶의 승리자가 될 수 있다고 논박하였다. 그런데 내담자의 경우는 쓸데없는 군걱정, 예컨대 좋은 대학에 들어가야만 한다는 생각에 사로잡혀 공부하는 데 써야 할 에너지를 생각하는 데 써서 낭비하고 있음을 알려 주었다. 정말로 나에게 중요한 과업, 지금 안 하면 영원히 후회하지 않는 과업에 나의 에너지가 몰입되어 활용하는 것이 백번 중요함을 역설하였다. 내담자는 삶 속에는 적당한 긴장이 필요하기 때문에 풀어진 나사를 조이기 위해서 신문배달을 하겠다고 했다. 상담자는 재수생활 자체가 긴장이 아니냐고 반문하였다. 내담자는 정신없이 바빠서 자신의 정신이 한눈 팔지 못하게 자신을 관리하고 싶다고 하였다. 상담자는 내담자가 진정으로 원한다면 해 봐도 괜찮을 것 같다고 말했다. 내담자는 성인이 되어 가는 길목에 있으므로 자율적인 성장을 해 가는 것이 중요하다는 것과 성숙한 어른으로서 부모의 영향력을 차단할 수 있는 능력을 길러야 함을 역설하였다. 과거는 흘러갔다. 인간은 생리적으로는 혈연관계에 있지만 결국 심리적으로 혼자임을 강조하였다. 이제는 쓸데없이 부모 탓으로 돌리지 말고 스스로 괴로움을 해결해 가도록 해야 한다고 했다. 내담자는 아버지가 이야기하자고 할 때도 무슨 말을 할지 다 안다고 했다. "네 점수가 하바리가 아니냐." "네 주제가 지금 어느 꼴인 줄 아느냐." 이번 회기도 결국 내담자는 부모에 대한 원망과 한탄을 주로 호소하였다. 상담자는 부모와 내담자가 상호 이해하는 능력이 부족하고, 서로 다른 입장을 고집만 할 뿐, 진정으로 서로를 보는 판단의 기준이 확연히 다르다고 파악하였다. 마침 내담자의 모에게 그 부분을 강조한 터였기 때문에, 내담자와 상담한 녹음 파일을 듣게 함으로써 같은 상황을 서로가 얼마나 다르게 지각하고 해석하고 있는지를 깨닫도록 하는 전략을 세웠다. 내담자도 흔쾌히 동의하였기 때문에 내담자에게 이번 회기의 녹음 파일을 가져가 부모에게 전달하도록 하였다.

상담자의 판단에 내담자가 상담자를 통하여 그의 부모를 통제하려는 시도가 전혀 없고 또 그의 부모가 자녀를 교육하고 사랑하고 그것을 전달하는 방법이 바람직하지 않다고 평가되었기 때문에, 녹음 파일을 들어 봄으로써 아들이 진정으로 무엇을 원하고 있으며 그들이 평소에 사랑의 이름으로 아들에게 하는 행위의 객관성을 내담자의 부모에게 직면하게 해 주려는 의도였다.

스스로 생각하고 결정하도록 내버려 두라.

⑧ 내담자 어머니와의 만남, 4월 9일(수)

내담자의 어머니는 상담자가 강의하는 '인지상담기법 교실'에 오셔서 상담자의 강의를 시종 심각하게 경청하였다. 간혹 상담자의 강의에 수긍이 되는 부분이나 자신이 공감하는 부분에서는 천천히 고개를 끄떡이는 모습도 보여 주었다. 강의가 끝난 후 어제 내담자에게 보낸 파일을 돌려주면서 자신이 잘못 판단하고 있는 부분에 대해서 많이 알게 되었다고 하였다.

⑨ 제7회 상담, 4월 18일(목)

본 회기에서 내담자는 역시 자신의 외모는 재수 없게 생겼다는 굳은 신념 때문에 괴로워하면서 상담이 시작되었다. 학원에서 주변에 있는 여학생들이 "쟤는 신이 발로 빚어 놓은 아이같이 생겼다." "남한테 혐오감을 주기 위해서 생겼다."라는 말을 하면서 자신을 막 놀렸다고 하였다. 상담자는 그때에 내담자가 바로 나서서 그렇게 이야기 한 아이들에게 다가가서 정말로 내가 그렇게 이상하게 생겼는지 직접 물어보았느냐고 하였다. 내담자는 그렇게 하지 못했다고 하였다. 그러면서 정말 "내가 이렇게 살아서 뭐하나? 이제 다 끝이다."라고 자신의 생각을 표현하였다. 상담자는 사람마다 개성이 있는데 내담자가 개성이 있으면 있었지 이상하게 생긴 것이 아님을 논박하였다. 본 회기에서는 내담자의 추론적 수준의 생각, 즉 '자신이 재수 없게 생겼고 못생겼다'는 것이 추론임을 상기시켰다. 그리고 그 추론은 사실일 수도 있지만 사실이 아닐 수도 있음을 깨닫게 하기 위하여 현실 검증을 무수히 많이 시도하였다. 그리고 만약 그가 추론하는 것이 사실이라고 해도 그것을 '끔찍한 것'으로 평가하지 않으면 된다는 것을 세차게 논박하였다. 7회기는 추론적 수준의 비합리적 생각이 사실이 아니라는 현실 검증(reality testing)과 그의 추론이 사실이라 하더라도 그것을 끔찍한 것으로 지각하지 않으면 된다는 것에 대한 논박의 과정이 비교적 잘 드러나 있다. 인지상담의 정수, 즉 비합리적 사고의 논박의 과정을 구체적으로 보여 주기 위해 본 회기 전체의 축어록을 다음에 제시하였다.

상담자: 선생님은 ○○가 시간을 지키지 않으면 스케줄에 차질이 생기니 시간을 지켜 주세요.(내담자가 예정 시간보다 늦게 옴)

내담자: 죄송합니다.

상담자: ○○가 어디에 가든지 마찬가지예요. 사람이 약속을 잘 지키는 것이 얼마나 신의 있는 행동인가요. 물론 그동안 잘 지켜 왔어요. 지난번하고 이번만 그런 것이고요. 이제부터 잘 지켜 주세요. 오늘이 벌써 7회 상담이군요. 지난번에 상담한 녹음 파일을 부모님께 들어 보시게 했었지요?

내담자: 네, 그리고 어머니가 도중에 오셨다 가셨지요?

상담자: 그 내용을 말씀하시려고 오셨다 가신 것이 아니고 어머니가 선생님의 '인지상

담기법 교실'에 참석해서 강의를 듣기 위해서 오셨지. 그래서 말은 많이 못 했고, 엄마가 그 녹음 파일을 듣고 소감을 쓰신 것을 선생님께 주고 가셨거든. 한 번 읽어 보세요. ○○와 엄마가 똑같은 현상이나 상황을 보는 시각에 차이가 있었어요. 이미 봤어요?

내담자: 못 봤는데요. (글을 읽는라 침묵이 흐름) 선생님, 오늘은 제가 할 얘기가 많이 있어요.

상담자: 듣던 중 반가운 소리군요. 선생님도 정말 듣고 싶어요. 어쩐지 마음속 깊은 곳의 소리인 것 같아서.

내담자: 솔직히 말씀드리면 그 동안 저 자신을 좀 속여 왔고요, 남들도 많이 속여 온 것 같아요.

상담자: 으응.

내담자: 전에 그 문제 있잖아요, 밖에 나가서 막 한거요(shame attacking을 말함). 그 때 이삼일 지나서 학원에서 또 기분 나쁜 말을 들었어요.

상담자: 으응.

내담자: 이것은 확실히 들었는데요. 상황 설명을 드리면, 공부하는 도중에 못 나오게 하거든요.

상담자: 으응.

내담자: 그런데, 커피 자판기 옆에 스탠드 같은 것이 놓여 있어요. 거기에서는 잠깐 머리를 식힐 수도 있거든요.

상담자: 으응, 거기에 벤치 같은 것이 놓여 있다는 말씀이군요.

내담자: 예, 예, 그런 거죠.

상담자: 으응.

내담자: 그곳에 딱 갔었는데 사람이 아무도 없었어요. 거기에서 커피 한 잔을 뽑아서 마시고 있는데, 둘이 와서 하는 말이 "쟤라고." 막 그러는 거예요, 또.

상담자: 으응.

내담자: "쟤라고." 막 그러는데 제 얼굴이 "신이 발로 빚어 놓은 애같이 생겼다."느니. "남한테 혐오감을 주기 위해서 생겼다."느니, 막 그런 말을 해대는 것이에요, 그래서 제가 막 기분 나쁜 얼굴로 그 애들을 째려보았어요., 째려보니까, 쟤가 또 들었나 보다고 저희들끼리 또 난리를 치고 그래요. 솔직히 말해서 아이들

이 그 정도까지 그랬다면 확실한 것이잖아요. 그래서 제가 그 애들에게 다가가서는 당신 지금 나한테 그러는 것이냐고 묻고 싶었는데, 보니까 제가 그런 말을 할 수 있는 상황도 아니었어요. 일단 확실하게 그 말이 들렸기 때문에.

상담자: 보바(바보의 농담어)! 그럴 때 바로 "당신 정말 나한테 그러느냐? 내가 어디가 신이 발로 빚어 놓은 것 같이 생겼느냐? 내가 어디가 남한테 혐오감을 주게 생겼느냐?"고 물어봐야지. 걔네들이 정말 그 말을 했다면 남자가 왜 확실히 따져서 묻지를 못하지요?

내담자: 그다음 날 확인을 했거든요?

상담자: 무엇을 확인했어요?

내담자: 그때의 상황을 보면 거기에 두 명밖에 없었어요, 저하고 걔네들밖에 없었어요.

상담자: 선생님이 지금 그 상황을 확인할 수는 없지만 ○○의 말이 맞다고 합시다. 분명히 그 애들이 ○○한테 한 말이라고 하자. 그러면 왜 다가가서 진짜 내가 그렇게 생겼느냐, 내가 왜 비싼 밥을 먹고 세상을 살면서 남한테 혐오감을 주느냐. 당신은 어떤 점에서 나에게 혐오감을 느끼느냐, 어떤 점에서 나의 얼굴이 신이 발로 빚어 놓은 것처럼 생겼다고 생각하느냐라고, 왜 남자가 그것을 따져서 묻지를 못하지요?

내담자: 그것은 제가 잘못했다고 생각하는 부분이에요. 그래서 그다음 날 일부러 또 기다렸어요. 그렇게 되면 이번엔 따져 보려고요.

상담자: 커피 자판기 옆에서?

내담자: 네. 계속 기다렸다가, 계속 그러기가 뭐해서 다시 들어갔어요.

상담자: 그 애들이 안 나타났어요?

내담자: 예, 그 애들을 못 봤어요. 그래 가지고 또 가는데, 또 다른 사람들이 그런 말을 해대는 것이에요.

상담자: 뭐라고 그래요? 같은 반에 있는 애들이에요?

내담자: 같은 반에 있는 아이들이 아니에요.

상담자: 전혀 모르는 아이들이 그랬어요?

내담자: 네, 전혀 모르는 아이들이에요.

상담자: 그러면 ○○만 그 애들을 모르는 거예요, 그 애들도 ○○를 모르는 거예요?

내담자: 글쎄 …저는 못 봤는데요, 그 애들은 왔다 갔다 하면서 봤나 봐요?

상담자: 그러니까 그때와는 전혀 다른 아이들이란 말이죠? 그 애들이 뭐라고 그랬어요?

내담자: 하여튼 뭐 또 지나간다고 막 해요.

상담자: 뭐라고? 구체적으로 뭐라고 했어요?

내담자: "쟤는 징그러운 애다, 쟤는 막 징그럽지 않느냐."고 그래요.

상담자: 분명히 그랬어요?

내담자: 네, 분명히 들었고, 제가 막 쫓아갔어요.

상담자: 그래서 뭐라고 그랬어요?

내담자: 저는 그 애들을 처음 보았는데 그 애들은 저를 여러 번 보고 뭐라고 하는 것 같더라고요. 그래 가지고, 또 그냥 아니라고 지나갈까 봐, 그렇게 하는 것이 한두 번도 아닌 것 같은데, 내 얼굴이 그렇게 이상하게 생겼느냐?

상담자: 그랬더니?

내담자: 그랬더니, 막 처음에는 아니라고 그래요. 댁한테 그런 말을 한두 번 들은 것도 아닌데 얼렁뚱땅 넘어가려고 생각하지 말라고 했어요.

상담자: 으응.

내담자: 이상하게 생겼으면 이상하게 생겼다고 하라고 했어요. 그렇게 말하니까 그애가 이랬어요. "댁 얼굴을 보는 것이 그렇게 즐거운 것은 아니에요."라고요.

상담자: (웃으면서) 아하참, 한 명이.

내담자: 네.

상담자: 그러면 다른 아이한테 그렇게 물어보지 그랬어요?

내담자: 글쎄요.

상담자: 그러면, 왜 내 얼굴을 보는 것이 그렇게 즐거운 일이 아니냐고 물어보지 그랬어요?

내담자: 그걸 딱 듣고 확인했구나, 하고 나와 버렸어요.

상담자: 아휴, 당신 얼굴도 보기가 즐겁지 않다, 라고 그렇게 말해 보지.

내담자: 그러고 싶었는데요, 뭐랄까, 좀 그렇지 않아요? 딴 사람에 대한 감정이… 심하게 화가 났어요.

상담자: 으응(그냥 내버려둔다), 지난번에는 신문배달을 하고 싶다고 했고, 꼭 일류대학을 가야 되느냐에 관해서 상담을 했는데, 결국은 ○○의 진짜 문제는 다시 ○○가 처음에 호소해 온 문제네요?

내담자: 네, 바로 그거죠. 그래서 계속 생각했어요. 생각을 해 보니까, 도저히 이 상황에서는… 제가 봐도 그래요. 만약 남이 나같은 고민을 가지고 그것을 나에게 털어놓았을 때, 제가 생각을 해도 얘는 애가 좀 문제가 있구나, 그렇게 생각하는 것이 뻔하다는 생각이 들더라고요. 아무리 지금 어떻게 해 봤자, 부모한테나 누구한테나 도움은 못 받을 것 같고, 내가 지금 막 이러는 것은 부모한테 해만 끼치는 것이다.

상담자: 으응.

내담자: 지금 부모님 건강이 안 좋으세요. 특히 아버지가 안 좋으세요.

상담자: 아버지가 어디가 안 좋으신데요?

내담자: ○○증이래요. 그것이 심하지는 않은데, 수술을 하는 데 이삼백만 원씩 든데요, 그래서 집안도 이런 상황에서 호소할 상황이 아니잖아요. 그래서 어차피 내 외모가 이렇다면 7, 8개월 후에 대학에 들어간 다음에나 고칠 수 있겠다. 지금은 힘들어도 꾹 참고 내 스스로 해결해야지 남한테 도움받을 문제가 아니구나라는 생각이 들었어요. 그래서 꾹 참고 지내는데 아무래도 속에 담긴 것이 있으니까, 사람이 행동하는 것이 신경질적으로 되잖아요. 부모님께서 그걸 막 눈치채고 그러시더라고요. 도저히 못 보겠다, 차라리 나가 살든지 마음대로 해라. 이렇게 속이 썩어서 도저히 못 살겠다…. 솔직히 말해서 다 숨기고 그냥 7, 8개월만 잘 버티면 되는데 그것이 잘 안 돼요.

상담자: 그것이 잘 안 되지.

내담자: 네.

상담자: 왜냐하면, 다른 애들이 나한테 너무나 많은 신경을 쓴다고 잘못 생각하기 때문에 그래요. 선생님은 ○○가 학원에서 겪은 상황이 솔직히 그림이 잘 안 그려져요. 선생님이 우리 기관에 계신 상담 선생님을 모두 다 불러다가 모아놓고 "정말 솔직하게 이야기해 달라, ○○가 신이 발로 빚어 놓은 것처럼 생겼느냐, ○○가 남한테 혐오감을 주게 생겼느냐, ○○가 징그럽게 생겼느냐, 얼굴 보기가 그렇게 즐거운 일이 아니더냐."라고 물어봐도 그 사람이 거짓말로 "아니다."라고 그러는 것이 아니라, 진짜로 "아니다."라고 그럴 것임을 선생님은 확실히 알아요. 그리고 이미 ○○가 실험을 해 봐서 아는 것처럼, 다른 사람은 ○○가 못생기지 않았다는 것을 확실히 아는데 그 여자아이들이 유독 그러는 이유가 무엇인지에 대한 그림이 잘 그려지지 않아요.

내담자: 그래서 저도 그게 궁금해서 친구들도 많이 만나고요, 또 같은 반에 있는 애들하고도 계속 그렇게 다녔어요. 그런데 옛날부터, 고등학교 1, 2학년 때, 중학교 3학년 때 이후부터 그런 이야기를 많이 들었어요. 아주 추운 겨울날이나, 더운 여름날이나, 날씨가 아주 춥거나 덥거나 그래서 제가 자극을 받으면 그냥 혈색이 도는 것과는 달리 선생님 옷 색깔처럼 빨갛게 되거든요.

상담자: 그건 ○○의 피부가 너무 곱고 약해서 빨개지는 거지. 선생님 피부도 그러는데….

내담자: 원래 어렸을 때도 상기되고 그래서 선생님들도 너 피부가 왜 그러냐, 피부과에 한번 가 봐라, 하실 정도로 아주 적색이 되거든요.

상담자: 피부가 약해서 그럴 텐데.

내담자: 유독히 볼 부분만이 빨개지는 것이 궁금해서 피부과에 갔는데 의사가 혈관이 늘어나서 그렇대요. 에이, 그런가 보다 하고 말았는데, 그것이 그렇게 이상하게 보이나 봐요.

상담자: 응.

내담자: 제가 막 얘기를 걸어 보고 그러면요. 평소에는 괜찮다가 이렇게 좀 얼굴이 빨개지면 이상한대요. 못생겼다는 것을 떠나서요, 그것이 그렇게 이상한가 봐요.

상담자: 그런데 선생님한테 와서는 한 번도 빨개진 적이 없는데?

내담자: 실내에서는 괜찮은데 겨울이나 여름에 오래 걸어 다니면 얼굴이 아주 빨갛게 돼요.

상담자: 으응.

내담자: 저도 외모 같은데….

상담자: ○○는 외모가 굉장히 준수한 사람이야, 내가 상담신청서에 기록한 '외모에 관한 문제'라고 적어 놓은 것을 보기 전에 굉장히 잘생겼다고 했잖아. ○○는 정말 아나운서를 해도 탤런트를 해도 빠지는 외모가 아니야. 그러니 ○○의 지금 문제는 정말 심리적인 문제이지.

내담자: 네.

상담자: ○○가 여태까지 한 이야기를 보면 뭔가 말이 안 맞는 것 같아. 그 애들이 전혀 ○○를 모르는데 "쟤는 신이 발로 빚어 놓은 것같이 생겼다." "남한테 혐오감을 주기 위해서 생겼다." 이런 말을 하게 된 맥락이 뭘까가 선생님은 이해가 안 되

고, 그리고 그 애들이 그렇게 말을 했다고 하더라도, 그것이 사실이라고 하더라도, 선생님이 계속 강조하지만, 그렇게 모자란 애들의 말에 대해서 왜 시시콜콜 간섭을 하고 반응을 할까? 남자가 좀 대담해져야 하지 않을까?

내담자: 저도요, 어쩌다 한두 명이 한두 번 그러다 말면 그렇게 생각해도 되는데요, 가만히 보면 같은 반의 애들도 "저 여자아이들은 재(내담자)한테 왜 저러냐?" 그러면 "쟤들이 일단 이상하게 생겨서 씹는 애."라고 그래요, 제가 증명을 시킬 수도 있어요.

상담자: 그러면 ○○가 그 애를 한번 데리고 와 볼래요? 진짜 그런지 증명시켜 보겠어요?

내담자: 글쎄, 그 애가 올지 안 올지 모르겠는데요.

상담자: 한번 오라고 그래 보세요.

내담자: 예.

상담자: 선생님이 정말 물어보고 싶다. ○○가 지금 소위 왕따라는 것을 당하는 건가요?

내담자: 특별히 물리적으로 오는 것은 없거든요? 가끔가다가 자율학습 하다 나갔다가 오면 제 책상에 껌이 붙어 있고 킥킥거리는 소리가 들리고 다음날 오니까 또 껌이 붙어 있고 그러는 거예요.

상담자: 그 애들이 너한테 장난치는 거네.

내담자: 그렇죠, 그리고 또 어떤 애가 말하는 것을 보면, 저녁 8시 30분부터 약 20분 동안 쉬는 시간이 있는데, 그때 어떤 녀석이 또 하나 있는데 그 아이가 하는 말이 "쟤가 막 아이들한테 씹히는 애."라고 막 그러면서 우리가 보기에도 좀 심하지 않냐고 막 그렇게 말하면서….

상담자: 그래 좋아, ○○가 씹히는 애라고 하자. 그것이 사실이라고 합시다. ○○가 왜 씹히는지 그 이유를 생각해 보아야 하는데, 그 애들이 말하는 것처럼, ○○가 신이 발로 빚어 놓은 애처럼 생긴 것도 아니고 그 애들이 말하는 것처럼, ○○가 혐오감을 주게 생긴 것도 아니란 말이지요. 그렇게 나한테 말할 수밖에 없는 어떤 이유가 있을지도 모르는데 그 이유에 대해서 한번 잘 생각을 해 보자. 선생님이 볼 때, ○○의 얼굴은 아니고, ○○가 너무나 그 아이들한테 "혹시 쟤네들이 나 흉보면 어떻게 하나?" "혹시 쟤네들이 나 욕하면 어떻게 하나?" 등의 생각으로 너무나 예민하기 때문에, 아이들의 행동 하나하나에 대해서 너무나 예민하게 반응을 하니까 그것이 오히려 ○○를 이상한 애로 만들어 가지고 표

현을 그렇게 하는 것일지도 모르지. 쟤 행동이 참 이상해. 그러니까 얼굴이 재수 없게 생긴 것도 아닌데 사람을 얼굴로 비유해서 표현한 것일 수도 있단 말이지. ○○가 하나하나에 대해서 너무나 예민하게 반응을 하는 것 같아.

내담자: 저도 그렇게 생각을 해서 주위 친구들에게 물어봤어요. 나의 행동이 굼뜬 면이 있는지 또는 그렇게 이상한지에 대해서요. 그 애들 말로는 아니래요.

상담자: 그것 봐! 아니잖아, ○○는 이상한 애가 아니야. 그러니까 바로 그 여자애들이 한심한 거야. 한심한 아이들이 "쟤는 바보야."라고 한다고 해서 네가 '바보'가 되는 것이 아니잖아! 바보가 아닌 사람에게 다른 사람이 바보라고 그러면 진짜 바보가 돼요? 아니지요. 바보가 아닌 사람은 "내가 왜 바보야? 나는 바보가 아니야."라고 말하지요. 인간의 특성 자체가 다른 사람이 뭐라고 한다고 해서 변화되는 것이 아니란 말이지요. 예를 들어서 다른 사람이 "너는 한심한 애야."라고 한다고 해서 당신이 한심한 사람이 됩니까? 그러니까 이 시점에서는 선생님이 확인할 길이 없어. ○○가 지각한 것이 사실인지 아닌지에 관해서 말이야. 선생님이 생각할 때 ○○ 말은 논리적으로 맥락이 안 맞아요. 왜냐하면 전혀 모르는 애들이 ○○만 매일 같이 보면서 "쟤는 징그러운 애고, 쟤는 한심한 애야."라고 말한다고 하는데, 몇 명이 그럴 수는 있겠지만 여자애들 모두가 그렇게 한다는 것이 비현실적이라는 거예요.

내담자: 모두가 그러는 것은 아니지요, 가끔가다가 그러는 것이죠.

상담자: 그러면 정해진 아이들 몇 명이 그러겠지요.

내담자: 그럴지도 모르지요. 그런데 저는 그 아이들한테는 관심이 없어요.

상담자: 그렇다면 그나마 남아 있는 관심 자체를 끊으면 어때요? 그 날라리 같은 여자아이들이 어쩌면 ○○를 혼자서 좋아하다가 그럴 수도 있고, ○○와 잘해 보려고 하는데 그것이 잘 안 돼서 그럴 수도 있고, 아니면 ○○가 너무나 예민하게 자기들의 말이나 행동에 반응하니까 그럴 수도 있고, 여러 가지 이유 때문에 그럴 수가 있는데, 그것이 선생님 보기에 중요한 것은 아니고, 그 애들도 내가 볼 때는 좀 한심한 아이들이에요.

내담자: 한심한 아이들이죠.

상담자: 어떻게 보면 우리는 인간이 한심하다는 표현 대신에 그들이 하는 행동이 한심한 것인데 그 한심한 행동에 대해서, 그것도 여자애들 몇몇이 그런 것 가지고

○○는 마치 대부분의 여자애들이 나한테 그러는 거다라고 착각을 하는 것이 있거든, 그렇지? 선생님이 볼 때는 몇 명의 소수의 여자들이 그럴 수는 있을 것 같아. 그렇다면 그 아이들의 말을 가지고 그렇게 지나치게 긴장하고 지나치게 신경을 쓰고 , 공부하는 것에 그렇게 영향을 받아야 할까요?

내담자: 그런데 그게요, 전에 그런 일이 없었으면 그런대로 괜찮은데, 전부터 그래 왔고 어딜 가나 계속 그런다는 생각이 드니까….

상담자: 뭐가 어딜가나 그래요? 지난번에 길거리에 나가서 물어보았을 때, 다른 사람들이 다 ○○가 재수 없게 생기지 않았다고 말했다면서. 어딜 가나 그런다는 것은 ○○의 생각일 뿐이지 다른 사람이 ○○한테 관심이나 있는지 알아요? 자기 일도 챙기지 못하고 다들 바쁘게 살아가는데. 이 세상의 누가 사람들이 길거리에 지나가는 사람을 쳐다보고 "쟤는 이상한 아이야."라고 그래요? ○○는 너무 자기도취에 빠져 있는 것 같아요. ○○가 스타라고 착각하는 모양이야.

내담자: 그런 건 아닌데요. 길거리에 지나가면서는 보통 때, 여자들이 많이 모여 있는 장소 말고요, 그냥 보통 때는 괜찮았어요. 제가 신경을 끊고….

상담자: 신경을 끊을 것도 없어. 모르는 행인들이 ○○에게 신경을 써 주지도 않는데 ○○가 신경을 끊을 것이 없지.

내담자: 예, 예, 못생겼다는 생각은 솔직히 말해서 지금도 없어요. 심하게 열등감을 느끼는 것도 없었고요. 잘 다녔는데 어디를 가기만 하면 그렇게 되니까요….

상담자: 몇 번이나 그렇게 됐어요? 중학교 때 한 번, 그리곤 또 언제 그랬어요?

내담자: 학원에 갈 때마다 그랬어요. 그래서 제가….

상담자: 학원에 갈 때마다 언제?

내담자: 정리를 제가 잘못 했어요.

상담자: 그래, 지금 정리를 해 봅시다.

내담자: 맨 처음에 박선생 학원에 다닐 때 그런 일이 생겼어요.

상담자: 그때가 언제인데?

내담자: 중학교 2학년 겨울이었어요. 그래서 한동안 학원을 안 다니다가 ○○ 학원이라고 단과반을 들어갔어요. 거기에서도 막 이상했어요.

상담자: 어떻게 이상했어요?

내담자: 우선 자판기에 커피를 뽑으러 가면 여자애들이 몰려 있다가 소리를 지르고 막

퍼지고 그랬어요.

상담자: ○○가 잘생겼으니까 그렇지?

내담자: 아니요, 그런데 솔직히 제가 볼 때 잘생기고 멋부리는 애들한테는 그렇게까지 하지 않거든요. 그냥 그 애들이 다가가서 말을 걸거나 그러는데.

상담자: 그거는 ○○가 그렇게 지각을 하는 거야. 선생님이 영어 단어 하나 가르쳐 줄게, 'selective attention'이라는 말이 있어요. 이것은 선택적 주의라는 것인데 ○○는 다른 사람이 자기를 못생기고 재수 없다고 생각하기 때문에 학원까지 그만둔 사람이잖아. 그러니까 나의 생각과 다른 말에는 주의가 기울여지지 않고, 혹시 나한테 못생겼다고 그러지 않나? 즉, 나와 생각이 유사한 것만을 선택해서 집중하게 된다는 뜻이지요. 그러다가 보니까 '혹시 아이들이 주위에서 소곤소곤 하는 것도 그 애들이 나한테 못생겼다고 그러는 것일 거야?'라고 ○○가 스스로 해석하는 거지, 진짜 그 아이들이 그러는 것은 아니에요. 그리고 또 하나 강조하고 싶은 것은 그 아이들이 설사 그렇게 말했다고 쳐도 그것이 이 세상의 끝은 아니잖아요?

내담자: 끝장은 아니지요. 생활을 하는 데 좀 불편하겠죠?

상담자: 왜, 불편하지요? 불편을 안 느끼면 되잖아요? 걔들과 꼭 상대를 해야지만 되는 것도 아니고, 걔들과 상대를 안 하면 되잖아요.

내담자: 상대를 안 하고 그런 것은 괜찮은데 아무래도 사람이니까요. 그런 일을 당했을 때 기분은 상당히 나쁘잖아요.

상담자: 기분은 나쁠 수 있겠지. 그럴 때 ○○가 스스로 자신의 생각을 추스려야지. 상담 선생님 말처럼 애들이 나를 흉보는 것이 아닌데 그랬다고 내가 착각하는 것일 수도 있고, 실제로 나를 흉을 보는 것일 수도 있다. 내가 착각하는 것이라면 나의 생각을 바로잡으면 되고, 실제로 나를 흉보는 것이라면 그렇다고 하더라도 '여기에서 내 인생이 끝나는 것은 아니다. 그리고 나는 대학에 가서 또 새로운 여학생들을 만날 수 있다. 이 세상에 이것보다 더 힘들고 헤쳐 나가야 할 어려움이 더 많은데 사나이가 이까짓 것 때문에 이렇게 많은 고통을 스스로 창조해서 당하는가?'라고 자신의 생각을 스스로 정리해 나가야지. 이제 그만하고… 걔네들이 ○○한테 "쟤는 재수 없게 생겼다." "쟤는 신이 발로 빚어 놓은 아이같이 생겼다." "남한테 혐오감을 준다."라는 말을 했을 때, 굉장히 기분이 나빴지?

내담자: 네.

상담자: 바로 그때, 기분이 나빴을 때 ○○ 마음속에 흐르는 생각이 무엇이었을까요? ○○가 스스로에게 어떤 말을 했을까요?

내담자: (잠시 침묵) "다 끝이다." "이렇게 살아서 뭐하냐?" 또 그냥 어떻게 형용할 수 없을 것 같아요. 너무나 화가 많이 났었기 때문이에요.

상담자: 선생님이 계속 강조하지만 ○○는 여자아이들이 너에게 그런 말을 했기 때문에 기운이 없고 힘이 쭉 빠진다고 했지?

내담자: 네.

상담자: 그런데 그것이 아니라는 거예요. 그런 말을 들었을 때 그 상황을 어떤 생각의 눈으로 평가했느냐가 진짜 중요한 이유이지. 『인지 · 정서 · 행동 치료』(1997)라는 책을 보여 줄게요(여기서 상담자는 인지상담의 ABC에 대한 상세한 설명과 더불어 내담자의 경우를 도식에 대비하며 다시 한번 설명을 해 줌). 여기서 ○○의 지각의 체계가 문제가 된다는 것이에요.

내담자: 그런데 그것은 한순간뿐이었어요. 계속 그런 것은 아니에요, 물론 기분은 나빴지만요. 얼굴보다는 외모에 뭔가 문제가 있구나….

상담자: 그러니까 더군다나 외모에? 키가 얼마지요?

내담자: 180cm요.

상담자: 그다음에 몸무게는?

내담자: 75kg.

상담자: 남자가 그 키에 그 몸무게면 미스터 코리아(Mr.Korea)감이지, 얼굴 말고 어디가 외모가 어떻다고 그러는지… 한번 서 봐요.

내담자: (내담자는 잠시 일어선다)

상담자: ○○가 어디가 어때서? 이상이 없지요? 선생님은 아무리 찾아볼래야 볼 수가 없어요. 이제 앉아요. ○○가 외모가 이상한 아이가 아니에요. ○○가 내 외모가 이상한가라고 생각을 하는 거지, ○○가 뭐가 외모가 이상하나요?

내담자: 사람들한테 물어보면요, 이상하게 말해요.

상담자: 뭐라고 하는데요?

내담자: 독특한 것이 있다든지….

상담자: 사람마다 개성이라는 것은 있지요. ○○가 개성이 있을 수는 있지만 그렇다고

○○가 이상한 아이는 아니에요.

내담자: 그렇다면 남들이 왜 그럴까요?

상담자: 그래, 남들이 그랬다고 하자. 그랬다고 해도 그것을 수치스럽고 끔찍한 것으로 해석을 안 하면 될 것 아니에요? 그 해석을 누가 하지요? 그런 말을 들은 사람이 하잖아. 그 해석을 누가 하나요?

내담자: 제가 하지요.

상담자: 그래, 바로 ○○가 하잖아. 그러면 누구의 해석을 바꾸면 되겠어?

내담자: 저의 해석을 바꾸면 되지요.

상담자: ○○가 그 여자아이들을 바꾸기는 어려워요.

내담자: 네, 맞아요. 제가 뭐라고 한다고 안 할 아이들이 아니잖아요.

상담자: 그렇지, 걔네들이 그렇게 했을 때 ○○가 그것을 끔찍한 것으로 해석을 안 하면 되지요. 그런데 ○○는 아이들의 소곤거림을 수치스럽고 끔찍한 것으로 해석을 하기 때문에 문제가 되잖아. 네가 이야기한 것처럼 '내 인생 끝이다.' '이렇게 살아서 뭣하나?' 그까짓 것 그 아이들이 말 한마디 했다고 '이렇게 살아서 뭐하나?' 하는 생각이 들어서 되겠어요? 이 세상의 인구 중에 반만이 여자이고, 그중에서도 아주 소수의 여자들이 서울에서 살고 있고, 그중에서도 아주 아주 극소수의 여자들이 ○○의 반에 있는 여학생들일 텐데. ○○가 길거리에 만나서 실험을 해 본 것처럼 대부분의 사람들은 ○○를 오히려 잘생겼다고 지각을 하는데, 아주 극소수의 여자애들이 한 말을 가지고 남자가 이 세상에 태어나서 할 일도 많고 많은데 그렇게 신경을 쓰고, 공부하는 일에 소홀하고 하니까, 결국은 선생님이 허탈해진다…. 그렇다고 선생님을 기쁘게 하기 위해서 선생님을 속이지는 마세요. 상담의 모두에 ○○가 자신도 속이고 선생님도 속였다는 말을 솔직하게 해 주어서 아주 고마웠어요. 선생님도 어렴풋이는 느끼고 있었어요, ○○가 자신을 가장하고 있었다는 것을….

내담자: 네.

상담자: 선생님한테 부끄럽기도 하고 창피했기도 했겠지. 그러나 선생님에게 그런 것을 숨기면 득이 될 것이 있겠어요? 바로 그런 문제를 해결하기 위해서 여기에 왔는데?

내담자: 네.

상담자: 지금이라도 솔직하게 말해 주어서 참 고마운데… 선생님이 이 세상에 태어나서 할 일도 많은데 선생님이 사실이 아닌 헛된 것을 ○○에게 목이 터져라고 말을 하겠어요? 선생님을 믿어 보세요.

내담자: 선생님을 믿어요. 이런 생각은 잠시만 들다가 곧 사라져요.

상담자: '인생 끝이다.' 이런 생각이?

내담자: 네.

상담자: 그러면 뭐가 문제인데?

내담자: 선생님이 말씀하신 비슷한 생각이 다 드는데요, 또 생각해 보면, 그것 때문에 학원에서 스트레스를 많이 받잖아요.

상담자: 그러니까 스트레스를 받는다는 것은, 너는 너의 생각이 스쳐서 사라진다고 하지만 사라지는 것은 아니야. 네가 깨닫지 못하고 있을 뿐이지. ○○한테 스스로 자리 잡고 있으면서 ○○를 계속 괴롭히는 거야, 그러니까 이제부터는… 그런 생각을 바로 '비합리적 사고'라고 말해요, 이제는 이 생각을 '합리적 사고'와 바꾸자는 것이에요. 그럴 때 스트레스가 없어지는 거예요.

내담자: 그래 가지고 막 그런 생각이 들어요. 이런 생각 때문에 100점을 받을 수 있는 것도 50점밖에 못 받는 것이 아닌가.

상담자: 그러니까 그것도 아니지.

내담자: 너무 자존심이 막 상해요. 쉬는 시간에 내가 듣는다는 것을 아이들이 알면서도 말을 할 때 정말 자존심이 상해요.

상담자: 그러니까 이제는, ○○가 그런 상황을 해석하는 태도도 바꾸고 그다음에는 그 애들한테 가서 직접 물어봐요. "당신은 그런 말을 할 때, 사실 나는 굉장히 기분이 나쁘다." "당신은 여기에서 공부해서 대학에 가려고 있는 것이지 다른 사람에게 상처를 주고 기분 나쁘게 하려고 있는 것이냐?"라고 말해 봐요. 이제는 나이도 나이니만큼 차분히 물어보세요. 그때는 ○○가 한 번 가서 사과를 했었잖아. 그랬더니 그 여자애들이 아무것도 아니라고 대답했다고 했잖아요?

내담자: 그런데 그 애는요, 애가 좀 그렇더라고요.

상담자: 애가 어떤데?

내담자: 애가 그 순간을 모면하려고 그런 것 같아요.

상담자: 그것도 ○○가 그렇게 해석하는 것이지, ○○가 그 아이의 머릿속에 들어갔다

나왔어요? 걔가 그 순간을 모면하려고 그랬던 것을 어떻게 알아? 그것이 바로 ○○의 추측일 뿐이지? 너는 모든 점에서 너의 추측을 마치 사실인 것처럼 믿어 버리고, 그 추측도 막 너에게 불리하게 추측을 해요, 왜 ○○는 '걔가 진심으로 나에게 사과했을 거야.'라고 그런식으로 추측은 못 하세요?

내담자: 그렇게 생각을 했었는데요, 며칠 후에 또 그런 말이 들리니까 속상해요.

상담자: 똑같은 아이가 그랬다는 거예요?

내담자: 똑같은 애가 그랬다는 것이 아니고요….

상담자: 다른 애가 그랬다고? 선생님 정말 머리가 아프다. 그러니까 이것 봐, [3월 20일 토요일의 기록(자신이 꽁하기 때문에…)을 읽어 준다고 상담 기록을 찾아 읽어준 후에] ○○가 현상을 있는 그대로 직시하는 것이 아니라 왜곡되게 지각하는 경향이 많아.

내담자: 그러면요, 제가 도대체 이해가 안 가는 것이 뭐냐 하면요, 나의 동료 아이들이 그러는 것도 확인을 했어요. 어제께 막 그랬어요. 쉬는 시간에 안 나가고 있었더니 다른 남자아이들이 쟤가 막 씹히는 애라고 그러더라고요.

상담자: 다른 남자아이들이?

내담자: 네.

상담자: 아휴, 그래서?

내담자: 우리가 보기에도 너무 심하지 않냐고 그러는 거예요. 그래서 굉장히 기분이 나빠요.

상담자: 그러니까 그것도, 기분이 나쁜 것도 남자아이들이 내가 여자애들한테 놀림을 받는다고 생각하니까 '내가 안 되어서 그러는구나.'라고 생각을 할 수도 있었을텐데, '쟤네들조차 나를 또 씹네.'라고 생각하는 거 아니야?

내담자: 그렇게 생각할 수 있는데요, 많은 애들한테 씹히고 또 다른 사람들한테 알아차려질 정도로 씹히는 것이 좀 그렇지 않나요?

상담자: 그것은 사실 세월이 지난 다음에 보면 아무것도 아니야, 그것이 뭐가 그렇게 심각하니? 그리고 너희 반에 아이들이 몇 명이야?

내담자: 90명이요.

상담자: 그 여자아이들은 몇 명이야?

내담자: 한 24명 정도예요.

상담자: 그중에서 몇 명이 너를 씹는 것 같아? 다는 아니잖아?

내담자: 다는 아니지요.

상담자: 그럼 몇 명이 그래?

내담자: 한 10명쯤?

상담자: 10명이 너를 씹어? 선생님이 볼 때는 많아야 2~3명 정도일 것 같아. 그다음에 남자애들은 56명이네. 그러면 그중에서 "쟤는 여자애들한테 씹힌다."라는 말을 하는 아이들이 얼마나 돼?

내담자: 주변의 몇 명이요.

상담자: 그러면 네가 굼뜬 아이가 아니라고 한 아이들은 몇 명쯤이야?

내담자: 한 2~3명 정도 되지요.

상담자: 가까이에 있는 애들이 너를 더 잘 알지, 멀리 있는 아이들이 너를 더 잘 아니?

내담자: 그렇지요.

상담자: 그러면 멀리 있는 아이들 2~3명, 많아야 4~5명도 안 되는데 그것도 ○○를 잘 모르는 아이들이, 그것도 많아야 4~5명이 지나가는 말 한마디를 가지고 ○○가 그렇게 상처를 받아야 되겠어요? (에픽테투스의 말을 인용해 줌. 4회기에 그의 말을 인용한 부분이 나옴), 그리고 이 문장을 명상해 보도록 숙제를 내주겠어요. 왜 사소하고 아무것도 아닌 말을 확대해서 해석해서 괴로워하는지 참 안타까워요.

내담자: 그것도 좀 있는 것 같아요.

상담자: 좀 있기는⋯ 많이 있지.

내담자: 그것도 그렇다 치는데요, 그렇게 되면요, 정상적으로 생활할 수가 없잖아요?

상담자: 왜? 정상적으로 생활을 못해?

내담자: 뭐랄까⋯ 사람을 대하면서 자유로워지지가 못해요.

상담자: 그러니까, 네가 생각하고 해석하고 지각하고 판단하니까, 스스로가 자연스러워지지 못하는 것이지. 그러니까 이제는 자연스러운 행동을 해 보도록 해 봐. 애들에게 먼저 말도 붙이고, 애들한테 예민하게 반응하지 말고, 농담도 같이하고, 그리고 "재수없다."는 소리가 들리면 껄껄껄 웃으면서 나는 안 그런 것 같은데 어떤 점이 그러냐고 태연하게 이야기도 해 보고 말이야. 그럼으로써 그런 자극에 대해서 아무렇지도 않게 될 수 있는 사람이 될 수 있지 않겠어요? 왜 그렇게 아

둔하지 않은 사람이 아둔한 생각을 할까? 부모가 그렇게 잘 낳아 주고 잘 길러 주었는데… 그런데 왜 그럴까? 다른 아이들 탓할 것 없어. 네가 그렇게 만드는 거야. 그리고 선생님도 벌써 너를 7번이나 만났는데, 이제는 다른 사람도 도와 주어야지 언제까지 ○○만 붙잡고 시간을 한정 없이 쓰기는 어렵지요.

내담자: 그렇죠, 우선은 그러면요, 제가 반에 있는 애들을 한 명 억지로라도 데리고 올게요.

상담자: 그래, 한번 3자 대면을 해 보자. 그러나 중요한 것은 애들이 너한테 그렇게 하는 것이 사실이라고 하더라도 네가 그것을 수치스럽고 끔찍한 현상으로 해석하지 않으면 되는 것인데, 그것을 수치스럽고 끔찍한 현상으로 해석하는 것이 더 문제야. 내가 재수가 없어서 저런 여자애들을 만났을 뿐이니까 개념치 말자, 신경쓰지 말자, 그러면 문제가 안 되는데, 네가 그것을 '끔찍한 것' '이렇게 살아서 뭣하나' 식으로 지각하니까 그렇지. 이제부터는 선생님이 숙제를 내주는데 ○○는 여태까지 선생님이 하라는 대로 잘 안 했는데 이제부터는 해야 된다? 선생님이 아무리 열변을 토해도 ○○가 적극적으로 참여해 주지 않으면 행동의 변화가 일어나기가 어려워요. 그러니까 앞으로는 더욱 열심히 해 오고 숙제를 안 해 왔을 때, 이 핑계 저 핑계를 대면서 구구하게 변명을 늘어놓지 말고 사나이답고 떳떳하게 해 오지 못했다고 이야기를 하고, 늦었으면 사실 제가 오기 싫어서 미적거리다가 늦었어요, 라고 말해. 괜히 머리가 아팠기 때문에 늦었다고 둘러대지 말고 말이야. 앞으로 선생님이 아닌 다른 사람한테도 좀 더 솔직하게 대하고. 그랬을 때 사람들은 그 사람에 대해서 좀 더 신뢰가 가는 것이에요.

내담자: (한참의 침묵) 저는 그리고 답답한 것이 뭐냐면요, 그러니까 그런 애들이 소수라도 그 아이들을 확실하게 확인할 길이 없어요.

상담자: 그러니까 선생님이 확실하게 확인하려고 그러는 것은 큰 의미는 없어요. 그러나 아이는 데리고 오는데, 그걸 확인하고 안 하고의 의미는 그렇게 크지가 않다는 것이야. ○○는 못생기고 , 재수 없게 생기고, 신이 발로 빚어 놓은 애가 아니니까, 그것을 확인하려고 하지 말고. 그 애들이 그렇게 말한 것이 사실이라고 믿자 이거야, 그런데 그것을 내 인생 끝이다, 이렇게 살아서 뭐하나… 저 한심한 것들이 시간도 참 많구나, 영웅의 눈에는 영웅만 보이고, 똑똑한 사람

의 눈에는 똑똑한 사람만 보이는 거예요. 바보 같은 행동을 하는 사람의 눈에는 똑똑한 행동이 눈에 보이지 않아요, 무슨 말인지 알겠지요? 그러니까 '나 같이 잘난 사람을 저 어리석은 행동을 하는 사람의 눈으로는 못 보는구나.'라고 스스로의 마음을 추스리세요. 이제는 상담을 서서히 마감해야겠는데요… 선생님이 아까 낭독해 준 문장을 복사해 줄 테니까, 집에 가서 숙제로 낭송하고 묵상해 오세요.

내담자: 네.

상담자: 몇 번쯤 할 수 있겠어요?

내담자: 한 열 번요.

상담자: (인지 · 정서 · 행동의 관계를 다시 한번 예를 들어 설명해 줌)

그러므로 낭송을 통해서 생각을 바꾸어 주면 그런 상황이 되었을 때도 생각이 바뀌니까 그렇게 기분이 나쁘지 않을 수도 있다는 거야. 그 관계를 좀 분명히 알았으면 좋겠어요.

내담자: 네.

숙제의 점검

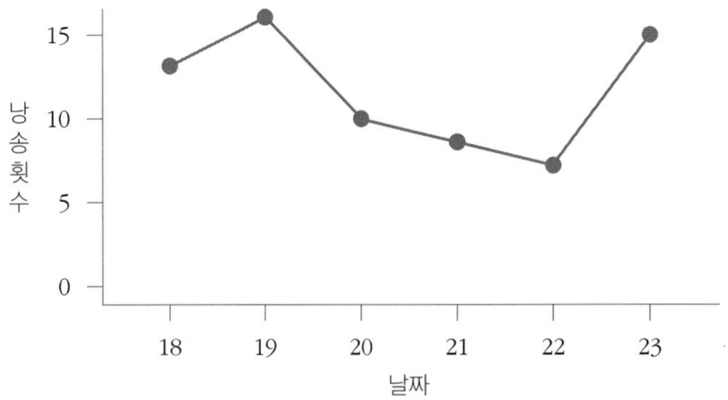

18일: 마음이 편해지고 정신이 맑아졌다.

19일:

20일: 좀 귀찮아졌다. 정신이 해이해진 것 같다.

21일:

22일: 이틀 동안 기분이 상당히 좋지 않았다.

23일: 정신을 좀 차려야겠다는 생각을 했다. 연습장에 반복해서 써 보았다.

⑩ 제8회 상담, 4월 24일(목)

내담자는 상담자가 적어 준 합리적 신념을 밤에 자기 전에 낭송하고 그것을 그래프로 그려 왔다. 그러면서 어떤 날은 마음이 편해지고 정신이 맑아지기도 하고 어떤 날은 귀찮기도 했고, 정신을 차려야겠다는 생각 때문에 연습장에 반복적으로 더 써 보았다고 했다. 상담자는 처음으로 내담자가 숙제를 열심히 적극적으로 해 온 것에 대해서 감사의 마음을 표현하였다. 내담자는 감정의 기복이 매일매일 심하다고 호소해 왔다. 한마디로 자신의 정신상태는 갈팡질팡하다는 것이었다. 이런 상황에서 공부고 뭐고 안 된다고 호소해 왔다. 지금 벌써 4월 말인데 시간은 많이 갔고 밀도 있는 공부가 잘 안 된다고 하였다. 다른 애들은 재수하는 것이 천국 같은데 왜 나만 이렇게 힘든 생활을 해야 하는가? 너무 힘이 드니까 여자애들이 소곤거리는 소리가 들릴 때마다 나한테 그러는 것 같고 기분이 불쾌해지는 것이 지금 자신이 당면하고 있는 가장 큰 문제라고 했다. 상담자는 내담자가 잘못 지각하고 왜곡되게 추론하고 있는 부분에 대해서 힘주어 세차게 논박을 시도하였다(쟤는 신이 발로 빚어 놓은 아이라고 한 말이 사실인가, 만약 사실이라면 그 아이 말대로 네가 그렇게 이상한 아이인가에 대해서).

상담자는 상담자의 연구 프로젝트인 '천재의 삶과 꿈'에 대해서 연구하기 위해서 마침 오늘 아침에 S대 물리학과 3학년 학생과 인터뷰한 이야기를 잠시 들려 주었다. 재수생과 같이 경쟁에서 패배한 사람들과 사회적 약자에 대한 사회적 태도에 기가 질렸던 이야기, 여름에 살인적인 더위를 100명의 남학생이 고개를 돌릴 틈도 없이 지냈던 빡빡한 공간 속에서 성적은 오르지 않아 우울증에 걸리고 자살 생각에 온통 머리속이 꽉찬 시절이 있었음을 말해 주었다. 상담자는 내담자만 재수생활이 어려운 것이 아니고 모두 다 어렵고 힘듦을 직시하도록 했다. 아무리 공부를 잘한다고 하더라도 자기가 가고 싶은 대학의 원하는 학과에 합격할 수 있다는 보장이 있는 아이들은 아무도 없다는 것을 확실히 하였다. 그러자 내담자는 간혹 스치면서 들은 말인데 어떤 아이들은 야구 이야기도 하면서 생활의 여유가 있는 것 같다고 하였다. 그런 모습을 보면 다른 아이들은 다 자신만만한 것 같은데 나만 왜 이 모양 이 꼴일까에 대해서 한심하고 불안하다고 하였다. 상담자는 다른 아이들도 내담자와 마찬가지로 불안하고 힘이 든다고 말했다. 내담자에게 내담자의 재수생활은 유독 힘들고 다른 친구들은 힘들지 않다고 생각하는 것은 내담자가 현실을 바라보는 렌즈가 이중으로 되어 있기 때문임을 직시하였다. 그리고 그것은 과학적이고 타당한 렌즈가 아님도 말하였다. 그러면서 자기가 기분이 나쁘거나 스트레스를 받으면 부모님도 영향을 받아서 안절부절못하시는데 그것도 자기에게는 또 다른 스트레스 요인으로 작용한다고 말했다. 상담자는 또 한 번 당부하기를 부모님께 내 문제는 내가 알아서 할 터이니 너무 걱정하시지 말라고 차분히 이해시켜 보라고 하였고, 자신도 그렇게 하겠노라고 하였다.

상담자는 지금 이 시점에서 내담자를 가장 괴롭히는 문제가 현실적으로 무엇이냐고 물었다. 한 무리의 여자아이들이 자기를 보면서 "재는 재수없고 한심한 아이"라고 지껄이는 말을 들으면 아무리 안 그래야지 생각해도 기분이 불쾌해지는 것이 가장 힘들다고 하였다. 그때에 순간 머리 속을 스쳐 가는 생각이 무엇이냐고 물었다. 그는 "나의 가치가 하락하는 것 같다."고 했다. 상담자는 다시 한 번 힘주어서 그렇지 않다고 했다. 상담자는 그렇게 말하는 학생들이 어떤 아이들인지에 대해서 설명해 보라고 하였다. 내담자는 공부도 잘 안 하고 맨날 모여서 수다만 떠는 아이들이라고 하였다. 상담자는 그런 사람들의 말에 의해서 인간의 가치가 결정되는 것이냐고 물었다. 내담자는 아닌 것은 아는데 그래도 기분이 불쾌한 것은 잘 사라지지 않는다고 하였다. 상담자는 내담자가 그 순간에 기분이 불쾌한 것은 그때에 드는 자기 언어가 통제가 안 되었기 때문이라고 말을 해 준 후에, 이것이 하루아침에 고쳐질 일은 아니니 내담자에게 스스로 하는 말을 합리적으로 고쳐서 꾸준히 나 자신에게 반복적으로 연습했을 때 나의 생각으로 자리잡게 되고, 그것이 궁극적으로는 나의 행동과 연결이 됨을 자세하게 설명하여 주었다. 아이들이 소곤거리면서 내 흉을 보는 것 같은 생각이 들 때마다 낭송하거나 묵상해 볼 수 있는 합리적인 신념을 다음과 같이 찾아내었다.

'나에게 재수 없다고 말하는 사람은 사실 없다. 단지 내가 그렇게 추측하고 판단할 뿐이다. 혹시 나에게 그렇게 말하는 사람이 있다면 그것은 내 문제가 아니라 그렇게 말하는 사람들의 인격의 문제일 뿐이다.' 상담자는 색인카드에 이 말을 잘 써서 코팅을 해서 실제로 그런 일이 있을 때마다 꺼내서 보고 스스로 독백할 것을 요구하였고 그도 그렇게 하겠다고 수긍하였다.

상담자는 내담자가 상담 초기에 호소했던 문제가 얼마나 변화되었는지를 점검하였다. 그는 자신이 외부의 사람들이 재수없게 생겼다라고 쳐다보는 환상에서는 완전히 벗어났고 다만 아이들이 소곤거릴 때에 불쾌한 것이 문제라고 했다.

그리고 거리를 다닐 때 얼굴을 쳐들고 다닐 수 있게 되었으며, 엄마와 지하철을 타고 갈 때에도 어느 정도 들리는 소리로 말을 할 수도 있게 되었다고 했다. 상담자는 상담을 통해 내담자가 커다란 발전이 있었음을 격려해 주었다. 다만 마지막으로, 아직 해결이 되지 않은 부분은 앞으로 내담자가 스스로 해결해 가야 할 부분이고 그 방법들을 앞으로 2~3회기를 더 만나면서 도와주겠다고 하였다. 상담의 숙제로 합리적 신념 1 낭송하고 그래프 그리기, 합리적 신념 2 낭송하고 그래프 그리기, "걔는 재수 없는 아이"라는 말을 10번 이상 듣기, 그리고 3명 이상의 아이들에게 먼저 말 걸기를 내주었다.

상담자는 너무나 상담하기가 지치고 에너지가 많이 든다고 하면서 힘이 든 표정을 지었다. 내담자도 이에 대해서 많이 미안해하였다.

⑪ 제9회 상담, 4월 30일(수요일)

지금은 얼굴이 깨끗하다. 이제는 좀 살 만하다. 변화는 매일 있었다. 일시적인지 모르겠는데 이제는 괜찮아졌다고 했다. 상황은 똑같은데 어떻게 해서 살 만하냐고 하자, "좀 뭐랄까, 관심사가 다른 곳으로 바뀌고 신경이 무디어졌어요. 그것이 별로 중요한 것이 아니라는 것을 확실히 알았어요. 숙제는 잘 정리는 하지 못했지만 계속 했어요. 완전히 무디어졌다면 거짓말이겠고요, 조금씩 조금씩 신경이 무디어졌어요. 가만히 생각하면 한 달 전과 아주 많이 달라졌어요. 나에게 지금 가장 중요한 부분이 바뀌었어요."라고 한 달 전만 하더라도 학원이 지긋지긋하고 감정의 기복이 심하고 비논리적이며 심리상태가 불안했다면, 지금은 힘이 많이 나고 생활에 열의를 가지고 하고 있다고 했다. 과거에는 자기가 생각을 해 보아도 생각과 행동에 일관성이 없었던 것 같다고 했다. 참을성도 없었고 계획을 꾸준히 지켜 나가는 것이 부족했다, 자신의 생애에서 항상 필요에 따라서 라이벌을 만들어 놓고 그 라이벌을 의식하며 세상 없어도 얘는 뛰어넘어야겠다고 생각하고 살아왔다, 이제는 그렇게 살아왔던 나 자신을 반성해 보고 일기도 쓰고 계획도 아주 잘 짜서 알차게 생활하고 싶다, 자기 자신이 결의를 굳건하게 했다고 했다. 자신의 세상을 보는 시각이 너무 좁았다고 토로하였다.

그런데 지금은 이렇게 변해서 좋긴 한데 이것이 일시적인 것이 아닐까 걱정이 된다고 했다. 상담자는 그렇기 때문에 다시 과거로 돌아가 버리지 않기 위해서 선생님이 내준 숙제를 일상생활 속에서 지속적으로 열심히 해야 한다고 강조하였다. 상담을 통해서 바뀌고 변화된 부분이 일상생활 속에서 통합이 되어야 하기 때문에 꾸준한 노력이 필요함을 역설하였다. 분명히 얘기해 주고 싶은 것은 네가 또 한 번 중간에 그래서 엄마가 또 학원에 갔냐고 물어보자, "그렇게 하고 나서 망신스러웠어요."라고 대답했다. 엄마가 학원에 와서 큰소리를 내서 창피했는데 며칠이 지나자 좀 뻔뻔스러워졌어요. 엄마가 느끼기에 그런 여자애들이 몇 명이 있긴 한데 너한테 관심이 있어서 그러는 것 같다고 하는데, 선생님도 엄마의 판단에 동의한다고 하자 내담자도 그런 것 같다고 했다. 상담의 내용을 들어 본 후에 정말 자기가 한 말의 맥락이 안 맞는다고 하였다. "선생님이 너와 상담한 기록을 복사해서 줄 테니까 너 스스로도 한번 읽어 봐. 정말로 앞뒤가 안 맞는다. 부분적으로 그런 애들이 있다고 해서 그 아이들이 항상 그러는 것은 아니야."라고 하자 자신이 스스로 그렇게 상황을 만드는 것 같다고 하였다. 그걸 알겠느냐고 하자 좀 알겠다고 하였다. 어쩌다 한 번 있는 일인데 자신은 그것을 아주 많이 있는 일이라고 지각하는 것 같다고 하였다. 그리고 비슷한 상황이 닥칠 때마다 그것이 막 떠올려지고 그러니까 "몇 명 아이들이 그런다고 하더라도 내 인생이 끝이냐. 여자애들 24명 중에서 그런 여자애들은 2~3명이고 그 애들은 진짜 한심한 애들 같아요."라고 해서 선생님도 그런 것 같다고 동의하였다. "그 아이들이 공부 열심히 하고 성실하게 생활하는 애들이라면 그렇게 행동할 리가 없다. 네가 머릿속에서 창조해 낸 세계라는 것을 알고 그 환상에서 깨어나지 못하면 너의 삶은 영원히 혼돈 속에 갇혀 있게 될 것이다."라고 말했다.

그전에는 자기 일을 성실하게 못하면 항상 찜찜한데 뭔가 잘 안 되고 주위에서 약간이라도 자극이 오면 유난히 신경이 쓰인다. 지금은 신경 쓰기에 지쳤다라는 느낌이 들면서 이제는 내가 고생하는 이유가 딱 한 가지인데 목표를 이루기 위해서 공부에만 몰두하고 싶다고 했다. 선생님이 분명히 이야기하고 싶은 것은 어린 시절의 한 번의 충격에 대해서 일반화를 너무나 지나치게 한 것임을 강조하였다. 가끔가다가 비슷한 속삭임이 들려오면 쟤네들이 나보고 저러는 것이 아닌가, 그런 것이 또 많이 쌓여서 힘든 것 같다. "뭐랄까 유난히 제 자신이 못나 보이고 모든 것에 지겨웠고 지쳤던 것 같아요. 지금은 어느 정도 내 마음에 드는 대학에 들어가야 기를 펴고 사는 것이 아닌가?" 상담자는 이 시점에서 내담자가 본래 호소해 오던 문제를 해결했다고 믿는데 지금은 내담자에 대한 욕심이 생긴다. 사람은 좋은 대학을 들어가야 하고 그 중에서도 서울 대학에 들어가야 하고 많은 성취를 해야지 행복하다는 생각을 하고 있는데, 행복은 성취가 아님을 알려 주고 싶다. ○○가 열심히 공부해서 ○○대학에 들어갔다고 가정해도 ○○가 그렇게 행복을 느끼지 못할지도 모른다고 말해 주었다. 그러자 내담자는 아주 강렬하게 "왜요?"라고 물어 왔다. 자신은 날아갈 것만 같은데 그 이유가 궁금하다고 했다. 지금은 대학을 못 가서 원이 맺혀서 그런 것 같은데, 사람의 본모습이 그런 것이라고 했다. S대 물리학과 3학년 아이와 인터뷰를 했는데 그 학생의 말이 S대에 합격하면 이 세상의 모든 것이 내 것이 될 것 같았는데 막상 S대 물리학과를 붙은 다음 3일째까지만 행복했고 그 이후에는 행복하지 않았다라는 말을 들려주었다. 그러니까 인간이 어떤 행복을 느낀다라는 것은 외적인 성취에 있는 것이 아니며 행복은 내담자의 마음속에 있는 것임을 상기시켰다. 그걸 선생님께 제2단계의 문제로 상담을 받았으면 좋겠다고 제의했으나 내담자는 상담자가 제시하는 말의 철학적 의미를 잘 조명하지 못하고 받아들일 수 있는 정신적 성숙이 못 미친 것으로 판단이 되었다. 박사가 대학만 나온 사람보다 2배로 행복하고 3배로 날아갈 것만 같은 것이 아니라고 말했다. (한참 침묵) ○○는 외적인 성취의 양에 의해서 행복을 느끼고 인간의 가치가 평가된다고 생각하는 것 같다고 하자 그렇다고 하였다. 물론 좋은 대학을 나오면 내가 더 편하게 살 수 있는 점은 있으나 그렇다고 하여 인간의 가치가 더 월등하다고 말할 수는 없다고 하였다. 내가 더 편하다고 그것이 과연 더 행복한 것인가? 그것은 아닌 것 같다고 하였다. "글쎄요, 저는 사람이 희망을 먹고 사는 존재인데 뭐랄까, 뭔가 목표가 있으면 그것에 최선을 다할 때 행복한 것이 아니냐?"라고 내담자는 반문하였다. 상담자는 바로 그 점, 최선을 다해 가는 인생의 프로세스, 그 과정이 중요한 것이지 최선을 다한 그 결과에 목표를 두는 것은 바람직하지 않음을 말했다. S대에 떨어지더라도 그 과정에서 최선을 다했다면 그것이 의미 있는 것이다. S대를 간다는 희망으로 공부했는데 떨어진다면 어떨까?

내담자: 기분이 안 좋겠죠.

상담자: ○○가 지금과 같은 가치관을 가지고 있으면 아마도 너는 굉장히 큰 좌절을 할 것이야.

내담자: (내담자 한참 침묵) 그렇게 생각하면 대학은 어디나 들어가도 괜찮다고 생각해야 하나요?

상담자: 아니, 그렇게 생각하는 것보다 내가 최선을 다해서 갈 수 있는 대학을 재수의 목표로 삼아서 공부는 하지만, 물론 목표의식을 가지고 나아가는 것은 굉장

히 중요하지요. 강한 욕구가 있을 때 열심히 공부하게 되고 어려움을 물리치게 되는 것이니까. 강한 목표의식은 필요하지만 목표의 도달 그 사실이 행복은 아님을 일깨우려고 했다는 말이지요. 행복은 외적인 조건이나 외적인 성취가 아니다. 초등학교만 나왔어도 내 삶에 만족하면서 행복을 느낄 수 있는 사람이 있지만 박사가 되었어도 그것에 만족하지 못하면서 불행을 느끼는 경우도 많다. 박사가 삶의 조건은 유리할 수 있겠지만 그렇다고 그 사람이 초등학교만 나온 사람보다 더 행복하다고는 아무도 말할 수 없지요.

내담자: 글쎄요, 어느 대학에 가고 싶다는 것은 안 되면 죽겠다는 각오가 되어 있는데요. 사람들이 그렇잖아요. 일단 어느 대학을 가겠다는 목표를 설정하고 그 대학에 들어간 다음에 다 이루었다, 그런 것이 아니고 또 다음의 목표를 갖게 되잖아요. 목표를 계속 정해 나가고 정진하면서 사람이 살아가고 저도 그런 의미로 말씀을 드린 것이에요.

상담자: 물론 그것은 좋은 생각이지만 목표 자체에 매이는 것은 바람직하지 않아요.

내담자: 왜요? 선생님, 목표에 도달하면 굉장히 기쁠 것 같은데요?

상담자: S대 학생의 이야기로는 목표에 도달했을 때 사흘 동안 기뻤다고 했다니까. S대 물리학과에 붙은 다음에 모든 것이 해결될 줄로 알았는데 그 벽을 넘고 보니 또다시 힘겹게 넘어야 할 고지가 있고 하기 때문에 행복이란 목표의 성취에 있는 것이 아니란 말이지요. 외적인 성취가 인생의 다가 아니거든요.

내담자: 그런데요 선생님, 대한민국에 사는 학생들은 현실적으로 그런 말을 다 받아들이기가 어려울 것 같아요.

상담자는 내담자의 이런 부분에 대해서 수긍을 해 주었다. 그리고 내담자가 아직은 코앞에서 뚫어야 할 대학 입시의 관문 등이 남아 있어서인지, 그 이후의 좀 더 궁극적이고 철학적인 부분에 대한 통찰은 일어나지 않았다. 피아제의 형식적 조작기 수준의 사고가 통합적으로 이루어지지 않는 것으로 간주하고 이 부분에서 논박은 중단되었다. 지금은 최선을 다해서 공부를 하고 좋은 대학에 가야 하겠다는 일념으로 공부하지만, 마지막 판에 내가 원하는 대학에 충분히 합격할 수 있는 실력이 나오지 않을 때 그것을 수용할 수 있는 마음의 중요성을 강조하고 회기가 마감되었다. 만약 그런 마음의 여유가 생기지 않고 반드시 내가 가야 하는 대학에 붙어야만 한다는 경직된 생각을 하고 있을 때 내담자는 다시 불안해질 수 있음을 상기시켰다. 그러자 '만약 성적이 안 오르거나 떨어지면 어떻게 하지?'라는 생각이 들면 정말로 불안해진다고 하였다. 인지상담이란 바로 생각을 교정해서 자신의 감정과 행동을 조절해 나가는 것이 아닌가. ○○의 잘못된 생각, '다른 사람들이 나를 재수 없는 아이로 지각한다.'는 것에 대해서 그것이 잘못되었음을 교정했던 이유가 바로 그런 잘못된 생각 때문에 여러 가지 악감정이 생기고 열심히 공부해야 하는 행동이 영향을 받아서 공부에 집중하지 못했던 것이 아니냐고 상기시켜 주었다. 그것처럼 생각을 유연하게 가져야 한다. 반드시 ○○대학에 붙어야만 한다고 경직되게 생각하면 오히려 공부가 잘 되지 않으니까 이제는 열심히 공부해서 내 실력에 적합한 대학을 가야 하겠다. 만약에 못 간다고 하더라도 내 인생은 거기에서 끝이 나는 것이 아니다. 삶은 꾸준히 노력하는 데서 오는 기쁨을 만끽하는 것이 중요함을 강조하였다.

지금은 뭔가 생각을 하나 해도 제대로 오래 가질 않기 때문에 계획을 야무지게 짜서 거기에 따라 생활하면서 자기 절제 같은 것을 이루고 싶다고 했다. 상담자는 그 생각도 좋지만 계획을 너무나 무리하게 짜 놓아서 지키기가 힘이 들 때 "○○야, 너는 결국 네가 짜 놓은 계획도 하나 못 지키는구나." 하면서 "이 바보 같은 놈!" 이렇게 또 자기 자신을 비하할 수가 있으므로 실천할 수 있는 계획을 세우는 것이 중요함을 강조하였다. 자신은 정신력이 약하고 참을성이 없기 때문에 이제는 그런 부분을 길러 가고 싶다고 한다. 우선 4개월의 계획을 짜고 그다음에 입시가 가까워지면 다시 계획을 짜서 지키겠다는 결의가 강하게 되어 있다고 했다. 120일 중에 80일 이상을 실천에 옮기면 성공적이라는 목표를 걸면 좋겠다고 했다. 이번 회기에 내담자가 장족의 발전을 이룬 점을 지지하고 격려해 주었다.

• 중기 상담과정의 요약 •

내담자를 괴롭히는 여러 가지 역기능적 신념들, 예컨대 '나는 재수 없게 생겼다.' '일류대학에 가지 못하면 큰일이다.' '지금처럼 단조로운 생활은 참을 수 없다.' '이렇게 살아서 뭐하냐. 다 끝장이야.' 등을 찾아, 이것들이 내담자의 바람직한 성장과 정신건강에 얼마나 잘못된 영향을 미치고 있는가에 대해서 무수히 많은 논박의 과정을 통하여 제시하였다.

똑같은 상황을 보는 내담자와 내담자 어머니의 시각의 차이가 있음을 지적하였다. 각 개인의 입장과 관점에 따라서 판단의 기준이 다를 수 있음을 알려 주었다. 특히 추론적 논박이 집중적으로 수행되었다. 즉, 내담자가 사실이라고 종교적 신념처럼 굳게 믿는 그 신념은 사실일 수도 있지만 사실이 아닌 추측일 수도 있음을 강조하면서, 내담자의 지각세계에 대한 객관적 검증을 강조하였다.

중기 상담의 말기에서는 내담자로 하여금 삶의 목적이나 자세에 대해서 심층적 가치를 논의해 보려 했으나, 준비가 되어 있지 않아서 그만 포기하였다.

(3) 말기 상담과정(제10회~제11회, 종결회기): 문제의 재발 방지(relapse prevention)를 위한 교육 및 변화의 최종 점검

① 제10회 상담, 5월 7일(수)

감정에 따라서 생각이 달라지니까 자신이 봐도 너무 과장이 되고 안 맞았다고 했다. 어떤 면에서 과장을 했느냐고 하자, "어떻게 해서든지 이런 상황을 남들에게 이해를 시키려고 막 그랬어요(어려움을 호소하기 위해서요). 앞뒤가 안 맞는 것은 말을 조리있게 잘 못 했기 때문인 것 같아요. 우선은 가장 중요한 것은 저의 생각이 많이 바뀌었어요. 그 전에는 한 가지로만 생각했어요. 내 생각과 행동에는 모두 잘못이 없는데 외모에 문제가 있어서 걔들이 그런 것이다라고요. 그런데 가만히 생각해 보니까 저의 생각과 행동에 문제가 있었더라고요."라고 했다. 상담자는 내담자가 정말로 위대한 발견을 했다고 굳게 악수를 청하였다. 많이 좋아지고는 있으나 아직도 자신의 행동에는 많은 문제점이 있다고 했다. 구체적으로 어떤 생각에서 문제가 있느냐고 물었다. (한참 침묵 후에) 한 가지 일이 발생했을 때에 다른 쪽으로는 생각을 안 하고 한쪽으로만 생각을 한다고 했다. 예를 들면, 남들이 뭐라고 수근대는 것 같으면 그것이 나한테 하는 것이 아닐까 하고 스트레스를 받았는데 요즈음에는 그런 것을 무시하게 되었고, 또 한 가지 문제점은 뭐랄까, 행동이 부자연스러웠는데 아예 의식하지 말아야겠다고 생각하게 되었다고 했다. 그러지 말아야겠다고 생각을 하니까 또 자유스럽지 못했다고 했다. 상담자는 그러지 말아야겠다는 생각을 반복적으로 하고 반복적으로 노력을 하면 빠른 시일 내에 자유스러워질 것이라고 말했다. 지금 당장은 그것이 습관화가 안 되었기 때문에 부자연스러운 것이라고 했다. "그러지 말아야지, 그러지 말아야지."라는 것이 자연스럽게 일상 생활화가 되면 자연스럽게 그러지 않게 되는 것이라고 했다. 그러자 내담자는 생활을 해 나가면서 잊어가려고 한다고 했다. 일단 상담자는 내담자가 다른 사람이 소곤거릴 때에 그것이 나한테 그러는 것이 아니라는 것을 분명히 안다면 중요한 문제가 해결이 된 것이라고 말해 주었다. 그 생각을 무시한다고 했는데 그것이 아니고, 그렇게 생각을 하지 않는 것이라고 말을 정리하여 표현해 주었다. 그러자 내담자는 실제로 무시하는 것도 아니고 그럴 만한 이유도 없다고 스스로 표현하였다. 상담자는 만약에 걔들이 내담자를 무시하는 것이 사실이라면 그것은 그 아이들의 잘못이고 내가 그것에 영향을 받지 않아야 한다는 것을 다시 한 번 강조하였다. 그리고 지금 내담자의 말이 진심에서 우러나온 말이라면 이제는 상담을 종결해도 될 것 같다고 했다. 그래서 자신이 생각을 해 보았는데 상담을 계속해 나가는 것도 좋겠지만 지금 이 시기를 놓치면 앞으로 공부하는 데 좀 어려워질 수도 있겠다고 하였다. 상담자가 보기에도 내담자가 자신의 심각한 문제에 있어서 상당한 진척을 보이고 있기 때문에 이제는 스스로 해결해 나가는 독립적인 자세가 필요하다고 하자 나머지는 자신이 해결해 나가는 태도를 지녀야겠다고 했다. 그래서 상담자는 그것은 굉장히 중요한 태도라고 격려해 주었다. 이제 인지상담의 중요한 부분을 내담자가 많이 배우고 터득을 하였으니까 이제부터 나머지는 자기 스스로 해결해야 할 부분이라는 내담자의 생각에 동의하였다. 내담자가 재수생이기 때문에 공부하는 것이 상담을 받는 것보다 더 중요하며, 내담자가 아직 준비가 되어 있지 않은 상황에서 상담을 끝내는 것이 아니고 내담자가 스스로의 문제를 헤아리고 지탱할 수 있는 힘이 형성이 되었기 때문에 상담을 종결하려 한다는 생각을 분명히 표현하였다.

그리고 가장 중요한 것은 그전에는 반 자포자기식이 많았는데 생각이 바뀌었다고 했다. 아직도 많은 불편함이 있지만 이것은 자신이 재수를 하기 때문에 생기는 상황 때문인 것 같다고 하면서, 여전히 마음이 100% 편안한 것은 아니라고 했다. "지금 현재를 사는 것이 아니고 미래를 사는 것이니까요." 자신이 가만히 생각해 보니까 너무나 시각이 좁아서 하나로만 보고 생각한 것이 잘못되었음을 마음속 깊이 깨닫고 있다고 했다. 그전에 선생님이 해 주신 S대 학생이 재수했을 때의 이야기를 듣고 "나만 이렇게 고생을 하는 것이 아니고 남들도 이렇게 고생을 하는구나."를 알게 된 다음부터는 도움이 됐다고 했다. 우선 앞으로 노력을 할 것은 과거의 잘못된 생각으로 다시 돌아가지 않게 더 조심을 해야겠다는 다짐을 했다고 하였다. 내담자는 자기 때문에 선생님이 굉장히 힘드신 것으로 아는데 미안하기도 하고 고맙기도 하다고 하였다. 그래서 상담자는 혹시라도 내담자가 상담자에게 잘 보이기 위해서 달라졌다고 그러는 것은 아닌지에 관하여 확인하였다. 내담자는 웃으면서 "그런 것은 절대로 아니죠."라고 했다. 절망적으로 생각했던 일에 열의를 가지고 할 수 있게 되었다고 했다. 상담자는 내담자의 좋은 점이 너무너무 많다고 구체적으로 지적해 주었다. 피부가 맑고 고운 것, 얼굴이 잘생긴 것, 생각을 많이 하는 것, 열심히 공부해서 좋은 대학에 가려고 하는 것 등 자신의 좋은 점을 보지 못하고 한 가지에만 몰두해서 자신의 환상에 빠졌었다는 것을 다시 한번 지적하였다. 부모님과의 관계를 묻자 좋은 편은 아니라고 대답하였다. 성적이 좀 떨어졌는데 또 엄마가 화를 내셔서 자기도 같이 화를 냈는데 그때에 그냥 그러려니 했으면 됐는데 자신도 막 같이 화를 냈다고 했다. 이제부터는 그럴 때 반응을 즉각적으로 하지 말고 한 템포를 늦추어야 되겠다고 하였다.

엄마가 쌀쌀맞은 것 같다고 불편을 토로해서 엄마가 쌀쌀한 것이 아니라 수줍고 사회적인 기술이 잘 발달되지 않아서라고 했다. 이제부터는 그런 엄마에게 심하게 한 것을 반성하고 엄마를 감싸안는 태도가 중요함을 강조하였다. 이제 성인이 되어 가고 있기 때문에 엄마에게 의지하기보다는 한 발 앞서가는 것이 중요하다, 엄마는 절대로 저러면 안 된다고 생각하니까 나쁜 감정이 생기는데 앞으로는 우리 엄마는 많은 사람을 상대하지 않았고 시각이 좁으니까 저럴 수도 있겠지 하면서 '욱'하는 정서를 가라앉히고 엄마의 이해 안 되는 태도를 받아들이고 수용할 것을 부탁하였다. 당장은 ○○가 재수를 하니까 엄마에 대한 배려가 어렵다고 하더라도 대학에 들어가면 그렇게 할 수 있다고 믿는다고 하자, 군은 결의를 가지고 "그렇게 해야죠."라고 대답하였다. 사람들은 모두 자기의 조건에 만족을 못한다. 이것이 우리 인생이구나를 받아들이면 많은 문제가 해결이 되고 쉽게 해결이 될 수 있음도 강조하였다.

앞으로 지난번에 써 준 것을 다시 보고 묵상을 하도록 했다. 지난번에 부모님께서 자신과 상담한 녹음 파일을 다 들으시고 난 후에 너는 왜 그렇게 네 입장에서만 바라보고 생각하고, 부모님의 입장을 헤아리지 않는냐고 하셨다고 하였다. 가만히 보면 그것도 그런 것 같은데, 자신이 한 일에 대해서는 과장하고 미화시키는 것 같다고 했다. 시각 차이가 있는데 그것을 이해를 못 하시는 것 같다고 했다. 이제부터는 그 다른 점을 왜 인정해 주지 않느냐고 화내고 싸우지 말고 다른 점을 이해하지 못하는 부모를 받아들이는 자세가 중요하다고 말했다.

"우선은 참 다행이다 싶어요. 못난 생각으로 여태까지 끌려와서 인생을 망쳤다고 생각을 했는데 지금은 거기에서 벗어나서 너무나 고맙습니다." 이제 네가 잘못 생각하는 것을 알았으니까, 이제는 내재화가 되어야지라고 하자 내담자는 "그렇게 노력하겠습니다."라는 대답을 하고 회기는 마감되었다.

② 제11회 상담, 5월 16일(금): 종결회기

예정대로 상담자는 종결을 하기 위한 마무리 상담을 진행하였다. 내담자는 자신의 지나간 삶이 잘못되었기 때문에 많은 반성을 하게 되었다고 했다. 상담자는 지난 일을 반성하는 것도 중요하지만, 반성이란 단어는 지난 일을 잘못했을 때 그 잘못된 일을 다시는 저지르지 않기 위해서 하는 말이라면, 내담자의 경우에는 지난 일을 잘못 지각하고 왜곡되게 바라보았던 것을 교정하겠다는 말이 더욱 적절하다고 고쳐 주었다. 그동안 부모님께 너무나 미안했다. 너무나 자기중심적으로만 생각했고 내가 너무나 편하게 자랐기 때문에 세상이 나한테 맞아떨어지지 않는다고 세상을 너무나 비뚤게 보는 시각을 가졌다고 했다. 그전에도 그뿐만 아니라 여러 가지 많은 일을, 내가 아량을 가지고 스쳐 지나갔던 일들을 나만 편하게 나 위주로 생각했다고 했다. 이제는 나 자신을 남에게 잘 보이기 위해서 살아가는 것이 아니고 나와 남이 함께 조화를 이루면서 살아가는 마음을 갖자고 결심했다고 했다. "남이 나를 인정해 주기를 바라지 말고 산처럼 묵묵하고 움직일 수 없게 만들어 나가자고 했어요." 상담자가 산처럼 움직일 수 없게 만들어 나가는 것의 의미를 물어보자, 자기 자신을 단련시키고 높이 쌓아 나가자는 뜻이라고 했다. 지금 자신이 마주하고 있는 힘든 일보다도 앞으로 긴 긴 인생을 살면서 더욱더 힘든 일이 많이 있을 텐데, 예를 들면 앞으로 군대 같은 곳에 가서 훈련을 심하게 받을 때, 그런 것을 과연 내가 잘 참고 이기겠는가에 대한 의심이 들어서 정신수양 같은 것을 해야겠다고 마음먹고 있다고 했다. 철이 좀 들어야겠다고 했다. 상담자는 내담자가 그간, 길지 않은 기간에 많은 성찰을 한 것 같다고 격려해 주었다. "○○가 아주 많이 성숙하고 어른이 된 것 같다."고 하자 아직은 생각뿐이라고 대답했다. 상담자는 일단 생각하고 마음을 먹는다는 것은 그다음에 행동으로 옮길 수 있는 시발점이 될 수 있다는 것을 명료화시켜 주었다. 내담자가 상담에 처음 왔을 시점에 초등학생 같았다면 지금은 대학생과 같은 의젓하고 성숙한 태도를 지니게 된 것에 대해서 기뻐하였다. 그러면서 그동안은 부모님을 많이 원망하고 자신이 가지고 있는 모든 문제의 원인을 부모님께 돌렸는데 이제는 그런 것들이 모두 나의 잘못임과 내가 부모님보다 더 단점이 많다는 것을 알게 되었다, 부모님께도 이제는 하나하나 신경을 써서 잘해 드려야겠다고 결심하였다, 이제는 다른 사람의 입장이나 느낌을 충분히 고려해 보고 다른 사람에 대한 배려도 많이 하려고 한다고 했다. 남들이 말하는 것을 무조건 신경을 안 쓰기보다는 그말의 내용에 대해서 판단하지 않는 것이 중요하다는 것을 알았다고 했다.

상담자는 선생님이 다른 사람의 이목에 대해서 신경 쓰지 말라고 한 것은 다른 사람에 대해 무조건 신경 쓰지 말라고 한 것이 아니고, 다른 사람이 나를 나쁘게 생각하고 나쁘게 말한다는 것에 대해서 그것이 사실이 아니기 때문에 신경을 쓰지 말라는 것이지, 다른 사람을 배려하고 다른 사람에게 호의를 베푸는 것을 무시하라고 한 것이 아님을 분명히 하였다. 상담자는 내담자가 상담을 통해서도 성장을 했지만 원래 ○○은 본 바탕이 좋은 사람인데 그것을 본인이 못 느끼고 나쁜 부분이나 자신의 취약하고 허약한 부분만을 많이 알고 있었다고 지적해 주었다. 그래서 상담을 통해서 자신의 본 모습을 찾은 것이라고 말해 주었다. 내담자는 자신은 아직도 나쁜 점이 많이 있다고 했다. 그것이 무엇이냐고 묻자 재수생이라서 열등감이 심한 점이라고 했다. 상담자는 재수생이고 열등감이 있는 것에 대해 '좋고, 나쁘고' 하는 식의 언어 표현은 적절하지 않음을 상기시키면서 구체적이고 적절한 언어를 사용할 것을 권유하였다. 이런 상황에서도 내가 좀 힘이 든다는 말이 내가 나쁜 면이 많이 있다는 표현보다 더 적절하지 않느냐고 했다. 그러자 내담자는 잠깐 생각에 잠긴 뒤에 그것이 나쁜 면이라고 말하기보다는 불리한 면이라고 표현하는 것이 더 바람직한 것 같다고 했다. 상담자도 그의 표현에 동의하면서 바로 그러한 불리한 점을 극복하기 위해 노력하는 것이 중요함을 강조하였다. '극복'이란 단어는 아름답고 중요한 단어 같다고 했다. 현재 겪고 있는 이런 어려움을 극복하는 사람은 나중에 더 큰 어려움을 극복할 수 있다는 것을 그림을 그리면서 보여 주었다. 그림에서와 같이 A라는 산을 극복하지 못한다면 앞으로 우리가 만나게 될 B라는 산을 넘기가 더 어려울 것이라고 하자 그도 동의하였다. 그래서 내가 A를 잘 넘어섰을 때 B도 잘 넘어 설 수 있음을 강조하였다. 낮은 산을 못 넘었는데 높은 산을 오르기는 너무나 어려울 것임을 상기시켰다. 내담자는 자신은 이 어려움을 견디고 극복할 수 있다고 강하게 힘주어서 대답하였다. 상담자는 어떤 점에서 우리가 당면한 시련이란 것은 나에게 축복일 수 있음을 말해 주었다. A라는 산을 넘어 볼 기회가 없었던 사람은 B라는 산을 넘을 때에 훨씬 더 힘겹고 어렵겠지만, A라는 산을 넘어 볼 기회가 있었던 사람은 B라는 산을 넘을 때 훨씬 더 수월하게 넘을 수 있지 않겠느냐고 하자 그렇다고 하였다. 그러니까 지금 당장은 이 시련이 힘들고 괴롭지만 장기적으로는 나에게 축복이 될 수 있다고 하자 "예, 예."라고 대답하며 동의를 표현하였다. 열심히 몰두해서, 잘 안 되는 것 같아도 자신을 추스르고 최선을 다한다고 하면, 어떤 결과가 오든지 간에 자신은 그것에 대해서 승복할 수 있다고 했다. 상담자는 여기에 덧붙여서 내담자 앞에 나타난 결과가 내담자의 마음에 들지 않는다고 해서, 예를 들면 내담자가 목표로 하는 대학의 원하는 학과나 학부에 혹시 들어가지 못했다고 하더라도 그것이 내담자의 인생에서 최악의 상황이 아닌 것을 분명히 지각하는 태도의 중요성에 대해서 다시 한번 역설하였다.

이제는 내담자와 전체 상담과정을 더듬어 보면서 상담의 성과에 대해서 논의하는 시간을 가졌다. 처음에 내담자가 왔을 때 불편하고 힘들어했던 문제와 지금 종결의 시점에서 그 문제가 얼마나 달라졌나에 관해서 살펴보자고 했다. 첫째, 내담자가 맨 처음에 호소해 왔던 '나는 외모가 재수 없게 생긴 아이이다.'라는 내담자의 신념에 대한 변화를 점검하였다. 내담자는 이 생각이 분명히 아닌 것을 알았다고 했다. 둘째, 복합적인 요소로서 열등감이 너무 심했다. 그 이유에 대해서 상담자가 명료화하는 질문을 하자, "그것은 나 자신에 대해서 만족을 못했기 때문"이라고 하였다. 자신이 재수생이기 때문이기도 하고, 외모, 성적, 성격 등의 여러 가지 점에서 만족을 못했다고 하였다. 상담자는 내담자가 주장한 이런 면이 정말로 열등한가에 대해서 탐색했다. 외모도 못생기거나 재수 없게 생기지 않은 것이 분명하고, 성적도 내담자의 기대수준이 워낙 높기 때문에 그 기대에 못 미칠 수는 있겠지만 공부를 그렇게 못하는 아이도 아니고(내담자는 서울의 4년제 대학에 합격했으나 일류대학에 들어가기 위해서 자신이 입학을 포기하고 재수를 강행한 것임), 성격적인 측면도 내담자가 다소 외골수적인 측면이 있긴 했지만 그래도 부모님께 그간에 했던 잘못을 반성하고 잘해 드리려고 결심하는 것을 보면 그렇게 인성이 못되고 나쁜 아이가 아님을 보도록 도와주었다(내담자의 어머니도 내담자의 이러한 특성을 알고 있다). 상담자는 내담자가 재수하는 과정에서 스트레스를 많이 받게 되었고 그 스트레스를 잘 해결하고 적절하게 푸는 방법을 몰랐기 때문에 엄마에게 함부로 한 점은 있지만 근본적인 마음밭이 못되고 나쁜 사람이 아님을 분명히 말해 주었다. 선생님을 만나서 상담을 한 것이 자신에게 도움이 아주 많이 되었기 때문에 공부도 조금씩 잘 되어 가고 있고, 뭔가 생활의 규칙과 틀이 잡혀 가는 듯하다고 했다. 그전에는 그것들을 쉽게 깨 버리곤 했는데 이제는 균형이 잡혔다고 했다. 상담자는 이제 내담자가 상담의 과정을 통해서 모든 것은 우리가 마음먹기에 달려있다는 일체유심조(一切唯心造)의 철학을 갖게 될 것을 간절히 바란다고 말했다. 내담자가 마음을 제대로 먹었을 때에 여러 가지 어려움을 해결해 나갈 수 있음을 강조하였다. 상담자는 솔직하게 내담자가 처음에는 너무나 말도 안 되는 소리를 주장했기 때문에 내담자의 행동이 좀 한심하게 지각이 되었었다고 털어놓았다. 상담자는 상담의 종결을 위한 목록표를 보면서 하나하나 짚어 가기 시작했다.

1. 어떤 새로운 행동을 습득했느냐고 물었다.

자신이 재수 없다는 환상에서 벗어났으며 규칙적인 룰을 쉽게 깨지 않고 균형 잡힌 생활을 하고 있다고 했다. 그 말은 그전에는 공부할 때는 확 하고 안 할 때는 확 집어치우고 했는데 이제는 하루하루 규칙적인 생활을 한다. 그리고 전에는 약간의 자극에도 민감하게 반응하였는데 지금은 감정을 내세우기 전에 한 번쯤 생각을 해 보고 반응을 한다고 하였다. 그런데 아직도 사람이 많은 곳에서 자신감이 없는 것은 좀 남아 있다고 했다. "그것은 쉽게 싹 고쳐지지가 않더라고요." 그런데 그런 것은 자신이 지난번에도 말씀을 드렸듯이 앞으로 조금씩 조끔씩 고쳐나가도록 노력하겠다고 하였다.

2. 내담자가 요즈음에도 전처럼 불안하거나, 속상하거나, 화가 나거나 상처를 입고 있느냐고 물었다.

처음에는 불안한 것이 가장 큰 요인이었는데 지금은 가끔가다 스트레스를 약간 받기는 하지만 불안하거나 뭐 그런 것은 없다고 했다. 그때는 '내가 이러다가 어떻게 되지는 않을까, 이러다가 폐인이 되는 것은 아닐까?' 그런 생각이 많았는데 지금은 그런 생각 자체가 없어졌다고 했다.

3. 앞으로 나 자신에 대해서 웃을 수 있겠는가, 나 자신을 심각하게 받아들이지 않을 수 있겠는가에 대해서 물었다.

그것은 우선 입시가 끝난 후에 시도해 보겠다고 했다. 웃을 수 있다는 것은 긴장이 좀 풀렸다는 것을 의미하니까. 우선 공부를 하고 나중에 웃겠다고 하였다.

4. **내가 겪어야 할 좌절에 대해서 관용적일 수 있겠는가에 대해서 물었다.**

'관용적'이라는 말이 무조건 지고 들어가야 한다는 의미가 있는 것 같아서 일단 최선을 다해 보고 안 되면 그때에 바꾸어서 생각을 해 볼 수 있겠다고 했다.

5. **내가 어려움을 피하는 대신에 행동함으로써 직면할 수 있겠는가에 대해서 물었다.**

예전엔 피하면서 합리화시켰는데 지금은 오기 같은 것이 좀 많이 늘어서 지금은 확실히 회피하지 않는다고 했다.

6. **내담자가 ABC를 분석하고 자신의 잘못된 생각에 대해서 논박할 수 있겠느냐고 물었다.**

자신이 비뚤어진 생각, 나쁜 생각을 100% 안 갖는다는 것은 현실감이 없지만 순간순간 옳은 생각이 아님을 확인하게 되고 순간적인 생각을 바꿀 수 있게 되었다고 했다. 내 생각의 '비현실성' '비논리성' '비실용성'에 초점을 맞추어서 그냥 내 생각이 막연히 틀렸어라고 하지 않고 스스로 생각하고 논박을 해 보라고 했다.

7. **그동안 내담자가 부모님을 많이 비난해 왔는데 이제는 그러지 않을 수 있겠느냐고 물었다.**

내담자는 비난이라기보다 그전에는 자기 자신의 문제를 부모님께 많이 돌렸는데 이제는 그러지 않도록 노력한다고 하였다.

8. **내담자가 자신의 문제에 대해서 책임을 질 수 있겠느냐고 물었다.**

나쁘게 나오는 상황이 나 때문이지 다른 사람 때문이 아니니까 내가 책임을 진다는 자세로 살아가겠다고 하였다.

상담자는 이제 앞으로 내담자가 스스로 지키고 행하여야 할 실천과제를 다음과 같이 내주었다.

실천과제

1. 이 상담과정에서 배운 것들을 일상생활 속에서 적용해 보기
2. 하루에 한 가지씩 자신을 위해서 재미있고 즐거운 일을 하기
   일소일소, 일노일로(一笑一少, 一怒一老: 한 번 웃으면 한 번 젊어지고, 한 번 화내면 한 번 늙는다)라는 말을 설명해 주자 요즈음엔 선생님이나 친구들이 재미있는 말을 하면 자주 웃고 즐거움을 느낀다고 하였다. 소문 만복래(笑門萬福來: 웃으면 복이 온다)라는 말도 있으니까 깔깔깔 웃기
3. 다른 사람을 위해 조그마한 일이라도 선행을 베풀기
4. 내가 실수를 했을 때, 실수하는 것이 인간의 특권임을 다시 인식하고 유머스럽게 껄껄껄 웃어 재끼면서 다음부터 그런 실수를 하지 않도록 노력하기

"마지막으로 선생님께 드리고 싶은 말은, 앞으로 입시까지 6개월 동안 어쩌면 또 불안이 많이 있을 테지만 지금 좀 힘들어도 잘 이겨 내서 좋은 결과를 만들어야겠다고 생각하고 있어요." 상담자는 이겨 나갈 수 있음을 격려해 주고 앞으로 4개월 후, 또 그로부터 6개월 후에 고양회기를 갖기로 하였다. 내담자는 회기의 말미에서 자신과 유사한 문제로 어려움을 겪고 있는 친구가 있는데 그 친구도 상담을 해 줄 수 있는지에 대해서 문의해 왔다.

마지막 회기에서 내담자는 다음과 같은 글을 남기고 떠났다.

> 그전에 나는 세상이 나를 위해 존재해야 하는 것으로 생각했었고 그렇지 않은 부분을 원망하며 비뚤어진 눈으로 세상을 바라보았습니다. 그 비뚤어진 것이 너무나 도가 지나쳐 나 자신이 그것을 너무나 지나치게 인식해 내 삶이 파괴된다고 생각했을 때 상담실을 찾게 되었습니다. 이곳에서 나는 내가 세상과 타인을 바라보는 시각과 나 자신을 바라보는 시각이 매우 잘못되었다는 것을 점차 깨닫게 되었습니다. 그리고 나 자신의 단점을 극복하지 않고 그것을 나를 둘러싼 다른 이들의 탓으로 돌리려 하는 자신의 모습도 똑똑히 보게 되었습니다. 어리석은 점을 확실히 알고 어떻게 해 나가야 할지를 알게 된 지금 너무나 마음이 가볍습니다. 그리고 저를 도와주신 선생님과 이 기관에 대해서 정말 감사드리고 싶습니다.

• 말기 상담과정의 요약 •

자신이 종교적 신앙에 필적할 정도로 굳건하게 믿었던 신념들이 자신의 삶을 파괴적으로 이끄는 데 커다란 역할을 했음을 깨닫게 된다. 자신의 깨달음이 행동의 변화와 연결되기 위해 필요한 기법을 익힌다. 그리고 종결 후에도 지속적인 행동의 변화를 유지하기 위한 방법을 함께 모색하였다.

(4) 추수지도(follow up)

이 사례는 종결 후 4개월경에 제1회 고양회기, 그리고 그 이후 9개월 후에 제2의 고양회기가 이루어졌다. 각각의 내용은 다음과 같다. 내담자 어머니와 이루어진 고양회기의 내용도 수록하였다.

① 제1회 고양회기, 9월 4일(목)

상담을 종결한 후 약 4개월 후에 다시 돌아온 내담자는 전보다 의젓하고, 여유 있고, 차분한 사람이 되어서 나타났다. 내담자는 가끔가다 지난 일을 생각하면 기분이 간혹 나빠질 때도 있지만 지금은 수능이 약 75일 정도 남아서 발등에 불이 떨어진 느낌이라 잡생각이 별로 안 들고 공부에 몰두할 수 있어서 좋다고 하였다. 전에는 기분이 나빠지면 주체할 줄 몰랐었는데 이제는 기분이 나빠진다고 하더라도 기분이 나빠질 수 있다는 사실 그 자체를 그냥 수용하게 되니까 그리 크게 영향을 받지 않는다고 하였다. 상담자는 간혹 얼굴에 불그스레하게 띠었던 홍조도 전혀 없다고 지적하자 옛날 친구들도 얼굴이 좋아졌다는 말을 많이 한다고 하였다. 내담자는 상담자의 시선의 집중도 부담 없이 아주 자연스럽게 유지하였다. 상담자는 바로 이 점도 언급하며 아주 장족의 발전을 했다고 격려해 주자 상담을 받았을 당시에는 밥도 먹기 싫었는데 지금은 밥도 잘 먹는다고 하였다. 내담자는 이것이 모두 상담의 효과로 나타난 현상이 아니냐고 하여 상담자와 내담자는 서로 얼굴을 마주 보며 한바탕 웃었다.

상담자는 조심스럽게 내담자를 괴롭혔던 잘못된 신념인 '재수 없게 생겼다.'라는 인지적 왜곡을 아직도 철저하게 믿고 있는지 물어보았다. 자신은 완전히 벗어나게 된 것 같다고 하였다. 그러면서 내담자는 자신이 언젠가 동네의 큰 빌딩 앞에 가서 지나가는 몇 명의 사람들에게 자신의 생김새에 대한 여론조사 기법을 활용해 본 것이 동네 사람에게 다 퍼지고 그래서 동네 사람들에게 다 찍혔다고 하였다. 그러나 지금은 동네 사람들에게 그 사실이 '퍼져도' '찍혀도' 그것을 담대하게 받아넘길 수 있다고 하였다. 상담자는 내담자의 이런 태도를 격려해 주었다. 거기에 의미나 가치를 부여하지 않는 것이 나에게 미칠 수 있는 영향을 차단하는 방법임을 상기시켰다. 그리고 또한 동네 사람 모두에게 퍼져 나갔다고 생각하는 것은 내담자의 추측인데 이것은 사실이 아닐 가능성이 더 많다는 것을 환기시켜 주었다.

내담자는 쓸데없이 신경을 썼던 자신의 바보스러운 면도 발견했지만 더욱 중대한 발견은 자기뿐만 아니라 다른 사람들도 그런 유사한 부분이 있다는 것을 알게 된 것이라고 하였다. 그래서 이 세상은 서로 비슷비슷한 사람들이 모여서 사는 곳임을 알게 되었다고 하였다.

지금은 학원을 그만두었고 단과반에 다니면서 필요한 것만을 골라 들으니 성적도 많이 향상되었다고 하였다. 그러면서 처음부터 필요한 것만을 골라서 듣는 단과반에 다녔으면 좋았을 것 같다고 하였다. 상담자는 내담자의 언어 중에서 '…했을 걸.'이라는 표현에 주목하였다. 상담자는 내담자의 그런 생각은 가정이고 가정은 그대로 될 수도 있지만 그대로 되지 않을 수도 있음을 상기시켰다. 이미 흘러가 버린 과거에 미련과 아쉬움을 갖기보다는 지금 현재의 계획과 과업에 충실하도록 에너지를 활용할 것을 강조하였다.

부모님과의 관계는 재수가 끝날 때까지는 어쩔 수 없이 부드럽고 원만하기만 할 수는 없을 것 같다고 하였다. 부모님에 대한 자신의 태도에 대해 상담시간에 배웠던 REBT 인지상담 이론과 기법을 많이 활용하여 스스로를 도왔다고 말하였다. 부모님께서 자신에 거는 기대가 사라지지 않는 한 많은 자극을 주시는데, 그때마다 부모님의 입장에서는 저렇게 말씀하실 수도 있겠지라고 생각하면서, 반응을 가능하면 즉각적으로 하지 않으려고 한다고 하였다.

지금은 디데이를 향해서 내가 할 수 있는 만큼 후회 없이 열심히 공부하려고 노력하고 있다고 하였다. 재수를 했으니까 소기의 목적을 달성하는 것이 아주 중요하다고 강조하면서 인생의 경주가 20대의 초반에 끝나는 것이 아님도 깨닫게 되었다고 하였다. 앞으로 대학 졸업 후에 유학도 가 보고 싶고, 먼 훗날의 밝은 미래에 대한 사색을 통해 꿋꿋한 용기를 강화하게 되는 것 같다고 하였다.

② 2회 고양회기, 다음 연도 6월 10일(수)

애당초에 계획한 제2회 고양회기는 내담자의 사정에 의해서 미루어지다가 마침내 이루어졌다. 내담자는 자신이 욕심을 부려서 대학에 다 떨어지고 못 가게 되었다고 하였다. 네 곳에 원서를 넣어 한 군데는 될 줄 알았는데 안 되었다고 아쉬워하였다. 그러나 작년 이맘 때에 비하면 지금은 여유롭고 편안하다고 하였다. 지난해 말에 경기불황으로 이모부도 실직을 당하셔서 실존의 문제에 대해서 많이 생각해 보고 여태까지처럼 어물정 넘어가서는 안 되겠다는 다짐을 했다고 했다.

특히 어떻게 살아야 인생을 바람직하고 보람 있게 사는 것인가에 대해 생각하면서 시간을 많이 보냈다고 했다. 수능시험이 끝나고 알바를 하면서 배달, 청소 등으로 생계를 유지하는 여러 부류의 사람들, 참으로 힘겹게 사는 사람들을 많이 만나면서 인생에 대해서 그동안 몰랐던 소중한 체험을 많이 했다고 했다. 그 사람들 중에서 어떤 사람들은 자기가 맡은 일에 충실하면서 세상을 아주 열심히 최선을 다하면서 살아가는 사람이 있는가 하면, 또 어떤 사람들은 불만에 가득찬 삶을 사는 사람도 있다고 하였다. 자신이 보기에는 그 후자의 분들은 나이가 많으신 분들이 자신이 보기에도 타당하지 못한 사고와 감정에 사로잡혀 뭔가를 제대로 못 하는 것 같아서 안타까웠다고 하였다. 자기만의 세계에 빠지고 사로잡혀서 자신의 삶을 적절하게 통제하지 못하고 세상을 원망하는 그 사람들이 바로 폐인의 모습을 하고 있는 것 같았다고 했다. 그러면서 자신의 과거 모습을 반성해 보게 되었다고 하였다.

자신도 작년에 재수할 때에는 먹지도 않고 잠도 안 자고 괴로워하는 시간이 많았으나 지금은 생활하는 태도부터 좀 더 절도가 있어졌다고 하였다. 작년만 해도 자신에게 닥친 어려움이나 환경을 바라보고 걸러 내는 채가 성숙되지 않았던 것 같다고 했다. 그리고 자신이 그런 터무니없는 생각(자신이 재수 없게 생겼다는 굳센 믿음)을 했던 사실이 너무나 창피하고, 자신이 바보 같다고 하였다. 이제는 그런 바보 같은 생각이 자신의 삶에 영향력을 행사하지 못하게 한다고 하였다. 살다 보니까 또 자신만이 그렇게 어리석었던 것이 아니고 주변의 다른 사람들도 그런 엉터리없는 생각에 사로잡혔던 체험이 있다는 것을 알게 되었다고 하였다. 작년에는 학원에서, 전철에서, 심지어 구멍가게에서조차도 많은 사람이 나만 쳐다보는 것 같아 괴로워했는데 이제는 세상 사람들이 자기 살기에도 바쁘기 때문에 다른 사람의 행동거지에 신경을 쓸 정도로 불필요한 여유를 보이지 않는다는 것을 알게 되었다고 하였다. 특히 작년에 학원에서 여학생들과 좋지 않은 일이 있었을 때에 대학입시, 재수라는 엄청난 스트레스와 압박감 때문에 적절하게 대처하지 못하고 힘들어했던 것 같다고 하였다.

모든 것을, 특히 자신이 잘되지 못하는 부분에 대해서 그 탓을 부모에게 돌렸던 자신이 잘못되었음을 깊이 깨달았다고 하였다. 부모에 대한 것이든, 세상에 대한 것이든, 불만을 가지고 있는 사람들은 자기 자신에게도 역시 만족을 못한다는 사실을 알게 되었다고 하였다. 모든 책임과 탓을 남에게 돌리는 사람이 어떻게 성장할 수 있겠느냐고 하였다. 자신은 이제 더 이상 자신의 문제의 원인을 외부 탓으로 돌리는 어리석음은 범하지 않겠다고 하였다.

부모님과는 아직도 마찰은 있으나 부모님도 많이 변하셨고 자신도 변하였기 때문에 그 정도는 극복해 낼 수 있다고 하였다. "사람이 참아야 할 것을 참지 못하고 그것을 피하면 더 큰 괴로움이 온다."는 구절을 어느 책에서인가 읽었는데, 자신은 바로 그런 태도로 살아가겠다고 하였다. 상담자는 지난 1년 동안에 훌쩍 커버린 내담자의 정신의 키에 감탄을 하고 찬사를 보냈다. 앞으로 있게 될 입시의 결과에 따라 모든 것이 좌우되는 것이 아니라고 말해 주었다. 평생을 노력하고 순간순간을 충실하게 살았을 때 내담자의 삶의 질이 크게 달라질 수 있음을 강조하였다. 내담자는 간간이 자신의 삶과 학원에서 보았던, 대학을 졸업하고 전문직을 갖기 위해 만학을 하는 사람들 이야기를 하면서 안도하는 모습을 보였다. 상담자는 나보다 못난 사람을 보면서 안도의 한숨을 내쉬는 것도, 또 잘난 사람을 보면서 자신을 비하하는 것도 모두 바람직한 삶의 태도가 아님을 환기시켜 주었다. 자신에게 적절한 속도와 자신이 세운 가치 기준에 따라 오직 자기 자신을 경쟁자로 하여 한 삶을 꾸려 가는 것이 중요한 것임을 역설하였다. 내담자는 이를 전적으로 수긍하였다. 자신은 앞으로 최선을 다하여 지방대학이라도 전문가 자격증을 딸 수 있는 곳으로 진학하겠다고 진로 계획을 말하였다. 그리고 부모의 기대와 영향력에서 벗어나기 위해서 대학에 들어가면 기숙사나 오피스텔에서 살면서 자신의 독립의지를 키우고 싶다는 강한 의지를 표하였다. 상담자는 내담자의 계획을 독려해 주었다. 그리고 앞으로 예기치 않은 어려움을 만나면 내담자의 생각대로 회피하지 말고 직면하면서 문제를 해결해 갈 것을 다시 한번 부탁하였다. 무엇보다도 상담자는 내담자가 가히 종교적 신앙에 필적할 정도의 신념인 '나는 재수 없게 생긴 아이이다.'라는 말도 안 되는 생각에서 완전히 벗어난 것에 대해 크게 기뻐하며 그의 앞날에 행운을 빌어 주었다.

상담자는 그의 앞날의 행운을 빌며 앞으로 그가 살아가면서 필요한 세 가지 화두를 적어 선물로 주었다.

- 당신 자신에게 정직하라. 세상 모든 사람과 타협할지라도 당신 자신과 타협하지 말라. 그러면 누구도 그대를 지배하지 못할 것이다.
- 기쁜 일이나 슬픈 일이 찾아오면 그것들 또한 머지않아 사라질 것임을 명심하라. 어떤 것도 영원하지 않음을 기억하라. 그러면 어떤 일이 일어난다 해도 당신 마음의 평화를 잃지 않을 것이다.
- 누가 당신에게 도움을 청하러 오거든 신이 도와줄 것이라고 말하지 말라. 마치 신이 존재하지 않는 것처럼 당신이 나서서 도우라.

③ 어머니와의 고양회기, 다음 연도 6월 12일(금)

내담자의 어머니도 그전과는 달리 무척 편안하고 안정된 모습으로 상담실에 왔다. 아이도 많이 변화되고 안정을 찾아서 지금은 작년에 비하면 아주 행복하다고 했다. "자식은 부모의 뒷모습은 보고 자란다."고 하는데 자신과 남편은 지금이라도 아이에게 좋은 모범을 보이기 위해서 노력한다고 했다. 남편은 따듯하고 정이 많지만 욕심이 아주 많고 그 욕심이 다 채워지지 않는 인생을 살아오면서 아이를 통해 대리만족을 얻으려 했기 때문에 아들도 나름대로 힘들었음을 이해하게 됐다고 하였다. 남편은 대체로 명랑하고 즐겁기보다는 뭔가가 불만족스러운 편이라 자신이 중심을 잡고 남편을 변화시키기 위한 노력도 해야 한다고 덧붙였다.

그동안 아이, 남편과 상호작용을 하면서 상담 선생님의 말씀대로 자신이 먼저 변화되어야 한다는 믿음이 확실해졌다고 했다. 집에만 있으면서 엄마 자신이 너무나 세상 물정을 모르는 것 같아서 모 대학의 사회교육원에 등록하여 다닌다고 하였다. 좋은 강의도 듣고 많은 사람을 만나면서 새롭게 배우는 것이 아주 많다고 하였다. 사람을 많이 만나고 살아가는 것이 아주 중요한 것임을 체험했다고 하였다. 상담자는 "사람만이 희망이다."라고 설파한 박노해 씨의 이야기, 그리고 20년 20일을 감옥에서 살다 나온 신영복 교수의 "산다는 것은 또한 사람을 만나는 일이기도 하다. 개인적인 인간관계를 소중히 여기는 인간의 신뢰, 애정에서 오는 감동은 무엇과도 바꿀 수 없다. 추운 겨울, 감옥에서 견딜 수 있었던 것은 인간적 신뢰 덕분이다. 아름다움은 사람에게서 온다."라는 말씀을 전해 주었다. 사람과 사람, 인간관계의 소중함을 새삼 깨닫게 된 내담자의 모에게 커다란 통찰을 얻으신 것 같다고 함께 기뻐해 주었다.

그의 아들이 때때로 생활하면서 상담 선생님이 해 주신 말씀을 떠올리면서 삶이 고단하고 힘이 들 때에 견디어 내는 것 같다고 하면서, 선생님이 열심히 상담해 주신 노력이 헛되지 않았다고 상담자를 위로해 주었다. 내담자가 지금 현재 3수생이므로 앞으로 힘들고 어려운 고비가 많이 있을 것임을 상기시켰다. 그때에 내담자의 모가 현명하게 대처하여 내담자가 겪고 있는 상황적인 어려움을 잘 극복할 수 있도록 도와달라는 부탁을 하면서 전체 상담과정은 종료되었다.

3. 상담과정의 전략, 사용기법, 이론적 개념

앞의 사례에서 언급했거나 중복된 내용은 피하고 새롭게 등장한 내용에 대해서 설명하고자 한다.

◉ 1회 상담과정(접수면접)

- 내담자의 호소문제에 대한 개념화: 내담자가 현재 느끼는 불편은 자신의 왜곡된 지각에서 비롯되었을지도 모름을 설명하였다.
- 상담의 구조화: 상담실을 방문하여 상담자의 도움을 받는 것은 한심하다는 지각을 교정하고 상담에 소요될 기간을 제시하였다.

◉ 2회 상담과정

- 과잉일반화에 대한 설명: 내담자를 괴롭히는 생각 중에 '과잉일반화'가 있음을 지적하고 이에 대한 설명을 제공하였다.
- 내담자의 자신의 외모에 대한 객관적 지각의 촉구
- 내담자를 괴롭히는 비합리적 생각에 대한 건강한 대안생각의 제시

◉ 3회 상담과정

- 비합리적 생각의 논박: 내담자가 지니고 있는 '부모에게 반드시 인정받아야만 한

다.'는 생각의 비실용성에 대해서 논박하였다.

- 상황지각의 객관성 촉구
- 구체적 언어 사용의 중요성 역설

◉ 4회 상담과정

- 여론조사 기법과 수치심 공격하기 기법의 사용: 내담자는 자신이 '재수 없게 생겼다.'는 믿음이 틀렸다는 사실을 확인하기 위해서 길거리, 큰 빌딩의 모퉁이에서 지나가는 사람들을 붙들고 여론조사 및 수치심 공격을 수행한 것에 대해서 언급하였다. 그리고 이 과정을 통해서 그것이 왜곡된 신념이었음을 확인했다고 고백하였다.

◉ 5회 상담과정

- 인지적 왜곡에 대한 설명: 내담자를 괴롭히고 있는 다양한 인지적 왜곡에 대해 설명하였다.
- 자신의 감정은 자신의 소유임을 지적: 내담자는 다른 사람 때문에 자기가 화가 나고 힘이 든다고 지각하고 있으므로, 스토아 철학자 에픽테투스의 이야기를 인용하면서 자신 스스로 정서를 통제할 수 있는 것임을 강조하였다.

◉ 6회 상담과정

- 장기적 기쁨(long-term hedonism) vs 단기적 기쁨(short-term hedonism): 인지상담에서는 정신건강의 기준으로 장기적 기쁨을 단기적 기쁨보다 더욱 중요시 함을 강조하였다.

◉ 7회 상담과정

- 추론적 사고의 현실 검증: 내담자의 추론적 비합리적 사고 '나는 재수 없게 생겼다.'에 대한 현실 검증이 시도되었다.
- 평가적 신념에 대한 논박: 내담자의 외모가 모든 사람에게 재수 없게 비친 것이 사실이라 하더라도 그것을 스스로 '끔찍한 것'으로 평가하지 않으면 된다는 것에 대한 논박이 이루어졌다.

◉ 8회 상담과정

• 행동연습의 중요성 역설: 내담자의 합리적 대안신념이 내재화되어서 행동으로 통합되기 위해서는 정성을 기울인 행동적 연습이 중요함을 설명하였다.

◉ 9회 상담과정

• 삶의 가치에 대한 철학적 논박의 시도: 내담자에게 진정한 삶의 가치에 대한 철학적 수준의 논박을 시도하였으나 그의 사고 수준이 이를 받아들일 수 있는 준비가 안 되어 중단하였다.

◉ 10회 상담과정

• 문제의 재발 방지(relapse prevention)를 위한 교육: 내담자의 교정된 신념이 확실히 내재화되어 과거의 모순된 신념에 다시 사로잡히지 않도록 예방교육을 하였다.

◉ 11회 상담과정

• 내담자의 변화에 대한 점검 및 고양회기 계획: 내담자의 변화를 확인하기 위해서 상담종결 목록표를 보면서 하나하나 점검해 나갔다. 그리고 추수지도를 위한 고양회기를 계획하였다.

4. 인지정서행동치료(REBT)에 근간한 사례의 종합적 개념화

내담자는 외동이다. 그의 어머니가 내담자를 낳은 후, 하혈을 많이 하여 동생을 보길 원했지만 더 이상 출산할 수 없었다고 한다. 이러한 이유로 내담자는 어렸을 때부터 부모의 과보호와 지나친 기대를 한 몸에 받고 성장하였다. 부부는 아이가 하나뿐이므로 그 누구보다도 잘 키우려고 무진장한 노력과 갖은 정성을 기울였다. 완벽주의적 경향이 있는 부모는 어렸을 때부터 내담자가 완벽한 아이로 성장해 주기를 간절히 바라고 원하였다. 특히 내담자의 아버지는 자신이 못다 이룬 꿈, 자신의 좌절을 아들을 통해서 이루고 극복하려고 하였다. 그들은 아들을 잘 키우기 위해서 다양한 규칙을 세워 놓고 그것에 따르기를 강요하면서 빗나간 애정을 쏟았다. 예를 들면, '숙제는 집에 오자마자 반드시 끝내 놓아야 한다.' '집에는 반드시 몇 시까지는 들어와야만 한다.' '공부는 반드시 잘해야만 한다.' 등의 여러 가지 규칙과 질서를 만들어 놓고 그 것을 고스란히 따르기를 지독히 강조하였다. 그의 부는 특히 내담자를 다른 아이들과 비교를 많이 하면서 자신도 모르게 아들의 자존심에 많은 상처를 주게 된다.

초등학교 때까지는 비교적 이런 부모의 기대에 무리 없이 부응할 수 있었고 별 어려움은 없었던 것 같다. 내담자는 그런대로 견디어 내다가 중학교에 들어오면서부터 이러한 요구대로 행동하기 어려워했고, 그가 당했던 심리적 압박감은 구체적인 문제를 통해 드러나기 시작했다. 중학교 2학년 때에 우연히 학원에서 만난 어떤 여학생의 "쟤는 참 재수 없게 생겼다."라는 말을 들은 다음부터 자신의 외모가 재수가 없다고 완전히 믿게 되었다. 그 최초의 사건 후 재수생이 된 지금까지 약 4~5년 동안 내담자는 잘못된 지각체계의 늪에서 허둥대고 있었다. 고등학교 때는 자신의 못생긴 외모를 가다듬느라고 등교시간이 1시간 이상씩 걸렸다. 지금까지 샤워도 하루에 두 번 이상씩 하며 속옷도 정신없이 갈아입었다. 재수생이 된 지금은 더욱 극도로 부적절한 반응을 보이고 있다. 주변에 있는 사람들이 조용하게 이야기를 하고 있는 모습이 보이면 자기보고 "쟤는 재수 없는 아이"라고 소곤거리는 것으로 지각하고 얼굴이 빨개지는 증상과 더불어 몹시 힘들어하고, 괴로워하였다. 인지상담에서 말하는 소위 자기참조적 신념(self-referencing belief), 즉 '나 또는 나의 모든 행동은 다른 사람들의 관심의 대상이다.'라는 왜곡된 생각에 사로잡혀 한숨짓는 나날들을 보내게 된다.

상담자는 그가 호소하는 여러 가지 문제의 주범은 그의 지각체계, 세상을 이해하는 그의 머릿속의 여과기능이 순기능적이지 않은 것으로 파악을 하였다. 상담 초기부터 그의 지각체계의 검증을 시도하였다. 내담자는 자신이 사실이라고 한 번 믿으면 추호의 여지도 없이, 철통같이, 굳게 굳게 그것이 사실이고 진실인 양 믿었다. 내담자에게 인지상담의 방법을 다양하게 교육하고 상담을 진행해 나갔다. 특히 인간의 사고 또는 신념 중에 '추론'이 있는데 이것은 때때로 '사실'일 수도 있고 '사실이 아닐' 수도 있다라는 것을 일깨워 주기 위해 많은 시간을 투자하였다. 상담자가 여기에 초점을 둔 이유는 내담자를 괴롭히는 핵심 스키마는 '나는 재수 없게 생긴 아이이다.'였기 때문이다. 그가 상담과정 중에 호소해 오는 여러 가지 장애와 어려움은 바로 이 스키마에서 파생한 비합리적 인지적 왜곡 때문이었다. 내담자의 '내 인생은 이제 끝이다.' '이렇게 살아서 뭐하냐.' 등의 비합리적 생각들은 그를 삶의 막다른 골목으로 몰고 가는 충분한 이유가 되었다. 상담자는 스키마적 신념, 즉 '나는 재수 없게 생긴 아이야.'와 거기에 뿌리를 둔 여타의 신념, 즉 '내 인생은 끝이다.' '이렇게 살아서 뭐하냐.' 등을 필요에 따라서 왔다갔다 하면서 논박을 수행하였다.

내담자가 굳게 굳게 믿고 있는 '나는 재수 없게 생겼다.'라는 신념이 왜곡되었음을 직시하도록 돕기 위해 수치심 공격하기 연습(shame attacking exercise)을 시도하는 숙제를 내주었다. 그는 자기 집 동네의 길거리에 나가서 지나가는 행인 5명을 붙들고 자신의 외모에 관한 질문을 하게 되고 그들로부터 내담자가 전혀 못생기거나 재수 없게 생기지 않았다는 피드백을 얻게 된다. 그 사건 이후 그의 생각은 많이 완화되었다. 덧붙여서 상담자는 내담자를 보고 "재수 없게 생겼다."라고 말을 하는 사람이 있는지, 없는지 객관적으로 확인할 길은 없다. 그러나 이러한 상황 속에서의 핵심은 그렇게 말하는 사람이 있다면 그것은 그렇게 말하는 상대방의 문제임을 분명히 하였다. 왜냐하면 내담자의 본질이 다른 사람의 정의나 다른 사람의 말 한마디에 의해서 결정되는 것이 아니기 때문이다. 상담의 진행과 더불어 내담자는 자기 문제의 본질은 자신의 내부에 숨어 있음을 깨닫게 된다.

이 내담자는 과학적이고 객관적인 증거가 없는 비합리적 신념을 터무니없이 종교적 진실처럼 믿고 있었기 때문에 논박의 수행은 어떤 사례보다도 고도의 집중력을 요구하였다. 엄청난 심리적 에너지가 투입되었고 반복적으로 수행되었다. 이렇듯 상담자가 끊임없이 시도한 논박, 내담자의 훈습, 그리고 다시 옛날로 되돌아가 버리는 경험을 수차례 하게 된다. 그러던 어느날 '재수 없게 생겼다.'는 그의 역기능적 신념이 바뀌어져서 '나는 결코 재수 없게 생긴 아이가 아니다.'라는 것을 받아들이게 되었다. 그런 후로 한동안 학원에서 아이들이 소곤거릴 때에도 마음이 편해지고 안정되는 느낌이 들었다는 것을 확인하였다. 그리고 내담자는 차츰 얼굴이 빨개지는 증상도 많이 사라졌다고 말했다. 내담자의 어머니도 그가 화장실에 오래 있거나, 샤워를 자주 하거나, 속옷을 너무 자주 갈아입는 습관이 바뀌었다고 말했다(상담이 종결된 후 4개월, 또 그로부터 9개월 후에도 이런 증상은 더 계속되지 않았다).

상담 초기에 세웠던 목표(자신의 외모에 대한 객관적 지각)가 어느 정도 달성된 후에 인생의 철학적 부분, 즉 삶의 가치 등을 상담 주제의 주된 주제로 삼으려 했으나 내담자가 대학 입시의 문턱에서 입시나 공부 외의 문제에 대해서는 심각하게 생각하고 받아들일 수 있는 준비가 되지 않아 미완의 종결을 선택하였다. 내담자가 호소한 문제의 극복에는 내담자 부모의 노력도 무시할 수 없는 역할을 하였다. 내담자의 어머니는 본인 스스로도 상담을 받았으며 상담자의 강좌인 '인지상담기법 교실'에 참가하여 자신의 자녀양육 스타일이 잘못되었음을 깊이 뉘우치고 많이 깨닫게 된다. 그리고 자기 스스로가 가지고 있던 여러 가지 비합리적 생각을 찾아내고 바꾸어 줌으로써 내담자의 변화를 위한 좋은 텃밭이 되었던 것도 이 사례에서는 눈여겨 봐야 할 내용이다.

내담자와 상담을 종결한 후 1년 동안 2번에 걸친 고양회기가 수행되었다. 내담자는 시간의 경과와 함께 상담시간에 배운 것들을 많이 활용하였으며 자신의 삶의 가치속에 통합시키고 있었다. 내담자는 종결 시점만 하더라도 목전의 대학입학시험 외에는 다른 것에는 관심도 없었고 진정한 삶의 의미와 가치에 대해서 논의해 볼 여지를 주지 않았다. 그러나 시간이 지나 고양회기를 거듭하면서 그는 점점 더 정신적으로 성숙되었으며, 지금은 3수생이라는 막다른 골목도 슬기롭고 넉넉하게 대처하고 있었다. 이 사례에서 상담자는 상담자가 정성을 기울여서 했던 말, 이야기, 그리고 상담자의 태도가 내담자의 행동을 변화시키는 데 즉각적으로 커다란 작용을 하지는 못했어도 그러한 노력이 헛되지 않아 내담자가 상담자의 그것을 받아들이고 소화하고 흡수시킬 수 있는 상황이 되었을 때 엄청난 폭발력을 발휘하였음을 체험하였다.

사례 4

신체화 증상 극복 사례

1. 내담자 기본자료
2. 상담과정
3. 상담과정의 전략, 사용기법, 이론적 개념
4. 인지정서행동치료(REBT)에 근간한 사례의 종합적 개념화
5. 상담의 전 과정 축어록

1. 내담자 기본자료

내담자: 김지수, 여, 20세, 대학 신입생

상담경위

신경성 증상인 것 같은 데 장이 활발하게 움직이고 장에서 꾸르륵 소리가 심하게 나고 속이 더부룩하다. 고3 초 학원에서 공부를 할 때 새로운 사람을 만나는 것에 대해 심한 불안감을 느꼈다. 그 이후 새로운 사람을 만나려고 할 때나 앞에 나서야 할 일이 있을 때 몹시 불안함을 느꼈다. 기분 나쁜 감정에 휩싸이는 것이 몹시 짜증이 나고 이야기할 사람이 없어서 고민하다가 정신병원에 가 볼까 하고 인터넷 검색을 하다가 본 기관을 알게 되었다. 사실 일반적으로 '청소년 상담'하면 성폭력을 당했거나 미혼모가 되었거나 그런 문제로 도움을 청하는 곳 같아서 오지 않으려고 했는데 나름대로 오기가 생겨서 오게 되었다. 그런데 선생님을 만나 보니 잘 온 것 같다. "내가 참 인복이 많은 사람이라고 생각한다."는 말을 남겼다.

내담자의 인상 및 행동특성

첫인상이 참하고 조용하다는 느낌을 준다. 말도 차분하게 하며 수줍은 듯 얌전하고 소녀적인 예쁜 얼굴을 하고 있다.

호소문제

상담신청서에 '사람들을 대하는 데 있어서 불안감, 긴장감, 위압감이 있다. 긴장을 하면 장이 꼬이고 장에서 꾸르륵, 꾸르륵 하며 소리가 크게 들린다.'라고 호소하고 있다.

상담동기

혼자서 자신의 호소문제를 해결해 보려고 여러 가지 시도와 노력을 한 흔적이 역력했다. 부모님께 말씀을 드렸는데 별로 대수롭지 않게 여기시고 한약만 두 차례 먹었는데 전혀 효험이 없었다. 자신의 문제를 다른 사람들에게는 어떻게 꺼내야 할지 몰랐다. 자신의 어려움을 이야기하면 이해도 못하고 정신병자로 몰아붙일까 봐 혼자 가슴을 앓았고 스스로 정신병자로 단정지었다고 한다. 고3 때 이 문제를 극복하기 위해서 매일 30분에서 1시간씩 명상책이나 요가책을 가져다 놓고 시도해 보았는데 그 당시만 장소리가 조용해지고 사람들을 다시 보게 되면 장소리가 다시 나서 혼란스러웠다. 지금 대학에 합격을 하고 시간 여유가 있어 어떻게 해서든지 나의 문제를 해결해야겠다는 생각을 강하게 피력하고 있다. 상담 선생님은 여태까지 내가 만났던 사람들과는 달리 자신과 같은 사람들을 상담을 많이 해 보셔서 그런지 다르다는 느낌이 든다고 하면서 자신을 도와줄 것을 절실하게 호소해 왔다. 상담을 통한 행동의 변화에 대한 동기가 상당히 높다.

이전 상담경험

상담을 받아 본 경험은 없으며 혹시 의학적인 문제가 있는 것이 아닌가 하며 병원에 갔었는데 생리적으로는 아무런 이상이 없는 '기능성 장애'라는 진단을 내렸다고 한다.

가족관계

내담자는 자신의 가정을 아주 평범하다고 기술하고 있다. 양친 부모, 여동생 한 명과 남동생 한 명을 두고 있다.

2. 상담과정

1) 치료적 관계의 구축

내담자는 접수면접을 한 그날부터 상담자의 전문적 능력을 믿고 상담자의 부탁과 요구대로 따라와 주었다. 전문가 선생님이 자신을 위해 시간을 내주는 것에 깊은 감사의 뜻을, '점심식사'를 같이 하자고 제안해 오는 등의 다양한 모습을 통해 보여 주었다. 시간 약속도 정확하게 지켰으며 학교의 수업시간 때문에 불가피하게 늦는 경우에는 상담자에게 사과하며 진심으로 미안해하였다.

2) 상담의 진행과정

(1) 초기 상담과정(제1회~제2회): 내담자의 문제에 대한 개념화 및 상담목표의 설정

① 접수면접, 제1회 상담, 2월 25일(화)

내담자의 주요 호소문제, 이에 대한 개인사적 배경, 내담자의 가정환경, 내담자의 행동변화에 대한 동기 등이 주로 탐색되었다. 상담자는 내담자의 주요 호소문제의 주범은 내담자가 분석한 대로 그가 세상을 보는 시각임을 분명히 하였다. 내담자는 전적으로 이에 동의하였다. 이때에 상담자는 내담자가 상담실을 방문한 것이 아주 잘한 일임을 분명히 하고, 상담자가 내담자의 문제를 전문적으로 도와줄 수 있는 적격자임도 표현하였다. 또한 내담자가 상담은 소위 '이상한, 정신병자' 같은 사람들이 오는 곳 같다는 인상 때문에 상담 오기를 주저했다는 말을 듣고 상담에 대한 잘못된 인식을 바로잡았고, 앞으로의 상담에 대한 구조화를 하였다. 특히 앞으로 숙제가 매회기 때마다 나갈 터인데 그것을 적극적으로 해 왔을 때 행동의 변화가 빨리 이루어질 수 있음을 강조하였다. 첫 번째 숙제로 문장완성검사, 인지상담의 기본이론에 대한 이해를 다룬 책을 읽어 오기, 그리고 앞으로 긴장되거나 장에서 소리가 나는 등의 밖으로 나타나는 증상이 있을 때마다 그때의 상황과 그때 느끼는 생각에 대해서 탐색해 오기를 과제로 내주었다.

접수면접 시 이루어진 구체적인 내용은 다음과 같다.

내담자는 양친의 1남 2녀 중 장녀이다. 평범한 어린 시절을 보내고 초등학교 시절까지는 상당한 말괄량이였다고 한다. 그때에는 남자애들이 알아줄 정도였고 말뚝박기 놀이 등 많은 놀이를 하면서 즐거운 나날들을 보냈다고 한다. 중학교에 입학하고 얼마 지나서 담임 선생님께서 "지수는 정말 행실도 얌전하고 얼굴도 예쁘게 생겼네."라는 말씀을 하신 다음부터, 자신을 말괄량이에서 조신하고 얌전한 아이로 이미지 변신을 하기 위해 애를 썼다고 하였다. 그때부터 자신의 완벽주의적 경향이 싹텄으며 다른 사람들에게 지기 싫어하고 잘 보이려고 무던히 애를 썼다고 회고하고 있다. 그러는 가운데 어느 순간 '나는 내가 제일 잘나야만 한다.'는 생각을 하고 있음을 깨달았다고 한다. 중학생 때는 공부도 잘하고 피아노도 잘 치고 그림도 잘 그리는 아이였다고 자신을 기술하고 있다. 그 시절의 일기장을 보아도 욕심이 너무나 많았으며 중학교 2학년 때 시험공부하다가 쓴 일기를 보면 내가 이렇게 당찬 면이 있었는지 스스로 놀라기도 한다고 하였다. 그런 후 고등학교에 진학해 모든 면에서 나보다 한 수 위인 적수를 만나게 되었다. 그다음부터는 나보다 공부를 못하는 애들하고만 어울리고 친하게 지냈다고 한다. 나보다 잘난 애들은 너무나 불편했고 내가 견디기 힘들었기 때문에 어울려 지낼 수가 없었다. 이런 와중에 고등학교 1학년 때에는 학원에서 만난 남학생에게 사랑을 느꼈다. 그 남학생은 다른 여학생들에게도 상당한 인기가 있었는데 나 혼자만이 그를 독차지하고 싶은 생각에 휩싸였다. 그때부터 관심이 없었던 음악이 좋아지고 그 남학생에게 잘 보여야 한다는 생각 때문에 소화불량에 걸리고 속이 좋지 않은 증상이 나타나기 시작하였다. 내가 무작정 잘 보이고 예쁘게 보이려고 무던히 애썼고 그 남학생의 눈치를 너무 많이 보았다. 그것이 바로 속박의 시작이었던 것 같다. 그러면서 더욱 기분 나쁜 감정이 들기 시작하면서 내가 너무 작아 보였다. 이런 증상들은 어떻게 하면 잘 보일 수 있을까에 너무 신경을 썼던 것이 주요한 원인이었다고 나름대로 자신의 문제를 분석하고 있었다.

고등학교 2학년 때부터 새로운 사람을 만나는 것이 불편해지고 장이 활발하게 움직이면서 꼬이는 느낌이 들고 꾸르륵하는 심한 소리가 났다고 하였다. 특히 주위가 조용하거나 썰렁해지면 불안하고 초조해진다. 나한테 모든 화살이 돌려져서 맞는 것 같은 느낌이 들며 무엇인가에 몰두하고 싶은데 막상 하려고 하면 오히려 그쪽으로 신경이 더 쓰인다. 주위가 산만하고 시끄러우면 오히려 안정이 되는 것 같다. 왜냐하면 나의 고민이 주변의 산만함에 묻히기 때문이다. 그러면서 대인관계에서 자신이 없어지고 불안감, 위압감, 긴장감이 든다는 것을 강하게 호소하고 있다. 때때로 손발이 차가워지고 식은땀이 나기도 하며 피가 한곳으로만 쏠리는 느낌이 든다. 지난번에 새내기를 위한 오리엔테이션이 교외에서 이루어졌는데 갈까 말까 많이 망설였다. 억지로 가긴 했는데 완전히 폐인(廢人)이 된 느낌이 들었다. 억지로 술을 잔뜩 먹고 선배들이 욕도 가르쳤다. 술을 먹으니 용기가 생겨서 별탈 없이 지나갔는데 앞으로 이런 잘못된 이유 때문에 또 술을 마시려 드는 것이 아닐까 걱정이 많이 된다고 호소하고 있다. 자신은 무엇인가 잘해 보고 싶은 욕구가 큰데 이런 문제들 때문에 자신의 젊음을 불사를 어떤 일을 찾아 몰두할 수 없기 때문에 너무나 속상하다고 말하고 있다.

어머니도 내담자처럼 완벽주의적 경향이 있는 듯하며, 일이 마음대로 안 되면 머리 아프다는 말씀을 간혹 하셨다고 한다. 어머니가 부정적으로 사고하는 경향이 있다고 하였다. 가족 중에 누가 늦게 들어오면 무슨 잘못된 일이라도 일어날 것처럼 생각하시기도 하고, 내담자의 남자친구에게 집으로 전화가 와도 심각하게 받아들이는 경향이 있다고 엄마를 설명하고 있다. 아버지는 사소한 것을 가지고 트집을 잡고 잔소리가 심하신 분이라고 한다.

② 제2회 상담, 3월 5일(수)

상담자는 먼저 숙제 점검부터 시작하였다. 내담자가 두 가지의 상황에 대해서 기록해 온 것을 상담자가 다음과 같이 정리하였다.

증상(C)	상황(A)	생각(B)
불안감, 장소리, 진땀, 한기, 신경이 쭈뼛해짐	첫 수업시간에 교수님께서 교재 설명을 하시는데 아랫배 장 쪽에서 조그맣게 꾸르륵 소리가 남	이 장소리를 주변의 사람들이 듣게 된다면, 난 웃음거리가 될 것이다.
답답함, 근심 걱정, 장이 꼬임, 손이 차가워짐	학교로 가는 도중	새 학교, 새 교수님과 내가 학교생활에 잘 적응할 수 있을까? 만약 적응하지 못한다면 큰일이다. 나는 인생의 낙오자다.

내담자의 숙제를 보고 상담자는 내담자에게 인간의 세 가지 심리구조인 '사고' '정서' '행동' 간의 관계에 대해서 설명해 주었다. 내담자는 지난번 과제로 내준 책을 읽고 설명을 들어서인지 이해가 빨랐다. 또한 내담자 스스로 자신의 문제를 해결하려고 노력하는 과정에서 어렴풋하게나마 자신이 잘 보이려고 하거나 완벽하려는 경향성 때문에 문제가 계속 커져 왔음을 인식하고 있었고 이 관계(사고가 정서나 행동에 미치는 영향)를 정확하게 파악하였다. 상담자는 이 세상에 인간의 이름으로 존재하는 생명체는 완벽할 수 없음을 힘주어 강조하였고 내담자는 수긍하였다. 내담자는 자신이 보이고 있는 여러 가지 부적응적인 행동이나 증상 때문에 많이 위축된 자신의 모습을 호소하였다. 상담자는 인간의 존재 자체와 인간이 하는 행동을 분리해서 생각할 것을 강조하였다. 그러면서 내담자는 자신의 이런 증상들을 타인이 알게 될 때 괴롭다

고 하였다. 상담자는 그러면 입장을 바꾸어 다른 사람들이 장에서 소리가 나거나 진땀을 흘리는 것을 보게 된다면 그 사람을 한심하게 생각할 것인지에 대해 물어보았다. 내담자는 남이 그러면 아무렇지도 않지만 내가 그러면 절대로 안 된다고 생각한다고 하였다. 이중 기준(double standard)의 근거가 어디에 있느냐고 물었다. 즉, 타인에게는 너그러우면서 자신에게는 너그럽지 못한 이유가 어디에 있느냐고 물었다. 상담자는 그것이 자신은 아주 훌륭한 사람이기 때문에 실수를 하면 안 되고 타인은 나만큼 훌륭하고 잘난 사람이 아니기 때문에 실수를 허용하는 것이 아니냐고 직면하였다. 이 부분에서 잠깐 동안 내담자의 사색이 이루어졌다. 상담자는 그가 소유하고 있는 추론적 수준의 비합리적 생각인 '내 장소리를 다른 사람들이 듣게 되면 웃음거리가 될 거야.'를 '내 장소리를 다른 사람이 듣게 되더라도 대부분의 사람은 그냥 지나칠 거야, 만약 그 소리가 나를 웃음거리로 만든다면 그것은 그 사람들의 문제가 아닐까?'라는 대안적인 생각으로 바꾸도록 하였다. 그다음 '내가 학교에 적응할 수 없으면 큰일이고, 인생의 낙오자가 될 거야.'라는 비합리적 생각을 '나만 이것에 대해서 걱정하는 것이 아니고 우리 반의 거의 모든 학생이 나와 유사한 걱정을 하고 있을 것이다. 내가 낙오자가 될 합당한 근거나 이유는 전혀 없다.'라는 합리적 신념으로 대치해서 생각하도록 종용하였다. 그리고 그의 핵심 비합리적 신념인 '나는 항상 다른 사람들에게 잘 보여야만 한다.'도 '나는 항상 다른 사람들에게 잘 보일 필요는 없다. 잘 보이게 되면 좋지만 그렇지 못하더라도 나의 가치가 하락하는 것은 아니다. 그리고 사실상 다른 사람은 내가 생각하는 것만큼 나에게 관심도 없고 나에게 신경을 쓰지도 않는다.'라는 생각으로 바꾸어 꾸준히 마음속으로 되뇌일 것을, 언어는 생각의 표상임을 강조하면서 요구하였다.

그리고 그래프를 그려서 숙제의 수행 정도를 점검해 오도록 하였다. 또한 이번 상담회기를 녹음한 파일을 들어 보는 숙제를 내주었다. 그녀는 자신의 증상만 고치면 모든 것을 다 할 수 있을 것 같다는 말과 다음 상담시간에 늦으면 큰일이라는 말을 하였다. 상담자는 내담자가 상담시간에 지각을 한다 해도 큰일이 아니라고 교정해 주었다. 그러면서 상담자는 이제부터 아주 구체적이고 정확한 언어를 사용할 것을 요구하였다. 사실 따지고 보면 이 세상에는 그리 큰일도, 하늘이 두 조각 날 일도 없는데 우리가 과장해서 언어 표현을 하는 것뿐임을 상기시켰다. 숙제로 상담회기를 녹음한 파일을 듣는 것을 내주었다.

제2회 상담을 마치고 상담자는 내담자와 합의하여 다음의 상담목표를 설정하였다.

A. 상담의 결과적 목표

a) 정서적 결과 목표

내담자의 삶 속에서 이유 없이 엄습하는 긴장감, 불안감, 위압감에서 벗어난다.

b) 행동적 결과 목표

신체화 증상에서 벗어난다(예: 장소리, 식은땀 등).

대인관계를 자유롭게 맺는다.

B. 상담의 과정적 목표: 신념의 변화

위의 결과적 목표를 달성하기 위해서 선행되어야 하는 과정적 목표, 즉 변화되어야 할 비합리적 신념과 그에 대한 합리적 대안신념은 다음과 같다.

비합리적 신념	합리적 신념
내 장에서 나는 소리를 다른 사람들이 듣게 되면 웃음거리가 된다.	내 장소리를 다른 사람들이 듣게 되더라도 대부분의 사람은 그냥 지나친다. 만약 그 소리로 나를 웃음거리로 만든다면 그것은 그 사람들의 문제일 뿐, 내 문제는 아니다.
나는 항상 다른 사람에게 잘 보여야만 한다.	나는 항상 다른 사람들에게 잘 보일 필요는 없다. 잘 보이게 되면 좋지만 그렇지 못하더라도 나의 가치가 하락하는 것은 아니다.
나는 내가 제일 잘나야만 한다.	'제일 잘난 사람'이 되는 것은 중요한 것은 아니고 인간답게 열심히 사는 것이 더욱 중요한 가치이다.

숙제

1. 합리적 사고 10번 이상 낭송하고 그래프 그리기
2. ABC 기록지 계속 해 오기
3. 회기 녹음 파일 듣기

• 중기 상담과정의 요약 •

내담자는 모든 면에서 '나는 내가 제일 잘나야만 한다.'는 완벽주의적이고 당위적인 비합리적 사고를 스스로 굳건히 강화시키면서 자신을 유지하고 개발하고 발전시켜 왔다. 이런 내담자의 생각이 지나쳐서 급기야는 강박적으로 변하게 되었고 세상의 질서는 자기의 생각처럼 되어주지 않았다. 오히려 내담자가 그런 생각을 강하게 하면 할수록 사람을 대하는 데 불안감, 긴장감, 위압감이 강하게 들기 때문에 정상적인 기능을 하기 어려운 것을 체험하였다. 이런 정서적 어려움은 또한 내담자가 호소하는 신체화 증상(예: 장소리, 식은땀)으로 나타나 내담자를 더욱 힘들게 하고 있다. 내담자의 호소문제는 내담자가 지닌 완벽주의적이고 당위적인 사고에 기인한 것으로 파악하였으며 호소문제를 중심으로 상담의 목표가 설정되었다.

(2) 중기 상담과정(제3회~제5회): 증상은 거의 사라지고… 삶의 철학적 의미의 재조명

① 제3회 상담, 3월 10일(월)

내담자는 상담실에 들어오자마자 고무된 듯 요즘은 마음이 많이 안정되어 있고 선생님이 등 뒤에 계시는 것 같아 든든하다고 했다. 상담자는 언젠가 선생님과의 만남을 종결해야 되는데 그때에 선생님이 없어도 자신의 삶을 혼자 꾸려 갈 수 있도록 스스로에게도 든든한 느낌을 갖도록 준비해 나가는 것이 중요함을 역설하였다. 학교에서 동아리 활동으로 풍물패를 들었으며 지난 8일과 9일에는 MT도 갔다 왔다고 하였다. 요즘은 자신이 변하는 것을 느끼니까 자신감을 많이 회복하였으며 선생님을 만난 것이 큰 복이라는 생각이 든다고 하였다. 지난 번에 OT(오리엔테이션)는 갈까 말까 수도 없이 망설이다가 갔는데, 이번에는 재고의 여지없이 기쁜 마음으로 다녀왔다고 하였다. 지난번 녹음 파일을 들으면서 자신을 객관적으로 볼 수 있는 이점이 있었고 선생님이 하신 말씀 중에서 마음에 와닿는 부분을 새롭게 발견했다고 하였다. 인간과 인간의 행동을 분리해서 생각하라는 부분이 참으로 가슴에 와닿았다고 하였다. 그러므로 증상 때문에 위축될 필요가 없다는 것을 자신도 깨달았다고 하였다. "내가 지금 느끼고 있는 불안은 내가 스스로 창조했다는 부분은 정말로 명언이었어요."라고 하면서 자신이 고등학교 2학년 때에 길을 가다가 우연히 중학교 2학년 때의 담임 선생님을 만났는데 그 선생님께서 "너는 다른 애와 비교하면 하늘과 땅 차이다."라고 하시며 내담자를 대단하게 생각하고 계시는 것 같았는데 그런 사건들이 스스로에게 자꾸 완벽하게 살아야 한다는 생각을 강화시켰던 것 같다고 회고하였다.

"지난주에는 풍방(풍물 동아리방)에 가서 아주 잘 놀았어요." 그전에는 긴장되고 트림도 많이 나왔는데 지금은 긴장도 되지 않았고 트림도 나오지 않았다고 보고하였다. 기분 나쁘게 엉키는 감정이 없어졌다고 하였다. 상담자는 이 시점에서 그 이유가 왜 그런지 아느냐고 물었다. 내담자는 "자신의 장소리 등에 스스로 예민하지 않고 그까짓 장소리를 옆사람이 들어도 그리 큰일 날 것이 없다는 생각을 반복 연습한 때문이 아닐까요?(비록 5~6일밖에 못했지만요.)"라고 조심스럽게 대답하였다. 그러면서 지난주에는 MT 가서 놀고 수업이 없어서 그런지도 모르겠다고 했다. 상담자는 내담자에게 수업 때만 그런 것이 아니고 남들과 어울려서 놀 때에도 그렇지 않느냐고 물어보자 조용한 가운데 교수님 혼자 이야기하고 자신은 듣기만 하는 상황이기 때문에 더 힘들다고 했다. (상담자는 이 부분에서 왜 듣기만 하는 상황에서 더 힘이 드는지 명료화하지 못하고 넘어갔다. 차후에 다시 명료화하기로 한다.) 풍방에는 꽹과리를 치는 오빠가 있는데 그 오빠가 무척 좋아진다고 하였다. 상담자는 그것은 아름다운 감정이며 소중한 것이라고 대답하였다. 그리고 합리적 신념이 내재화되도록 계속해서 그 신념을 되뇌고 반복적으로 연습할 것을 격려하였다. 추가 숙제로 앞으로 꾸르륵 소리가 다른 사람들 앞에서 나도 일부러 아무렇지도 않게 행동하는 연습, 즉 수치심 공격하기 연습(shame attacking exercise)을 10번 정도 경험해 보는 것을 내주었으며, 이번 회기의 녹음 파일도 다시 들어 볼 것을 과제로 내주었다. 그리고 이 정도의 속도로 내담자의 행동 변화가 진행되면 앞으로 4번 정도만 더 만나자고 제의하였다.

② 제4회 상담, 3월 19일(수): 내담자의 저항 출현

수치심 공격하기 연습을 하는 것이 힘들었다고 하였다. 전 상태로 돌아가는 느낌이 들었으며 얼굴이 달아올랐다고 말했다. "오늘 아침 '종교와 인간' 시간에, 2시간을 연강하는 수업이었는데 장에서 소리가 조금 났어요. 물론 아무도 못 들었고 나만 들었는 데도 얼굴이 화끈 달아올랐어요."라고 했다. 상담자는 그때에 어떤 생각이 들었느냐고 물어보자 "저 아이는 다른 아이들과 다르고 지저분하고 이상한 아이야."라고 할 것만 같았다고 하였다. 여자아이들과 있을 때는 별 문제가 없는데 남학생들과 있을 때, 특히 호감이 가는 남학생이 있을 때 더욱 심해지는 것 같다고 느꼈다. (상담자는 이 부분에서 이것도 그의 추측일 뿐인지 아니면 사실의 상황에서 발생한 것인지 확인을 못하고 넘어갔다.) '남자아이들이 저 아이는 참 지저분한 아이라고 생각하면 큰일이다.' 라는 생각도 들었다고 하였다. 그러나 이것도 스쳐 지나가는 생각일 뿐 근본적인 생각은 아닌 것 같다고 하였다. 상담자는 그렇다면 좀 더 본질적이고 근본적인 생각이 무엇인지 찾아오는 것을 숙제로 내주었다.

녹음 파일을 듣는 숙제에 대해서 상담자가 점검을 하자, 듣긴 들었는데 별 내용이 없는 것 같다고 말했다. 그전 회기보다 내용도 없고 재미가 없었다고 하였다. 그것은 자신의 변화되는 모습이 보이지 않았기 때문이라는 설명도 덧붙였다. 여기에서 상담자는 내담자가 저항하고 있는 것을 감지하였다. 오늘 회기에서도 자신이 변화되는 것 같지 않고 숙제도 하기 싫었고 녹음 파일에서도 별로 얻은 것이 없고 다시 옛날로 되돌아가 버린 느낌이 든다고 강조하여 표현하였다. 지난주에 상담자는 이런 속도로 변화되면 앞으로 4회기 정도를 더 만나고 상담을 종결할 수 있는지에 관해서 판단해 보자고 하였는데, 내담자가 이 말을 받아들일 심리적 준비가 되어 있지 않은 상태에서 이루어진 것 같았다. 상담자는 내담자에게 상담의 궁극적인 목표가 상담을 받지 않고도 '홀로서기'를 잘할 수 있는 건강한 인간이 되는 데 있음을 역설하였다. 그래서 상담자는 잠시 도와주는 사람일 뿐 영원한 동반자가 아님을 분명히 하였다.

상담자는 또한 내담자의 적극적 참여가 부족하기 때문에 내담자가 그런 생각을 하게 된 이유 중의 하나일 것이라고 말했다. 다시 한번 일상생활 속에서 실천해야 되는 숙제의 중요성에 대하여 일깨워 주었다. 그러자 그는 자신이 열심히 하지 않아 선생님께 죄송하고 선생님의 설명을 통하여 과제 수행의 중요성을 뼈저리게 깨달았기 때문에 이제부터 더욱 열심히 과제를 실행하겠노라고 다짐하였다. 상담자는 일과기록표, 비합리적 생각의 장점과 단점비교표, 그리고 역기능적 사고기록지를 복사해 주며 여기에 차분히 기록해 올 것을 숙제로 내주었다. 특히 수치심 공격하기 연습을 열심히 해 올 것을 강조하였다.

③ 제5회 상담, 3월 27일(목)

내담자는 아주 밝은 표정으로 상담실에 왔다. 그러면서 자신이 지난 한 주 동안 해왔던 숙제를 내놓았다. 그가 가져온 일과기록표를 쭉 훑어 본 다음에 상담자는 '혼자 교정을 돌아다님'이라고 기록한 부분에 대해서 질문을 하였다. 내담자는 교정을 혼자

거닐면서 생각을 정리하려고 시도하였다고 하였다. 자신을 휘감는 나쁜 기분, 심적으로 혼란스럽게 하는 그 기분의 실체를 파악하고 싶었는데 찾지 못했다고 하였다. 그러나 그 기분도 전에는 주체할 수 없이 터져 나왔는데 지금은 전보다 빈도도 많이 줄었으며 강도도 상당히 약해졌다고 하였다. 정말로 상담의 효과가 큰 것 같다고 하였다. 사고의 중요한 부분이 바뀐 것 같다고 하였다. 그것은 바로 남의 이목에 지나치게 주의를 기울이지 않게 된 점이라고 하였다. 전에는 지하철에서 책도 못 보았다고 했다. 모든 사람이 나를 쳐다보는 것 같고 "저 사람은 공부할 데가 없어서 지하철에서까지 공부하는 척하냐."라고 할까 봐 책도 못 보았는데 지금은 거리낌 없이 책도 보고 전보다 얼굴이 붉어지는 횟수가 현저히 줄었다고 하였다. 남들은 공부할 때 시끄러운 소리에 예민한데 나는 오히려 조용할 때 괴롭다는 생각을 많이 하였고 '내가 잘못하면 내 인생은 끝장이다.'라는 생각도 이제는 안 하게 되고 마음이 많이 안정되었다고 하였다. 장에서 나는 소리의 빈도도 많이 줄어들고 소리도 작아졌다고 하였다. 전에는 장에서 소리가 날 것 같으면 손이 차가워지고 식은땀이 났으며 때때로 이마에 진땀도 났는데 지금은 아니라고 하였다. 상담자도 내담자의 현저한 변화에 기뻐하면서 지난 3회 면접 때도 유사한 주제가 나왔을 때 명료화하지 못한 부분까지 다시 꺼내어 물어보았다. 왜 본인이 지각하듯이 다른 사람과 다르게 조용할 때 더 불안해지느냐고 질문하였다. 내담자는 자신의 집이 도로변에 위치하고 있는데 집안 환경이 워낙 시끄러우니까 시끄러운 상황에만 적응이 되어, 안정적인 느낌이 들고 조용한 상황에서는 적응이 안 되어서 불안한 것 같다고 하였다. 상담자는 시끄러운 상황에서도 적응을 잘하듯이 조용한 상황에서도 안정적인 느낌을 갖는 것이 오히려 정상적이며 자연스러운 정서이므로 조용할 때에 익숙해질 수 있는 노력을 할 것을 요구하였다.

	23일	24일	25일	26일	27일
6~7 오전		기상, 식사	기상, 식사	기상, 식사	기상, 식사
7~8	기상	감기약 먹고 잠	전철-C언어 독서	전철-콩나물	어제 '롤타'의 영향으로 곤죽으로 잠
8~9	식사, TV	전철	일반수학 Report (도서관)	도서관-일본어	
9~10	TV, 신문 뒤적임	(명상-참선)	(수학기초)		나갈 준비
10~11	과외 준비	(영어회화)	(수학기초)	(종교와 인간)	전철

11~12 점심	과외 준비, 줄넘기	(영어회화)	(수학기초)	(종교와 인간)	(실습)
12~1 오후	식사	식사	식사	식사	(실습)
1~2	수면	Time 동아리 가서 놂	(실용영어)	롤러스케이트 탐	식사
2~3	애들 기다리다 또 잠	혼자 교정을 돌아다님	(실용영어)		친구들과 놂
3~4	영현이	일반수학 시간인데 휴강이었음	(생물학개론)	(일본어)	(에어로빅)
4~5	은환이 과외	그래서 영주와 동아리를 둘러봄	(생물학개론)	(일본어)	(에어로빅)
5~6		풍방에 있음	도서관에서 지금 정리 중	(일반수학)-발표	선배와 장기 둠
6~7	할 일 없이 서성임	전철	OT 친구들 모임	전철-Time지	전철
7~8	식사	식사, 약 먹고 잠		식사	
8~9	소영, 정근			과외	
9~10	은호 과외		군것질하고		
10~11		용호 오빠와 통화	TV 시청		
11~12 저녁			잠	목욕	
12~1 새벽		엄마와 대화	일반수학 숙제	취침	
1~2	취침	취침	안 해서 허둥대고		
2~3			조급해지는 꿈을 꿈		
3~4			일반수학 Report 작성		
4~5					
5~6					

날짜 및 시간	상황	자동적 사고	정서
3월 24일(월) 2~3시	3시에 있는 일반수학 시간에 내가 자청해서 발표한 일이 있었다.	연이어 하는 2시간 강의에 나가서 얼굴이 붉어지고 말을 더듬으면 큰일이다. 난 흰티에 노란색 가디건을 입고 있어서 정말 눈에 잘 띄니까 애들이 상대적으로 많이 보겠지. 그런데 내가 불안하고 초조한 감정을 이기지 못하면 큰일이다. 발표가 있으니 결석할 수도 없고, 아니 난 잘할 수 있어. 그리고 남들은 나한테 신경 안 써. 하지만 뱃속이 불안정한 걸?	심히 불안정하고 혼란스러웠다.

고등학생 때는 앞에 앉으면 긴장되고 괜히 불안이 엄습해 와서 뒷자리만 골라서 앉았는데 대학생이 된 후에 상담을 받으면서 앞자리만 찾아서 앉는다고 하였다. 그리고 수업 집중도 잘된다고 하였다. 성적도 고등학교 때처럼 비교할 필요도 없고, 성적이 못 나와도 자연스럽게 말하는 분위기가 또한 내담자를 편하게 해 주는 요인으로 작용하는 것 같다고 하였다. 간혹 자신에게 완벽주의적 사고가 활성화되려고 할 때마다 '내가 지금 이러면 오히려 나를 파괴적으로 몰고 가기 때문에 안 된다.'고 자기언어(self-talk)를 속삭이며 스스로를 제어하였다고 했다. 이러는 과정에서 자신의 혼란스러운 정서가 많이 나아지고 있음을 느낀다고 하였다. 그러나 무엇인가 찝찝하고 아직도 느껴지지 않는 정체에 대한 묘한 기분에서 벗어나고 싶다고 하였다. 상담자는 이 시점에서 내담자가 접수면접 시 호소해 온 장소리, 손의 땀 등의 증상이 많이 해소되었음을 상기시키면서 처음에 설정한 상담목표에 확실히 도달하였음을 서로 확인하였다. 이 지점에서 내담자에게 상담을 통해서 진정으로 얻고 싶은 것이 무엇인지에 대해서 탐색하였다. 자신은 지금 학교에서 듣는 강의인 '명상법' 그리고 '종교와 인간' 시간에 다루는 것이 자신 혼자서 문제를 해결하려고 했을 때 쓰던 방법이어서 그런지 아주 진지하게 듣고 좋아한다고 하였다. 그러면서 자신을 스스로 제압하는 정신적인 속박에서 자유롭고 싶다고 하였다. 상담자는 내담자가 말하는 정신적인 속박은 그가 자신과 세상을 바라보고 해석하는 그의 지각세계에 있음을 다시 한번

확인시키면서 그 속박의 주제를 이루는 완벽주의적 사고에서 벗어나기 위한 진정한 노력을 기울일 것을 요구하였다. 그 일환으로 '이 세상에 아무도 완벽한 인간은 없다. 다만 최선을 다하여 살아가는 데 진정한 삶의 가치가 있을 뿐이다.'라는 신념을 깊숙이 성찰해 보도록 요구하였다. 아울러 철학적 사색을 해 보는 시간을 많이 갖도록 노력하라고 권유하며 회기가 마감되었다.

(3) 말기 상담과정(제6회~제7회, 종결회기): 자기조력능력의 배양

① 제6회 상담, 4월 4일(금)

내담자는 항상 시간을 잘 지켰는데 오늘은 약 1시간 정도 지각을 하였다. 상담자가 특별한 이유라도 있느냐고 묻자 내담자는 오늘 아침에 동생이 자신의 상담 녹음 파일을 들어 보고 있는 것을 목격했다고 했다(상담자는 매 회기 상담 녹음 파일을 주면서 다시 한번 들어 볼 것을 숙제로 내준 터였다). 그때 힘이 쭉 빠지고 기운이 없어졌다고 했다. '혹시 동생이 어머니에게 말해서 내가 마치 정신병자가 된 것처럼 걱정을 하시면 어떻게 하나?' 하는 극단적인 생각도 들었다고 하였다. 그러면서 '동생이 호기심이 많기 때문에 그럴 수도 있다.'라고 생각하고 마음을 정리했다고 하였다. 상담자는 그것만으로는 부족하고 만약 어머니가 상담을 받는 것을 알게 된다면 이제는 대학생이 되었으니 어머니에게 내가 어떤 이유에서 상담을 받으며, 상담이란 무엇이고, 상담 선생님께서 나를 이렇게 도와주셔서 지금은 이제까지 몇 년 동안 해결되지 않은 문제가 해결되었다는 등 상담의 성과에 대해서 자세한 설명을 해 드리라고 조언하였다.

상담자는 구체적으로 지난 1주일 동안에 있었던 생활을 말해 달라고 했다. 내담자는 예전 같이 장에서 소리가 나거나 손에 땀이 나는 등의 증상은 나타나지 않았다고 하였다. 그런데 기분은 그저 그렇고 이유 없이 슬퍼진다고 하였다. 봄을 타서 그런 것 아니냐, 좋은 남자친구가 생기면 되는 것 아니냐고 웃으며 넘어 갔다. 내담자는 증상이 나타나지 않은 것은 그동안 선생님께서 저를 돌보아 주셔서 그런 것 같다고 하였다. 3회 면접 때도 내담자는 선생님께서 돌보아 주셔서 든든하다는 말을 한 적이 있었다. 상담자는 그때에도 내담자에게 선생님과의 관계는 언젠가 가까운 시일 내에 종결이 될 것이며 그때까지 스스로 홀로 설 수 있는 심리적 힘을 기르는 것이 중요함을 강조한 바 있다. 이번 회기에서도 그런 강조를 하였다. 내담자처럼 심리적 어려움을 겪고 있는 사람들이 많이 있기 때문에 이제는 선생님의 시간을 다른 내담자를 위해서 사용할 때가 온 것 같다고 하였다. 사람은 만나면 헤어지고 또 헤어지면 만나고, 이런 것들이 인생사의 순리가 아니냐고 말해 주었다. 내담자도 수긍하였다. 그리고 지금은 처음 상담실에 왔던 원인이 되는 증상이 전혀 나타나지 않기 때문에 앞으로 시간 간격을 두고 더 관찰하고 싶다고 하였다. 상담자는 "선생님이 말해야 할 부분을 지수 양이 하는구나." 하면서 둘이 마주 보며 웃었다. 상담자도 좋은 아이디어라고 내담자의 생각을 접수한 후 몇 가지 사항을 상기시켜 주었다. 첫째, 내담자의 증상이 나타나지 않은 것은 내담자가 생각이 바뀌었기 때문이라는 점, 둘째, 예전 같으면 내담자에게 증상을 유도하는 환경이 많이 나타났음에도 불구하고 증상이 나타나지 않은 것은 확실히 내담자의 인지 변화에 의한 것임을 다시 한번 확인시켜 주었다. 그리고 상담의 종결을 위한 예비 작업을 가졌다. 먼저 REBT의 원리를 다시 한번 자세하게 설명을 해 주었다. 그리고 ABCDE 분석지를 작성하는 방법을 내담자 자신의 경험을 통해서 분석하고 설명해 주었다. 이를 계속해서 실천하고 기록에 옮기는 것, 상담자의 저서『인지 · 정서 · 행동치료』(1997)의 2장을 읽는 것, 그리고 내담자는 여태

• 중기 상담과정의 요약 •

중기 상담의 초기(3회 면접)부터 내담자는 가시적인 진전이 나타나기 시작하였다. 내담자는 자신의 부적절한 정서(예: 긴장감, 위축감)와 신체화 증상이 자신이 세상을 이해하고 지각하는 인지구조 때문임을 인식하게 되었으며, 이러한 학습의 효과는 증상이 거의 나타나지 않게 되는 데 기여하였다. 4회 면접에서 내담자가 상담의 종결에 대한 심리적 준비가 충분히 되어 있지 않은 상태에서 앞으로 더 만나게 될 상담자와의 면접의 횟수를 상담자가 정하자 내담자는 저항의 모습을 보이기도 했다. 상담자가 내담자를 위해 한시적으로 존재해야 하는 이유를 설명하며 내담자의 자발적 참여에 비례하여 바람직한 행동의 변화가 이루어짐을 설득하였고 내담자는 이에 잘 따라왔다. 자신의 부적응 행동과 정서는 자신의 사고구조에 기인한 것에 대해 자신이 호소해 온 증상의 제거와 함께 더욱 확고하게 인정하였으며, 자신의 완벽주의적 사고가 오히려 자신의 삶을 파괴하고 있음을 분명히 깨닫게 되었다. '이 세상에는 아무도 완전한 인간은 없다. 다만 최선을 다하는 데 진정한 삶의 의미가 있다.'라는 합리적 신념을 찾아 지속적인 사색을 통해 삶의 의미를 철학적으로 재조명해 보게 되었다.

껏 자신의 약점에만 과도하게 주의를 기울이고 있었음을 직면하면서 자신의 무궁무진한 장점을 찾아 오는 것을 숙제로 내주고 회기는 마감되었다.

② 제7회 상담, 4월 18일(목): 종결회기

내담자는 지난 2주 동안 증상이 전혀 나타나지 않았다고 보고하였다. 상담자가 이제 문제가 완전히 해결되었다고 보아도 괜찮겠느냐고 하자, 이 세상에 완벽하게 해결되는 것은 없으므로 거의 해결되었다고 대답하였다. 상담자는 내담자의 자신감 있는 표현에 기뻐하면서 오늘이 예정했던 대로 종결의 시간이기 때문에 상담종결 목록표(『인지 · 정서 · 행동치료』(1997) 종결편 참조)를 보면서 내담자와 같이 다음의 사항들을 확인해 나갔다.

먼저, '바람직하지 못한 행동을 변화시켰는가?'와 '변화된 바람직한 행동이 앞으로도 계속해서 지속될 것인가?'에 대해서 알고 싶다고 했다. 내담자는 바람직하지 못한 행동과 증상(예: 장에서 소리가 나는 것, 손에 땀이 나는 것) 등은 변화되었으며 아주 사랑하는 사람이 나타나서 마음을 설레게 하면 몰라도 지금으로서는 지속될 것 같다고 하였다. 다음으로, 내담자의 정서적 반응들이 더욱더 적응적으로 바뀌었는가에 대해서 물었다. 상담을 받기 전에는 속이 안 좋으면 수업시간에도 앉아 있지를 못했는데 책에서 보니까 이런 것을 '낮은 인내성'이라고 씌어 있었다고 하면서 지금은 수업을 두 시간씩 연속으로 해도 견디어 낼 수 있다고 하였다. 그다음에는 '내담자가 자기 자신에 대해서 웃을 수 있으며 자기 자신을 쓸데없이 심각하게 받아들이지 않을 수 있겠는가?'에 대해서 물었다. 자신은 지금 아주 편안하게 살고 있다고 힘주어 말하였다. '어려움을 피하는 대신에 행동을 함으로써 직면할 수 있겠는가?'에 대해서 물었다. 그러면서 내담자의 증상을 예로 들어 질문에 대한 구체적 설명을 제공하였다. 어려움이라고 생각이 되면 그 어려움을 회피하지 말고 그 어려움을 받아들여서 그것이 별것 아니고 우리가 극복할 수 있다는 것을 알게 되는 것, 즉 돌파력 있게 부딪쳐 나아가는 것이라고 말해 주었다. 구체적인 예를 들면, 내담자가 장에서 소리가 나는 것을 수줍어하거나 쑥스러워하지 말고 장소리를 자주 남한테 들리도록 인위적으로 시도하는 태도를 갖는다. 그래서 다른 사람이 그 장소리에 별 반응을 안 하는 경험을 하거나, 반응을 하더라도 확대해서 지각하지 않음으로써 나에게 불안을 유도하는 자극이 아무것도 아니라는 것을 체험하게 되는 것이라고 말하였다. 그러자 자신은 그 부분에 대해서는 더 수행이 필요한 것 같다고 대답하였다.

그다음에는 '나 자신의 A, B, C를 잘 관리할 수 있겠는가?'에 대해서 질문을 하였다. 그러니까 지난번에 이미 설명해 준 것처럼, 예를 들면 '내가 화가 난다.'고 가정하자. 그 화를 유도하는 사건이 있을 때, 그 사건은 변화될 수 없는 현실이므로 그 현실에 대한 나의 생각과 지각을 통제함으로써 '화'라는 정서를 제거할 수 있다고 명료화시켜 주었다. 그러므로 '화'를 참는 것이 아니고 '화'를 나게 하는 생각을 찾아 그것을 바꾸도록 하는 것이 중요함을 강조하였다. 그렇게 하기 위해서 소위 화를 일으키는 비합리적인 생각을 합리적인 생각으로 바꾸기 위해 '논박'하는 방법에 대해서, 상담자가 활용했던 방법을 사용하여 구체적으로 교육하였다. 내담자는 자신이 이제는 어떤 생각이 '합리적'이고 어떤 생각이 '비합리적'인지 따질 수 있는 능력이 신장된 것 같다고 하였다.

마지막으로, '내담자가 해결하고 싶은 문제가 줄어들어서 단순히 좋게 느끼고(feel better) 있는가 아니면 정말 내가 나아진 것(get better)인가?'에 대해서 물었다. 내담자는 단순히 좋게 느끼고 있는 것이 아니라 정말로 나아졌다고 하였다. 상담자는 인지상담 방법을 적용했기 때문에 나아진 것인지 다른 어떤 이유 때문에 나아진 것인지에 대해서 확인해 나갔다. 예를 들면, 상담 선생님을 기쁘게 하기 위해서 빨리 나은 것인지 아니면 나를 불편하게 만드는 상황 자체가 일어나지 않았기 때문인지에 대해서 물었다. 내담자는 둘 다 아니고 자신은 '인지구조'가 바뀌었기 때문에 나아졌다고 했다. 상담을 할 때 가르쳐 주신 방법이 아주 결정적인 도움이 됐다고 하였다. 상담자가 내담자가 정말로 나아진 것을 어떻게 믿을 수 있겠느냐고 되묻자, 만약 다 낫지 않았다면 선생님께 더 매달릴 텐데 자신은 이제는 선생님의 도움이 없이 확실하게 홀로 설 수 있다고 하였다. 선생님께 상담을 받고 그전에는 막연하게 알았던 것, 그러니까 구름이 막연히 걷힌 것 같았다면 지금은 확 뚫린 것 같다고 하였다.

상담자는 여태까지 7회기에 걸친 상담의 전체과정을 요약해 주면서 내담자로 하여금 증상이나 부적응 행동 그리고 그것을 갖도록 유도한 사건이나 내담자의 인지구조, 지각의 체계에 대해서 다시 한번 확연히 보도록 ABC 모형을 제시해 주었다. 앞으로도 계속해서 인지상담 관련 서적을 읽고 자신은 물론 다른 사람들이 정서적, 행동적 어려움이 있을 때 REBT 원리와 기법을 적용시켜 도울 것을 요청하였다.

내담자는 전에는 늘 죄를 짓는 것 같이 느꼈는데, 지금은 심적인 부담감이나 무엇인가 죄어들고 누르고 하는 것이 없어졌다고 했다. 그리고 불안, 분노, 극단적인 생각 때문에 힘들었는데 이제는 그런 것도 모두 없어졌다고 했다. 전에는 잠깐잠깐 스쳐 가면서 자신을 분석했는데 이제 상담실에 와서 확실히 어떻게 조절해야 되는지 그 방법을 알았다고 했다. 인내심도 길러졌고, 무엇인가 세상을 즐겁게 사는 방법을 알게 되었다고 했다. 상담자는 내담자의 장점과 가능성에 대해서 격려해 주고 7회에 걸친 상담을 종결하였다. 앞으로 1개월 후, 3개월 후 그리고 6개월 후에 고양회기를 갖기로 하였다.

• 말기 상담과정의 요약 •

말기 과정에서는 상담자의 일상생활 깊숙이 인지상담(REBT)의 원리를 적용하는 방법을 구체적으로 가르쳐 주었다. ABC의 분석과 자기논박의 기술, 그리고 실천행동의 중요성에 대해서 강조하였다. 종결회기에서 내담자는 앞으로 자신이 직면하게 될 어려움을 확실하게 대처할 수 있는 방법을 알았다고 했다. 어려움을 이겨 내는 인내심도 길러졌고 세상을 즐겁게 사는 방법을 알게 되었다고 고백하였다.

(4) 추수지도(follow up)

이 사례는 종결 후 각각 1개월, 5개월, 1년 후에 이루어진 추수지도의 내용이다.

① 제1회 고양회기, 5월 15일(목)

내담자는 예전처럼 시간을 지켜서 상담실에 왔다. 지난번보다 살이 쪘으며 훨씬 더 안정된 모습을 하고 있었다. 상담자가 더욱 아름답고 예뻐 보인다고 하자, 처음에 올 때는 불안하고 힘들었는데 지금은 심리적 문제가 해결이 되고 정서적인 안정을 찾게 되어서인 것 같다고 하였다. 상담을 종결한 후 지금까지 한 달 동안 증상은 완전히 사라졌고 다만 한 번 정도 강하게 기분이 몹시 나빴다고 했다. 그 이유는 친구랑 같이 일반수학 강좌를 듣는데 그 친구가 보통 때에 자신의 리포트를 베껴 써서 자기와 같이 A^+를 받았고, 주변의 많은 사람이 내가 수학을 훨씬 더 잘한다고 생각했는데 막상 중간고사를 끝내고 보니까 그 친구가 일등을 했다고 한다. 그래서 굉장히 패배감이 느껴지고 당황했다고 말했다. 그러나 "시간이 지나면서 스스로 제 사고를 분석하고 나아졌어요."라고 하였다. "그냥 그럴 수도 있다고 생각했어요." 상담자는 막연하게 '그럴 수도 있다.'라는 생각보다 엘리스(Ellis)의 11가지 비합리적 사고 중에서 '세상은 반드시 공평해야 되고 정의는 반드시 승리해야 한다.'는 것이 있음을 환기시켜 주었다. 그 친구가 내담자의 리포트를 베껴서 썼기 때문에 당연히 내담자보다 못한 점수를 받아야 함에도 오히려 좋은 평점을 받은 것이 세상이 불공평하다는 현실을 드러내 준 것임을 말해 주었다. 상담자는 내담자가 추구해야 할 더 중요한 본질적인 가치는 외형적으로 편법을 활용하여 성적을 잘 받는 것보다도 평가받을 수 없는 실력을 쌓아 가는 것임을 강조하였다. 그 친구의 입장에서는 또 어떤 남모를 죄책감이 있을 수도 있다고 상대방의 입장을 헤아려 보는 기회를 주었다. 내담자는 그 친구에 대해서 좋지 않은 감정을 갖고 싶지 않다고 했다. 내담자에게 그렇게 하기 위해서 어떻게 해야 되겠느냐고 묻자, 자신의 사고구조를 잘 검검해서 정리하는 것이라고 대답하였다. 앞으로 자신을 불편하게 하는 일이 있을 때마다 꾸준히 REBT의 원리와 기법을 스스로에게 적용시켜서 나 자신을 보호해 가고 좀 더 성숙하게 성장시키는 것이 중요한 일임을 다시 한번 강조하였다.

내담자는 너무나 많이 변화되었고 성장하였다고 하였다. 그전에는 증상도 나타나고 엄청 기분도 나쁘고 했는데 지금은 증상도 안 나타날 뿐더러 나쁜 기분을 느끼는 방법조차도 잊어버렸다고 했다. 지금은 변화된 것을 생각하면 정말로 행복하다고 했다. 상담자는 다시 한번 확인하기 위해서 어떤 이유 때문에 그렇게 변화하게 되었느냐고 물었다. 자세히는 알지 못하지만 상담하는 과정에서 자신의 잘못된 사고방식이 변화되어서 그런 것 같다고 하였다. 상담자는 이 시점에서 다시 한번 내담자가 그동안 지녔던 비합리적 생각을 상기시켜 주었다. 내담자는 또한 상담하는 과정에서 그전에는 전혀 생각하지 못했던 원인을 발견한 것이 아주 주요했다고 했다. 지하철 안에서 책을 못 보던 것도 '남의 이목을 너무 중시했던 것' 때문임을 알게 되고 스스로 행동을 교정하게 되었다고 했다. 내담자는 자신의 행동을 자신이 주도하여 이끌어 가는 데 자신감이 생겼다고 보고하였으며 여름방학 때에는 친구와 함께 미국 여행도 계획하고 있다고 말했다. 내담자는 사고를 확고하게 하기 위해서 어떤 식의 생각을 해야 되는지에 관해서 조언을 구해 왔다. 상담자는 이제는 어떤 한 가지의 내용을 담은 합리적인 사고를 머릿속에 되뇌고 낭송하여 내재화하는 것에서 나아가 나의 사고의 폭을 넓히는 것이 중요함을 강조하였다. 앞으로 폭넓은 독서를 많이 하고 그 독서를 통해서 사색한 내용들을 삶의 뿌리 깊은 철학으로 통합시키는 작업을 내담자가 하면 좋을 것 같다는 숙제를 내주고 고양회기는 마감되었다. 제2의 고양회기는 지금부터 약 석 달 반 후인 9월 1일에 갖기로 하였다. 내담자는 오늘이 스승의 날이기 때문에 다음의 내용을 담은 조그만 카드를 남기고 떠났다.

> 사랑하는 박경애 선생님
>
> 선생님과 상담하기 전을 돌이켜 보면 한때 나쁜 꿈을 꾼 것만 같아요. 아스라히 사라지는 꿈 같이 그때의 상황들과 정서들이 조금씩 잊혀져 가네요. 상담한 지 두세 달밖에 안 됐는데도요. 이런 성과와 지금은 달라진 저 자신을 볼 때 무척 기쁘고, 선생님께 감사합니다. 어떠한 우연인지 인연인지 참 기막힌 만남이었지요. 선생님은 프로이신가 봐요. 다시 한번 감사드리고 이런 만남을 있게 해 준 어떤 분께도 감사기도 드려요. 앞으로 열심히 살아갈 거예요. 선생님! 감사합니다.
>
> 5월 15일 김지수 올림
>
> P.S. 열심히 산다는 것에 대해서 좀 더 써 보고 싶네요. 제 사고와 선생님으로부터 배운 그 분석력이 살아 있는 한 아주 건강하게 살아갈 자신이 있습니다. 만약 전의 제 모습을 하고 있는 친구들이 있다면 그 사고를 잘 바꿔 인생이란 동전의 양면과 같다는 것을 깨닫기를 바라요.

② 제2회 고양회기, 9월 1일(월)

내담자는 예외 없이 약속시간인 오후 5시가 되자 상담실의 문을 노크하였다. 오늘 학교의 동아리 '풍물패'에서 개최하는 개강 굿이 있었는데도 상담자와의 약속이 더 중요하기 때문에 상담실에 왔노라고 하였다. 그리고 지난 학기의 성적이 우수하여 이번 2학기 때에 장학금도 탔다고 자랑하였다.

지난 3~5개월 동안 증상은 전혀 나타나지 않았다고 하였다. 그전에 상담 선생님과 자신을 비교하면 자기는 한없이 초라하고 작게만 느꼈는데 이제는 선생님을 인간 대 인간으로 만날 수 있게 된 것 같다고 하였다. 그래서 자신이 더 이상 작거나 초라하게 느껴지지 않는다고 하였다.

또한 지난날에는 쟁반에 물을 떨어뜨렸을 때 한쪽 방향으로 흐르는 것만을 생각했었는데 이제는 여러 방향으로 물이 흐를 수 있다는 것을 알게 되었다고 하였다. 과거의 자신은 자기 생각이 최선이고 그것밖에는 달리 길이 없다고 생각했는데, 이제는 여러 가지 가능성을 모색하며 생활하다 보니 어느덧 자신의 삶 속에 생기는 활기와 넘치는 여유를 느낄 수 있다고 하였다. 학교에서 친구들도 자신을 항상 밝은 모습과 아름다운 미소를 가진 사람으로 평가해 준다고 좋아하였다.

내담자는 이제 앞으로의 자신 모습을 그려 보면서 인생의 목적, 참된 삶의 의미 등에 대해서 깊은 사색을 해 보게 된다고 했다. 상담자는 삶에 대해 깊이 관조해 보는 좋은 기회인 것 같다고 격려해 주었다. 이에 덧붙여서 우리의 궁극적인 목적은 '행복하기' 위해서 사는 것이고 이를 위해 우리가 행해야 할 것에 대해 생각해 보는 시간을 갖게 하였다. 이 행복은 지금 이 순간 나의 부족하고 모자란 부분을 겸허하게 채워 감으로써 가능하다는 것과 나의 상황과 위치에서 자족하는 것을 배우는 것부터 시작하는 것임을 상기시키면서 제2회 고양회기는 마감되었다.

새로운 해가 시작된 어느 날 내담자는 다음의 편지를 보내 왔다.

사랑하는 박경애 선생님

방금 전 새로운 해의 시작을 알리는 타종이 울렸어요. 그리고 누구보다도 더욱 성숙할 수 있도록 절 인도해 주신 선생님과 이 시간들, 당찬 새해를 맞이하고 싶어 이렇게 펜을 듭니다.

세상은 제가 어둡게만 상상한 백 가지 중 하나 정도나 일어나는 곳일까요? 이렇게 신념을 바꾸니 자유롭고 온 세상이 가슴 가득 밀려오는 것을….

다시금 선생님과 인연을 맺은 것에 대해 감사히 생각합니다.

저는 저를 사랑해요. 하하하. 이 말이 좋군요. 그리고 남자친구도 생겼어요. 지금 그 애가 크리스마스 선물로 준 곰인형을 안고 쓰고 있는 걸요. 아 참, 언젠가 선생님께서 "남자친구 사귀는 것에 관해서도 얘기해 줘야 하는데…." 라고 하신 말씀을 얼핏 들은 기억이 나는데 꼭 듣고 싶네요. 그 애를 너무나 사랑해 가는 제가 어쩔 땐 두렵기도 해요.

하여튼 지금은 행복하기만 해요, 선생님.

선생님은 세상에서 꼭 필요한 사람이 되셨으니 일의 성취 면에서는 단연 성공자이십니다. (저도 세상이 꼭 필요로 하는 누군가가 되고 싶은데 아직 정확히 미래의 모습을 모르겠어요). 항상 옛날의 저처럼 당신을 간절히 필요로 하는 사람들에게 빛이 되어 주십시오. 사랑합니다, 선생님. ('선생님'보다 더 친근한 용어는 없을까요? 갑자기 어감이 딱딱해지는 것 같아서 말이지요. 히히.) 새해 복 많이 받으세요.

③ 제3회 고양회기, 다음 연도 3월 31일(화)

내담자는 더욱더 성숙되고 아름다운 모습으로 상담실에 왔다. 자기 얼굴처럼 생긴 맛있는 귤을 한 웅큼 사 가지고. 같은 과의 남자친구도 사귀며 재미있게 학교생활을 하고 있다고 했다. 지난 학기에는 너무 열심히 놀아서 이번엔 장학금도 못 탔다고 하였다. 지난 3월 29일이 자기 생일이었는데 여기저기 모임에서 5번씩이나 생일 축하를 받았다고 좋아하였다. 상담자는 조심스럽게 내담자를 그토록 고생시켰던 '장소리'에 대해서 물어보았다. 내담자는 전혀 나타나지 않았다고 하였다. 그전에는 몸이 조금이라도 힘들면 장소리가 나서 괴로웠는데 지금은 아무리 힘이 들고 속이 안 좋아도 전혀 그런 증상이 안 나타난다고 했다. 한마디로 편하게 살고 있다고 하였다. 상담자는 어떻게 그렇게 내담자를 괴롭혔던 그 증상이 전혀 나타나지 않을 수 있느냐고 반문하였다. 내담자는 그런 증상이 전혀 나타나지 않아서 그전에 얼마나 고생을 했는지도 잊어버렸다고 하였다. 자기가 옛날에 너무나 고지식하고 외골수였기 때문에 세상을 바라보는 시야가 좁아서 그런 문제가 발생했던 것 같은데, 지금은 남자친구도 그런 식으로 사귄다고 했다. 한 아이만을 좋아하게 되니까 다른 남자애들이 눈에 들어오지 않는다고 했다. 상담자는 지금은 모든 면에 있어서 결정을 하는 시기가 아니고 시행착오를 하면서 자기에게 맞는 사람을 찾아가는 시기임을 강조하였다.

상담자는 내담자가 상담 초기에 "선생님, 제가 이 증세만 해결을 하면 무슨 일이든지 다 할 수 있을 것 같아요."라고 했던 말을 상기시켰다. 내담자가 이렇게 어려운 문제를 해결하였으니 이제 무슨 일이든 열심히 하고 꿈 많고 활기 있는 젊은 날을 꾸려갈 것을 당부하였다. 특히 자기 인생의 전성기에 있을 때 미래를 위한 준비를 철저히 하여 나에게 주어진 일회성의 생을 의미 있게 보내야 하는 것에 대해서 잠시 논의하였다. 그러는 과정에서 여러 가지 어려움과 장애가 나타날 수 있는데 그때는 상담시간에 배웠던 기술과 철학을 가지고 잘 해결해서 삶의 승리자가 되기를 부탁하고 전체의 상담과정은 막을 내렸다.

3. 상담과정의 전략, 사용기법, 이론적 개념

이 사례에서 사용했던 인지상담의 이론적 개념이 어떻게 상담과정 중에 적용되었는지, 그리고 각각의 장면에서 활용되었던 기법에 관하여 설명하고자 한다.

1) 치료적 관계의 구축

◉ 전문성과 인간적 자질

건전하고 확고한 치료관계는 효과적인 상담을 위한 초석이다. 상담자의 전문성과 인간적 자질은 돈독한 상담관계를 위한 필요충분조건이다. 상담관계는 문제를 가진 내담자와 그 문제의 해결을 도와주는 상담자 간의 독특한 상호관계이다. 여기에서 무엇보다도 중요한 것은 내담자가 지닌 문제의 본질을 이해하고 해결을 도울 수 있는 상담자의 전문성에 있다. 또한 상담과정은 한 인간과 또 다른 한 인간의 인격적 만남이 이루어지는 성찰의 장이기도 하다. 내담자가 아무런 위험을 느끼지 않고 자신의 이야기를 하게 하기 위해서는 상담자에게서 느껴지는 인간적 호감, 그의 따스함 그리고 인격적 성숙 안에서 가능하다.

2) 접수면접

일반적으로 접수면접 시 가장 중요하게 초점을 두고 이루어져야 할 과업은 내담자에 관하여 충분한 정보를 수집하는 것이다. 이를 효과적으로 수행하기 위해서 대면면접뿐 아니라 상담신청서, 개인정보 자료(참고,『인지 · 정서 · 행동치료』(1997)의 부록 1, 2) 등의 자기보고식 기록지를 활용할 수 있다. 대개는 약속한 접수면접 시간보다 한 시간 정도 일찍 와서 작성하게 한다. 이를 토대로 하여 내담자의 호소문제에 대한 잠정적 진단을 내리고 그에 적합한 치료 계획과 전략을 세우기 위해서이다.

◉ 숙제의 활용

상담자는 내담자를 위해 상담의 인지적 방법을 활용하기로 결정하고 접수면접이 끝난 직후부터 다음 회기까지 수행해야 할 다양한 숙제를 내준다. 내담자의 행동 변화에 필요한 숙제를 그때그때 제시하여 행동 변화를 위한 시간을 단축시켜 나간다. 숙제는 상담이 종결될 때까지 계속된다.

3) 2회 상담과정

⊙ 교육적 접근

인지상담의 중요한 특성 중의 하나는 교육적 접근이다. 상담과정 중에서 상당한 시간이 교육을 하는 데 할애가 된다. 상담자는 이 교육을 통하여 내담자가 지닌 문제를 보는 관점과 문제 해결의 과정을 인지상담이론의 입장에서 알게 한다. 이를 통해 내담자가 상담의 전체 과정에 적극적으로 참여하며, 새로운 문제가 생길 때 스스로 해결할 수 있는 능력을 배양하기 위함이다.

⊙ 상담목표의 설정

상담초심자뿐만 아니라 상담전문가들도 때때로 상담목표의 설정을 잊어버리고 그냥 지나가게 되는 경우가 많다. 상담목표는 상담자와 내담자 모두에게 상담의 방향감을 제시해 주는 나침반과 같은 역할을 한다. 인지상담에서 상담목표를 세울 때에 유념해야 할 점은 다음과 같다.

- 상담자는 내담자와 협력하여 상담목표를 설정한다.
- 상담목표는 내담자의 문제와 관련하여 긍정적인 용어를 사용한다.
- 상담목표는 구체적이고 명확한 행동적 용어로 표현한다.

⊙ 인간의 존재와 인간이 하는 행동의 분리

우리들이 무심코 하는 실수 중의 하나는 인간의 행동과 인간 그 자체를 동일선상에 놓고 생각하는 것이다. 인지상담에서 강조하는 인간관은 사람은 누구나 살아서 숨쉬는 한 고유하고, 독특하고, 존엄한 존재라는 것이다. 다만 문제가 있다면 인간이 하는 행동뿐임을 강조한다. 이는 기독교에서 강조하는 "'죄'는 미워하되 '인간'은 미워하지 말라."와 같은 개념을 담고 있다.

⊙ 자기언어(self-talk)의 활용을 강조함

인간의 사고는 어린 시절부터 이웃, 사회, 문화의 영향을 받아서 스스로 자기주입에 의해서 형성되었다고 본다. 그러므로 새로운 사고의 내재화를 위해서 자기대화를 통한 반복적인 주입을 지속적으로 할 것을 요구한다.

◉ 언어의 교정

상담과정 중에 내담자는 "다음 상담시간에 늦으면 큰일이다."라는 말을 한다. 상담자는 이 언어가 과장된 표현으로 현실을 정확하게 바라보고 있지 않음을 지적하였다.

엘리스(Ellis)의 인지상담이론은 일반어의론(general sementics)의 영향을 받았다. 일반어의론에서는 언어가 사고의 중추이므로 구체적이고 정확한 언어의 사용을 강조한다. 과장적 언어의 사용을 통해 사고에 잘못 영향을 끼칠 수도 있음을 염려하는 것이다. 코르지브스키(Korzybski)와 같은 언어학자들은 인간의 언어체계는 사고를 도와주기도 하지만 제한하기도 한다고 주장한다. 우리의 언어는 생각하고 있는 것을 결코 완벽하게 표현해 주지 못한다. 우리의 사고와 언어가 1대1의 대응관계에 있지는 못하지만 우리의 사고에 가장 밀접하고 근사한 언어를 사용하는 것은 중요하다.

4) 3회 상담과정

◉ 수치심 공격하기 연습의 활용

3회 상담에서 상담자는 내담자에게 수치심 공격하기 연습을 숙제로 내주었다. 이는 3회기 축어록에서 잘 나타나 있는 것처럼 엘리스 자신의 개인적 경험을 토대로 하여 스스로의 실험에 의해서 생성된 방법이다. 이 기법이 시사해 주는 점은 다음과 같다.

- 사람에게 공포를 유발하는 자극에 점진적으로 노출되는 것보다 한꺼번에 노출되었을 때 그 자극에 대한 공포가 사라진다.
- 인간 행동의 변화는 전통적 행동주의 방법에 의한 강화가 없어도 일어날 수 있다. (엘리스의 경우에 100여 명의 여성 중에 단 한 명이 데이트에 응해 주었다. 그리고 그 한 명도 실제로 약속한 시간에 나타나지 않았지만, 이 연습을 통해 여성에 대한 공포가 완전히 사라졌다고 보고하고 있다.)

5) 4회 상담과정

◉ 내담자의 저항 출현

인지상담에서는 내담자의 저항을 여러 가지로 해석하고 있다(참고: 『인지 · 정서 · 행동치료』(1997) 4장 3절). 여기에서는 내담자가 상담에 대한 종결의 준비가 심리적으로 되어 있지 않은 상태에서 상담자가 종결 이야기를 꺼낸 것이 그 원인이었던 것 같다. 내담자는 자신이 지닌 문제의 핵심을 간파하고 그 해결을 도와줄 수 있는 적임자와 어렵게 이룩한 관계를 빨리 종결하고 싶어 하지 않았다. 이것에 대해 상담자는 영원한 동반자가 아니고 잠시 도와주는 사람임을 언급하고 어차피 인생은 혼자의 책임하에 행복을 쟁취해 가는 과정임을 강조하면서 내담자의 저항문제를 다루어 나갔다.

◉ 생각의 객관성 검증

내담자들이 사실이라고 굳게 믿는 생각 중에, 객관적으로 사실일 수도 있지만 사실이 아닐 수도 있는 생각들이 있다. 사실일지도 모른다는 추론적 생각을 내담자의 잘못된 판단에 의하여 의심하지 않고 객관적인 사실로 받아들이는 경우가 허다하다. 이럴 때에는 이것이 사실인가 아닌가를 분명히 짚고 넘어가야 한다.

◉ 녹음 파일 듣기

상담자가 자신이 상담한 내용을 다시 한번 들어 봄으로써 상담시간 중에 미처 생각하지 못하고 넘어간 임상적으로 중요한 부분을 다시 찾아내고 상담과정에 활용할 수 있다. 상담자가 두 번의 다른 회기를 수행하는 것보다도 한 회기의 녹음을 다시 한 번 들어 봄으로써 자신의 상담력을 더욱 더 향상시킬 수 있다. 내담자 역시 마찬가지이다. 일련의 묻고 대답하는 질문이 계속되는 과정에서 놓치거나 다시 생각해 볼 필요가 있는 상담의 내용을 반추해 봄으로써 중요한 내용을 다시 찾아 올 수 있다.

6) 5회 상담과정

◉ 행동연습의 중요성

바뀐 생각을 완전히 내 것으로 만들기 위해서는 끊임없이 그 생각을 지속하여 나의 행동과 곧바로 연결될 수 있도록 해야 하는데, 그를 위한 연습의 중요성에 대해서 강조하였다.

7) 6회 상담과정

◉ 행동의 변화를 초래한 이유의 확인

내담자의 행동 변화가 일시적인 상황이나 환경의 변화에 의한 것인지를 집요하게 확인하는 장면이다. 상담자는 확실하게 자신의 인지구조의 변화 때문이라는 내담자의 고백을 듣고 내담자가 자신의 문제를 제대로 간파하고 해결하였음을 확인한다.

8) 7회 종결회기

◉ 자기조력능력의 배양

이 회기에서는 내담자의 자기조력능력을 배양시키면서 상담의 종결을 준비한다. 인지상담의 중요한 특징 중의 하나는 내담자의 자기조력 내지는 자기치료의 능력을 향상시키는 것이다. 상담의 전 과정을 통해서 내담자는 자신의 문제를 개념화하고 해결하는 과정을 체험한다. 이 과정을 통해 학습이 이루어지고 이 시점에서 가지고 있는 문제나 앞으로 새롭게 생기는 문제를 스스로 해결할 수 있는 자기치료적 능력의 습득을 강조한다.

◉ 추수지도-고양회기(booster session)의 계획

비교적 단기간에 이루어진 본 상담의 종결 이후 1개월, 3개월, 6개월 후에 고양회기(booster session)를 계획하여 상담 추수지도가 수행될 수 있다. 이 기간은 대체로 6개월 내지 1년여 동안 내담자의 행동 변화를 점검하고 그것의 영구화를 위해 어려움을 찾아내고 스스로 도울 수 있는 채널을 열어 놓는 것이 목적이다.

4. 인지정서행동치료(REBT)에 근간한 사례의 종합적 개념화

내담자는 비교적 평범한 어린 시절을 보냈다. 중학교에 갓 입학하였을 때 담임 선생님께서 "지수는 행실도 얌전하고 얼굴도 예쁘게 생겼네."라고 하신 말씀이 계기가 되어 조신하고 얌전해지기 위해 무던히 애쓰며 매사에 완전하고 빈틈없이 하려고 부단히 노력해 왔다. 그런 덕택에 공부도 잘하고 예능 방면에도 뛰어난 재주를 보이면서 성장하였다. 고등학교 2학년 때 길을 가다가 우연히 만난 중학교 2학년 때의 담임 선생님께서 "너는 다른 애와 비교하면 하늘과 땅 차이이다."라고 하시며 추켜세운 것이 또 하나의 결정적 계기가 되어, 자기 자신은 누구보다도 잘나고 완벽하게 살아야 한다는 비합리적 신념을 강하고 단단하게 강화시켜 가고 있었다. 그러면서 '나는 내가 제일 잘나야만 한다.'를 삶의 가치와 철학으로 내재화하였고 이를 뒷받침하기 위해 열심히 노력하며 살아왔다. 그 덕택에 학교에서 공부는 상당히 잘하게 되었으나 자기보다 조금이라도 우수한 부분이 있는 아이들과는 친구관계를 맺는 것조차 거부하였다. 그렇게 자기가 좋아하는 사람에게 잘나고 예뻐 보이기 위해서 부단히 노력하던 중 식은땀이나 장소리(장에서 나는 꾸르륵 소리) 등의 신체화 증상이 나타났고, 대인관계에 대한 심한 위압감과 불안감이 내담자를 괴롭히기 시작하였다.

고등학교 3학년 때, 그 바쁜 와중에서도 자신의 어려움을 극복하기 위하여 혼자 요가책, 명상책 등을 보면서 매일 30분에서 1시간씩 명상하면서 문제를 해결해 보려고 무던히 애를 썼으나 모든 것은 수포로 돌아가고 만다. 부모님께 말씀드려서 한약도 복용하였으나 효험이 없었다. 병원에도 갔었는데 생리적으로는 아무런 이상이 없는 기능성 장애라는 진단이 나왔다고 하였다. 상담자는 그간의 여러 가지 정황을 통해 내담자의 증상이 기질적 원인이 아님을 확인하게 되었다. 이런 경우 심리적 원인, 즉 인간의 사고구조와 인지기능에 원인이 있음을 가정하고 역기능적 신념의 탐색에 몰입하였다. 5회의 상담에서 자신의 질병이 기능성 장애라는 진단이 나왔음을 말하였고, 또한 내담자가 지적 기능이 상당히 높은 사람이었기 때문에 인지상담이론서 읽기를 숙제로 내주고, 내담자의 부적절한 정서 및 부적응적인 행동 그리고 기타 증상의 원인이 사고구조에 있음을 여러 차례 교육을 시켜 가면서 상담을 하였다.

내담자는 인지상담이론의 원리와 개념들을 재빨리 알아차리고 습득하였으며 자신의 일상생활 속에서 적용시켜 나갔다. 횟수가 더해 갈수록 내담자의 향상은 거듭되었다. 두 번의 상담회기를 마친 후 증상이 거의 나타나지 않았으며 종결회기까지 완전히 사라졌다고 보고하였다. 이것은 상황 변화에 의한 단순한 증상의 제거가 아니고, 증상을 유도했던 비합리적 신념을 정확하게 파악하고 이를 합리적 대안신념으로 바꾸어 내담자의 가치와 철학 속에 통합했기 때문에 가능한 일이다. 내담자는 자신의 변화가 확실한 증거로 더 이상 상담 선생님께 매달리지 않는 것을 보면 알지 않느냐고 하였다. 종결 후 이루어진 3번의 고양회기에서도 좀 더 건강한 정서와 행동을 유지, 습득하기 위해 사고의 폭을 확보하기 위한 노력을 부단히 할 것을 다짐하였다.

본 사례는 상담의 인지적 접근을 시도하여 단기간에 바람직한 행동의 결과를 성취해 낸 예이다. 이 접근법은 인간의 부적절한 정서와 부적응적인 행동의 원인은 내담자의 왜곡된 사고나 비합리적인 자기파괴적 신념에 있다고 보기 때문에, 내담자의 사고에 초점을 두고 상담이 이루어졌다. 또한 바람직한 사고의 내재화를 통해 정신건강을 유지하고 보다 성숙한 인간으로 자신의 삶을 꾸려 갈 수 있음을 주장한다. 특히 주목할 것은 인지상담의 궁극적 목표는 단순한 사고의 변화와 신념의 교정이 아니고 건강한 인생의 가치와 철학의 습득에 있다는 것이다.

5. 상담의 전 과정 축어록

다음은 축어록은 접수면접과 고양회기를 제외한 상담의 전 과정(제2회~제7회)을 녹음하여 그대로 푼 내용이다.

제2회 상담의 축어록

상담자: 지수 양, 안녕? 전에 그 읽기 숙제는 읽어 봤어요?

내담자: 네, 상담의 방향을 알았어요. 그다음 뒷부분은 안 읽었는데….

상담자: 괜찮아. 그 뒤는 주로 상담자 교실에서 교육하기 위해서 쓰는 내용이니까요.

내담자: 제 문제점을 발견하고 그 실천방법에 대해 알았어요.

상담자: 그래요. 대단하군요. 나중에 선생님이 또 다시 알려 주겠어요. 선생님이 여기서 지수 양한테 이것을 통해 알았으면 좋겠다 하는 것이… 여기(책을 보면서) 대학교 시험에서 떨어진 예가 있잖아. 어떤 애는 더 열심히 공부해서 다음에는 더 좋은 대학에 가야겠다고 생각하는 애가 있고, 어떤 애는 이제 내 인생은 끝장이다라고 생각하는 애가 있잖아. 선생님이 지수가 이 책을 읽으면서 배웠으면 좋겠다 싶었던 것은, 사람들이 수많은 사건이나 상황들을 접하게 되는데, 그때마다 그 사건이나 상황이, 예를 들면 지수의 장을 막 꾸룩꾸룩 소리 나게 만드는 것이 아니고, 그 사건 · 상황을 어떠한 생각의 눈으로 지각하느냐의 문제인 거지요. 그러니까 더 열심히 공부하는 애들이 떨어질 수도 있는 거고. 나만 떨어지는 게 아니고, 다른 사람도 떨어지고. 사람은 실패한 만큼 성공하니까 열심히 해 봐야지라고 생각했을 때는 그 아이가 더 열심히 공부해서 좋은 대학에 가지만, 이 아이처럼. 나는 형편없는 사람이고 내 인생은 끝장이구나라고 생각했을 때는, 공부도 하지 않고 정말 인생이 거기서 끝장이 나는 거지요. 선생님은 이것을 통해서 우리가 느끼는 정서뿐 아니라 행동이라는 것은 우리가 어떻게 생각하느냐의 결과라는 걸 알려 주고 싶은 거예요. 다시 한번 강조를 하면, 이건 참 중요한 건데, 사람은 누구나 생각을 하지. 그리고 누구나 느낌이 있지. 또 누구나 다 행동을 하지. '사고'가 있고. '느낌'이라는 걸 심리학에선 '정서'라고 하거든. 또 다른 말로 '감정'이라고 하기도 하고(엄밀하게는 정서와 감정의 뜻이 다르지만). 또 '행동'이 있지. 대체로 인간은 이 세 가지의 상호작용에 의해서 움직이는 거예요. 사고와 행동, 그리고 정서가 서로에게 영향을 주는 거지. 지수 양이 선생님을 '아, 그분은 참 훌륭하고 좋은 분이야.' '그분이 나를 이렇게 상담을 해 주는구나.'라고 생각을 하면, 선생님을 보면 네가 아마 기분이 좋을 거야. 그렇지? 그런데, '그 사람 이상한 사람이야.' 그렇게 생각한다면, 네가 선생님 보면 기분이 나쁘지. 그리고, 그분이 훌륭한 분이라 생각한다면 선생님을 보면 공손히 인사하겠지. 인사한다는 건 행동이지. 그 사람이 훌륭한 사람이 아니라고 생각한다면 선생님 보고 인사를 안 할 수도 있지. 이렇게 인간은 느낌과 행동과 사고가 있는데, 사고에 의해서 느낌과 행동이 영향을 받는다는 거지요. 지수 양이 긴장된다고 했지요? 사람을 대하는 데 불안하다, 긴장된다, 위압감을 느낀다고 하는 것은 대표적인 정서예요. 위압감을 '느끼고' 때때로 장이 꾸룩꾸룩거리는 것은 '행동'이라고 볼 수 있지. 얼굴

이 빨개지기도 하는 것도 '행동'이지. 그런 때, 이런 정서와 이런 행동이 나타나는 것은 반드시 지수 양을 움직이는 어떤 생각, 사고 때문에 그렇다는 거야. 선생님이 주로 활용하는 상담 기법이나 이론은 불안하고, 긴장되고, 위압감을 느끼고, 얼굴이 빨개지고, 손에 땀이 나고 그러는 애들이 어떤 생각을 하고 있나 그 생각을 찾아서 고쳐 주는 일을 하는 거야. 상담과정 중에 그런 생각을 많이 고치는데, 대체로 우리가 이론에선 뭐라 그러냐하면, '완벽주의적 사고'라고 이름을 붙였지요. 잘해야 되고, 항상 1등을 해야 되고. 그러니까, 네가 지난번에 말했지만, 항상 1등만 할 줄 알았는데, 어떤 애가, 어느 순간 너보다 뭐든 우수한 애가 나타나니까 지수 양이 기가 죽고 그랬었잖아. 그 정도로 항상 지수 양이 완벽주의적 경향이 있고, 욕심이 많다고 그랬었잖아. 네가 항상 뭔가 남한테 잘 보여야 하고, 공부도 잘한단 말을 들어야 하고…. 그런데 사람이 그럴 수가 있니? 항상? 넌 공부를 잘하는 애였는데 ○○대에 들어갔지. 너보다 조금 더 잘한 애들은 ○○대에 갔겠지. 그보다 조금 더 잘한 애들은 ○○대에 갔겠지. 인간을 자꾸 학교라든가 그런 것으로 평가하려는 사람들은 이런 증세가 생긴단 말야. 그런데 인간이라는 것은 어차피 차등이 있는 존재야, 특히 지금 같은 경쟁사회에서는…. 어떤 사람은 그 기준에 의해 수능시험을 잘 봐서 ○○대에 가고, 어떤 사람은 그 기준에 의해서 수능시험을 조금 못 봐서 다른 대학에 가고. 그렇다고 해서 인간의 고유한 가치가 차이 나는 건 아니란 말야. 그런 것을 받아들이면 여러 가지 불편한 것을 해소할 수 있는 거야. 지금 네가 그것을 받아들이지 않으면, ○○대 가서도 난 반드시 1등을 해야 하고 과대표 해야 한다는 생각이 꽉 차 있으면… 1등 하고 과대표 하면 좋지. 그런데 1등이 안 될 수도 있고, 과대표가 안 될 수도 있지. 그것을 기쁘게 받아들일 수 있어야 정신적으로 건강한 사람이라는 거야. 무슨 말인지 알겠지요? 전에 지수 양이 말하는 것을 듣고 선생님이 생각할 때, 지수가 아주 완벽주의적 사고를 많이 한다는 것을 느꼈어요. 한약을 먹어도 안 된다고 그랬는데, 지수의 증상은 바로 이런 생각이 문제인데 생각을 고치지 않는데 한약을 먹는다고 되니? 그 현상들이 신경성이라는 것을 알지? 신체적으로는 이상이 없는데, 지수 양의 심리가, 그중에서도 사고가 그렇게 만든단 말이지. 어떤 남자한테 잘 보이는 것은 참 좋지만, 잘못 보여도 상관이 없다고. 이 완벽주의적 사고가 왜 문제가 되느냐 하면, 인간이 완벽하면 좋겠지. 그러나 그럴 수가 없는 걸 자꾸 추구하면 문제가 되는 거야. 인간이 어떻게 완벽할 수 있겠니? 하느님만 완전하잖아. 교회 다녀요?

내담자: 아니요.

상담자: 신만이 완전한 존재라고 교회나 성당에선 그러거든. 교회나 성당을 다니지 않는 사람도 마찬가지라고 생각할 거야. 신(神)만이 완전한데, 자기의 실수나 허점을 인정하려고 하지 않고, 자꾸 완전해지려고 하니까 문제가 생기는 거지. 다른 사람에게 나의 허점을 드러내 보일 수 있는 사람이 정신적으로 건강한 사람이야. 그런데 너 같은 경우의 애들이 완벽하려 한다고. 공부를 잘해야만 한다, 1등을 해야 한다, 그런 생각 때문에 공부를 잘할 수도 있겠지. 그런데 사람이 그렇지 않잖아. 나보다 잘하는 애들이 어딘가 있단 말야. 또 그 애들보다 잘하는 애들이 어딘가에 또 있고. 우리나라가 경쟁사회이기 때문에 인위적으로 사람을 차등을 두는 건데, 경쟁사회가 아니라면 무슨 평가 기준을 가지고 사람을 평가하고 낙인찍고 이렇게 안 하겠지요. 인간이 인위적으로 서열화된다고 해서 인간으로서의 고유한 본질 자체가 차등이 매겨지는 것이 아니란 말이지요. 인간과 그 인간의 행동은 항상 분리해야 돼요. 인간으로서 공부를 잘하는 것, 얼굴이 예쁜 것이 있다면, 이 둘을 분리해서 생각해야 된다고. 인간은 누구나 다 고유하고, 독특하고, 존엄한 존재야. 다만, 그 행동이 공부를 잘할 수도 못할 수도 있을 뿐이지. 공부를 잘했다고 이 사람이 우수한 인간이냐? 그것은 아니지. 단지 공부를 잘하는 인간인 거지. 공부를 못했다고 그 사람이 한심한 인간이냐? 그건 아니지. 고귀한 존재인데. 다만 공부를 못하는 것뿐이지. 그런데 넌 너무 애써 완벽하려 하고, 남에게 잘 보이려 하는 거지. 그럴 필요는 없어. 그냥 내 모습 이대로를 수용하고 받아들이고, 다른 사람이 그대로 잘 봐주면 참 좋은 거고, 반대로 잘 못 봐주면 그것은 내 문제가 아니라 그 사람의 문제고. 내가 이상해서 못 보여 준 것이 아니라. 그 사람의 생각의 틀이 나하고 안 맞는 거지. 그런데, 넌 다른 사람의 생각의 틀까지 조정을 해서 내가 잘 보여야 하고, 그 사람이 날 좋아해야 하고, 이런 생각을 하잖아. 아니니, 지수야?

내담자: ….

상담자: 선생님이 너무 몰아붙인 거니?

내담자: (웃음)

상담자: 일단 선생님은 지수 양 문제를 그렇게 파악을 했어. 지수가 이제부터는 자기 약점, 부족한 점을 인정하고 그래야지. 인간은 누구나 약점이 있는 건데. 그것을 인정하지 않으려 할 때 많은 어려움이 생기는 거야. 그래서 이런 것을(ABC 기록지) 해서 오라고 한 거야. 구체적으로 어떤 생각이 지수를 이렇게 힘들게 하는지…. 해 왔어요?

내담자: 예. 어제만 그랬어요. 그전까지 요즘에는 술자리 뒤풀이라고 해서 별 상황은 없었고….

상담자: 어디, 써서 갖고 왔어요?

내담자: 예.

상담자: "학교를 가는 도중 답답하고 근심, 걱정이 쌓여 장의 활발한 운동이, 장 끝이 꼬이는…." 아프겠다 굉장히?

내담자: 아니요. 아프진 않고요. 그런 느낌이.

상담자: 그것은 느낌이지. 실제로는 장이 꼬였다 풀리면 굉장히 아파요.

내담자: 한번도 안 꼬여 봐서 모르겠어요.

상담자: 그러니까. 지수 양의 느낌이지 실제로 꼬이는 것은 아냐. 그렇다면 그런 상황, 이것은 지수 양의 행동이지, 장의 행동….

내담자: 예.

상담자: 그런 행동 밑에는 어떤 생각이 숨어 있음을 지수양이 즉각 알아야 돼. 봐, 내가 잘 적응할 수 있을까? 이런 의심이 드니까…. 그리고 이 안에는 무엇이 있냐 하면, 적응하지 못하면 큰일이다, 이런 생각이 든 거야.

내담자: 네. 인생의 낙오자처럼….

상담자: 그래. 바로 그런 생각이 드니까 장이 꼬이는 것 같지. 인생의 낙오자와 같다. 네가 이 생각을 하니까 장이 꼬이는 건데, 또 '적응할 수 있을까?'라는 의문이 들지만, 나만 이런 걱정을 하는 것이 아니라, 우리과 애들이 다 그럴 거야. 그리고, 내가 적응하지 못하란 법은 없어. 혹시 내가 만약 적응하지 못한다라고 하자. 그렇다고 내가 인생의 낙오자는 아냐. 이렇게 생각을 하면, 장이 안 꼬인단 말야. 숙제 잘해 왔어요.

내담자: (웃음)

상담자: (계속해서 ABC 기록지를 보여 주며) "수업 첫 시간…" 그래, 그때 불안했지?

내담자: 네.

상담자: 정서는 불안감이 엄습했고, 행동은 네 장이 이렇게 뒤틀리는 것 같은 행동을 했지. 그래, 바로 이거야. 그리고 이 장소리가 들리면 다른 애들한테 웃음거리가 될 거다, 그거지? 그렇게 되면 큰일이야. 난 놀림감이 될 거고. 그런데, 대부분의 경우에 장소리는 옆사람이 못 듣게 되는 경우가 많아. 그리고 혹시 "이게 무슨 장소리야?" 그러면, "응, 내가 조금 속이 안 좋아." 그렇게 싹 넘어가면 되는데…. 무슨 말인지 알겠지, 혹시 누가 물어본다면? 물어보지 않고 넘어가지 누가 이런 경우에… 혹시 누가 트림을 했다고 가정해 보자. 그렇다고 누구야? 이러니? 그러지 않잖아. 남이 수줍어할까 봐 그냥 지나가잖아. 그렇지? 누가 만약 이 꾸르륵 소리를 옆에서 들었다고 해도 그냥 지나가지, "이거 누가 꾸르륵 했어?" 이러지 않아요. 그리고 혹시 재미로 누가 그럴 수 있지. 그때에는 그냥 "내가 그랬어요." 그러고 말면 되는 거야. 나중에 누가 혹시 극단적으로 그럴 수 있지. "너 장에서 꾸르륵 소리 난다." 그러면 너도 그냥 웃음으로 받아쳐. "그래요. 나 장에서 꾸르륵 소리 나요." 별것 아닌 것처럼. 그러면 큰 문제가 안 되는데, 네가 이것을 만약에 "어머, 이건 심각한 거야. 사람들이 날 놀리려고 하나 봐.' 이렇게 받아들여 봐. 그러면 그때부터 이것이 문제가 되는 거지. 그렇지 않니, 지수 양?

내담자: 예. 저도 대담하게 생각하려고 해요. 평소 혼자 있을 때는 내가 왜 그런 것에 얽매이나, 그냥 대담하게 살지… 그래도요. 사람들 만나고 수업에 들어가고 그러면 생각이 좁아져요.

상담자: 그래. 그건 왜 그러냐면, 그것은 충분한 연습이 안 돼서 그래. 그 바뀌어진 생각을. 아, 내가 대범하게 살아야지. 그것을 어느 순간 한번 결심해서 되는 사람도 있지. 그런데 지수 양의 경우에는 이런 생각들이, 이런 불안이 너무도 오랜 세월 동안 지수 양을 지배해 왔어. 그렇지? 지수 양이 기존에 갖고 있는 생각이 있잖아. 또 이 생각의 대안이 되는 새로운 생각이 또 나타났지. 그러면 새로운 생각이 이런 생각 자체를 밀어내야 되잖아. 그리고 이 새로운 생각이 여기 들어앉아야 되잖아. 그렇지? 그런데, 새로운 생각이 여기 들어앉으려면(그림을 그리면서 설명하는 것임), 들어앉아서 지수 양 행동으로 나타나려면 이 생각을 자꾸 반복적으로 연습을 해야 옛날 생각을 물리치고 이 안에 들어가 있지. 이 오래된 생각 자체가 너무나 굳건하게 자리를 잡고 있기 때문에 지수 양

이 이 새로운, 새로 알아낸 생각을 자꾸 반복해서 연습하지 않으면, 이 생각이 얘한테 갔다가 튕겨서 나오지 이 자리를 차지할 수가 없어요. 무슨 말인지 알겠지? 그러니까 이 생각을 지수가 자꾸 반복적으로 암송하고 되뇌고 자기 자신에게 명상해 보고 그래서 이 생각이 자기 안에 이렇게 자리 잡을 수 있게 하는 것이 굉장히 중요한 거지. 선생님 말이 이해가 됐지요?

내담자: 네.

상담자: 그래서 지금부터 선생님이 어떤 것을 해 주냐 하면… 그래, 노트를 보자. 다시 한번 볼까? 비합리적 신념. 이건 나중에 하자. 선생님이 여기다(지수의 숙제 노트) 맞추면 네가… 이제 분명히 확연하지? '학교를 가는 도중에 근심 걱정에 휩싸였다.' 이건 사건이지. 그때의 정서는 굉장히 불안했었지. 또 근심 걱정 했고, 그때의 행동은 장이 꼬였었지. 활발히 장이 운동하고 꼬이고….

내담자: 또, 더 심하게 생각하면요. 손이 차가워지고, 진땀이 나고….

상담자: 그래, 손이 차가워지고 진땀 나는 것이 뭐냐 하면 하나의 겉으로 드러나는 행동이고 우리가 이것을 심리학 용어로는 '증상'이라고 말한단 말야. 증상이란 것이 뭐냐 하면 바로 이것, '내가 잘 적응하지 못하면 큰일이다.' '내가 잘 적응할 수 있을까?' 더 나아가서 '내가 만일 여기서 적응하지 못하면 내 인생은 끝장이야.'라는 극단적인 생각 때문에 파생한 것이지.

내담자: 막다른 골목.

상담자: '막다른 골목이야.' 지수 양이 이렇게 생각하기 때문에 그렇게 한 거지. 무슨 말인지 알겠지? 그 생각을 이렇게 바꾸란 말야. 또 새 교수님이 와서 네가 그런 생각이 들 때가 있잖아. 손이 차가워지고 불안이 엄습해 올 때. 그런 것을 '합리적인 생각'이라 한다고 우리 앞에서 배웠지? '합리적인 생각'이란 것이 뭐냐 하면, 나만 이런 생각–'적응할 수 있을까?'–을 하는 것은 아니야. 그렇지? 실제로 그럴 거 아냐? 지수 양의 반 애들 모두가 그렇지. 이건 아니다. 학부제라 그랬지요. 학부가 몇 명이야?

내담자: 230명이요.

상담자: 그러니까 230명이 다 같이 듣는 거야?

내담자: 아뇨. 네 반으로 나눠서….

상담자: 우리 과의 우리 반, 그럼 약 50명?

내담자: 예.

상담자: 50명 모두가 이런 생각을 하는 거야. 이렇게 자기 생각을 가다듬고. 그다음에 두 번째, 내가 적응할 수 없으면 큰일이고 내 인생 끝장이다, 이렇게 생각하는 거잖아?

내담자: 그런데 혼자 생각할 때는요, 인생은 길고 할 일도 많은데… 이렇게 편하게 초월적으로 생각을 하는데, 그런데 막상 임할 때는 안 그래요.

상담자: 그때 그 순간, 네가 손에 진땀이 나고 차가워 오잖아? 그럼 그 순간에 예를 들면, 인생은 길고 할 일이 많다, 이런 합리적인 생각을 하고, 얘(합리적 생각)가 들어갈 틈이 없이 얘(비합리적 생각)가 꽉 자리를 잡고 있는 거야. 그렇기 때문에 지수 양이 머릿속에서 '아, 내가 지금 진땀이 나고, 손이 차가워지는구나. 선생님이 그랬지. 나의 생각 때문이라고. 내 생각이 내가 적응할 수 없으면 큰일이고 끝장이라는 거지.' 그러니까 '내가 생각을 바꾸자. 설사 적응할 수 없다하더라도 그것은 큰일이고 끝장은 아니다. 지금 당장에 내 인생의 승부가 이루어지는 것은 아니다. 나는 승부를 위해서 준비를 하고 있는 것은 아니고, 앞으로의 인생에 남아 있는 것이 더 많다. 지금 당장 인생이 끝장은 아니다.' 네 마음을, 너한테 이렇게 말을 하란 말야, 자기 말(self-talk)을. 이런 것이 자기 말이라는 거잖아. 우리가 생각이라는 것을 말로 하잖아. 머릿속에서. 영어가 잘 안 되는 이유가 뭐야? 영어로 생각을 안 하니까 말이 잘 안 되는 것이거든. 영어로 생각을 안 하니까 영어로 말이 냉큼 안 튀어나오지. 미국 사람을 봤을 때 평소에 우리가 영어로 생각하니? '아! 나 지금 미치겠다. 나 지금 머리 아파!' 이럴 때 한국말로, 머릿속으로 '아, 미치겠다. 아, 머리 아프다!' 이렇게 생각하지, 영어로 'I go crazy, I got a headache.' 이렇게 생각하니? 언어라는 것은 생각의 표상이에요. 무슨 말인지 알겠지? 그렇기 때문에 생각을 할 때는 대체로 말을 가지고 해. 만약 옆에서 듣는 사람이 없다면 혼자 중얼거려도 괜찮아. "적응할 수 없다고 큰일은 아니야." 이렇게 중얼거려도 괜찮고, 주변에 사람들이 있으면 머릿속으로 그 말을 해. 혼자 할 수 있잖아. 그렇게 해서 생각을 바꾸면 자연스럽게 손에 진땀이 나고 차가워지는 병이 치료가 돼. 지수 양, 그렇지? 선생님 말이 어떠니? 네가 생각할 때?

내담자: 네. 제가 혼자 있을 때 생각하는 것 같아요.

상담자: 그렇지?

내담자: 네.

상담자: 혼자 있을 때만 이렇게 생각하고 남들과 같이 있을 때 이런 생각이 안 드는 것은 아직 생활화가 안 된 거야. 지수 양이 생활화하려면 선생님 상담시간에도 이 말이 나오지만, 숙제라는 것을, 숙제라는 말 듣기 싫어 하지, 학생들은, 학교에서도 숙젠데, 상담실에서까지 무슨 숙제냐. 그래서, '행동연습'이라는 말을 해 보자. 행동연습이란 말을 쓰고, 첫 번째 '생각을 바꿔.' 이런 상황이 있을 때 이런 생각이 들면 지수 양이 그때그때 바꾸고… 지금 지수 양이 생각할 때 어떤 생각이 너를 가장 힘들게 하는 것 같아?

내담자: 그거죠 뭐. 남의 이목….

상담자: 남의 이목이 쏠려 오면 항상 다른 사람에게 잘 보이고 완벽하다는 소리를 들어야 된다. 그건가?

내담자: 그냥… 눈에 띄지 않고 조용히 살았으면 하는 생각도 들어요.

상담자: 왜?

내담자: 그래서 한때는 절에 들어갈까, 이런 생각도 해 봤어요.

상담자: 그러니까 그런 이유는 뭐예요? 그 밑의, 이면에 흐르는 생각이 있지? 내가 항상 잘나고 완벽해야 되고, 장이 꾸르륵 소리도 안 나고, 그래야 되는데… 내가 생각할 때 별로 잘나지도 못한 것 같고….

내담자: 허무하고….

상담자: 그러니까 네가 스스로 이상이 너무 높아서 그런 것 아냐. 네 기대가 스스로에게 너무 높았는데. 그 기대에 못 미치니까 허무한 느낌이 드는 건가? 허무함이란 것은 느낌이잖아. 그러면 그 이면에 어떤 생각들이 허무함이란 것을 느끼게 하는 걸까?

내담자: 이렇게 사나 저렇게 사나 다 똑같은 것 같은데…. 제가 이렇게 생각을 하고, 보통 때 제가 이중성을 느꼈었잖아요. 그런 것을 느끼면서 속세에는 이렇게 내가 아이러니하게 느끼면서 뭐하러 사나, 그냥 조용히 자연과 친화되어서 사는 것이 더 낫지 않나, 뭐 이런 식으로….

상담자: 네가 그 증상 때문에, 장이 꾸르륵대는 증상 때문에 더 위축되는 것 같다.

내담자: 예. 저도 그렇게 생각해요.

상담자: 이건 중요한 문젠데, 증상 때문에 위축될 필요는 없어. 왜냐하면 이 세상에 진땀나는 사람이 지수 양 혼자니? 그건 아니야. 선생님이 볼 때, 많은 현대인의 문제가 바로 이 불안, 초조, 스트레스잖아. 선생님도 때로는 스트레스를 많이 느끼지. 그렇지만 선생님은 상담자니까 스트레스를 스스로 극복하거든. 지수 양, 스트레스를 많이 느끼는 것 같은데. 다른 모든 현대인이 스트레스가 있는데, 그 사람들은 다 잘 견뎌 내잖아. '다른 사람 모두가 스트레스가 있는데… 나만 있는 것이 아니다. 나도 견뎌내면 되는 거지. 스트레스가 있기 때문에 내가 위축될 필요는 없다.' 이렇게 스스로에게 그 생각을 바꿔. 또 지수같이 예쁜 아가씨가 왜 세상 속에서 막 드러내면서 살아야지 왜 숨어서 지내니? 그렇잖아. ○○대학교 ○○과가 아무나 가는 곳이 아니야. 굉장히 우수한, 인간 자체로도 우수하지만, 공부하는 행동 자체로도 굉장히 공부를 잘한 사람이야. 자기 존중감을 스스로 지녀야지. 요새 남이 누가 자길 알아 주는 줄 알아? 자기가 자기를 알아 줘야지. 그것도 굉장히 우수한데 뭐. 그런 증상이 있다고 해서 위축될 필요는 하나도 없지. 고쳐 가면 되는 거니까. 아니니?

내담자: 얼마 전에 『초한지』를 읽었는데요.

상담자: 그런데?

내담자: 한우와 유방의 싸움 얘기요…. 거기서 '장량'이라는 사람. 유방이 나중에 최후의 승리자가 되는데 그 밑에서 공로가 가장 큰 사람인데요. 그 사람이 저의 이상형 같은 느낌이에요.

상담자: 어떤 면에서?

내담자: 능력은 아주 많아요. 그런데 자기를 드러내려 하지 않고 나중에는 개국공신으로 우대를 해 주려고 유방이 찾아가도, 모든 것을 다 아니까…. 사냥개도 사냥이 끝나면 잡아먹는다고, 자기도 그런 살생자가 되지 않기 위해서 모든 공명 같은 것을 버리고 산속에서 굶어 죽지 않을 정도로만 그렇게 사는 사람이에요.

상담자: 그것이 왜 이상형이 되어야만 하나? 이 21세기를 살아가면서…. 지수 양, 사람이 너무 자기를 드러내려 해도 문제지만, 우리가 어차피 이렇게 다른 사람과 서로 어우러져서 살아가야 되는데 혼자서 그렇게 지낸다는 건….

내담자: 물론 이제 사람들이 그 장량이라는 사람을 좋아하니까 자꾸 찾아가고, 이런 교우관계는 있죠.

상담자: 너는 가만히 앉아 있고 사람들이 너한테 와 주는 것을 바라는 거야?

내담자: 아니, 사람들이 필요할 때 도와줄 수 있고, 자기 지식 갖고… 아는 것이 많으니까. 그런데 드러나지 않고 지위에 있으려고 하는 건 없고요.

상담자: 그러나 어쨌든, 어떻게 살든 정신적으로 건강하게 살아야 되겠지. 장에서 꾸르륵 소리도 안 나야 되고, 손에서 진땀도 안 나고. 손도 차가워지고 얼굴도 빨개지잖아? 그런 것이 있다라는 것은, 내가 불편하잖아. 그런 것을 다 해소하고 살아야 되겠지. 이제 선생님이 너한테 해 주고 싶은 얘기는 뭐냐면, 지수가 그렇게 긴장이 될 때, 그런 증상이 나타날 때, 어떤 사건이 있지. 그때 이것을 계속 기록을 해서 갖고 오세요. 사건, 증상, 그때 떠오르는 생각이 무엇인가 그 생각을 찾아서 선생님하고 같이 그 생각을 검증해 가야 돼. 그 생각이 맞지 않다는 것에 대해서. 지수 양, 오늘 선생님 말이 이해가 되지요? 예를 들면, 내가 이번에 적응하지 못하면 끝장이라든가, 그건 말이 안 되는 소리겠지. 내가 이번에 적응하지 못하면 내 인생의 낙오자라든가, 그것은 네가 네 생각에 논리적 비약을 해서 성급하게 내린 결론일 뿐이야.

내담자: 그럴 때는 저도 극단적으로 생각한 거라고 느껴요. 그런데 그런 생각이 꼬리에 꼬리를 무니까요… 힘들어요.

상담자: 그러니까 그 생각들을 바꿔 나가자는 거지. 예를 들면, 어떻게 꼬리에 꼬리를 물었어?

내담자: 아주 극단적으로.

상담자: 예를 들어서.

내담자: 사소하게 저만 들을 수 있는 소린데 더 크게 날 것 같고….

상담자: 그래, 지수 양. 그러니까 그 꼬르륵 소리가 너만 들을 수 있는 소리라, 이거지?

내담자: 대부분은 그렇죠. 그런데 그중에서도 크게 날 때….

상담자: 물론 좀 크게 날 때도 있지만, 그것을 너는 내 옆에 있는 애가 들으면 어떡하나, 저 건너편에 있는 애가 들으면 어떡하나, 우리 반 애들이 다 들으면 어떡하나….

내담자: 교실 전체가….

상담자: 그래, 그건 정말 비과학적인 생각이지. 마술적인 생각이지. 요새 어떤 애들이 있냐면, 지하철도 못 타고, 버스도 못 타는 애들이 있어요. 그건 왜 그러냐면 사람들이 다 나만 쳐다본다고 생각해서. 너도 그런 적 혹시 있니?

내담자: 네. 어쩌다 그럴 때 있어요.

상담자: 그건 거의 안 그렇거든.

내담자: 예. 저도 아는데….

상담자: 아는데도 그렇지?

내담자: 예.

상담자: 네가 스스로에게 자주 이렇게 되뇌어. '내가 스스로 그렇게 생각하는 거지. 저 사람들이 날 쳐다보는 것은 아니야.' 혹시 그럴 때, 어떤 사람이 날 쳐다본다는 느낌이 들 때는 가서 한번 물어봐. 그 사람이 있을 것 아냐? "지금 절 쳐다보세요?" 하고 용기를 내서 물어봐. 그러면 그 사람이 "아니예요. 저 지금 다른 생각하고 있어요. 내가 왜 당신을 쳐다봐요?" 하면서 어쩌면 화를 낼지도 몰라. 그리고 또 사람이 우연히 눈이 마주칠 수도 있지. 지하철 같은 곳에서는 시선을 둘 곳이 없으니까. 그렇다고 그 사람이 널 미워서 쳐다보는 거, 이런 것은 아니잖아.

내담자: 지금 소리 들리세요? (자신의 장소리를 가리키는 듯)

상담자: 안 들렸어. 지금 소리가 났어요?

내담자: 네.

상담자: 안 들렸어요.

내담자: 꾸르륵 하는 소리 났어요.

상담자: 이제 친한 친구가 생길 거잖아요. 거기 여학생이 몇 명이 있어요?

내담자: 거의 반반이요.

상담자: 여자로서 친한 사람도 있고, 또 남자로서 친한 친구가 있을 텐데. 그때 네가 한번 물어봐. "이 꾸르륵 소리가 들리냐?" 하고. 그럼 아마 안 들린다고 그럴 거야. 그리고, 들린다고 하면 네가 그걸 자꾸 들리냐고 물어보니까 의식을 하게 되니까 듣지 남이 꾸르륵 소리 나는 걸 내가 어떻게 듣니. 그런데 이제 그것이 바로 비과학적인 생각이라는 거지. 사실 전혀 들리지 않는데. 네가 그냥 저 사람은 들을 거야. 또 옆에 있는 사람이 듣는다는 건 말이 되지만, 어떻게 전체 동네방네 사람들이 다 듣니? 그것은 네 말처럼 정말 극단적으로 생각하는 거지. 그것은 네가 여기 썼지만, 비합리적인 생각이잖아. 비합리적인 생각. 자신에게 강요하는 것. 나는 반드시 공부를 잘해야 되고, 반드시 다른 사람이 날 인

정해 줘야 하고. 그런 건 자신에게 강요하는 옳지 않은 생각이지. 두 번째, 아주 극단적으로 부정적으로 생각하는 거잖아. '이것은 우리 반 애들이 다 들을 것이고 그러면 애들이 다 날 싫어할 거야. 다 날 이상한 애라고 생각할 거야.' 그런 생각이 밑에 깔려 있는 거잖아. 그래서 나는 실패한 인간일 거야. 나는 낙오한 인간일 거야. 이런 것은 다 비합리적인 거거든. 비합리적이라는 것은 과학적 근거가 없어. 그러니까 예를 들면 이런 거하고 똑같아. '시험 보는 날 아침에 미역국 먹으면 떨어진다. 미끄러지니까." 그런 건 과학적인 근거가 있는 생각이 아니잖아. 미신이잖아. 그런 생각하고 똑같아. 지수가 그런 생각이 들 때마다 네가 '잠깐!' 하고 네 머릿속 생각을 중지(stop)시켜. 그래서 '아! 상담 선생님이 그런 말씀을 했어. 어떻게 이 조그만 소리가 모든 사람에게 들릴 수 있을까.' 그리고 근본적으로 더 중요한 것은, 이 소리가 다른 사람에게 들린다 하더라도, 들리면 들리는 거지 사람이 어떻게 소리 안 내고 사나. 이렇게 배짱을 가지면 또 문제가 안 돼요. 배짱을 가지면 문제가 안 되는데, 선생님이 지금 당장 너한테 그것을 요구하고 싶지는 않고, 지금 당장은 그 소리가 옆 사람이 의식하고 들으면 들을 수 있지만, 멀리 있는 사람한테는 하나도 안 들려. 그런 것이 지수를 아주 패배적으로 만드는 생각이야. 자기패배적인 생각. 알겠어요? 선생님이 그것이 사실이 아니면 너한테 왜 이렇게 열변을 토하겠니. 이 책, 여기 봐. 이 우울증에 대한 인지치료, 선생님이 인지치료하는 사람이거든. "우울증 환자들은 자신과 외부 세계, 미래에 대해서 전반적으로 부정적인 시각을 가지고 있다. 이런 부정적인 시각들은 광범위한 부정적, 인지적 왜곡으로부터 나온다." 부정적, 인지적 왜곡이 뭐냐 하면 과장적 · 극단적으로 생각하는 거야. '이 소리가 온 동네방네 퍼질까?' 이런 거. "우울증이 부정적, 인지적… 왜곡된 인지를 교정…." 너는 지금 극단적으로 생각하고 있잖아. 지금부터 사람들한테 물어보란 말야. 어, 나 지금 무슨 소리 났니? 내가 그랬다고 그러지 말고 네가 지금 꾸르륵 소리가 났단 말야. 그럼, "지금 너 어디서 무슨 소리 못 들었니?" 그렇게 물어봐. 그러면 "아니, 못 들었는데."라고 대부분은 아마 그렇게 대답할 거야. 이제 알겠지? 부정적으로 현실을 본단 말야. 아까 너, '이러다간 내 인생 막다른 골목이다.' 이런 것 다 부정적으로 보는 거라고. 이제는 좀 더 긍정적 · 합리적이고, 사실을 있는 그대로 지각하고…. 네가 지금 지각하는 것은 비현실적인 지각이야. 알겠어요? 어떻게 내가 조금 꾸르륵 소리를 했기로서니 동네방네 사람들이 다 듣니 그것을. 네가 그렇게 생각하니까 꾸르륵 소리가 더 나기 시작하고 너를 더 힘들게 하는 거지. 네가 '아이, 이까짓 꾸르륵 소리, 날 테면 나고, 말라면 마라.' 그렇게 배짱 있게 나가 봐. 사람 다 소리 내고 살지 않아요? (웃음)

내담자: 얼마 전에 신문을 보니까. 우울증 증상이요, 자기보호 본능이라면서요.

상담자: 그렇지. 우울하지 않으면 견딜 수 없으니까 우울해 버리는 거지. 너는 선생님이 볼 때 우울한 애는 아냐. 절대 우울한 애는 아니고, 너는 이런 것이 문제지. 긴장되고, 초조하고, 손에 땀나고, 장에서 꾸르륵 소리 나고, 불안감 느끼고. 불안감이 있잖아. 그런데, 그 불안감이란 게, 예를 들어 호랑이가 옆에서 너를 죽이려고 한다, 그럴 때 불안을 느끼는 것은 당연하지만, 지금 지수가 갖고 있는 불안은 스스로가 창조한 불안이란 말이지. 스스로가 어떻게 창조했느냐? 생각을 너무나 극단적으로 하고, 너무나 왜곡되게 생각하고, 과장적으로 생각하고, 완벽하게 생각하고 그러기 때문에…. 선생님이 너무 말을 많이 한 것 같구나.

내담자: 흠(기침). 지금 안 들으셨어요?

상담자: 지금?

내담자: 예.

상담자: 무슨 소리가 났니? (웃음) 자, 지금 꾸르륵 소리가 났다고 가정을 하자. 선생님은 못 들었지만. 네가 그렇게 말하니까 또 들렸던 것도 같다. 자, 그러면 무슨 생각이 들었어? 꾸르륵 소리가 난 그때?

내담자: 배고프다.

상담자: 그다음엔?

내담자: 그리고 뭐…? 아무 생각 없었어요.

상담자: 그리고 아마 네가 '아, 선생님이 날 이렇게 몰라 주나?' 아니면 '선생님이 아무리 그래봤자 저는요, 제가 갖고 있던 생각 계속 할 거예요.' 그렇지?

내담자: 방금 전에는 그런 생각이 있었어요. 전 크게 들렸는데 선생님이 안 들렸다 그러시니까. 선생님이 일부러 저 고쳐 주시려고 들었으면서도 안 들었다고 하시는 것 같기도 하고… 그런 생각이 들었어요.

상담자: 아니야. 지금? 아니면 아까?

내담자: 아까.

상담자: 그때 선생님은 못 들었고, 지금도 잘 의식을 안 해서 못 들었는데, 네가 "들었잖아요." 그 말 하니까 들은 것 같아. 그런데 아까는 진짜 못 들었고, 이번에는 네가 "들은 것 같아요."라고 말하니까 들은 것도 같아. 의식을 안 했기 때문에 몰라. 선생님은 너한테 거짓말 할 이유가 없지. 그러니까 만약 어떤 사람이 듣는다고 가정하자 이거지. 바로 옆에 이렇게 있으면, 또 꾸르륵 소리 내봐, 내가 들을게. (웃음) 들을 수도 있겠지. 그런데 여기 앉아 있는 사람은 듣지 못한단 말야, 응? 바로 옆의 사람은 물리적으로는 들을 수도 있겠지만, 자기 하던 일에 열중하면 몰라. 그리고 들린다 하더라도 아 저 사람이 속이 좀 안 좋구나, 그렇게 생각하고 말지. "너 어디 속이 좀 안 좋니?" 하고 물으면 "응, 나 속이 좀 안 좋아." 이렇게 말하고 말지. 그것이 그렇게 큰일 날 일이 아니란 말이지.

내담자: 남이 그러면요, 아무렇지 않은 일인 것 같은데요….

상담자: 그것이 중요한 거야. 남이 그러면 아무렇지도 않은데 내가 그러면 안 된다, 이거잖아? 이런 것을 대표적으로 뭐라 그러는지 아니? 이중의 기준이야. 영어로 '더블 스탠더드(double standard)'라 그러지? (선생님이 영어 가르쳐 줄게.) 다른 사람한테 그렇게 너그러우면서 너한테 너그럽지 못한 이유가 뭐예요?

내담자: 저도 그게 의문이에요. 다른 사람은 무슨 잘못을 했든 무엇을 했든, 전 모든 것을 이해해 줄 수 있어요. 그런데 제가 그러는 건….

상담자: 왜 그런 줄 알아? 욕심이 많아서 그래. 나는 완벽해야 되니까. 너는 한심한 인간이니까 실수해도 되고, 나는 완벽한 인간이니까 실수하면 안 돼, 이거지. 그렇지 않니? 네가 사실 마음이 좋아서라기보다는, 음? 다른 사람은 나보다는 조금 낮은 인간이다. 너희들은 그래도 돼. 다 받아 줄 거야. 그런데 나는 너희들보다 한 수 위여야 하기 때문에 나는 너희보다 완벽하고 더 잘해야 된다, 그런 생각이 드는 거야. 지수 양, 그렇지? 선생님 생각 맞지요?

내담자: 예. 전에는 그런 생각을 했었죠. 어렸을 때 꿈이 다 있잖아요. 훌륭한 사람이 되어야 된다. 뭐 이런 거. 훌륭한 사람이 될 사람이 너그러워야 되고, 나는 완벽하고 남한테는 포용력이 있어야 된다. 그런 생각을 했었어요.

상담자: 어렸을 때 우리가 많이 배운 것들이….

내담자: 중학생 때요.

상담자: 그래. 그것이 심리학적으로 옳지 않은 것들이 많아.

내담자: 어른들이요, '넌 나중에 뭐가 될 거니? 훌륭한 사람 돼야지.' 뭐 이런 것….

상담자: 그래. 사람이 이미 다 훌륭하다고 했어요, 선생님이. 다만 행동이 덜 훌륭할 수도 있고 아닐 수도 있는 거지. 우리 인간 자체는 훌륭하다, 안 하다, 이런 말 자체가 필요 없는 거야. 평가 자체를 하면 안 돼요. 지수 양, 선생님 말 이해가 되지요? 선생님은 지수가 비교적 생각하는 능력이 뛰어나고 머리가 좋기 때문에 선생님 말을 빨리빨리 받아들일 거라고 믿는데, 이해가 안 되면 선생님한테 말해 주세요. 또, '아이, 선생님이 받아들일 거라고 믿는다고 말했으니까 받아들여야 된다!' 이런 것은 또 비합리적인 생각이야, 그렇지?

내담자: 저기, 상담하면서도요, 집중이 안 될 때가 있어요.

상담자: 선생님하고 얘기할 때?

내담자: 중학생 때까지는요, 집중력이 대단했다고 생각했는데요, 고등학교 때 이런 생각하면서 집중력이 떨어진 것 같아요.

상담자: 그러니까 그것도 선생님이 볼 때는 너의 주관적인 생각이야. 진짜는 아무도 몰라. 지수가 집중력이 떨어졌다 아니다, 이것을 객관적으로 잴 수가 없으니까 모르는데, 선생님이 보면 지수가 주관적으로 그렇게 평가하는 것 같아. 누구라도 이런 상담 장면에서는 자꾸 여러 가지 질문을 하잖아. 그리고 질문에 답을 하려면 생각을 하게 되잖아. 또 생각을 하다 보면 다른 생각이 나올 수도 있고 그렇잖아. 그렇기 때문에 집중력이 약간 떨어질 수 있는 것은 당연한 거거든, 어떻게 보면. 그런데 그것을 또 '내가 집중력이 떨어졌다.'고 보는 것도 지수가 잘못 지각하고 있는 건지도 몰라. 선생님은 그게 틀렸다는 것이 아니라, 그 말이 맞을 수도 있고 그 말이 틀릴 수도 있다는 거지. 그러나 집중력이 떨어졌건 아니건 그것은 별로 중요한 게 아니고, 일반적으로 보면, 중학교 때는 환경이, 자극이 단순하잖아. 나이가 들수록 생활이 복잡해져 가잖아. 더구나 꾸르륵 소리도 나고, 땀도 나고 그러면 복잡해지잖아. 그러니까 자연스럽게 우리의 정신적인 에너지가 가야 할 데가 많으니까 집중력이 떨어지는구나라고 느낄 수는 있겠지. 그렇다고 그것을 가지고 집중력이 떨어졌다 아니다. 그렇게 판단하는 것 자체가 선생님은 바람직한 것 같지는 않아. 지수 양, 그렇지?

내담자: 네. 그런 생각도 해 봤어요.

상담자: 오늘 이제 상담을 끝내야 될 것 같거든. 시간이 다 되었어. 오늘 지수 양이 상담에서 배운 것이 무엇이죠?

내담자: 아직은 더 상담이 필요한 것 같고요, 생각을 고쳐 나가야죠.

상담자: 자, 그러면 아까 지수를 가장 힘들게 하는 것이, 남의 이목 때문에 네가 위축된다고 그랬잖아. 그러니까 '나는 항상 다른 사람에게 잘 보여야만 한다.' 그 생각이지?

내담자: 네.

상담자: 그러면 이제부터… 이제는 이해가 되지? 이런 생각이 나한테 방해가 된다는 것. 이것이 바로 비합리적인 신념이다. 생각 또는 신념 같은 말이야. 그렇다면 이것을 대체할 수 있는 합리적인 생각은 뭐냐하면, '나는 다른 사람에게 잘 보이면 참 좋지만, 잘 보이지 못한다 하더라도 그게 나 김지수가 가지고 있는 인간의 가치가 상실되는 것이 아니다. 나는 잘 보일 수도 있고 못 보일 수도 있다. 나는 괜찮다. 그것을….'

내담자: 남들은 나를 신경 안 쓴다.

상담자: 그렇지. 남들은 나를 신경 쓰지도 않는다. '나는 다른 사람들에게 잘 보여야 할 이유는 없다.' 잘 보이면 좋지. 나쁜 건 아니지. 좋지만, '잘못 보인다 하더라도 어쩔 수 없는 일이고, 괜찮은 일이다.' 그렇지? 그리고, '다른 사람들은 나를 신경쓰지도 않는다. 내가 생각하는 것처럼.' 됐지? 이것을 지수야, 너는 낭송하는 것을 좋아하니, 아니면 쓰는 것을 좋아하니, 머릿속에 곰곰이 되뇌어 보는 것을 좋아하니?

내담자: 머릿속에 되뇌는 거요.

상담자: 그래. 그러면 머릿속에 되뇌어 본다. 하루에 몇 번씩?

내담자: 그냥….

상담자: 이거 중요한 숙제야. 행동연습이야.

내담자: 때와 장소… 열 번씩을 꼭 할게요.

상담자: 하루 열 번씩? 때와 장소를 봐서. 그 다음에 지수, 네가 그래프를 그려 와. 여기다가 어떤 날은 열 번을 다 할 수도 있고, 어떤 날은 여덟 번만 할 수도 있고. 정확하게 이것을 해야 돼. 正자를 그리면서, 알았지? 선생님은 열 번 이상 하기를 원해. 그리고 이것을 하면서 드는 나의 느낌은 무엇인가… 아마 편안하다,

이런 느낌일 것 같거든. 느낌이 무엇인가 이것을 또 찾아오고. 이것도 행동연습 숙제 1이고. 또 숙제 2는 뭐냐 하면, 그 사건 · 생각 · 정서 있지? 네가 또 꾸르륵거릴 일이 앞으로도 계속 있잖아. 그때 그 증상을 쓰고, 사건. 그때 내 머릿속에 어떤 생각이 떠올랐나…. ABC 기록지 말이야. 계속 이 숙제는 상담이 끝날 때까지 하는 거야. 알았지? 그렇게 계속해서 열심히 하면 선생님이 볼 때 지수가 머지않은 시간 내에 좋아질 수 있을 거라는 확신이 들어요. 알았지요? 그리고 이번 회기를 녹음한 파일도 다시 들어 보는 거예요.

내담자: 네.

제3회 상담의 축어록

(전략)

상담자: 선생님이 녹음 파일을 다시 들어 보게 하는 이유는 어떤 중요한 사안을, 어쩔 땐 긴장이 되기도 하고, 또 어떤 때에는 상담시간에 너무 많은 이야기가 오가니까 그냥 놓치고 지나가는 것들이 있어요. 그것을 다시 들어 보면서 다시 생각해 보도록 하는 것이 있고, 또 하나의 이유는 선생님 말 하나하나가 중요한 것이거든. 그런 것들을 다시 들어 보면서 자신을 다시, 소위 우리가 반추한다고 그러잖아. 그러한 역할을 하게 하려고 힘들지만 다시 들어 보게 하는 것이에요. 이것(2회기 녹음 파일)을 들어 보면서 어떤 생각과 느낌이 들었어요?

내담자: 재미있어요.

상담자: 재미있었어? 어떤 것들이 재미있었어요? 얘기 해. 어떤 점에서 재미가 있었는데?

내담자: 제가 아닌 다른 사람 얘기를 듣는 것 같았어요.

상담자: 그래, 바로 그거야. 좀 더 나의 입장을 객관적으로 볼 수 있는 거지? 그런 것이 내 문제지만 다른 사람 입장에서 내 문제를 보면서 문제를 지각하는 각도랄까 이런 것이 넓어지는 거지. 그렇지. 그래서 선생님이 숙제를 내주는 거지. 자, 그러면 지난 숙제는 이거였고 하나는. 그다음에 이거 하나였니(합리적 신념 낭송하고, 낭송한 횟수를 그래프로 그리기), 지수야?

내담자: 그런데 그 상황이 별로 없어서 생각을 5, 6일 하고 끊겼어요.

상담자: 그때 선생님이 내준 것, '나는 다른 사람에게 잘 보여야 할 이유는 없다. 잘 보이면 좋지만 잘못 보인다고 하더라도 어쩔 수 없는 일이고 괜찮은 일이다. 그리고 다른 사람들이 내가 생각하는 것처럼 나에 대한 관심을 보이지도 않는다.' 이것을 선생님이 머릿속에 열 번씩 되뇌어 보라고 그랬지? 그런데 5일 하고 6일은 그러니까….

내담자: 5일은요, 저기 5번 생각한 거. 6일부터는요, 별로 그럴 상황이 없었어요. 밤에 잘 때 생각해 보고…. 다음에는 MT 가서 재미있게 놀다가….

상담자: 그래. 장에서 꾸르륵한 적이 한 번도 없었어, 이번에?

내담자: 예. 수업이 없어서 그랬는데요.

상담자: 수업이 없어서 그런 것은 아니지. 지수가 수업시간에만 그랬던 것은 아니잖아. 사람들하고 얘기를 할 때도 그랬고 다른 때 같으면 MT 가서도 새로운 사람들을 만났을 때도 그러지 않았나?

내담자: 예. 약간씩 그런 것은 있었는데요, 시간이 조용하잖아요. 선생님 혼자 얘기하시는 상황이 더 그래요. 제가 말할 때는 괜찮죠. 그런데 남이 얘기하면….

상담자: 그런데 지수가 다른 사람에게 이야기할 때는 괜찮은데 다른 사람들의 이야기를 들어야 될 때 더 꼬르륵 소리가 난다, 이거지? 그러나 이런 경우도 고쳐져 가고 있지, 응?

내담자: 예. 더 밝아지는 느낌이에요.

상담자: 그렇지. 그것이 바로 상담이 잘 돼 가고 있다는 증거인데, 지난번 같은 경우 학교를 가는 중에 '내가 학교를 잘 적응해 갈 수 있을까?' 이런 두려움 때문에 그랬는데, 이번 주에는 별로 두려움이 없었단 말이지?

내담자: 예.

상담자: 그래. 선생님 생각에는 보이지 않게 행동이 변화된 거예요. 지수가 생각할 때 무슨 말 때문에 변화된 것 같아?

내담자: 그런데 선생님, 부정적인 생각은 문제지만 그것은 별로 마음에 와닿지가 않아요.

상담자: 그럼 어떤 것이 마음에 안 와닿는데?

내담자: 일반적으로 책에 있는 딱딱한 얘기 같아요.

상담자: 그럼 어떤 것이 마음에 와닿았어? 인지이론은 지수처럼 머리가 좋고 이해가 빠른 사람에게 적용이 더 잘 되는 경향이 있어요.

내담자: 칭찬이에요? 요새는 그런 생각이 들어요. 제가 변하는 것을 느끼니까요. 제가 적극적으로 해결책을 모색하려고 했던 것도 뿌듯하고요.

상담자: 예를 들면?

내담자: 예를 들면, 전에 했던 생각들이 새록새록 나는데요. 명상 책도 뒤져 보고, 정신적인 문제를 스스로 찾으려고 했던 것이요. 두 번째로 제가 복이 있다는 거죠. 선생님 같은 분을 만나서.

상담자: 고맙구나.

내담자: 인간은 고유한 존재이다. 행위를 인위적으로 사람들이 평가기준으로 삼는 것일 뿐이고 인간 됨됨이는 독특하기 때문에 인간의 행동처럼 그렇게 평가할 수 없다는 것이고요. 증상 때문에 위축될 필요가 없다는 것도 제게 도움이 많이 되었어요.

상담자: 으응. 선생님이 계속 같은 말을 하는 것 같은데, 꾸르륵 소리 나면 그것을 그대로 받아들이고 그대로 들려줘라 이거야, 사람들한테. 응? 선생님이 예를 들었는지 안 들었는지 모르겠는데, 이런 게 있어요. 선생님이 얘기해 줄게. 학기 초에 미팅 같은 거 하잖아? 여학생들은 잘 모르겠는데 남학생들의 경우에는, 여자들하고 미팅하는데 여자에게 다가가서 말 붙이는 것을 못 하는 사람이 있어요. 그러면 내가 못 한다고 생각해서 안 하면 점점 더 어떻게 돼? 더 못 해지지? 그러니까 못 한다고 생각할수록 자꾸 부딪혀야 돼. 실제 상황에서 여자에게 부끄러움을 많이 타는 사람일수록 여자에게 다가가서 말 붙이고 데이트 신청을 해 보고 그래야지 나중에는 '아! 여자가 별거 아니구나!'라는 것을 깨닫게 되지요. 선생님의 내담자 중에 어떤 애가 있느냐면, 누구한테든지 먼저 말을 못 붙여. 그래서 선생님이 그 아이한테 네가 먼저 학원에서 다섯 명 이상에게 말을 붙여 오라고 했어요. 그것을 해 보고 난 다음에 "진짜 별거 아니더라고요. 저보다 더 심한 애들도 있었어요."라고 말을 한 적이 있었어요. 이런 것을 체험을 하는 거지? 자기가 이렇게 고통스럽다고 느끼는 그런 상황을 자꾸 회피하면 더 어려워지니까, 그 상황을 더 노출을 해서 그 상황 속에 자꾸 연습을 해 보면 연습의 효과라는 것도 있고, 익숙해진다라는 것도 있고, 그것이 별게 아닌 거구나라는 것을 깨닫게 되지요. 예를 들어, 지수가 장에서 꾸르륵 소리가 난다는 것을 감추려고 하면 할수록 부끄럽고 그 꾸

르륵 소리는 더 나지요. 그런데 사람들이 단점이 없는 사람이 없잖아. 이것을 네 운명적인 단점이다라고 생각하고 자꾸 감추려고 하지 말고 그냥 내버려 두란 말이지요. 이게 무슨 소리냐고 누가 물어보면, 지금 소화가 안 돼서 그래요. 그러면 다른 사람들은 대수롭지 않게 여기고 그냥 넘어가지요. 설사 의식한다고 해도 그게 무슨 큰일이니, 그렇잖아? 누가 의식을 한다고 그래봐. 그러면 그게 세상이 두 조각 날 일이냐고요. 그것을 문제라고 생각하면 문제가 되고 문제가 아닌 것이라고 받아들이면 결국 문제가 안 될 수도 있다고. 그러니까 지난번에 지수 양의 마음에 들었던 것이, 인간의 행동과 인간 자체를 구분해라, 또 증상 때문에 위축될 필요가 없다, 이 말이 도움이 된다고 그랬지요? 선생님이 이 말에 부연하자면, 증상이라는 것이 나의 행동이라면 이 행동 때문에 내가 위축된다라는 것은 인간인 나 개인이 위축된다는 거지. 그리고 모든 인간은 완벽한 사람이 없어요. 그러니까 지수는 꾸르륵거리지만 어떤 사람은 머리가 아프기도 하거든. 그런 증상들을 가지고 사는 거지. 그러나 그것이 바람직하지는 않지. 고쳐야지? 바람직하게 고치기 위해 상담실에 온 거지. 지수가 이것을 용기 있게 받아들이면 그 증상이 없어진다는 말이지. 그런데 그것을 못 받아들이면 그 증상은 더 심화되지? 그리고 또 어떤 점이 그랬었니?

내담자: 별로 큰 문제가 아니라고 느낀 점은 전에 저 혼자 생각할 때 우울증 환자가 된 것은 아닐까 이쪽으로도 고민을 했었거든요. 선생님께서 인지치료를 하시는데 우울증 환자는 아니라고…. 우울증 환자는 아니지? 스스로 창조한 불안이다. 저는 이 사실이 저 파일을 듣기 전에는 생각이 안 났었거든요. 다시 들어보니까 그렇더라고요.

상담자: 그래. 다시 듣게 한 이유를 알겠지?

내담자: 참 명언이었어요. 스스로 창조한 불안이다.

상담자: 그래.

내담자: 참 대단한 아이라고 느꼈어요.

상담자: 지수가?

내담자: 별생각을 다 한다.

상담자: 불필요한 생각, 그렇지?

내담자: 그런데 이 기분이 좀 더 ○○해야지 완벽해질 것 같아요.

상담자: 그러니까 중요한 게 뭐냐면 이 기분이라는 것 또는 기분 밑에 흐르는 생각, 이것이 완전히 인지상담에서는 내재화가 되어야지, 응? 선생님을 그만 만나고 끝나도, 선생님하고 더 이상 상담을 안 받아도, 선생님 도움이 없이도 지수가 정말 그렇게 살아가야 문제가 안 되지, 그렇지? 선생님이 염려하는 것도 지금 얘는 선생님이 도와주기 때문에 그 도움에 의해서 살아가고 있다. 선생님 도움 없이도 합리적 신념이 완전히 내 생각이 나서 아까 얘기한, 스스로 창조한 불안이라는 것도 확실히 알고 증상 때문에 위축될 필요가 없다라는 것도 확실히 알아서 내 행동하고 연결이 돼야지. 그렇게 되었을 때 의미가 있는 거지. '행동 변화가 됐다.' 라고 말할 수 있겠지? 그렇게 하기 위해서 선생님이 이렇게 숙제를 많이 내주는 거야. 선생님하고 상담실에서 일주일에 한 번 만나서 한 번 상담하잖아. 그래서는 사람의 행동 변화를 이루기가 어려울 수 있어요. 일주일은 168시간이잖아. 그중에 1시간을 상담을 받았다고 해서 그렇게 내가 원하는 대로 곧바로 행동 변화에 직결이 안 되잖아. 자기가 일상적인 삶 속에서 그것을 노력하고 극복하려고 할 때 문제가 해결되는 것이지. 그래서 선생님이 지수가 귀찮긴 하지만 이런 숙제를 내주고 있는거야. 무슨 말인지 알겠지? 그러니까 앞으로 할 일은 지금 우리가 벌써 서광이 보이잖아. 그렇지? 서광이 보이기 때문에 앞으로 지수가 할 일은, 내가 이 증상이 있어도 괜찮은 거고, 그 다음에 특히 꾸르륵 그런 증상이 나타나는 것은 긴장이 많을 때 그렇단 말이야. 그리고 다른 사람이 날 이상한 사람이라고 보면 어떡하나. 내가 인생의 낙오자가 되면 어떡하나. 그런 생각이 들 때 그렇단 말이지? 지수가 이미 어려운 ○○대학교 ○○학부에 들어갔다는 것은 너무나 많은 성취를 한 사람이야. 그런 사람이 낙오자가 될래야 되기가 굉장히 어려워요. 남들처럼 정상적인 길만 간다면 이런 것은 지수가 걱정 안 해도 될 쓸데없는 걱정이라고 봐도 되지. 인생의 낙오자가 되면 어떡하나? 너는 선생님이 볼 때 인생의 낙오자가 될래야 될 수 없는 사람이야. 아까 불안을 스스로 창조했다고 했지? 낙오자가 된다는 것도 지수 스스로 창조해 낸 생각이야 너를 괴롭히는 생각. 다른 사람이 "지수는 이러하기 때문에 인생의 낙오자야."라고 말하는 사람이 있니?

내담자: 한 애가요, MT를 가는데 중학교 동창 남자애를 만났어요. 남녀공학이었잖아요. 그런데 너 ○○중학교 나오지 않았냐고, 얘기를 하는데, 너 어떻게 된 거

냐. 그렇게 공부 잘하는 애가 ○○대야? 그래서 허 참 나!

상담자: 그때 어떤 생각이 들었어? 수치심 같은 것이 들지 않았어?

내담자: 아무 생각도 들지 않았어요.

상담자: 어떻게 보면 그 남자애의 말에 대해서 감사해야지. 아, 내가 예전에 그렇게 대단한 아이였나? 하지만 ○○대학교도 빠지는 학교는 아니잖아? 선생님이 지난번에 계속 얘기해 줬잖아. 인간의 능력은 어차피 다 차등이 있기 때문에 그렇게 차등을 둘 뿐이지, 인간 자체가 평가되는 것은 아니잖아. 그 남자애가 말을 실수한 거야. 그것을 아무 부담 없이 받아들인다는 것은 대단한 거지? 지수가 혹시 선생님을 안 만났다면 '아휴, 난 겨우 여기밖에 못 들어갔구나. 장에서 꾸르륵거리는 소리 나고 이것밖에 안 돼.'라고 생각했을지도 모르지? 어떻니? 이거 선생님 생각 아니니?

내담자: 아니요. 진짜 그렇게 생각하면서요, 가슴 한편엔 야릇한 기분이 들어요.

상담자: 들 거 같지?

내담자: 예.

상담자: 그래, 그랬을 거야. 그런데 그것을 아무렇지도 않게 생각하니까 아무렇지도 않은 거잖아. 선생님이 계속 얘기했듯이 스스로 창조한 거란 얘기야. 내가 굉장한 거라 생각하면 쇼크가 될 수도 있지요, 선생님 만나면…. 그런데 그 애가 그렇게 얘기했나 보다. 제 입장에서는 그렇게 볼 수도 있겠지 뭐. 그렇게 생각하니까 아무렇지도 않은 거잖아. 그러니까 많은 경우에 사람들이 호소하는 문제들, '빳빳해진다' '차가워진다' 이런 것 얘기했잖아. 또 네 느낌이 장이 꼬이는 것 같은 건데, 또 손이 차가워진다, 이런 것은 다 스스로가 창조해 낸 그, 인지상담에서 그런 것은 자기파괴적인 생각이라고 하지. 구체적인 예를 들면, '네가 이렇게 가다가 낙오자가 되는 것은 아닐까?'라는 생각을 하면 손이 차가워지고 장이 꼬이고 이런 어려움들이 나타나잖아. 그렇기 때문에 그런 것들을 자기파괴적인 생각이라고 얘기하는 건데, 선생님이 계속 얘기하지만 자기 스스로가 만드는 거고, 그런 사람들은 대체로 너무 완전하려고 하고, 남에게 잘 보이려고 하고 그렇기 때문에 그런 것이 생긴단 말이지. 그러니까 이제는 기준을 나에게 둬야지. 내가 이렇게 단정하고 깨끗하고 이렇게 내 마음에 드는 모습이 중요한 거지, 내가 다른 사람에게 잘 보이려고 하면 끝이 없어. 응? 왜

냐하면 다른 사람이 5명만 된다면 이 사람들한테 잘 보이면 쉽지? 그런데 다른 사람이 10명도 되고 20명도 되고 30명도 되잖아. 그렇지? 우리가 일일이 그 사람들에게 잘 보이려고 해 봐. 사람마다 다 기준이 다른데 어떤 때는 이 사람 기준에 맞게 행동해야지, 어떤 때는 요 사람 기준에 맞게 행동해야지, 그러면 내가 얼마나 어렵니? 그렇기 때문에 자기 삶의 기준을 자기에게 둬야지. 그렇지?

내담자: 저번에요… 실천이 중요하다는 말을 하고 싶은데요, 선생님께서 내주신 숙제가 도움이 컸어요. 전에 제가 저 나름대로 저를 분석할 때는 그런 생각을 했었어요. 제가 너무 지나치게 남의 눈에 띄려고 한다는 것을 느꼈었는데 행동을 어떻게 해야 될지 몰랐었어요.

상담자: 어, 그렇구나. 그런데 이제는 선생님이 행동을 어떻게 해야 되는 건지 알게 해 주었다는 거구나.

내담자: 막상 또 그런 자리에서 또 그런 증상이 나타나면 불안, 초조, 또 내가 왜 이러지? 이런 걱정을 했어요.

상담자: 그래. 지금은 그것을 담대하게 드러낼 수도 있다는 거지요?

내담자: 어떻게 고쳐야 될지.

상담자: 그래. 그것을 많이 알았지? 앞으로 더 많이 가르쳐 줄게. 그런데 그것을 하기 전에 먼저 어떻게 그런 완벽주의적 사고를 하게 되었나 살펴보세요.

내담자: 초등학생 때는 상당히 말괄량이었어요. 그랬는데… 중학교는 교복을 입잖아요. 그래서 교복을 입고 학교에 가니까 선생님께서 "어유! 얌전하고 이쁘게 생겼네." 그때부터 얌전해 보이려고 했던 일이 생각나요. 그때부터 성격이 얌전하고 착실하게 이런 이미지로 바뀌어 버린 거예요. 고등학교 2학년 때 담임 선생님은 저를 대단한 애로 알고 계세요. 아직도요. 얼마 전에도 전화하셨는데요. 저를 찾으세요. 전에 별 얘기까지 다 나오네. 이제 거의 입시가 결정될 무렵 겨울이었죠. 겨울에 길을 가는데 선생님을 만난 거예요. 그 선생님은 문제아들과 대화로 푸시는 선생님이시거든요.

상담자: 선생님이 누군데?

내담자: 남자 분인데….

상담자: 상담 선생님 아니니?

내담자: 그 선생님은 아니고 ○○○ 선생님인데…. 그 선생님을 뵙게 되었는데 애들하고 음식점 같은 곳에서 나오셨어요. 만나서 반가워 인사를 드렸는데 그 선생님이 애들한테 "너희는 얘하고 비교하면 하늘과 땅 차이"라고 농담을 하시는 거예요. 그 정도로 저를….

상담자: 그래. 그런 칭찬을 받으면… 잠깐만, 하늘과 땅 차이다. 지수가 그런 칭찬을 받으면서 내가 더 훌륭해져야지, 더 예쁘게 보여야지, 더 잘 보여야지, 그런 생각을 또 많이 했겠지. 그러니까 이제 초등학교 때, 중학교 때 그 선생님 때문에 굉장히 단정해지고 얌전해지고 이러면서 결국은 이 선생님께 칭찬도 받고 그랬구나?

내담자: 예. 이 선생님은 저를 대단하게 생각하세요. 제가 ○○대 갔다는 얘기를 다른 애한테 듣고서는요, 실망하셨다는 식으로 얘기하더라고요, 그 친구한테 들어보니까. 저희집에 전화를 거셨는데요. 선생님 아들도 재수해서 H대를 들어갔거든요, 의대 가려고 했다가…. 지수니까 그런 결정을 내렸지, 하는 생각이 들더라고 했어요.

상담자: ○○도 굉장히 좋은 학교인데… 기대가 높아서 그렇지?

내담자: 예. 그랬죠.

상담자: 결국은 선생님이 쭉 보니까 그런 것 같애. 결국은 지수가 선생님을…. 완벽해야 되겠고, 잘해야 되고, 잘 보여야 되고, 또 다른 사람이 날 좋게 평가해야 되고… 이런 것이 굉장히 강한 사람인데, 그것은 거스러 올라가면 중학교 때 그 선생님들 때문에 스스로를 많이 억제하고 구속하는 계기가 되겠지요.

내담자: 예. 구속이라고요?

상담자: 그렇지, 구속을 많이 했지. 완벽하게 보이려고 하니까 얼마나 노력을 많이 했겠어요. 우리 인간이 본모습은 약점 투성이인데, 그렇지? 그러면서 나중에 선생님한테는 인정도 받게 되고. 아까 그 선생님이 지수는 다른 아이와 비교하면 하늘과 땅 차이가 난다, 그런 얘기. 그런 얘기가 지수는 아니라고 하지만 어떤 점에서 지수를 그렇게 만들어 갔을지도 몰라. 또 더 완벽하게. 누가 그런 얘기 하면 굉장히 고맙다고 감사하게 기분좋게 느껴지지만 그것이 우리 인생을 살아가는 목적은 아니잖니? 그렇지? 다른 사람에게 칭찬을 듣고 저 사람이 다른 사람보다 낫다는 얘기를 듣고 그런 것이 우리가 궁극적으로 지향하는 삶의

종착역은 아니란 말이야. 그렇지? 그런 평가를 받으면 좋기는 하겠지만.

내담자: 옛날에 들었던 그 말이 맞긴 맞나 봐요. "칭찬하는 사람보다 약점 같은 것을 들춰 내는 그런 사람이 진정한 친구라는 말이요."

상담자: 그래.

내담자: 지금 느끼는 거예요. 전에는 그 소리가 별로 와닿지 않았어요.

상담자: 그러니까. 중요한 것은 다른 사람이 나한테 하는 소리는 다 귀담아 듣고 칭찬도 해 줬는데, "뭘요, 안 그래요." 그러면 얼마나 이상하니. 칭찬을 해 주면 참 고맙다, 다른 사람이 나한테 나쁜 점을 지적해도 그것을 받아들이려고 노력하고. 그런 것 자체, 노력하는 것 자체가 중요하지 완벽하게 다 고쳐 가지고 완벽한 사람이 되는 것이 중요한 것이 아니지요.

내담자: 그런데 그런 것이 아니라 약점을 들춰 내면서 결국 너도 사람이다, 이런 것을 인정시켜 주는 것을 저는 의미하고 말씀 드렸어요.

상담자: 그렇지? 결국 인간적인 거지. 그렇지? 선생님이 왜 자꾸 완벽한 게 좋지 않다는 것을 얘기하냐 하면은, 선생님이 지수 얘기를 듣는 순간에 지수는 진짜 나한테 잘 보이고 완벽해야 된다는 생각으로 꽉 차 있었기 때문에 장에서 꾸르륵 소리가 나고 증상이 생긴 것 같다는 판단이 들었어요. 그것 자체를 고쳐야지 이 증상이 고쳐지는 거야. 그러니까 지수가 마음을 누그러뜨리니까 없어졌잖아. 그러니까 앞으로도 선생님 걱정은 뭐냐면, 그런 상황이 또 올 거예요. 지금은 선생님이 같이 있어서 선생님 도움을 받아서 안 그런데 앞으로는 그런 일이 올 텐데 그때마다 스스로에게 되뇌세요. 선생님이 지난번에 뭐 써 주지 않았나? 뭐라고 써 줬니? 응. "내가 다른 사람들에게 잘 보여야 하는 이유는 없다. 잘 보이면 좋지만 잘못 보인다고 하더라도 어쩔 수 없는 일이고 괜찮은 일이다. 그리고 다른 사람들은 내가 생각하는 것처럼 나에게 신경을 쓰지도 않는다. 내가 정말 생각하는 것은 고유한 가치에 대한 것이지 남에게 잘 보이고 잘못 보이고 하는 차원이 아니다." 스스로에게 이렇게 암송을 해. 응, 즉 자기 암시를. 그렇게 했을 때 정말 그 생각이 내 것이 돼서 다른 사람에게 잘못 보여도 내 마음이 편해지고 꾸르륵 소리도 안 난단 말이야. 선생님이 류시화 씨가 쓴 책을 보니까 이런 것이 있었어요. 선생님이 보여 줄게. 선생님에게는 굉장히 인상적이었어요. "우리가 사념(사념이라는 것은 생각이지), 사념을 비우기 위

해서 고대로부터 사용한 방법에 만트라 명상이라는 것이 있다. 만트라는 신비의 힘을 가지고 있다고 믿어지는 단어나 음절 또는 문장을 반복해서 외우는 일을 말한다. 이를테면 산스크리스트어의 '옴'이나 '람'이 그런 것이고 불교의 염불도 같은 방식이라고 말할 수 있다." 맞아요. 만트라의 방법은 우리 존재 울림을 주어서 뇌파를 가라 앉히고 사념을 비우게 하죠. 이 말이 뭐냐면 결국 나에게 어떤 신념을 나타내는 단어, 이것을 자꾸 내 머릿속에 낭송해 보고, 크게 되뇌면 대뇌를 울려서 그것이 내 것이 된단 말이죠. 그래서 선생님이 이 말을 써 준 거야. 대수롭지 않게 여겼을 수도 있는데 이 말을 자꾸 나한테 크게 읽어서 명상할 수 있으면 크게 해 보고, 정말 남이 보고 있기 때문에 크게 하기, 낭독하기가 어려우면 카드에다 써서 다니는 그런 노력이 필요하지요. 그것이 바로 숙제지. 카드에다 써서 갖고 다니면서 읽고 그 내용을 가만히 묵상해 보는 거야. 그리고 예를 들어, 또 증상이 나타나려고 할 때는 그 카드를 꺼내서 순간 읽어 보면 이 속에 담겨 있는 메시지가 정말 내 행동으로 연결될 수 있게 되는 거란 말이지요. 그리고 중요한 것은, 좋은 구절 있지? 좋은 시구도 좋고, 격언도 좋고, 금언도 좋고, 이런 말들을 머릿속에 많이 새겨 놓으란 말이에요. 자꾸 자꾸 머릿속에 새겨 놓으면 내가 힘들고 지칠 때 그 어떤 좋은 구절이 떠올라서 나를 일으켜 주는 힘이 되지요. 그러니까 선생님은 과거에 막 공부하다 힘들고 어려운 일이 있을 때는 성경 구절을 떠올렸거든. 성서의 말씀 중에서 "저는 엎드리나 넘어지지 아니함은 야훼께서 손으로 붙드시고 있다." 또는 "나의 갈 길을 그가 아나니 그가 나를 단련하신 후론 내가 정금(正金) 같이 나오리라." 이런 구절이 떠오르면서 나 자신이 스스로 일어날 수 있게 되는 힘이 되지요. 그러니까 지수도 좋은 구절 같은 것은 자꾸 되뇌어 보도록 해요. 지수를 자꾸 괴롭히는 것이 남에게 잘 보이려고 하고 남에게 완벽하려고 하는 거잖아. 그러니까 그런 것이 인생에서 중요한 게 아니란 것을, 조그만 카드나 수첩에다가 아예 써 가지고 다니면서 이렇게 보란 말이야. 그 의미를 묵상을 해 봐. 명상을 해도 좋고, 그래서 그 말이 진실로 내 말이 되었을 때 선생님을 안 만나도 되는 거지. 안 만나도 장에서 꾸르륵 소리도 안 나고, 설사 꾸르륵 소리가 난다 해도 그것을 아무것도 아닌 것으로 받아들이는 거야. 그냥 나한테 나는 소리. 그렇게 태연하게 받아들일 때 진짜 영원히 소리가 안 나는 것이지요. 선생님 말을 많이 했더니 목이 아프다. 이제 지수 너의 말을 해 볼래?

내담자: 사소한 얘기 같은 것도 괜찮아요?

상담자: 그럼.

내담자: 풍물패가 연습하는 곳을 풍방이라고 하거든요. 풍방에 가서 요새는 잘 노는데요. 가서 얘기하고 하는데, 전에는 긴장돼서 트림도 잘 안 나고 그랬어요. 그래서 기분이 찜찜하고 그랬는데, 트림도 시원하게 하고….

상담자: 야~ 이젠 트림도 해? 장족의 발전이에요.

내담자: 애들이 옆에서 쳐다봐도 의식을 안 해요. 기분 나쁘게 엉키는 그런 감정이 없어졌어요.

상담자: 오케이.

내담자: 그냥 지나가듯이 그랬고요. 어제는….

상담자: 잠깐만, 여기서 어제 얘기하기 전에 기분 나쁘게 엉키는 감정이 없어졌다, 이것은 왜 그런지 알아?

내담자: 글쎄요. 설명 좀 해 주세요.

상담자: 그래. 그전에는 '아휴, 애들한테 잘못 보이면 안 되는데 애들한테 잘 보여야 한다.' 이렇게 생각했기 때문에 트림도 제대로 못하고 긴장을 했는데 지금은 지수 마음속에 '그까짓 것 애들한테 잘못 보이면 어떠냐. 실수좀 하면 어떠냐. 그것이 무슨 대수냐.' 이렇게 지수가 마음을 느긋하게 먹었기 때문에 뒤엉키는 감정이 없어진 거라는 것을 분명히 알아 줬으면 좋겠어. 그렇기 때문에 신념, 그 생각을 자꾸 되뇌라는 거야.

내담자: 전에는 기분 나쁜 감정이 온몸을 휘감는 것 같아서 정말….

상담자: 그런데 지금은 아니지?

내담자: 예.

상담자: 그래. (그림을 그리면서) 그것이 바로 생각과 감정이 연결이 되어 있는데, 생각을 지수가 합리적으로, 제대로 하면 괜찮은 건데 지수가 생각을 왜곡되게… 있는 그대로 이렇게 지각을 하면 이렇게 되지? 그런데 이것을 너 자신이 왜곡되게…. 이것이 하나의 물체라고 해 봐. 그러면 이런 거울이 있다고 해 봐. 그러면 반사될 때 이렇게 나타나지? 그런데 이것은 이건데 거울도 반듯하다, 그러면 이것이 이렇게 나타나는 것이고. 네가 이렇게 되었기 때문에 이런 식으

로 됐다 이거지. 그러니까 이것을 바로잡자 이거지. 무슨 말인지 알겠지? 그리고 아까 또 얘기하려고 했어. 어제는…?

내담자: 새벽에요. 새벽에 그 공대 학생회의 부회장이 있어요.

상담자: 그 애도 풍방에 있는 애야?

내담자: 예. 그런데 그 오빠가 좋아져요.

상담자: 응.

내담자: 그 오빠랑 어제 밤을 새는데 한쪽에서 술 마시고 노래하고… 그건 예사죠. 거기서 술 마시는 것이 싫어서, 또 소주 원샷할 분위기다 하면 화장실 가는 척 하고 나오고 그랬어요. 그래서 제가 제일 적게 먹었거든요. 제가 제정신으로 돌아가려는데, 별관에서 나이트클럽 장소를 마련해 놓고서 밤새도록 추는 거예요. 거기에 제가 딱 들어가는데 마침 블루스 곡이 나오는 거예요. 그러는데, 부회장 오빠가 "지수냐? 왔냐?" 그러면서 나랑 블루스 추자고 그래요. 그래서 원래 그 사람에게 호감이 있었으니까, 그냥 못 이기는 척하고 끌려가서 "저 못 춰요." 하면서 그냥 나왔어요. 나와서는 캠프파이어 하고 남은 모닥불 있었거든요. 모닥불가에 가서 둘이 앉아서 이런 저런 얘기로 재미있었어요.

상담자: 그래. 지수가 대학생활에 그런 재미… 오빠랑 알아 가는 것, 그런 거. 중요한 것은 이젠 이성 친구를 사귈 때도 절제 있게 사귀고, 완벽하려고 하고 잘 보이려고 하고 그러면 관계가 잘 되지 않을 수가 있어요. 자연스러웠을 때 관계가 이루어지거든. 꾸르륵 소리를 안 내려고 감추려고 하면 관계가 이상해져. 그냥 내버려 둬, 나면 나는대로. 계속 말하지만, 나는 대로 그것을 별 문제시 삼지 않으면 어느 순간에 안 날거야. 알았지요? 오늘 꾸르륵 소리 냈니? 선생님 한 번도 못 들었어. 오늘 진짜 또 지수가 듣고도 못 들었다고 할까 봐 걱정이 되는군요. 지난주에는 황당했어요. 진짜 안 들렸다고 했는데, 선생님이 들었으면서 안 들었다고 생각하는 것 같아서 선생님이 황당했거든.

내담자: 저는 그때 심각하게 생각하고 있었으니까요. 다시 들을 때, 들으면서 저도 참 웃긴다. 이렇게 여기도 써 있어요.

상담자: 그래서 이번에는 들으려고 했는데 안 들렸거든. 그런데 결국 지수가 그런 소리를 안 냈었구나. 이런 식으로 하면 많이 좋아질 것 같애. 숙제는 뭐냐면, 또 다시 꾸르륵하는 순간이라든지, 또다시 손이 차진다든지 하면, 그 상황을 적고

그때 어떤 생각 때문에 그런지 자기 생각을 찾아 와. 없으면 없지만, 있으면 있는 대로. 그리고 수치심 공격하기 연습을 하도록 하세요. 내가 이것이 무엇인지 설명을 해 주었어요?

내담자: 아니요.

상담자: 안 해 줬지? 수치심 공격하기 연습. 이건 뭐냐면, 사람들은 아무것도 아닌 것을 부끄러워하거든. 수치스러워하고. 부끄러워하고 수치스러워하는 것을 자꾸 해 보게 공격하는 거지. 영어로, 그렇지? 그 수치심을 스스로 공격하는 연습을 해 보게 하는 거지요. 예를 들면, 아까 설명한 것처럼 여자한테 데이트 신청을 못 하는 사람은 자꾸 데이트를 백 번쯤 신청해 보게 한다든지, 지수 너 같은 경우는 꾸르륵 소리를 남이 들을까 봐 불안해 하잖아. 아예 남한테 열 번 이상 꾸르륵 소리를 의도적으로 들려주도록 노력해 보세요. 그래 가지고… 그러면 너는 지금 '아유, 쟤는 이상한 애야. 왜 꾸르륵거릴까?' 이렇게 생각할까 봐 두렵잖아. 그런데 실제 다른 사람은 그렇게 생각 안 해요. '속이 나쁘구나.' 이렇게 생각을 하지. 그런데 남에게 들려줘 봄으로써 다른 사람이 별 반응도 안 하고 신경도 안 쓰는 체험을 하게 될 것이에요. 그러면서 '이게 별게 아니구나.'라는 사실을 알게 되거든. 선생님이 숙제가 뭐냐면, 꾸르륵 소리가 났을 때나 일부러 했을 때 말고 나도 모르게 우연히 났을 때, 내 생각과 그때 어떤 상황이었나, 그걸 적어 오는 거고, 일부러도 그때에 아무렇지도 않게 행동하는 연습을 10번 해 오란 말이예요. 10번 할 수 있겠어요?

내담자: 예전엔 할 수 있었을 텐데 지금은….

상담자: 지금은…? 해 볼려고 해 봐. 되는 만큼. 알았지? 되는 만큼 하는 거야.

내담자: 예.

상담자: 그것이 바로 수치심 공격하기 연습이에요. 예를 들어, 어떤 사람은 밖에 나와서 말을 못 하는 사람 있지? 그러면 말하는 것을 시켜. 자꾸 해 보면 남 앞에 서서 말하는 공포가 사라지는 것이지요. 이 정도의 속도로 지수 양의 변화가 계속되면 앞으로 4번 정도만 더 만나면 어때요?

내담자: 네.

제4회 상담의 축어록

상담자: 선생님이 수치심 공격하기 연습을 해 오라고 지난 주에 숙제를 내주었는데요.

내담자: 그것을 못 했어요.

상담자: 왜 못 했어요?

내담자: 해 오기 힘들어요. 예전의 상태로 다시 돌아가는 느낌이에요.

상담자: 언제 그런 느낌이 들었어요?

내담자: 배에서 소리 나려고 할 때요. 이것을 선생님 말씀대로 수치심 공격을 해 보려고 해도 막상 그때 이상하게 예전의 상태….

상담자: 그러니까 꾸르륵 소리가 났을 때 그냥 내버려 두면 괜찮아. 선생님이 지난번에 앞으로 꾸르륵 소리 10번 다른 사람이 듣거나 10번 정도 나도록 해 보라고 그랬잖아. 그러면 그 소리를 내버려두는 게 숙제였는데, 그 소리가 났을 때 당당하지 않고 불안했다 이거지요?

내담자: 예. 얼굴이 달아올라요.

상담자: 그때 어떤 상황이었는데, 그 상황이? 얼굴이 달아올랐던 상황이?

내담자: 오늘요.

상담자: 오늘이었어요?

내담자: 아침이었어요.

상담자: 오늘 아침? 그 상황을 얘기해 볼래요?

내담자: 2시간 연달아 하는 수업이었어요. 그런데 소리가 났어요. 그런데 얼굴이 달아올랐어요.

상담자: 그 순간 애들이 몇 명이 있었니?

내담자: 한 60명.

상담자: 60명 정도 있었단 말이지. 자, 그때 소리가 조금 났는데…?

내담자: 아무도 모르고 저만 안다는 것만 알았어요.

상담자: 아무도 모르고 나만 안다는 것만 알았는데도 그랬단 말이지? 그러면 그때 얼굴이 달아오르는 순간에 지수 양에게 떠올랐던 생각이 있었을 것 아니야.

내담자: 아무렇지 않게.

상담자: 아, 좋다. 숙제할 수 있는 좋은 기회다. 이렇게 생각했으면….

내담자: 그런 생각도 들었는데요. 이상하게 패배적인 느낌이 들었어요.

상담자: 그러니까 또 '옆에 사람들이 듣고 나를 또 이상한 애로 생각하면 어떻게 하지?' 그런 생각이 들었겠지? 아닐까?

내담자: 예. 순간 그 생각도 스쳤죠. 제가 1주일 동안 그냥 잊으면서 살았던 것 같아요. "남의 이목에 잘 안 들어도 상관없다." 이런 말을 되뇌는 말을 계획했던 것 같아요. 숙제 열심히 하기 싫었어요!

상담자: 그래. 선생님한테 솔직하게 얘기해서 고마운데, 이제부터 풍물 연습도 하고 이제 학교생활도 바뀌었고 그렇지만 그러고 보면 지수한테 가장 중요한 것은 상담시간일 수 있고, 상담 선생님이 내주는 숙제 이런 것들을 우선순위로 두고 해야 할 거야. 이 문제가 먼저 해결이 돼야지. 지수가 대학생활 자체를 기쁘고 즐겁게 누릴 수 있단 말이지? 그러니까 풍물도 열심히 하고 공부도 열심히 하는 것은 좋은데 선생님이 내주는 숙제를 열심히 해 와야 돼. 지수야. 선생님이 지난번에 남의 이목이 중요한 것이 아니다, 선생님이 써 주지 않았니?

내담자: 예.

상담자: 응. 그것을 반복적으로 써 오라고 그러면, 선생님이 해 오라고 그러면 꼭 열심히 해 와야 돼. 응? 알았지? 아마 지수가 지적한 것처럼 그것을 반복적으로 되뇌고 묵상해 보지 않았기 때문에, 또 그 순간이 왔을 때 당황하게 되는 건지도 몰라. 자꾸 반복적으로 연습하면 그런 생각이 왔을 때, 아 그것은 좋은 기회구나. 숙제 해야지. 그러고 그냥 내버려 뒀으면 숙제가 됐을 텐데. 당황해한 거니까. 그렇지? 또 그게 꾸르륵 소리가 아침에 한 번밖에 없었어?

내담자: 예. 그전에는 그냥 잊고 살듯이 바쁘게만 지내다 보니….

상담자: 그래.

내담자: 그리고 참 웃겼던 게요. 종교와 인간 시간이 제일 중요한 시간이에요.

상담자: 어! 왜 그렇지?

내담자: 예. 교수님 혼자서 앞에서 강의하시고 웃거나 유머스러운 것도 없고. 애들이 막 졸고 몸 비틀고 하는 소리까지 다 들려요. 그런데 신기했던 게요. 요즘 제 관심사가 이거여서 그랬는지 몰라도요, 애들 배에서 그 소리가 다 들리는 거예요.

상담자: 아이들의 뱃속 소리가?

내담자: 그때가 또 오전 수업시간인데, 아침을 잘 안 먹고 오고 그러잖아요. 애들이 밤

새 술 마시고 오는 애들도 많고, 또 속이 불편한 애들도 많고… 그런 소리가 들려요.

상담자: 그때 지수의 생각이 어땠니?

내담자: '쟤네들이나 나나 똑같네.'라고 생각했어요.

상담자: 그래. 바로 그거다.

내담자: 그런데 나만 멀쩡한 것 같고 그래요.

상담자: 지수만 멀쩡하다, 이게 무슨 얘기지?

내담자: 오늘 저는 소리가 안 났으니까요.

상담자: 응. 아까 조금 났지만…. 딴 사람들이 났으니까….

내담자: 그건 한 순간이고요.

상담자: 그러니까 중요한 것은 뭐냐면, 그 장에서 소리가 날 수 있는 거잖아. '소리 나는 게 우리 인간의 한 부분이다.'로 받아들이는 거지. 지난번에 지수하고 얘기했었잖아. 이중 구조, 이중 기준이라는 거.

내담자: 예.

상담자: 너한테는 엄격하고 그러면서 다른 사람한테는 그렇게 인심을 쓸까? 후한 점수, 엄격하지 않은 기준을 가지고 있잖니? 그렇지? 그러니까 이번 기회에 너한테, 지수가 본인, 상담자에 대해서 가지는 태도나 다른 사람에 대해서 가지는 태도가 동일해야 된다고 생각해. 다른 애들이 뱃속에서 이렇게 소리가 났지? 너도 인간이기 때문에 뱃속에서 소리가 나는 것이고. 그런데 지수가 너무 예민해져 있기 때문에 다른 사람이 뱃속에서 나는 소리에 대해서 귀 기울여진 거지? 우리가 그런 것을 심리학적으로 선택적인 주의(selective attention)라고 말하기도 해요. 그런데 이제는 그것이 삶의 부분이야. '내 몸에 그냥 하는 작용이다.'라고 생각하면 앞으로는 귀 귀울이지 않게 되겠지?

내담자: 그렇죠.

상담자: 그러면 장소리가… 이제 선생님하고 지난 3월 10일날 만났고 그다음에 오늘 3월 19일… 그러니까 9일, 1주일이 넘었거든. 그럼 그 기간 동안에 소리가 한 번밖에 안 난거야?

내담자: 그전에 있었을 수도 있죠.

상담자: 의식을 못 한 건가?

내담자: 어… 기록도 제대로 안 했고.

상담자: 응. 기록도 안 했고.

내담자: 예. 숙제를 제대로 안 한 거죠.

상담자: 그래. 기록을 안 한 건 괜찮은 건데… 만약에 지수한테 별 기억에 남지 않게 지나가 버렸다면 문제가 안 되는 거야, 응? 그러니까 기록을 안 한 것이 중요한 게 아니라… 만약에 기억에 그런 사건들이 남았다는 것은 그만큼 지수가 불편했기 때문에 기억에 남았던 거고 여러 번 있었지만 내가 기억할 수 없었다는 것은 그만큼 내가 덜 불편했다는 것을 의미하는 것이 아닐까?

내담자: 불편했던 적은 없었던 것 같아요.

상담자: 그래. 그만큼 선생님이 볼 때는 많은 진전이 되었다고 생각하는데 지수도 그렇게 생각하니?

내담자: 예. 오늘은 얼굴이 달아오르는 꿈을 꿨어요.

상담자: 그랬어?

내담자: 예.

상담자: 그런데 이것은 여태까지에 비하면 되게 많이 나아진 거잖아?

내담자: 그렇죠.

상담자: 그렇지? 앞으로 또 그런 소리가 나면, '아! 좋은 숙제할 기회구나. 그냥 꾸르륵 소리 나도 듣고, 다른 사람도 들을 수 있으면 참 좋겠다. 다른 사람의 반응이 어떤가 보자.' 지수가 불안한 것은 다른 사람의 반응 때문에 불안한 거잖아. 응? 그렇지 않니? 다른 사람의 눈치를 보면서 '그들이 나를 어떻게 생각할까?' 그거잖아. 그렇지? 그것 때문에 불안한 거니까 다른 사람의 반응을 보자 이거지. 그런데 선생님이 좀 더 구체적으로 들어가고 싶은데, 다른 사람들이 그 소리를 들으면 지수가 불안한 이유는 다른 사람들이 그 소리에 대해서 어떻게 생각할까 봐 불안한 건데….

내담자: 그냥 쟤는 조금, 딴 애들이랑 다르게 좀 지저분하다고 여겨서? 인상이 더러워질 것 같아서….

상담자: 응. 그럼 선생님이 여기서 분명히 할 게 있어.

내담자: 예.

상담자: 일단 지수가 걱정하는 것은 이제 다른 사람이 나한테서 장소리를 들을까 봐 걱

정하는 것 하나 있지? 그다음에, 두 번째 걱정하는 것은 들었을 때 저 애는 지저분한 애다, 응? 이렇게 생각할까 봐 걱정하는거지, 그렇지? 두 가지 걱정이다. 첫 번째는 선생님이 계속 얘기하지만 다른 사람이 들을 수도 있고 못 들을 수도 있는 거야. 선생님은… 많은 경우에 실제로 많은 사람이 듣지 못하는데 너는 예민하게 들을 거라고 생각해서 괴로워하는 것이 있고, 즉 실제로는 듣지 못하는데 들을 거라고 네가 가정하는 거지. 그래서 괴로울 수 있고, 두 번째는 실제로 다른 사람이 들을 수가 있어요. 장에서 꾸르륵 하는 소리를 들을 수가 있는데, 네가 생각하는 것처럼 '아이, 저 애는 지저분한 애야.' '저 애는 다른 애들과 다르게 지저분한 애야.'라고 생각하지 않는단 말이야. 그런데 너는 다른 사람들이 전혀 생각지 않는 것을 자기 스스로 저 사람은 내가 그 소리를 들으면 나를 지저분한 애라고 할 것이라고 그렇게 생각하는 것일 뿐이라는 것을 선생님이 분명히 알려 주고 싶은 거지. 아까 종교와 인간 수업 시간에 다른 애들이 꾸르륵하는 소리를 들었다고 했잖아. 그 소리를 들었을 때 지수가 다른 아이들한테 '저 애는 참 지저분해.' 이런 생각을 했니?

내담자: 아니요.

상담자: 그때 너는 어떤 생각을 했어?

내담자: 어, 오히려 편했어요. 남도 저러는구나.

상담자: 남도 저러는구나. 그렇지? 그러니까 다른 애들도 똑같지? 지수에게서 장소리를 들었다면 '지수가 속이 불편하구나.' 하고 생각할 뿐이지. '저 애는 지저분한 애야.'라고 생각을 안 한단 말이야. 그리고 선생님이 얘기하고 싶은 것이 뭐냐면, 설사 다른 애들이 "지수는 지저분한 애야."라고 말한다 해도 그것이 그렇게 못 견딜 일이냐는 거지, 그 말을 듣는 것이. 어떻게 생각해?

내담자: 아니죠.

상담자: 그럴 만한 일이잖아. 그러니까 선생님이 계속 강조하는 건데, 여기 만약 컵이 있다고 그래 봐. 너는 컵이 아니고 너는 밥주걱이야. 그런다고 해서 이 컵이 밥주걱이 되니? 한번 말해 봐.

내담자: 아닙니다.

상담자: 그러면, 저 컵은 컵 그대로지?

내담자: 예.

상담자: 김지수라는 사람은 다른 사람이 "저 애는 지저분한 애야."라고 설사 진짜 말한다고 해도 지수가 지저분한 사람이 되진 않잖아? 지수는 그냥 지수일 뿐이야. 다른 사람이 지수를 지저분한 사람이라고 하면 지저분한 사람이 되고 다른 사람이 지수를 깨끗한 사람이라고 하면 깨끗한 사람이 되는 것이 아니란 말이지. 지수라는 사람은 누가 뭐래도 지수라는 사람이 지니고 있는 고유한 가치와 고유한 특성이 있는 거지? 그것을 잘 이해를 해야지. 다른 사람의 생각이라든지 표현이라든지 이런 것에 너무나 지나치게 민감해질 필요가 없다는 것을 선생님이 말하고 싶은 거야. 이해가 되니?

내담자: 예. 생각은 늘 그렇게 갖고 있죠.

상담자: 그래. 생각은 늘 그렇게 갖고 있는데, 문제는 뭐야?

내담자: 실제 생활에서….

상담자: 적용이 안 되는 거지. 그래. 바로 적용이 안 되기 때문에 선생님이 그런 숙제를 내준 거고, 그 수치심 공격하기 연습을 자꾸 해 오라고 그런 거지. 선생님이 그 배경 얘기해 줬어? 수치심 공격하기 연습에 대한 배경.

내담자: 아니요.

상담자: 어떻게 해서 그 연습이 나왔는지 알아요?

내담자: 아니요.

상담자: 음, 선생님이 그 얘기 해 줄게. 그래. 인지상담이론을 창시한 앨버트 엘리스가 20세를 전후로 했을 때 여자들한테 다가가서 말을 붙이거나 데이트 신청하는 것을 못 했어요. 말하자면 여자에 대한 공포가 아주 심했어요. 마치 지수가 장소리가 꾸르륵거리는 것에 대한 공포가 있듯이. 그런데 어느 날은 내가 이런 공포를 가지면 안 되겠다라는 생각이 들었어. 그래서 내가 앞으로 만나는 모든 여성에게 프로포즈를 하고 접근해서 말을 하겠다는 다짐을 굳게 하게 되었어요. 그것이 얼마나 그 사람으로서는 획기적인 발상이니? 사실은 한 명의 여자한테 다가가서 말 붙이는 것도 어려운데 모든 여자에게 다가가서 내가 말을 붙이겠다? 그것도 모르는 여자들한테? 그래서, 뉴욕의 근교에 가면 브롱스 식물원이 있어요. 그 식물원에 가서 석 달 동안인가 한 달 동안인가? 한 달 동안인 것 같다. 종일 그 식물원에서, 그러니까 사람들이 얼마나 오고 가겠어. 그 오고 가기를 많이 하는 벤치에 앉아서 자기 근처를 지나가는 모든 여자에

게 다가가서 말을 붙이고 데이트 신청을 했어요. 그 사람으로서는 그것이 굉장히 힘든 일이지. 한 명의 여자에게 다가가서 말 붙이는 것도 얼굴이 빨개지고 가슴이 두근거리는데 그것을 견디고 참고. 우리처럼 맘이 편해서 정말 여자와 상대하는 것을 즐기는 마음에서 그런 것이 아니고 굉장히 공포와 두려움이 심한 상태에서 용기를 가지고 그렇게 했단 말이야, 한 달 동안에. 그러고 나서 자기가 여자에게 다가가 정면에서 말하는 것에 대한 공포가 완전히 없어졌다는 얘기를 하고 있어요. 그것이 바로 뭐냐면, 수치심 공격하기 연습(shame attacking exercise)이에요. 그러니까 'shame', 부끄럽다고 느끼는 그 부끄러움을 공격해 버리는 거야, 응? 'attack'이 '공격하다'라는 뜻이잖아. 그러니까, 지수가 장소리가 나는 것을 굉장히 부끄럽게 생각하잖아. 다른 사람이 나를 지저분한 애로 보면 어떡하나, 이런 생각 때문에. 그렇다면 실제 장소리가 많이 나게 해서 다른 사람이 정말로 나를 지저분한 애로 보나 한번 실험을 해 보자는 것이에요. 또 실제로 다른 사람이 지저분한 애라고 본다고 하더라도 그것이 나한테는 별로 중요하지 않으면 문제가 안 되는 거란 말이지. 그런 연습을 선생님이 그래서 시키는 거야. 지수가 얘기한 것처럼, 선생님이 말하는 것을 지수도 다 알 거라고 선생님도 봐요. 그런데 그것이 우리 생활 속에 통합이 돼야지. 아는 대로 행동하지 못하면 그 아는 것의 의미가 무엇이 있겠어. 우리의 행동으로 드러나야지. 그렇게 하려면 실제 상황에 자꾸 노출을 하고 실제로 장소리 나는 소리를 다른 사람이 듣게 하는 경험도 해 보고. 그러다가 이젠 네가 무뎌지면 그 장소리는 아마 안 나기 시작할 거야. 만약 영원히 난다 하더라도, 나면 나는 대로 살면 되는 것이 아닐까? 선생님의 말이 모순이 된다거나 논리에 안 맞다고 생각하면 말해 주세요.

내담자: 모순이 있는 것은 아니고요, 점점 그런 생각이 들어요.

상담자: 어떤 생각?

내담자: 지금 생각이 난 것이요. 처음과 두 번째로 선생님을 뵈었을 때는 진짜로 효과가 컸다고 생각하는데 점점 속도가 느려진다고 해야 되나요?

상담자: 으응, 그것은 참 솔직한 이야기인데? 장소리가 나기 시작한 것이 너의 말처럼 한 2~3년은 되었고 그동안 네가 나름대로 요가 명상도 해 보고 그 문제를 스스로 극복해 왔는데, 지수 스스로의 노력과 연습 없이 행동이 변화된다는 것을

바라는 것은 노력하지 않고 대학시험에 합격하려고 하는 것과 똑같은 거야. 그러니까 선생님께 솔직하게 이야기해 주어서 좋은데, 처음에 선생님을 만났을 때는 선생님의 말이 너무나 맞으니까 지수가 수긍을 했기 때문에 효과가 큰 것이고, 그다음부터 그만큼의 효과가 지속되기 위해서는 적극적인 노력과 참여와 연습이 필요한 것이지요. 그래서 아까 선생님이 말한 것에 부응하기 위해서는 지금 당장 다른 어떤 것보다도 선생님이 내준 숙제를 열심히 하는 것이라고 할 수 있어요.

내담자: (한참 침묵) 같은 여자애들이 있을 때는 안 그러는데요, 남자애들이 있거나 특히 그중에서도 호감 있는 아이들이 섞여 있으면 더욱 그러는 것 같아요.

상담자: 아무래도 이성이니까 남자애들이 있으면… 동성끼리는 통하는 것도 있고 부끄러운 것도 이성에 비하면 덜한데, 이성에게는 더 잘 보여야 하고 더군다나 호감이 있는 사람에게는 더욱 잘 보여야만 한다는 생각으로 꽉 차 있는데 '장소리가 나서 저 사람이 날 싫어하면 어떻게 하나?'라는 생각 때문에 그런 것이지. 그런데 장소리가 난다고 해서 저 사람이 날 싫어한다는 생각은 지수의 판단일 뿐이에요. 장소리가 나기 때문에 날 싫어할 것 같은 사람이라면 애시당초 호감을 갖지 않는 것이 좋지 않겠어요? 서로 보호해 주고 하는 것이 진정한 친구라면 선생님 생각에는 장소리에 민감하지 않은 남자가 더 지수에게 적합한 사람이겠지요. 선생님이 분명히 이야기해 주는 건데 호감이 가는 남자들이 '내 장소리를 듣고 날 지저분한 아이라고 하면 어떻게 하나? 그러면 정말 큰일이야.'라는 생각 때문에 지수가 더 힘들어지는 것이에요. 아까부터 똑같은 이야기가 되풀이되는데 그것은 지수만의 생각일 뿐이에요. 실제로 그런 것은 아니예요. 실제로 저 사람이 내 장소리 때문에 도망간다면 그렇게 비인간적인 사람에게 매력을 느끼고 굳이 호감을 가져야 할 이유가 있어요?

내담자: (다소 강한 어조로) 없지요.

상담자: 선생님이 생각해 보아도 없는 것 같아요. 그러니까 용기를 가져 보세요. 지수의 얼굴과, 지수의 품성과, 지수의 능력을 보고 사람을 사귀지, 장소리 나는 것 하나에 의해서 사람을 사귀는 잣대로 쓰지는 않지요. 만약 그것 하나를 기준이나 잣대로 쓰는 사람이 있다면 나는 저사람의 잣대에 안 맞고 취향이 아닌가 보다 하면 되는 거 아니겠어요? 이것도 말은 쉬운데 행동으로 옮기기는 어려

운 것인가요?

내담자: (웃음) 해 봐야죠 뭐.

상담자: 그래, 지수가 그런 체험을 해 보면 실제로 장소리가 났을 때도 도망가지 않고 나와 함께 있어 주는 사람을 분명히 만나게 될 텐데요, 그렇게 되면 그다음부터의 극복은 더 쉬워지겠지요. 정말 별것 아닌 것을 가지고 쓸데없이 사서 고생을 했구나를 체험하게 될 텐데요, 선생님은 지수가 좀 더 빨리 체험하게 되기를 바라요.

내담자: 네.

상담자: 지난 번의 녹음 파일을 들었지요?

내담자: 네.

상담자: 그 녹음 파일을 들으면서 새롭게 느낀 점이 있어요?

내담자: 느낀 점요? 전보다 내용이 없었어요(내담자와 상담자는 함께 웃음). (한참을 생각해 본 후에) 이번엔 숙제를 제대로 안 해서요….

상담자: 그래, 좋아. 숙제를 열심히 할 때도 있고 안 할 때도 있지. 선생님이 이해를 하고, 그래도 혹시 떠오르는 것은 없어요?

내담자: 솔직히 이번 녹음 파일(3회기 파일)을 들으면서 재미가 없었어요. 오면서 전철에서 한 번 들어 보고 또 학교에 가서 들었는데요. 한 반쯤 듣다가 또 옮겨 쓰고 싶은 생각이 안 났어요. 제대로 요점도 떠오르지 않고요.

상담자: 그것은 왜 그랬을까? 내가 항상 변화되는 모습이 싹싹 눈에 들어와야만 되는데 그것이 안 들어오는 것 같아서 짜증난 것이 아닐까?

내담자: (잠시 생각 후) 그럴 지도 모르지요?

상담자: 처음에는 지수가 새롭게 변화되는 것 같아서 참 좋았는데 내가 변화되는 느낌이 딱 안 생기니까 짜증나고 그러는 것이 아닐까?

내담자: 전에는 열심히 되뇌니까 가슴이 뿌듯하고 해서 굉장히 신나게 생활했던 것 같은데요. 이번엔 녹음 파일을 들으면서 너무 이상적으로만 생각하는 것이 아닌가 하는 거리감이 느껴졌어요.

상담자: 그래, 선생님이 이해하겠는데요. 이제부터는 진짜로 이상적이 아닌 현실의 삶 속에 녹아들어 왔을 때 선생님이 하는 상담이 의미가 있으니까. 오늘 다시 숙제 형식을 내줄 테니까 그 형식에 따라서 성실하게 해 오세요. 선생님에게 학

점을 받는 것은 아니지만 궁극적으로 지수가 이것을 해결해야 할 문제이니까. 내가 노력하는 만큼 빠른 속도로 해결이 된다는 신념을 가지고, 열심히 참여해 주기 바라겠어요.

내담자: 선생님, 제가 이번 일주일 동안에 약간 자만에 빠진 것 같아요.

상담자: 너무 빨리 내가 원하는 방향으로 변화된다고 생각하고, 그렇지요?

내담자: 네.

상담자: 선생님은 그것이 좋은 체험이라고 생각해요. 자신의 능력에 대해서 겸손해 할 줄 알고, 내가 노력하지 않아도 어떤 선생님 한 분에 의해서 내가 쉽게 바뀌는 것이 아니구나라는 사실을 깨닫게도 되고. 옛날에 지수는 혼자서도 자신의 문제를 극복해 보기 위해서 명상책도 보고 요가도 하고 그랬었잖아. 이제는 지수가 선생님을 만났고 선생님이 도와주니까. 그전에는 혼자서도 했는데. 이번에는 정말로 열심히 해서 극복해야겠다는 새로운 자세를 가지고 새롭게 한번 해 봅시다. 그리고 지수 양에게 다시 환기시키고 싶은 것은, 선생님은 잠시 도와주는 사람일 뿐, 결국 지수 양 스스로의 책임하에 행복을 쟁취해 가야 한다는 사실이에요.

내담자: 네.

상담자: 선생님이 오늘 가기 전에 숙제해야 할 것을 새롭게 정해 주는데… 오늘 회기가 짧았는데.

내담자: 솔직히, 오늘은 별 할 이야기가 없는 것 같아요.

상담자: 그래도 오늘 중요한 것을 많이 다루었어요. 숙제가 얼마나 중요한 것인가를 이해했고 숙제를 못 했던 사정도 선생님이 이해를 했고, 그다음에 왜 수치심 공격하기 연습이 안 이루어졌는지 탐색을 했고, 시간은 다른 회기보다 짧았지만 그래도 많은 것을 이야기했다고 생각해요. 선생님 생각에는 오늘이 중요한 회기였던 것 같아요. 지수에게는 오늘 어떤 것을 느끼게 해 주는 회기였는지 궁금해요.

내담자: 아무래도 실천의 중요성인 것 같아요. 사실 오늘 녹음 파일을 들으면서도 실천의 중요성에 대해서 뼈저리게 느꼈어요. 한편으로는 선생님께 죄송하다는 생각도 들고, 선생님께서 제 고민의 반 정도를 부담하신 것과 마찬가지인데 제가 열심히 하지 않은 것 같아서 죄송해요.

상담자: 앞으로 열심히 하면 되니까요. 선생님은 그 미안해하는 마음이 참 감사해요. 그러나 죄송해하고만 말면 의미가 없으니까. 정말 열심히 노력해야겠다는 의지를 굳혔으니까. 좋아요, 선생님이 보기에는 처음보다는 아주 많이 좋아졌어요.

내담자: 그것은 확실해요.

상담자: 그러면 선생님이 오늘 숙제해 줄 것을 여기에 자세히 일러 줄게요.

제5회 상담의 축어록

상담자: 지난번에 선생님이 녹음 파일을 들으라고 했는데 들어 봤어요?

내담자: 파일을 컴퓨터에 저장했는데요. 못 찾겠더라고요.

상담자: 그거 잊어버리면 안 돼.

내담자: 다시 찾아볼게요.

상담자: 그래, 다시 찾아보고 꼭 들으세요. 그거 잊어버리면 안 돼요. 선생님한테 중요한 자료이기 때문에….

내담자: 예.

상담자: 다시 찾아보면 꼭 있겠지.

내담자: 예. 선생님 그리고 저, 이거.

상담자: 그래, 잘해 왔어. 그런데 말이야, 이거 복사했지? 복사 안 하고 이거만 있는 거야?

내담자: 아, 원본요?

상담자: 응. 원본. (예.) 아, 난 또 걱정했네. 너도 이렇게 숙제를 열심히 해 와서 선생님이 고마운데, 선생님이 지난주에 지수가 상담하고 간 다음에 너하고 상담한 것을 기록하고 어떻게 하면 지수하고 상담을 잘할 수 있을까 하고 연구를 많이 했다고. 선생님이 비합리적 생각의 장점과 단점 비교표, 사건 · 생각 · 증상(ABC) 기록지에 써 오라 했는데 어디 한번 봅시다. (숙제의 내용을 보고) 혼자 교정을 돌아다녔어요?

내담자: 아, 그때 마음이 좀 심란했어요.

상담자: 응. 가만있어 봐….

내담자: 그때….

상담자: 응. 혼자 교정 주변을 돌아다녔을 때?

내담자: 예.

상담자: 꿈을 꾸었구나. 또?

내담자: 너무 피곤해서요. 일찍 약 먹고 잤는데.

상담자: 응.

내담자: 그다음 날에… 롤러의 영향.

상담자: 롤러스케이트 탔어요?

내담자: (호호) 예….

상담자: 오늘 아침 것까지 했구나.

내담자: 아래 더 있어요.

상담자: 그것을 여기다 적었단 말이지? 3시에 내가 자청해서 발표할 일이 있었다. 그때 몹시 불안하고 연달아 2시간 나가서 얼굴이 붉어지고 말을 더듬으면…. 이런 생각을 했다, 이거지? 흰 티에 노란색 가디간을 입어 정말 눈에 잘 띄니까(호호). 애들이 상대적으로 많이 보니까. 내가 불안해 보여… 응.

내담자: 그때는… 기분이요, 기분이 묘했어요. 제가 억제할 수 없이요.

상담자: 응. 그때, 일반 수학시간에?

내담자: 예. 그전에 한 시간 동안 혼자 교정을 돌아다니고…. 그때 혼자 돌아다녔어요.

상담자: 왜 혼자 교정을 돌아다녔어?

내담자: 생각 정리 좀 하려고요. 또 혼란스럽고 해서.

상담자: 무슨 생각을…. 무엇이 심란했는데?

내담자: 아, 속도 좀 불편했고요. 그리고 괜히 심란했어요, 마음이….

상담자: 그런데, 속이 불편한 게 선생님이 생각하기에는 혹시 생리적으로 이렇게 장(腸) 이상이 있거나 그런 거 아닐까?

내담자: 예. 그런 것은 아니에요.

상담자: 지수가 어떻게 알아요?

내담자: (호호) 아, 전에 그것 때문에 병원도 가고 그랬거든요.

상담자: 어어.

내담자: 전에 의사 선생님이 정신적인 것 때문에 그렇다고….

상담자: 응. 의사가 그때 그랬어요?

내담자: 예. 기능적인 것이라고요. 원래 병은 없는 거래요.

상담자: 응. 그러니까 완전히 심리적인 거네. 여태까지 이루어진 회기의 상담을 분석해 보면 3회까지는 굉장히 좋아했단 말이지. 금방 나아질 것 같았고. 순조롭게. 지난번에는 도로 제자리로 돌아가 버린 느낌이 들었고.

내담자: 완전히 돌아가지는 않았죠. 반 정도 뒤로.

상담자: 응. 그래 이번에는 어때? 그동안….

내담자: 그런데 전보다(1~3회 할 때보다)는 좀 기분이 침체되어 있는….

상담자: 확신이 떨어졌구나? 기분이 가라앉고. 그러니까 선생님이….

내담자: 맨날 밝게 사는 것도 이상하잖아요.

상담자: 밝게 사는 것도….

내담자: 항상 밝게 사는 것을 바라는 것….

상담자: 그래… 가끔씩 기분이 가라앉을 때도 있지. 그러니까 이제 중요한 것은, 이 시점에서 우리가 상담의 목표를 다시 점검해 보자, 이 시점에서…. 그러니까 지수가 이 상담을 통해서 진정으로 얻고 싶은 것이 무언지 그것을 한번 얘기해 보자.

내담자: 응. 선생님. 이것을 정신적인 속박이라고 해야 되나? 자유로워지고 싶고….

상담자: 응. 정신적인 속박에서….

내담자: 예. 불쾌한 그 무슨….

상담자: 응. 자유로워진다. 불쾌한 기분이라는 것은 장소리가 날 때의 기분을 의미하나요?

내담자: 그때 무엇인가 실없이 나쁜 기분이거든요.

상담자: 응. 응.

내담자: 대개 마음으로 심적으로 혼란스럽게….

상담자: 응. 힘들지….

내담자: 그것은 전보다 많이 나아졌어요.

상담자: 응. 응.

내담자: 저는 진짜 어떻게 주체할 줄을 몰랐어요. 도피하고 싶고 그랬는데 이제는 빈

도수도 확 줄어들었고요.

상담자: 굉장히 많이 나아진 거야, 그렇지?

내담자: 예.

상담자: 상담의 효과라는 것이 굉장히 큰 거지.

내담자: 예. 우선 이렇게 나아진 것을 생각해 보니까 제 사고에서 한 부분이 바뀌었는데, 그 한 부분이 남의 이목을 꺼리지 않는 것, 그것이 나아진 것 같은 느낌이 드는데요. 그리고 제가 고등학교를 다닐 때는요, 전철에서 책 같은 것을 못 봤어요. 책을 보면 꼭 남들이 쳐다보는 것 같아서 얼굴이 붉어지고 그랬거든요. 그래서 꼭 저를 쳐다보는 것 같고, 쟤는 여기서 공부도 다 하네… 그러는 것 같아서… 제대로 못 했어요. 그래서 저도 모르게 얼굴이 붉어지고 그랬어요. 그런데 요새는 거리낌 없이 책 보고 전혀 남의 이목을 생각하는 것이 없어졌어요.

상담자: 어, 축하한다! 정말로 축하한다!

내담자: (호호) 감사합니다.

상담자: 장족의 발전이에요.

내담자: 다 선생님의 도움이죠.

상담자: 선생님이 도와주어도 안 듣는 사람이 있는데, 이렇게 효과가 나타나니까 참 기분이 좋군요!

내담자: 예.

상담자: 아, 기분 좋다! 지하철에서 거리낌 없이 책도 보고 그런다 이거지요?

내담자: 그리고 전보다 얼굴 붉어지는 횟수도 줄어들었고…그것 때문에 어느 정도 심적으로 많이 안정된 것 같아요.

상담자: 응.

내담자: 제가 학교수업에서 명상법 시간을 참 좋아하거든요.

상담자: 명상법.

내담자: 예. 그때는 참선만 하는 거예요.

상담자: 응. 그것도 종교인이 가르치시나요?

내담자: 예. 명상법은 방석 위에 앉아서 참선을 하는 것이거든요. 그것은 아주 좋고요. 제가 관심이 있었던 부분이었으니까요.

상담자: 응, 그래. 맞아. 지수가 명상책, 요가책 가지고 했었잖아….

내담자: 종교와 인간은 이제 ○○에 관한 것을 가르치는데요, 그것도 아주 좋고요. 그 두 시간만은 진지하게 다니잖아요. 이때 혼란스러웠을 때요. 밥을 먹고… 그리고 이때 심난했을 때 빈 교실에 들어가서 참선 좀 하려고 했었어요. 심란해서. 아, 그런데 어둡고 사람이 없어서요… 그냥 교정을 돌아다니면서….

상담자: 아, 그러니까 그때 심란했던 이유가… 이런 거에서 이것 때문에… 이건 수학시간에 그런 거였고… 그렇지?

내담자: 아, 그때. 그 심란했던 것은요. 여기에 적나라하게 쓰지 못했어요.

상담자: 으응.

내담자: 그때 쓰지는 않았고. 그다음 날에 썼거든요. 그래서 실감이 안 났어요.

상담자: 응. 그러니까 이것은 그다음 건데… 그때 심란했던 감정을 쓴 거야? 이건 수학시간에…?

내담자: 예. 이건 수학시간에 앉아서, 그때를 생각해서.

상담자: 그때를 생각해서….

내담자: 심란했을 때 돌아다니면서 무슨 생각을 했는지 잘 기억이 안 나서….

상담자: 혹시 내 인생이 망가지는 것 아닌가, 하는 생각한 거 아냐?

내담자: 네.

상담자: 심란할 일이 없잖아. 그러니까 이제는 기억을 하려면 안 나니까. 그때 바로 적도록 하세요.

내담자: 예.

상담자: 아니면, 지수가 그 상황을 즐기는 거 아니예요?

내담자: 아하, 나도 이럴 때가 있었구나, 하는 거요, 혹시?

상담자: 그렇잖아… 어, 나도 ○○철학 같은 거 있잖아. 하. 그래서 사실 별문제 아닌데 대학생들도 그렇고 사춘기 애들도 그렇잖니. 이렇게 ○○철학을 읊어 보기도 하고, 센티맨탈하기도 하고, 괜히 슬퍼보이기도 하고, 느끼고 싶잖아. 그래서 그런 것 아니었어?

내담자: 그런 감정이 아니었어요….

상담자: 응. 그러니까 확실히 혼란스러웠어요?

내담자: 흥분해서 돌아다녔거든요.

상담자: 그때 막 장이 움직이는 것 같았구나?

내담자: 아뇨. 제가 생각할 때는 안 그러는데요. 그 상태에서 사람들을 만나면 그랬을 거예요.

상담자: 그러니까 혼자 있었기 때문에 장 속에는 소리가 안 났는데 만약 다른 사람이 있으면 소리가 났을 거다?

내담자: 그래서 혼자 다녔었던 거예요. 그래서 이젠 큰 방에 사람들이 있었는데, 거기에서 마음이 굉장히 혼란스럽고 피하고 싶어서… 저는 혼자 나왔어요.

상담자: 그러면 혹시 너 큰 방에서 나온 것도 장에서 소리가 나면 어떡하나 하는 두려움 때문에 나온 거 아냐?

내담자: 응. 속이 좀 불편하긴 했었는데… 그런 것은 많이 극복이 됐는데 남들 그런 것은 많이 극복이 됐는데… 괜히 속에서 흥분적인, 그 대개 나쁜 감정들이 있었어요. 그래서 그랬어요. 그래서 참선이라도 할까 해서 나와 봤어요.

상담자: 과거에도 이런 감정이 많이 있었지?

내담자: 예. 참 많았었죠. 그 감정이 불편하긴 했었는데….

상담자: 또 나온 거지….

내담자: 예.

상담자: 그러니까 지수는 어떨 때 흥분되고 나쁜 감정이 온몸을 휘감는 것 같은 느낌인 거 같아?

내담자: 음… 아무래도 속이 불편할 때, 속이 허하고….

상담자: 그런데 이제 속이 허하다는 거 생리적으로 허한 게 아니잖아?

내담자: 예. 제가 느끼기에….

상담자: 느끼는 건데, 어떨 때 그런 느낌이 들까?

내담자: (침묵) 그 문제를 아직도 제가 확실히는 모르겠어요.

상담자: 응. 지수야, 지금 우리가 이제 얘기를 상담시간에 전에 아버지 얘기도 조금 했고, 어머니 얘기도 조금 했는데 동생도 있잖아, 두 명. (예) 동생들 얘기는 거의 한 번도 안 했거든.

내담자: 예.

상담자: 가족관계는 어떠니?

내담자: 그냥 평범한 가족이고요.

상담자: 그러니까. 부모님하고는 별 문제 없는 거야?

내담자: 네. 그럼요.

상담자: 응. 부모님과 가족관계는 별 문제 없는 거고….

내담자: 예. 마찰같은 거 전혀 없어요. 저희 아버지는 술을 전혀 안 드시니까요. 그냥….

상담자: 가정은 안정적이라는 거지…?

내담자: 예.

상담자: 동생들하고는…?

내담자: 동생들하고는… 그런데 어렸을 때는… 개인적으로 떨어졌어요. 커 가면서 그런지 동생하고….

상담자: 그러니까 동생들과도 그렇게 큰 문제는 없는 거구나?

내담자: 응. 여동생하고 말이 잘 안 통해요.

상담자: 말이 안 통하지 아직. 걔는 아직 어리니까.

내담자: 어렸을 때는… 걔가 좀 한심하다는 생각도 들고 그랬어요.

상담자: 왜?

내담자: 좀 게으르고요, 잠이 많아요. 그리고 공부를 안 해요. 책상에 앉아서 조는 아이거든요. 잠이 많아서. 그런데 그게 태아 때 엄마가 많이 잤다고 그게 영향이 있지는 않죠?

상담자: 영향이 있을 수도 있고 없을 수도 있고. 그런데 그게 이제 지수의 문제와는 관계가 없는 거잖아. 그렇지?

내담자: 네. 그렇죠.

상담자: 그래. 그러면 그건 그렇게 걱정을 안 해도 되는 것 같고. 응… 지수가 심란함을 느낀 대로 좋은 친구를 사귀어서 환경에 변화를 주면 어때요? 지금 반에서 새롭게 사귄 친구 있어?

내담자: 예. 캠퍼스에서 가장 친한 친구가 될 거라고. OT에서 2월에 만났는데 그 친구, 되게 인연이 묘해요 그 친구가. 제 중학교 때 진짜 친한 친구가 있었어요. 그런데 고등학교 때 학교가 달라졌는데 그 친구의 고등학교 때 가장 친한 친구가 같은 학부에, 또 OT 가서 같은 조가 돼서 같이 놀게 된 거예요. 그리고 그런 인연이 있으니까, 이것은 아무래도 그냥 우연이 아니다, 생각해서 둘이 다니고 그래요.

상담자: 그러니까. 그때 혼자 돌아다닐 때 걔는 없었나 보지?

내담자: 네. 그 애랑 오전 수업이 다르거든요. 번호로 잘라서….

상담자: 같은 학부? 자기가 무슨 학부라고 했지?

내담자: ○○학부요.

상담자: 아, 그래.

내담자: 교양 선택을 둘이 똑같이 해서요, 오후 수업은 둘이 같아요.

상담자: 어제 그때는 그 애가 없어서 그랬구나.

내담자: 예. 그랬어요.

상담자: 지수야. 이제부터는 그렇게 흥분되고 나쁜 감정이 온몸을 휘감는 것 같으면 그때 내가 무슨 분명히 그 찰나 무슨 생각이 있을 거야. 그것을 한번 찾아보는데, 선생님이 혹시… 내가 이렇게 내 삶이 불투명하고 불확실할 때, 그래서 아닌가 하는 의심이 들어.

내담자: 글쎄, ○○할 때 그런 생각이….

상담자: 그럼 이제 선생님이 계속 얘기했지만 지수가 그때 ○○학부로 들어갈 정도다. 내가 앞으로 어떻게 하느냐에 따라 달려 있겠지만 이미 상당히 많은 것을 성취했기 때문에 그렇게 한심스러운 삶을 살 것 같지는 않아요. 그런데 그것을 스스로가 미리 걱정하고 괴로워할 필요가 없지. 그러고 이제 이런 감정이 어쩌다 한번 이렇게 있는 것이라면 있을 수도 있는 거고. 선생님도 간혹 기분 나쁠 때도 있고 그렇거든. 내가 아까 얘기한 것처럼 어떻게 항상 사람이 기분 좋을 수만 있겠니? 간혹 그럴 때도 있고 그렇지.

내담자: 항상 낙관적으로 사는 것을 바라는 건 좋죠. 좋은 것 같아요. 저도 종교와 인간 시간에 들은 영향도 조금 있고. 아휴, 그때… 제가 여기 와서 항상 낙관적으로 밝게 살려고 했었거든요. 그런데 거기에 좀… 점점 수정이….

상담자: 수정이… 그렇지. 이제 우리가 기본적으로 밝고 명랑하게 살아야 하지만 우리들의 삶 자체가 그런 게 아니고 또 감정이라는 것이 기복이 있는 거잖아. 좋을 수도 있고. 나의 기(氣) 속에 흐르는 핵심적인 흐름이 슬픔이다, 속상함이다, 그러면 문제가 되는 거지. 그러나 어쩌다 그 상황에 따라 약간 속상할 수도 있고, 슬플 수도 있고 이런 것이 아주 당연하고. 그렇죠? 응, 가만있어 봐. 우리가 아까 상담을 통해서 얻고 싶은 것이 정신적인 속박에서 자유로워지고, 불쾌한

기분에서 해방되고 싶고, 그거지?

내담자: 예. 그냥 보통 사람마냥. 한 가지 감정 뚜렷하게, 슬프다, 이런 식으로 하는거고. 혼란스러움은 그 생각의 실마리를 잡아야죠. 꼬투리를 잡아야죠.

상담자: 응, 그래. 지난번에 선생님한테 그런 얘기를 했거든. 뭐라고 했냐면 어… 선생님이… 그렇지. 그러니까 '장소리가 나는 것을 왜 그렇게 괴로워하느냐?' 그랬더니, 만약에 장소리를 들으면 옆에 있는 애들이 '저 애는 참 정말 지저분한 아이야.'라고 생각하면 큰일이라는 생각도 들었지만 스쳐지나가는 생각일 뿐이지, 근본적인 생각이 아닌 것 같다고 그때도 얘기를 했거든요. 그러니까 선생님도 궁금하다. 진짜 지수의 생각이 무엇이길래 그런 것일까?

내담자: 항상 근처에 수첩을 가지고 다니면서 써야 할까 봐요.

상담자: 그래, 좀 써 봐. 아 근본적인 생각. 근본적인 생각이 무엇일까? '저 애는 참 지저분한 아이야.'라고 생각하면 왜 큰일이지, 지수야?

내담자: 이제는 그것이 문제가 아니예요.

상담자: 문제가 아니야? 많이 고쳐졌다. 와, 장족의 발전!

내담자: (하하)

상담자: 진짜야. 진짜 고쳐졌어. 어 좋아!

내담자: 예. 이까짓 거 뭐 어떠냐 하고, 다시 그 생각은 정리가 되는데요. 그때 무슨 생각 때문에 혼란스러웠는지, 참.

상담자: 응. 그럼 이것이 남의 이목이라든지. 다른 사람이 저 애는 이상한 애다, 그런 것. 그건 문제가 해결된 거네. 이 시점에 참 많이 발전한 것 같군요.

내담자: 예. 혼란스러웠을 때도요. 전에 그 아주 극도로 혼란스러웠을 때보다 많이 나아진….

상담자: 응, 그래.

내담자: 아, 이때 한 가지 스쳐간 생각이 기억나는데요. '내가 혼란스러운 정도가 전보다 많이 나아졌구나.' 그 생각이 들었어요. 내가 나아지고 있다는 생각은 느꼈어요. 그런데 이때도 어쩌면 완벽주의적인 사고가 있었을 수도 있어요.

상담자: 응, 어떤 완벽주의?

내담자: 예. 아, 내가 지금 이러면 안 된다….

상담자: '이래도 된다.' 그렇게 생각해, 이제는.

내담자: 그렇게….

상담자: 이럴 수도 있다. 사람이 고민하고 사색하고 그러는 건데. 그런데 이제 중요한 것은 지수의 생각이 아니라 혼란스러움이 자기를 감싸고 도니까… 그것이 이제 문제지, 그렇지? 그리고 선생님이 또, 선생님이 정리하다가 본 건데, 지수가 이렇게 다른 사람하고 있을 때는 괜찮은데 조용히 있을 때 더 그렇다고 그랬단 말야. 다른 사람하고 말하고 그럴 땐 괜찮은데… 잠깐만.

내담자: 그래서 되게 시끄러워요….

상담자: 응, 집이?

내담자: 예. 그래서… 익숙해지다가 그래서 그런 것 같아요.

상담자: 응, 시끄러움에 익숙해져서? 조용할 때는 그렇다는 거지?

내담자: 중학교 1학년 때 그 집으로 이사갔거든요.

상담자: 응.

내담자: 그랬는데, 그때 되게 시끄러웠어요. 어떻게 여기서 살까… 이랬는데, 이제 적응되고. 아무래도 그런 것 같아요. 그런 생각이 지배적이에요.

상담자: 그러니까 지배적이란 게 뭐지?

내담자: 응. 제가 생각하기에요, 그것이 원인일 것이다.

상담자: 그러니까 뭐가?

내담자: 집 환경이 시끄러우니까 조용한 곳에 가면 안정적이지 못한 거죠.

상담자: 아, 그렇구나. 시끄러운 데 익숙해져서 오히려 조용할 때는 불안하다, 이거지? 이제는 조용한 곳에 많이 있어도 안정된 느낌을 갖는 생활을 많이 해야 되겠다.

내담자: 아, 너무 바빠서…. 생활을 많이 하니까.

상담자: 선생님 봐봐. 오늘 우리 이런 상황, 굉장히 조용하잖아. 아, 그러니까 지수가 한 말을 알겠어. 보통 내가 살았던 집이 시끄럽고, 도로변에 있었기 때문에. 시끄러우면 아무렇지 않은데 조용하면 불안해진다는 말처럼 들리는군요. 이제 자주 조용한 환경에 노출되서 조용한 것을 더 좋아할 수 있게, 그렇게 되야 되겠다. 그렇지?

내담자: 저는 시끄운 게 더 좋아요. 어렸을 때는 안 그랬는데. 남들이 공부할 때 옆에서 찌그럭거리는 소리를 내면 되게 신경질 내고 하더라고요. '어? 왜 이렇게 시끄러워?' 하고 말을 하는데 전 그 상황에서 잘 되거든요. 그것이 차이점 같기도 하고.

상담자: 그러면 더 좋겠지. 시끄러운 상황에서 집중을 더 잘하고, 조용할 때도 집중을 잘하고. 조용하니까 너를 괴롭히는 생각이 드는 거 아냐? 그니까 괴롭히는 생각이 뭐냐… (침묵) '내 인생 이러다 끝장나면 어쩌나….' 이러는 거 아냐?

내담자: 그런 거죠.

상담자: '끝장난다'라는 비합리적 생각도 고쳐졌어요?

내담자: 네. 남의 이목을 지나치게 의식하는 것. 그리고 '내 인생이 끝장이다.' 그런 극단적인 생각을 이젠 안 해요.

상담자: 오케이. 그럼 많이 고쳐진 거네.

내담자: 예.

상담자: 그래. 많이 나아졌다 진짜. 지금 우리가 고쳐야 할 증상은 장소리가 아직도 나는 것이지.

내담자: 전보다 훨씬 빈도가 줄어들었고요, 소리도 작아요.

상담자: 소리도 작고?

내담자: 그리고 옛날에는 장소리가 날 것 같다 하면 손에 식은땀이 나고, 손이 차가워지고 그랬거든요? 종교와 인간 시간이 되게 조용하고 그렇거든요. 그래서 더욱 부담이 가고 그랬어요.

상담자: 처음에….

내담자: 예.

상담자: 이제는 아니잖아.

내담자: 예. 그, 어, 좋아진 것은요… 또 그거요. 고등학교 때는요, 뒷자리를 좋아했어요. 앞에 나가기가 싫은 거예요. 긴장되는 것 같고. 그 기분이 싫어서 앞자리를 진짜 싫어 했거든요. 뒤에만 앉고.

상담자: 앞은 긴장돼서.

내담자: 예. 애들이 "너 왜 뒤에만 앉냐?" 그래서 저는 그것에 대해 좀 더 심각해졌죠. '아! 난 왜 이러지? 진짜….' 이러면서. 그런데 이제 대학교 와서 상담 선생님을 만나고, 자신감이 생기면서 앞자리에 즐겨 앉고 그래요. 수업에 집중이 더 잘 되니까.

상담자: 여러 가지로 많이 좋아졌네.

내담자: 예. 많이 변화된 것 같아요.

상담자: 그리고 선생님이… 지수가 고등학교 때까지만 해도 내가 최고로 잘나야 하기 때문에 너보다 공부 잘한 애들은 아예 친구로도 안 사귀고 못하는 아이만 사귄다고 했잖아?

내담자: 예. 저랑 비슷한 애들이나 그 이하….

상담자: 그런데 지금은 뭐, 어때…?

내담자: 지금 대학교는 성적을 잘 모르잖아요.

상담자: 지금은 그럴 필요도 없으니까?

내담자: 예. 그리고 F학점 나와도 나 권총 나왔다, 이러고. 아주 자연스럽게 아무 거리낌 없이 말하고 하니까. 한 학기 더 다니지 뭐, 이런 식으로 이러니까.

상담자: 내가 꼭 완벽해야 되고 잘해야 된다는 의식이 많이 사라진 거네?

내담자: 그리고 여기선 비교되고 그런 것이 없잖아요.

상담자: 성적이 비교되는 것이 없으니까.

내담자: 못나와도 자랑스럽게 서로들 얘기하고 그러니까.

상담자: 그러니까 환경 때문에 많이 좋아졌다는 말이군요.

내담자: 예. 그럴 수도 있겠죠. 대학에서의 익명성도 또 그럴 가능성도 있을 수도 있죠. 수업시간에 교수하고 친해지는 것도 없고 같이 수업을 듣는 사람들끼리도 서로 서로 알려고들 하지 않잖아요.

상담자: 서로 알려고도 하지 않으니까…. 그래 지수가 많이 좋아졌는데… 여기 지수가 아까 얘기한 것 있잖아. 정신적인 속박에서 자유로워지고 싶다. 정신적인 속박이라는 것은 결국 네가 너를 구속하는 것이지 다른 사람이 너를 구속하는 것이 아니지. 네가 너를 구속하는 것에서는 선생님 볼 때 많이 해방된 것 같아. 지금 완벽하려고 하는 것도 많이 없어졌지. 옛날에 네가 비교를 얼마나 많이 했니, 네가? 비교를 많이 했기 때문에 친구들도 너보다 공부를 잘한 애들은 사귀지 않은 것 아냐? 지금 환경적으로 비교할 필요도 없어졌지. 그러면 이제 장소리 같은 것 줄어들고 소리도 줄어들고….

내담자: 특별하게 소리가 난 적이 없어요.

상담자: 특별하게 소리가 안 났고, 소리가 나도 다른 사람이 들어도 괜찮다라고 배짱 있게 나가고, 다른 사람의 이목에서 많이 해방됐고, 저 애는 지저분한 애야 하는 그런 말은 좀 들어도 괜찮고….

내담자: 그 생각은 전혀 아니에요.

상담자: 지금 이 시점에서 많이 좋아졌는데, 그럼 선생님이 무엇을 도와줘야 되겠니?

내담자: 무엇인가 지금도 완벽적인 사고를 하고 있을지 몰라요.

상담자: 응.

내담자: 어, 아직 다 나은 그런 기분이 없었어요. 석연치가 않아요.

상담자: 아직은 다 나은… 응, 그래 그래. 바로 완벽주의자적…?

내담자: 무엇인가 찝찝해요. 그리고 아직 정착이 안 됐을 거 같고. 더 필요한 거 같아요.

상담자: 아주 솔직한 고백이고. 참 좋네.

내담자: (웃음)

상담자: 무엇인가 정착이… 많이는 나아졌지만 무엇인가 찝찝하고 정착이 안 된다? 그럼 이제 우리 앞으로 만나는 기간 동안은 지수의 바뀐 생각이 내 것이 되도록 그렇게 하는 데 우리가 더 초점을 두고 상담을 해야 되겠다. 그렇지?

내담자: 예.

상담자: 그니까 선생님은 그 동안 이거… 응, 이것은 선생님이 볼 때는 더 이상 할 것이 없는 것 같고. 이제는 정말 내가 완벽한 인간일 필요가 없다라는 것, 그리고 내가 실수를 보여도 괜찮다는 거, 허점을 보여도 괜찮다는 것에 대해 동의를 하고. 그리고 인생의 진짜 목표가 뭘까, 내가 왜 살아야 되는가에 대해서 생각해와 봐. 여기다 선생님이 써 줄 테니까. 이 세상에 완벽한 인간은 없다고 했지? 이세상에 완벽한 인간은 없다. 나는 최선을 다해서 살면 된다. 다른 사람이 내 인생의 주체가 되어서는 안 되는데 이미 지수는 그것을 넘어섰지. 다른 사람의 이목이라든지, 지저분한 애라든지 이런 생각에서 벗어날 수 있었지.

내담자: 잠깐 그런 생각이 들어도 바로 생각이 돌아서요.

상담자: 그것이 완전히 바로 내 것이 되기 위해서는 앞으로 우리의 연습과정이 필요해요.

내담자: 아직도 옛날 그런 생각이 잠깐 스쳐 가는 것 같으니까.

상담자: 스쳐 갈 때마다, '아냐. 내가 내 삶의 주인이야.' 그렇지. 그리고 장소리는 다른 사람도…. 사람이 본질적인 것을 추구해야 한다. 그렇게 자기에게 얘기하고 그다음에 좋은 구절이나 좋은 말 같은 것 있지? 그런 것을 많이 외우세요. 그런 것을 외우면 내가 괴로울 때 그런 말이 탁탁 머릿속으로 떠올라요. 그래서 '참된 인간의 가치라는 것은 장소리로 결정되는 것이 아니다.'라는 말이지요.

또 인간의 가치라는 것은 그 사람의 능력에 의해서 결정되는 것이 아니라는 거지요. 철학적인 사색을 앞으로 지수가 많이 해야 될 것 같아. 응. 철학적인 사고를 많이 하도록 하세요.

내담자: 남들보다 많이 하고는 있는데.

상담자: 그니까 자기 생각을 많이 하지 말고, 철학적인 사색. 종교와 인간에 대한 사색 등, 참 좋지요?

내담자: 네. 좋아요.

상담자: 그러니까 앞으로도 계속 우리가 이번에 했던 것처럼 장소리가 들려오면 남이 들어도 괜찮다. 그런 것을 계속 극복하고 이게 정말 인생, 삶의 패턴이 되도록, 내 행동의 패턴이 되도록 다음 만날 때까지 그렇게 하도록 하세요.

내담자: 예.

제6회 상담의 축어록

내담자: 선생님, 녹음 파일이요.

상담자: 응. 들었어요?

내담자: 예. 동생의 방문을 열었는데….

상담자: 응.

내담자: 문을 열었는데, 동생이 바로 그 녹음 파일을 듣고 있더라고요. 그래서 되게 황당하더라고요.

상담자: 응. 그랬구나.

내담자: 화를 냈어요.

상담자: 화를 냈어? 화를 낸 이유는 동생은 나의 사생활을 침범하면 안 된다는 그런 거였나?

내담자: 아, 무엇인가 들킨 기분…?

상담자: 들킨 기분? 그래, 그 기분! 선생님이 충분히 이해한다. 그런데 여섯 번째 회기인가, 오늘이?

내담자: 예.

상담자: 동생한테 들킨 기분은 충분히 이해가 돼. 그런데 어쩌다 그렇게 들켰어? (웃음)

내담자: 방에 컴퓨터를 켜 놓고 안방에 가서 식사하고서는 걔가 먼저 방에 들어갔거든요.

상담자: 방을 같이 쓰는구나. 응. 그 녹음 내용을 많이 들었던 것 같아요?

내담자: 예.

상담자: 그런데 뭐라고 얘기는 안 하고? 고등학생이라고….

내담자: 남동생이 들었어요.

상담자: 응, 남동생이?

내담자: 제 방에서 어제 잤거든요. 제 방이 추워서 어제 안방에서 자고….

상담자: 그래. 선생님이 좀 쑥스럽고 그럴 것 같애. 창피하기도 하고, 또 화가 나기도 하고, 응. 가만히 생각해 보면 그것이 또 그렇게 큰 잘못을 저지른 것이 아니잖아?

내담자: 그렇게 생각할 수도 있죠. 나중에 꿀밤 한 대 주고 정리가 됐는데.

상담자: 그때는 당황스러웠을 것 같아. 사람이란 자기만의 은밀한 부분이라든지 프라이버시를 지키고, 노출되고 싶지 않은데, 그런 생각…. 화가 나고, 황당한 거 충분히 이해가 되고. 또 살다가 보면, 그것보다 더한 일도 당하고 사는데. 시간이 좀 지나면 해결이 될 수 있을 것 같고. 또 그 자체가 있을 수 있는 일이고 또….

내담자: 그때는 뭐 극단적인거까지….

상담자: 들었어? 어떤 극단적인 생각?

내담자: ? (안들림)

상담자: 지수 양은 그게 별거 아닌 것을 갔다가 별것인 것으로 지각해서 극단적으로 가는 것이 문제야. 만약에 선생님 같았으면 창피하지만 극단적으로까지 생각하지 않아서 힘이 쭉 빠지고 이러지는 않았을 거거든? 그러니까 이제부터는 그런 일이 있을 때 이해하는 능력을 다양하게, 유연하게, 그렇게 능력을 바꿔 가는 것이 지수에게 좋은 치료의 방법이에요.

내담자: 저도 생각을 정리하면서 내가 왜 이런 생각을 하나….

상담자: 어떻게 정리를 해?

내담자: 예. 걔도 호기심… 이해를 해 줘야지… 언젠가는 얘기하게 돼… 그리고 별일 아니다. 극단적인 생각을 하지 말자.

상담자: 그래, 별일 아니지. 극단적인 생각을, 예를 들어 어떻게 했는데?

내담자: 제가 부모님한테 안방에 가서 지금 얘기할 텐데, 뭐… 그러면은 또 엄마가 극단적인 생각을… 딸이 엄마한테 (얘기를) 안 했냐는 둥 이렇게 심하게 말이 오

갈 것 같고.

상담자: 귀찮지. 좀.

내담자: 예. 그러면 그때 어떻게….

상담자: 이제 엄마가 만약에 물어보면, 엄마가…. 사실은 별것 아닌데… 대학생이 됐잖아. 엄마를 설득할 수 있는 능력이 있어야지. 사실은 별것 아닌데 엄마한테 말하면 엄마가 이상한 것처럼 생각할까 봐 그랬다, 좋은 선생님이고, 또 솔직하게 말해서 장소리가 나는 게 기능적으로 이상한 것이 아니고… 의사가 뭐라고 했지? 뭐라고 한다고 했지?

내담자: 기능성 장애. 장은 이상이 없는데 기능상 신경을 쓰면… 스트레스라든지, 이런 것을 받으면 기능이… 현대인의 병이요.

상담자: 그러니까 엄마한테 그렇게 얘기하란 말이지. 장의 상태가 이상이 없는데 스트레스를 받으면 그렇게 되기 때문에 그것은 심리적인 상담을 받으면 치료가 될 거라고. 좋은 선생님을 소개받아서 문화체육부에서 하는 상담기관에서 상담을 받고 내가 많이 나아졌다고. 그런 식으로 해서 집안의 분위기를 바꾸어 가고 엄마가 '아, 우리 지수가 이렇게… 의지해도 되겠구나.' 이런 생각이 들도록 자기가 처신을 해 나가야지. 그렇게 생각을 한다면 그렇게 큰 문제가 되지 않을 것 같아.

내담자: 음.

상담자: 그건 그렇고. 이제 우리 문제로 돌아오자. 지수가 많은 것이 해결됐는데 아직도 무엇인가 찝찝하고 묘한 기분에서 벗어나고 싶다고 그랬거든. 그리고 이제 선생님이 철학적인 사색 같은 것을 많이 하고 살도록 하자고 부탁했지요?

내담자: 예.

상담자: 그동안 어떤 변화나 이런….

내담자: 침체기.

상담자: (웃음) 침체기는 뭐가 침체기야?

내담자: 무슨 변화도 없고. 기분도 그냥 그렇고… 그리고 없어요.

상담자: 응.

내담자: 잠깐 서글픈 기분도 들고.(큰 기침)

상담자: 잠깐 서글픈 기분은 왜 드는데?

내담자: 그냥….

상담자: 뭐 이유가 있을 거 아냐?

내담자: 이유 없이 그냥. 한쪽이 슬퍼지고. 옆구리가 허전해서 그런가…?

상담자: 괜시리 슬퍼지고… 애인이 없어서 그렇구나? 애인을 찾아 나서야 되겠네, 응? 그래서 그런 이유도 있지 않아? 정말 4월이고 5월이고 이러니까 이제… 봄을 타는 거잖아. 그렇지?

내담자: (계속 헛기침) 예, 그런 느낌. 그거예요.

상담자: 좋은 남자친구가 생기면 해결되는 문제 아냐? (웃음)

내담자: (웃음) 남자친구들은 안 좋아하거든요. 그런데….

상담자: 아니 그러니까, 친구인데… 친구인데 그 사람이 남자, 이런 거 아니고. 애인 같은 친구 말야.

내담자: 막상 그런 거, 애인 같은 친구 만난다 해도요, 그 임의적으로 불가능한 거 같아요.

상담자: 노력하면….

내담자: 무엇인가 비교를 하게 되고 그 사람이 애인이라고 하면은, 나중에 무엇인가 결혼에 골인될 그럴 확률도 높을 것 같아요. 비교하고 곰곰이 따져서 얘는 괜찮은 애야, 뭐 이런 식으로.

상담자: 그건, 따지는 것은… 비교한다는 말은 좋은 용어는 아니지만, 그 사람에 대해서 내가 생각해 보고, 응, 이 사람이 나한테 맞는 사람인가 아닌가… 하는 것은 고려를 해야지. 그런 것도 고려하지 않고 사람을 사귈 수는 없잖아.

내담자: 좀 괜찮아도요, 무엇인가 한쪽 구석이… 완벽한 사람이 없잖아요. 그런데 저는 완벽한 사람을 추구하는 거 같아요.

상담자: 그것은, 이제 지수가 그것이 나쁘다는 것을 알았잖아? 나쁘다는 것을 알았으면 그것이 이제 생활 속에서 드러나야지, 응? 그러니까 이 사람은 이 점은 좋고 이것은 나쁘고, 저 사람은 이 점은 좋고 이런 점은 나쁜데, 중요한 것은 사람은 아무도 완벽한 사람은 없거든. 내가 중요하다고 생각하는 점을 그 사람이 가지고 있다, 그러면 되는 거지. 그런 식으로 사람을 이해하며 보고 그래야지. 그리고 그 사람의 부족한 것은 내가 이렇게 감싸 주는, 내가 보충해 주는 역할을 한다. 관심도 갖고. 네가 이제 남자를 보는 시각이라든지 이런 것도 한번 생각해 볼 필요도 있지. 나쁜 것은 아니야, 응? 그리고 연애를 한다고 해서 다 결혼

하는 것은 아니고. 연애를 해서 마음이 맞으면 하는 거고. 그렇지 않으면 안 할 수도 있는 거고. 가능성은 항상 열어 두고. (웃음) 언젠가 기회가 되면 남자친구를 사귀는 기술과 방법에 대해서 이야기해 보자. 그리고 선생님이, 지수가 호소해 왔던 장소리 나는 것, 그런 증상들이 많이 없어졌다고 했는데, 지속적으로 나타나지 않는지 그것도 궁금하거든….

내담자: 예. 어, 확실히 없어졌어요. 그 장소리가 없어졌는데 무엇인지 찝찝하기도 하고 선생님께서 계시니까… 받쳐 주니까 편안하게 그냥 생활하는 것 같기도 하고.

상담자: 그래, 참 좋은 얘기를 했는데…. 부모님도 그렇고. 부모님도 언젠가는 심리적으로 떠나겠지, 그렇지? 물리적으로도 떠나고. 그리고 선생님도 항상 지수와 같이 있을 수는 없잖아. 지수처럼 어려움을 겪고 있는 또 다른 사람을 돌봐 줘야 하고. 또 궁극적으로 우리 인간은 혼자 살아가는 거잖아. 혼자 자신을 책임지고, 행복도 성취하고, 성공도 성취하고 그러는 거거든. 선생님이 지금은 도와주지만 이렇게 머지않은 가까운 장래에 떠날 사람이란 말이지. 그러니까 선생님이 떠난 다음에도 지수는 홀로 설 수 있는 그러한 심리적인 준비를, 몇 번의 만남뿐이지만 과정을 통해서 이뤄 나가야 되겠지?

내담자: 아, 지금 이런 증상들이 없어지고요. 이런 상태에서 그 만나는 기간, 그 사이를 조금씩 넓혀 가면 어떨까요?

상담자: 그래. 그러니까 그것 때문에 네가 불안해하는 것 같은데… 오늘 6회 만남이지? 앞으로 두 번만 더 만날까? 두 번 정도만 더 만나 보고. 그다음에, 그 이후에 한 달 있다 한 번 만나든지 두 달 있다 한 번 만난다든지 정하기로 하자, 응?

내담자: 별일이 없어요. 요새는 진짜.

상담자: 별일이 없다는 건 선생님이 볼 때는 지수가 처음에 선생님한테 호소해 왔던 문제들이 많이 해결이 되었다고 생각하고. 이제 선생님이 다시 한번 강조를 하고 싶은 것은 정말로, 기능적 장애라는 말을 했었는데…. 내가 세상을 이해하는 방식, 내가 세상을 지각하는 방식, 그런 방식 때문에 내가 스스로를 괴롭혀 왔다는 것을 다시 한번 확인해 주고 싶은 거야. 그러니까 내가 어떻게 이 세상을 지각하고, 바라보고, 생각하느냐에 따라서 내 마음이 편해질 수 있고, 장소리도 조절할 수 있고. 그러니까 다시 지금 옛날처럼 완벽해야 된다, 무엇인가를 잘하지 않으면 못 견딘다, 라는 생각을 강하게 하면 지수는 아마 또 장소리

가 아니 또 다른 증상들이 나타날 거예요. 그런 생각에 좀 더 유연해지고, 응? 그리고 지수가 계속적으로 얘기한 거… 다른 사람들에게 잘 보이려고 지나치게 잘 보이려고 하는 것 있잖아. 지나치게 완벽하려고 하고, 그런 것은 지수가 말한 것처럼 그야말로 정신적인 속박이란 말이지. 모든 것을 지나치지 않게, 과유불급(過猶不及)이라는 말이 있어. 너무 지나치면 모자람만 못하다는 뜻이에요. 동양의 사서(四書) 가운데 논어 선진편에 나오는 말이지요. 너무 지나치게 그래야만 한다는 것은 지수를 피곤하게 하고, 완전하게 완벽하게 무엇이든지 잘 하려는 것도 좋지만 너무 지나치게 하려고 하면 지수를 결국 피곤하게 하고, 고등학교 때도 공부를 잘하거나 우수한 아이를 친한 친구로 못 사귀었잖아. 꼭 너보다 공부도 못하고 하는 아이들만 사귀고 그랬잖아. 어쩌면 너, 중요한 자원을 놓친 것일 수도 있잖니? 걔네들이 꼭 공부를 잘해서 우수한 사람을 놓쳤다는 의미가 아니고, 그만큼 다양한 사람의 접촉을 놓친 거잖아. 그러니까 지금은 대학교에 들어왔으니까, 거의 대동소이(大同小異)하겠지만, 그래도 그러한 상황 속에서도 우수한 사람도 만나고, 못한 사람도 만나고, 여러 부류의 사람들과 똑같이 어울려 놀 수 있기 위해서는 그 사람들에 대한 태도도 바꿔야 하고, 너 스스로가 이 세상을 보는 태도도 바꿔야 하고, 그러는 거야, 응? 이제 진짜 장소리가 안 날 수 있겠어, 그렇게 생각하면?

내담자: 네.

상담자: 선생님의『인지 · 정서 · 행동치료』(1997)를 읽으면 굉장히 도움이 많이 될 거야.

내담자: 이런 것을 읽어 보고 싶었어요.

상담자: 앞에는 읽어 볼 필요 없고 여기서부터 읽어 봐. 인지상담, 이런 책의 이론적 기초, 이게 뭐지? 이것이 뭐냐면, 인지는 인간의 정서에 가장 중요한 핵심적 요소이다. 인지라는 것은 생각이거든. 세상을 이해하는 틀이라는 말도 돼. 그래서 정서라는 것은, 네가 불안함을 느낀다든지, 속상함을 느낀다든지, 우울함을 느낀다든지 이런 것을 말하는 거지.

내담자: 예.

상담자: 그러니까, 이는 '우리가 생각하는 것을 느낀다.'라는 말로 표현할 수 있다. 어떤 사건이나 타인이 우리로 하여금 기분이 좋다, 기분이 나쁘다고 만드는 것이 아니라 우리 스스로 인위적으로 그렇게 만든다. 이것이 마치 우리의 정서

적…. 이것은 어려운 말인데… , 네가 스스로 그렇게 한다는 것을….

내담자: 징크스 같은 거요.

상담자: 그런 거지. 사실 그런 것이 아닌데. 과학적 근거가 전혀 없는 건데… 역기능적인 사고는 정서장애의 중요한 영향을 미친다. 응? 이것은 뭐냐면 우리를 불편하게 만드는 사고이기 때문에, 순기능의 반대가 역기능이잖아. 바로 이 역기능적 사고가 정서장애의 중요한 결정요인이 된다. 그래서 정서장애나 정신장애의 많은 철학들은 역기능적 사고의 결과이다. 이러한 역기능은 과장하는 것, 과잉일반화. 한 가지가 사실이면 모든 것이 다 사실이다라고 생각하는 것, 절대적, 반드시 나는 완전한 인간이 되어야 한다는 것, 이런 것 때문에 그렇다는 거지. 이론의 기본 개념이 우리가 사고하는 것을 느끼기 때문에 사고의 분석부터 시작하니까, 그러니까 선생님이 자꾸만 네 생각을 물어보잖아. 그러니까 옛날에 했던 얘기 중에 선생님, 제가 강의시간에 그랬다고 그랬지? 앞으로 내 인생이 잘못되면 어떡하나, 이런 걱정을 한다고 그랬잖아. 생각 안 나니?

내담자: 다 잊어버렸어요.

상담자: 지수가 잊어버렸구나. (사례 노트를 뒤적이며) 여기 봐봐. 지수 증상의 불안감… 이것이, 불안감이라는게 바로 정서잖아. 부정적 정서거든. 또 이런 상황에서 첫 수업시간에 교수님께서 설명을 하던 중에 장소리가 조그맣게 났단 말이야. 그러면 지수가 이러다간 내가 주변 사람들에게 웃음거리가 될까 아닐까 하는 생각 때문에 불안한 거지. 만약에 그러니까 '장소리가 아무 때나 나는 거야.'라고 생각하면 네가 안 불안한 거야. 이제 신경이 곤두설 필요가 없단 말이야. 또 한번은 학교 가는 도중에 그때도 장이 꼬이는 것 같고 손이 차가워졌는데 '내가 잘 적응할 수 있을까? 만약에 못하면 큰일이고 난 인생의 낙오자다.' 이런 생각을 하니까 그런 거잖아. 그러니까 생각의 분석을 하는 것이에요. 참 놀랍게도 지수는 많이 회복되었지만 고질적인 문제를 가지고 있는 사람들은 놀랍게도 사실이 아닌 것을 너무 사실로 믿어. 그런 경향이 너무 강해.

내담자: (웃음)

상담자: 아 이것은 뭐냐면(책을 보면서), 선천적으로 그런 생각을 하고 있긴 하지만 그래도 이제 지수가 이겨낼 수 있다, 이런 얘기고. 그다음에 여기 보면 인지와 정서와 행동이 있어. 우리 인간은 누구든지, 사람이 누구나, 인지라는 것은 생각

하는 거지. 정서라는 것은 느끼는 거지. 행동하는 것은 행동이란 말이지. 삼자가 다 돌아가는 거란 말이야. 그런데 우리가 어떻게 생각하느냐에 따라서 우리가 느끼는 정서와 행동이 다르단 말이야, 응? 내가 밤길을 가다가, 밤에 가는데 어디서 부스럭 소리가 들렸다고 그래 봐. 그때 지수의 느낌이 어떨까?

내담자: 그러면 무섭겠죠.

상담자: 무섭고 불안하지. 두근거리지.

내담자: 예.

상담자: 그렇지. 그때의 행동은 어때?

내담자: 행동? 발을 빨리 뛰려고….

상담자: 그렇지.

내담자: 안 뛰어지는 거 같고….

상담자: 그리고 막 뛰어가기도 하고 그렇지. 만약에 그 소리가 '아이, 이놈의 동네가 도둑고양이들이 많아서 고양이가 장난하다가 나는 소리다.'라고 생각하고 느끼는 그때 느낌은 어떨까?

내담자: 엉… 뭐 그냥 굳이….

상담자: 불안하지 않잖아? 그러면 그때 행동은 어때?

내담자: 편안히 걸어가다가 살짝 그냥 돌아가지요.

상담자: 그렇지! 그러니까, 똑같은 상황이나 사건이지만 우리가 어떤 생각의 눈을 가지고 그 사건을 지각하느냐에 따라서 그 사건에 대한 정서와 행동이 다르게 나타나는 거겠지. 그러니까 지수가 장소리가 난다는 것이 행동적인 거고. 정서가 불안하다, 진땀난다 등도 하나의 행동적인 것이고. 손이 차가운 것도 하나의 행동적인 것이고. 불안하고 두근거리는 것이 다 정서라면 너의 생각에 '이러다 내가 적응하지 못하면 내 인생 큰일나는 거 아닌가?' 이런 쓸데없는 생각, 그런 것 때문에 그렇지. 또 그다음에, 심리적 장애의 본질, 그러니까 의사가 어려운 기능성 장애라고 하는 것이 심리적인 장애잖아, 결국은. 이 장애의 본질은 뭐냐 하면은 인간의 생각이라는 거지. 생각. 그것을 여기서 계속 강조하고 있는 거지. (책장 넘기는 소리) 네가 어떨 때 이 상황을 지각….

내담자: 네.

상담자: 봐봐. 영어 A, B, C 모델이 있는데 A, B, C는 뭐냐면 A는 선행사건, B는 Belief.

신념, 생각이라는 뜻이거든. C는 결과야. 그럼 봐봐. 선생님이 한번 읽어 줄게. 사고나 신념을 의미하는 Belief 시스템, C는 즉 정서적 행동적 결과, A인 선행사건 때문에 유발되는 것이 아니고. B, 너의 B인 신념 때문에 유발된다고 주장한다. 각각에 대해서 구체적으로 설명하면 다음과 같다. 예를 들어, 가령 시험에 떨어졌다든지, 실직됐다든지, 반대하는 결혼을 기어이 고집하는 자녀와 크게 싸웠다든지, 여러 사람 앞에서 직장의 상사에게서 꾸지람을 들었다든지와 같은 인간의 정서를 유발하는 어떠한 사건이나 현상 또는 행위를 말해, 이것은. 응? 너 같은 경우는 무엇이 있을까? 하여튼 무엇이 있었다고 해. 예를 들면, 상황, 좋아하는 사람이 나를 싫어한다라고 생각하는 사건이라든지, 좋아하는 사람이 나한테 전화를 안 했다든지 하는 것이 사건이라고 해 봐. 그럼 신념은 어떤 사건에 대해서 개인이 갖게 되는 태도로서 이것은 그의 신념체계 또는 사고방식이라고 볼 수 있어. 그래서 너는 어떤… 그래서 여기서 비합리적 사건신념… 이와 같은 사건행동을 했는데 아주 수치스럽고 끔직한 현상에 대해 자포자기하거나, 세상을 원망하는 사고방식, 그러니까 이 남자가 내게 전화를 안 해 준 것은 내가 얼마나 한심한 인간이면 이럴 것인가, 나는 정말 못났는가 보다, 이렇게 생각을 하는 거지 스스로…. 그럴 때에 결과는 불안하고 속상하고 좌절감 느끼고 이런 감정들이지. 그러니까 어떤 선행사건이 있으면 그 선행사건을 지수가 어떤 생각의 눈으로 지각하기 때문에 어떤 결과가 나온다는 거지. 그런데 비합리적 사고를 보면은 부적절한 결과가 생기는 거야. 만약에 합리적인 사고로 보면 아이, 그까짓 거 전화, 안 할 수도 있지 뭐. 나도 내 맘에 안 들면 안 하지 뭐. 그렇다고 걔가 내 맘에 안 든다고 걔가 한심한 인간이다, 그것은 아니잖아. 그니까 그것처럼, 걔가 나한테 전화를 안 한다고 내가 한심한 인간인가? 나는 그 사람 한 사람의 마음에 안 들었을 뿐이야. 어떻게 인간이 모든 사람의 마음에 드니? 그치? 네가 왜 장소리가 그렇게 많이 나는지 아니? 지수는 자신의 좋은 점은 못 봐. 그 나쁜 점만 자꾸 확대해서 보니까 그런 거야. 그니까 자기 자신의 좋은 점을 자꾸 볼 수 있는 능력을 키워야지. 응? 그리고 사람이 다 완벽하지 않고, 장점도 있고, 단점도 있고. 상담실에 오는 사람들은 자기의 나쁜 점을 많이 확대해서 해석하지. 좋은 점은 아무것도 아닌 것처럼 생각하고. 좋은 점이 얼마나 많은데. 다음에 올 때까지 너의 좋은 점을 기술해 가지고 오는 것을 오늘은 숙제로 내주겠어요. 선생님이 오늘은 숙제를 많이 내줄 거야. 이제 끝날 시간이 되니까, 응? 여기 봐봐. 그때 네가 읽어 온 것 있지? 그다음을 또 읽어 오세요.

내담자: 예.

(후략)

제7회 상담의 축어록

상담자: 오랜만인데, 인지상담책을 들고 왔구나. 지난번 2장 읽어 왔어요?

내담자: 네.

상담자: 이해가 됐어요?

내담자: 네.

상담자: 말이 좀 어려울 텐데 이해가 됐다니, 참 고맙고 기쁘다. 지금 2주일 만에 왔는데, 그동안 중간고사 기간이었던 것으로 아는데, 시험은 어떻게 보았어요?

내담자: 시험요?

상담자: 응.

내담자: (웃으면서) 다음 주가 고비예요.

상담자: 지금도 시험 보고 있는 중이에요?

내담자: 네.

상담자: 선생님은 시험이 끝났을 줄 알았는데.

내담자: 저희 학교는 기간을 정해 놓고 보는데, 저번 주부터 시작해서 5월 3일 날 끝나요.

상담자: 그때 시험 보는 과목을 열심히 하면 되겠네, 그렇지?

내담자: 네.

상담자: 그러면, 지난번 만났을 때까지는 지수가 처음에 호소했던 증상이 안 나타났어요. 지난 2주 동안은 어땠어요?

내담자: 맨날 놀다가 집에 와서 쓰러져 잤어요.

상담자: 응.

내담자: 그냥 그런 식으로 생활했어요. 그래서 몸이 약간 망가지긴 했어요. 하도 뛰어

놀고 해서요.

상담자: 으응. (웃으면서) 시험 때인데 그렇게 뛰어놀았어?

내담자: (웃으면서) 동아리도 들고, 아무래도 그래서….

상담자: 으응, 그랬구나.

내담자: 증상이 안 나타났어요.

상담자: (소리내어 웃으면서) 으응, 그랬어?

내담자: 소리가 난다든지, 불안해서 미치겠다든지, 전에 나타났던 그런 것들이 없었어요.

상담자: 그런 것이 없었어?

내담자: 네.

상담자: 이제는 완전히 해결이 됐다고 보아도 괜찮겠네?

내담자: 네, 거의요. 이 세상에 완벽하게 해결되는 것은 없으니까요.

상담자: 그래, 이 세상에는 완벽한 것은 없으니까? 그 정도면 해결이 됐다는 거지. 그래. 아, 참 선생님 기분이 좋다. 그러면 오늘 우리가 지난번에 이미 이야기했듯이 일단은 상담을 종결해도 괜찮겠다.

내담자: 네.

상담자: 오늘 종결의 시간이기 때문에 할 이야기가 많아요.

내담자: 네.

상담자: 먼저 선생님은 상담종결 목록표를 보면서 지수와 같이 확인하고 싶어요. 바람직하지 못한 행동을 변화시켰는가?

내담자: 네.

상담자: 그 행동이 앞으로도 계속해서 지속할 것인가에 대해서 알고 싶어요.

내담자: (웃으면서) 지금 같아서는 변화된 행동이 지속될 것 같아요. 아주 사랑하는 사람이 나타나서 마음을 설레게 하면 몰라도요.

상담자: 사랑하는 사람이 나타나도 그냥 마음이 설레야지 장소리가 나타나면 안 돼.(상담자와 내담자는 마주보며 웃음) 그다음에 묻고 싶은 것은 나의 정서적인 반응들이 더욱더 적응적인가? 이 의미는, 그전에는 지수가 불안하고 초조했는데, 지금은 어때요?

내담자: 속이 안 좋으면 수업시간에도 잘 앉아 있지 못했어요. 책에서 보니까 '낮은 인내성'이라고 씌어 있었어요. 수업을 두 시간 연속으로 하고 처음에는 불편하다

고 느꼈을지라도 계속할 수 있었어요

상담자: 으응, 그래. 정서적인 반응이라는 것이 바로 그런 것이지. 더 이상 불안하거나 초조하지 않게 될 수 있지?

내담자: 네.

상담자: 그다음에, 지수는 자기 자신에 대하여 웃을 수 있으며 자기 자신을 심각하게 받아들이지 않을 수 있겠는가? 지수가 굉장히 심각한 사람이었잖아? 심각하지 않을 수 있어요?

내담자: 이젠 아주 편안하게 살고 있어요.

상담자: 우리들의 삶 자체가 여러 가지 어려움과 좌절의 연속일 수 있는데… 그래서 지수가 앞으로 어쩌면 남자친구를 사귀어서 연애도 하게 되고 연애하다가 실연에 빠지게도 될 텐데(아닐 수도 있지만), 그러면 여러 가지 좌절이 있을 때 그때 나를 받아들일 수 있을까? 그것이 중요한 것인데, 그럴 수 있을 것 같아요?

내담자: (잠시 침묵)

상담자: 솔직하게 말하면 돼요.

내담자: 아직 안 겪어 봐서 모르겠는데요. 그때는 마음 아프고 하겠지요. 그런데 생각을 고쳐먹을 수 있을 것 같아요.

상담자: 그래, 좋아. 생각을 고쳐먹을 수 있는 자세가 필요하다. 그렇지?

내담자: 네.

상담자: 그다음에, 내가 어려움을 피하는 대신에 행동을 함으로써 직면할 수 있겠는가? 어려움이라고 생각이 되면 그 어려움을 회피하지 말고 그 어려움을 받아들여서 그 어려움이 별것이 아니고 우리가 극복할 수 있다는 것을 알게 되는 것, 돌파력 있게 부딪쳐 나가는 거야. 장소리를 예를 들면, 선생님이 그랬잖아. 장소리 나는 것을 수줍어하지 말고 쑥스러워하지 말고, 장소리를 자꾸 남한테 들리도록 인위적으로 시도하는 태도를 갖는 거야. 용기 있고 당당하게. 그런 경우와 마찬가지야.

내담자: (잠시 침묵)

상담자: 그럴 수 있겠어요?

내담자: (잠시 침묵) 아무래도 편안한 것이 좋으니까. (하하하) 그것은 더 수행이 필요할 것 같아요.

상담자: (웃으면서) 고행이? 수도가?

내담자: (같이 웃음)

상담자: 좋은 대답이었어요. 그다음에, 나 자신의 ABC를 관리할 수 있겠는가? 그러니까 어떤 정서가 나타난다면 지난번에 이미 설명해 준 것처럼, 예를 들어 화가 난다고 했을 때 그 화를 유도하는 어떤 사건이 있지. 그 사건이 나타날 때 내가 화나는 감정을 화가 안 나도록 바꾸어야 되잖아? 화가 안 나도록. 화를 참는 것이 아니고. 화를 참는다는 것은 화를 억누르는 것이거든. 화라는 감정이 아예 나타나지 않게 하는 것이지. 그렇게 하기 위해서는 어떻게 해야 할까?

내담자: 생각을 변화시켜야지요.

상담자: (힘있게) 그렇지. 그 말은 언제 배운 것이야(웃으면서)?

내담자: 어휴, 보통 때 선생님께 상담을 받으면서 배웠고 제가 읽은 책에도 써 있었어요.

상담자: 생각을 합리적인 생각으로…. 만약 내 생각이 비합리적이라면 어떻게 해야 돼? 인지상담의 용어를 빌리면 '논박'한다고 하잖아. 스스로 자가논박. "만약 나한테 장소리가 난다고 해서 다른 사람이 나를 한심한 아이라고 본다는 증거가 어디에 있는가?"라고 스스로에게 물어보는 거야. 왜냐하면 상당수의 비합리적 생각은 자기 스스로 그렇게 생각하는 추측일 뿐이기 때문에. 만약 누군가가 지수에게서 장소리가 난다고 해서 지수를 한심하게 본다면, 그것은 그 사람의 문제일 뿐이고 그 사람의 행동이 바람직하지 않은데, 바람직하지 않은 사람의 생각과 행동에 맞춰 주어야 해? 그럴 필요 없잖아. 이렇게 자기 자신의 생각을 스스로가 논박을 하고 그 생각을 바꾸는 거야. 알겠어요?

내담자: 네. 이제 좀 객관적일 수 있게 되었어요.

상담자: '객관적'의 의미가 무엇이지?

내담자: 내가 지금 생각하는 것이 합리적인지 비합리적인지 따질 수 있게 되었단 말이죠.

상담자: 아하! 그랬어! 오케이. 굿!

내담자: (크게 웃음)

상담자: 그다음에, 나는 타인에 대한 비난을 더 이상 하지 않을 수 있는가? 지수는 원래 남을 비난하지는 않았지?

내담자: 네.

상담자: 그러면 만약에 내가 앞으로 그런 어려움이나 비참함을 당한다면 나 자신의 비

참함에 대해서 스스로 책임질 수 있어요?

내담자: 네.

상담자: 그다음에, 이것이 중요한 것인데, 지금 내가 해결하고자 하는 문제는 줄어들었는가?

내담자: 네.

상담자: 나는 단순히 좋게 느끼고 있는가, 즉 'feel better'인가, 아니면 정말 내가 더 나아진 것인가, 즉 'get better'인가?

내담자: (웃으면서) 나아졌어요.

상담자: 그리고 어떤 사람들은 종결을 할 때 "제가 완전히 나아졌어요."라고 말을 하는데 그것이 정말로 인지상담법을 적용했기 때문인지 아니면 어떤 잘못된 이유로 변화되었다고 말하는 것인지 확인하고 싶어요. 예를 들면 어떤 잘못된 이유, 여기서는 선생님을 기쁘게 하기 위해서라든지 불편하게 만드는 상황 자체가 일어나지 않았기 때문인지… 그것을 선생님이 지금 확인해야 돼.

내담자: 음, 전에는 속이 불편했다든지 등의 이유에서 생각을 그런 식으로 하고 불안해하면서 장소리가 나고 한 것이었거든요. 막연히 그런 생각을 전에는 해 보기는 했는데 상담실에 와서 확실히 이론을 보고서는 상담을 할 때도 가르쳐 주신 방법이 아주 큰 도움이 되었어요.

상담자: 그러니까 지수가 변화된 것은 선생님을 기쁘게 하기 위한 것이 아니었지?

내담자: 네.

상담자: 상황 자체도 바뀐 것은 없지?

내담자: 네.

상담자: 그렇다면 지수의 무엇 때문에 이렇게 증상(장소리, 불안 등)이 나타나지 않는 거야?

내담자: 어, 막연히 그냥 이럴 것 같다고 했는데, 이론을 보고 딱딱 이래서 그렇구나, 라는 것을 알게 되었고요. 제가 만약에 다 낫질 않았다면 선생님에게 더 매달리겠죠.

상담자: 그래, 이젠 선생님한테 더 이상 안 매달릴 수 있다 이거지(농담을 하는 듯이)?

내담자: (웃음)

상담자: 그래, 선생님과 악수를 하자. (힘주어 악수함) 이제 혼자서 자신의 삶을 꾸려

가는 거야, 그렇지?

내담자: 네.

상담자: 여기서 선생님이 확인하고 싶은 것은, 정말 지수가 자신의 상황을 해석하고 지각하는 그 '인지의 구조' 또는 '생각의 구조'가 변화되었다는 것이야. 그것이 변화되었기 때문에 이렇게 바뀐 것이고. 그러니까 증상 자체가 안 나타났다고 하는 것은 어떤 불안을 유도하는 상황들, 예를 들면 여럿이 조용한 강의를 듣게 된다든지 이럴 때 처음에는 지수가 불안했었잖아. 그런데 지금은 그런 상황에 있어도 장소리가 나타나지 않는 것은 '대학생활을 잘못하면 어떻게 하나, 큰일이다.' 이렇게 생각하지 않으니까 그런 거야.

내담자: 전혀 그런 생각을 하지 않아요.

상담자: 앞으로도 그래야 된단 말이야.

내담자: 네, 기뻐요. 증상이 없어진 것에 따라서 결과적으로 된 것인데 인내심이 길러진 것 같아요.

상담자: 어떤 인내심? 구체적으로?

내담자: 전에는 수업시간에 불안해서 집중을 못 했어요. 나가고 싶다 등의 상상을 다 했어요. 그러다가 극단적인 생각이 들기도 하고요. 그런데 이제는 차분하게 집중할 수 있어요.

상담자: 인내심이 높아진 것인데, 지수에게 낮은 인내심이 있다는 것을 이 책을 통해서 발견한 것이네?

내담자: 네, 확실히 그냥 막연하게 느낀 것을 책으로 더 확인했어요. (상담자와 내담자가 마주 보고 웃음)

상담자: 그러면 일단 상담을 종결하고 앞으로 한 달이나 한 달 반 후에 다시 한번 만나는데, 정말 선생님이 지수를 보니까, 자신의 깨달음과 통찰력에 의해서 변한 것 같아.

내담자: (그냥 웃음)

상담자: 통찰력이란 것이 무슨 뜻인 줄 아니?

내담자: 어, 어떤 말인 줄은 알겠는데요, 자세히는 모르겠어요.

상담자: 국어사전의 의미를 한번 볼까? (국어사전을 보며) 사물을 환히 꿰뚫어 보는 능력이라고 했는데, 심리학에서 '통찰력'의 의미는 좀 다르지. 어쨌든 이렇게 무

엇인가를 알게 되고, 그것을 깨닫게 되고, 그렇게 지수가 된 것 같단 말이야.

내담자: 전엔 그냥 막연히 알게 되었던 것, 마치 구름이 막연히 걷힌 것 같았는데, 지금은 확 뚫린 것 같아요.

상담자: 그래서 선생님은 많이 걱정은 안 되는데, 정말 너의 변화된 것이 영원히 지속되어야 되잖아.

내담자: 네.

상담자: 영원히 가야 하기 때문에, 어쩌면 지수가 많은 노력을 해야 될지도 몰라. 그러니까 앞으로 계속해서『인지·정서·행동치료』(1997) 책을 읽고, 순간순간 괴로운 감정이 나타날 때 스스로가 적용을 해서, 스스로 생각을 찾고, 비합리성을 스스로가 논박해 볼 것을 부탁해요. 또 하나 말하고 싶은 것은 지수는 머리가 좋은 사람이거든. 지적인 수준이 높아요. 그러니까 다른 친구들, 그리고 집안의 엄마나 동생들이 지수와 유사한 어려움을 가지고 있다면 여기서 배웠던 것을 적용해 보는 거예요. 물론 지수가 상담자는 아니지만 도와줄 수 있는 사람은 될 수 있거든. 그러니까 남을 도와줄 수 있는 사람이 되면 참 좋겠어요. 그럴 수 있을 것 같아요.

내담자: 그런데 다들 자신의 어려움을 밖으로 표출을 하지 않잖아요.

상담자: 그들이 표출을 하게 된다면 말야, 지수는 남을 도와줄 수 있을 것 같아요.

내담자: (웃음)

상담자: 그리고 지수가 재미있게 지내니까 좋고. 인간이란 동물은 일이 있고, 지수의 경우에는 공부가 있잖아. 그리고 언젠가 사랑하는 사람도 생기겠지. 그다음에 재미있는 놀이가 있을 때 바람직하게 살아갈 수 있는데 지수는 지금 재미있게 놀고 있잖아. 여기에 한 가지를 더한다면 다른 사람을 위해서 봉사하는 능력이 필요할 것 같아. 다른 사람에게 봉사한다는 것은 다른 사람을 이해하고자 하고 돕고자 하는 것이잖아? 그러니까 하루에 한 가지씩이라도 다른 사람에게 친절을 베풀면서 살아가면 좋겠다는 것이지. 특히 보상을 기대하지 않으면서. 지수는 보상의 의미를 아니?

내담자: 이것도 절대적인 사고네요. 내가 베푼 만큼 너도 이렇게 해야 된다, 그런 의미지요?

상담자: 맞아. 그런 것을 기대하지 말고 이야기를 들어 주고. 잘된 점, 좋은 점을 칭찬

해 주고. 관심을 보여 주고. 그러니까 주변의 친구들에게 그렇게 하란 말이에요. 그다음에는 '예방하기'의 측면에서 생각을 해 봐야 되죠. 완전주의나 위대함을 추구하는 것에서 생각을 바꾸란 말이지요 . 그렇게 할 수 있겠어요?

내담자: 네.

상담자: 어떻게?

내담자: 지금 자체가 그런 생각을 하면 생각을 바꾸는 것 같아요. 절대적인 것이 아닌데 내가 지금 절대적인 것으로 생각하고 있는 것이다.

상담자: 지수가 상담 초기에 선생님에게 그런 말을 했어요. 초등학교 때까지는 뛰어놀고 했는데, 중학교에 들어가서 교복을 입자 어느 날 선생님께서 "재는 참 이쁘고 얌전하다."라는 말을 들은 다음부터, 그다음부터는 정말 이쁘고 얌전하다는 소리를 듣기 위해서 무지한 노력을 했다고 했잖아.

내담자: 네(웃음).

상담자: 그렇지, 선생님이 네 문제의 원인을 따져 가 보니까, 거기에서부터 시작된 것 같았어. 공부고 뭐고 뭐든지 제일 잘하려 했는데 고등학교에 가서 나보다 잘하는 애가 있다는 것을 알고, 그다음부터는 나보다 무엇인가를 잘하는 아이하고는 친구로 사귀려고 하지도 않았다고 했잖아, 아니니?

내담자: 모든 면에서 우월했어요. 걔만 빼면 나머지는 다 괜찮았어요.

상담자: 모든 면에서 우월한 그 아이를 지수가 능가해야만 된다고 생각했는데 능가하지 못했기 때문에 친구로 안 사귄 것이잖아.

내담자: 실수를 한다든지 이런 것이 안 보이니까요.

상담자: 그런 사람하고도 친구로 지낼 수 있는 사람이 되면 더 좋겠지요? 지수가 그 아이하고 친하게 지내지 않았다는 것은 지수가 그 아이를 능가하고 싶었는데, 그것이 마음대로 되지 않았다는 의미잖아.

내담자: 한 사건이 있었어요. 반장, 부반장으로 잘 지냈는데 그때 저학년 교실에 가서 무언가를 설명해 주는 것이 있었어요. 부반장을 동반해서 가야 된다고 하더라고요. 그래서 또 걔가 학년의 회장이었거든요. 따라갔는데 자기 혼자 이야기하고, 저는 그 이야기를 거기에서 또 처음 듣고, 나를 왜 데리고 갔나…. 그때 모욕감과 모멸감을 느꼈어요.

상담자: 그때 그 모욕감과 그 모멸감을 왜 느꼈는지 알 수 있겠어요?

내담자: 네.

상담자: 그것이 뭐예요?

내담자: 내가 잠깐 생각이 모자랐나 보다, 또는 내 감정이 나쁜 것은 사실이지만 별일 아니다.

상담자: 그 친구의 입장에서는 '그럴 수도 있지.'라는 생각을 미처 하지 못했군요.

내담자: 그때는 아무래도 그 친구에 대해서 약간의 시기와 질투도 있었겠지요.

상담자: 지수가?

내담자: 네, 그런 일을 당하니 아주 미웠던 거예요.

상담자: 그래, 그때는 어렸으니까 그랬고 지금에 와서 돌이켜보니까 그때 그것은 결국 나의 생각이었지. 결국, 쟤가 저렇게 할 만한 무슨 사정이나 입장이 있겠지라고 이해해 주는 거야. 그것이 관용성이잖아. 그때는 어렸으니까 괜찮았지만 이제는 성인이 되어 가니까. 남의 입장도 이해해 줄 수 있는 사람이 되면 사람을 수용하는 폭이 넓어지잖아. 그전에는 내 수용의 각도가 이 정도였다면(약 30도 정도를 그리면서), 즉 내 생각의 범위가 이만큼이었다고. 이 안에 들어오지 않으면 그 사람이 이해가 안 되고, 경우에 따라서는 싫기도 하고 밉기도 하겠지? 그러나 이제는 상담을 받았으니까, 생각의 폭을 넓히고 확장시켜 나가야겠지? 앞으로 살아가면서 다른 사람이 나와 다른 부분이 굉장히 많다는 사실을 인정해야 되지요. 나하고 생각이 똑같은 사람이 하나도 없어. 나하고 생각이 다른, 내 시각의 범위에 안 들어 오는 사람도 나와 다르지만 감싸 안을 수 있는 수용의 폭이 넓어지는 사람(120도 각도를 그린다)이 되면 많은 사람들이 지수를 좋아하겠지? 다른 사람들이 나와 다른 생각을 하고 있다든지 다른 점이 있다든지 할 때, 그럴 때에 그 사람들을 배척하지 말고 그 사람들을 받아들이는 거야. 알았지? 그럴 수 있겠어요?

내담자: 네.

상담자: 그다음엔, 매일 같이 당신의 실수를 받아들이고 어리석은 행동에 대해서는 껄껄껄 웃는다. 내가 실수를 해서 무엇이 그렇게 이상하고 끔찍한가. 나도 실수할 수 있는 인간이야. 이렇게 자기 자신을 다독거리는 것이 필요하지요. 그렇지 않아요?

내담자: 네.

상담자: 지수는 인간이기 때문에 어리석은 실수를 많이 하게 될 거예요. 그렇다고 선생님이 지수에게 맨날 실수를 해라, 그것은 아니에요. 실수를 하지 않도록 노력하지만, 어쩔 수 없이 불가피하게 실수를 했을 때 그것 때문에 죄책감을 느끼지 말고… '실수를 했기 때문에 한심한 인간이다.'라고 생각했기 때문에 죄책감이 드는 것이잖아. 그러니까 이제부터는 '내가 실수를 했다고 한심한 인간은 아니야.'라는 합리적 생각을 해야지. 자기 자신에 대해서 웃을 수 있어야지요. 그리고 똑같은 실수를 반복하지 않도록 노력해야 되고. 그렇지?

내담자: 맞아요.

상담자: 선생님이 그 정도로 이야기해 주고 싶네요. 그다음에 REBT 이론을 다른 사람에게 적용할수록 지수가 이론을 더욱 잘 이해할 수 있고 또 지수 자신에게도 더욱 잘 활용할 수 있게 된다는 것을 꼭 기억하세요. 지수는 다른 사람들이 비합리적으로 행동하게 되는 것을 보게 될 때 그들과 말을 하지 않고서도 그들의 주요한 비합리적 신념이 이것일 것이며 어떻게 이 생각들을 적극적으로 세차게 논박할 수 있는지 많은 방법을 찾아보게 될 거예요. 이런 과정을 통해서 앞으로 지수가 영원히… '영원히'라는 말이 너무 극단적인가? 그러면 그 말 대신에 '상당히 오랫동안' 정서적인 불편이나 어려움이 있을 때 스스로가 자기를 돕고 치료하는 능력을 발휘해야지. 으응, 그렇지? 건강한 사람이란 스스로 자기를 추스릴 수 있어야 되잖아. 그렇지요?

내담자: 네.

상담자: 선생님하고 오늘까지 해서 총 몇 번의 상담을 했지요?

내담자: 모두 7번이요.

상담자: 그런데 이렇게 변화되었다는 것은 굉장히 큰 발전이야. 아무나 할 수 있는 것은 아니에요. 그렇게 되기까지 지수가 선생님을 잘 따라와 주어서 고마워요.

내담자: 저도 되돌아보면 참 놀라워요.

상담자: 어떤 점이?

내담자: 전에는 진짜 맨날 생각하는 것이 무엇인가 죄어드는 느낌이었어요. 그런데 지금은 심적인 부담감, 즉 무엇인가 죄어들고 누르고 하는 것이 없어졌어요. 그리고 불안, 초조, 극단적인 생각에 미칠 것 같았는데 그런 것도 없어졌어요. 그리고 전에는 잠깐 스쳐 가면서 자기를 분석하기는 했었는데, 상담실에 와서 확

실히 어떻게 조절해야 되는지 그 방법을 알았어요. 그리고 인내심도 길러진 것 같고, 무엇인가 세상을 즐겁게 사는 방법을 알게 된 것 같아요.

상담자: 아! 좋았어요! 선생님도 이제 굉장히 마음이 놓이고 좋아요. 선생님이 볼 때 지수는 무엇인가, 자신이 마음을 먹으면 무엇인가를 할 수 있는 지적 능력도 있고, 여러 가지 가능성이 많은 사람이에요. 그래서 이제는 내가 어떤 삶의 목적을 향해서 갈 것인가, 무엇을, 어떤 직업을 선택할 것인가, 그리고 나의 삶에 대한 가치는 무엇인가에 대해서 정립해 가야지. 소위 그것, '정체감의 형성'이라고 말을 하지요? 그런 정체감을 형성해 갈 수 있는 기틀을 잡아 가야지. 그러면서 남자친구도 사귀고, 공부도 더 열심히 하고, 동아리 활동도 후회 없이 하고, 책도 많이 보고, 정말 아름다운 대학생활을 하기 바라요. 그리고 상담을 했던 것이 지수에게 영원히 중요한 시간으로 남기를 바라요.

찾아보기

인명

내용

저자 소개

박경애(Park, Kyung Ae)

한국상담심리학회, 한국상담학회 수련감독자이며, 현재 광운대학교 교육대학원 상담심리 전공 주임교수 및 동 대학교 일반대학원 교육학과 상담교육 학과장으로 재직 중이다. 미국 미주리 대학교(University of Missouri-Columbia)에서 교육 및 상담심리학으로 1990년에 박사학위를 받았으며, 1995년 엘리스연구소에서 Ellis Scholar로 선정되는 영예를 얻었다. 1997년 REBT 지도감독 자격증(Supervisory Certificate)을 취득하였고, 영국 킹스 칼리지 런던(King's College London)의 정신의학 · 심리학 · 신경과학연구소(Institute of Psychiatry, Psychology, and Neuroscience)에서 교환교수를 역임하였다. 국내에서는 한국청소년상담원(전 한국청소년상담복지개발원) 설립 멤버 및 상담교수를 지냈고, 광운대학교 학생상담실장, 교육대학원장, 학교상담회장을 역임하였으며, 한국청소년상담학회 초대 이사장으로 추대되었다. 2019년에는 한국REBT인지행동치료학회(www.recbt.kr)를 창설하여 회장으로 취임하였으며, 한국REBT인지행동치료 상담센터(www.rebt.kr)에서 슈퍼바이저로 활동하며 REBT 전문가를 양성하고 있다. 2024년 University of Missouri-Columbia, College of Education & Human Development 최우수 동문 평생공로상(Outstanding Alumni Lifetime Achievement Award), 2022년 광운대 참빛교육상, 2010년에는 국무총리상을 수상하였다. 또한 대한질적연구학회에서 2021년, 2022년, 2023년 연속으로 최우수 및 우수논문상을 수상하였다.

대표 저 · 역서로는『인지정서행동치료』(2022),『상담사례 슈퍼비전』(공저, 2022),『인지정서행동치료(REBT)와 집단상담』(2020),『REBT 클로버 보드게임: 집단상담 및 정서교육 프로그램』(2020),『인지정서행동치료(REBT) 단회기 상담사례』(2018),『아동 및 청소년을 위한 인지행동치료』(2013),『아동 및 청소년을 위한 인지행동치료 상담사례』(2013),『인지정서행동치료(REBT)』(1997),『REBT를 활용한 정서교육 프로그램 초등학생용/중 · 고등학생용』(역, 2018),『인지치료기법』(역, 2019),『왜 나는 계속 남과 비교하는 걸까』(역, 2015),『결혼의 신화』(역, 2012),『우울과 불안장애의 치료계획과 개입방법』(역, 2008),『우울증 스스로 극복하기』(역, 2005) 등이 있다.

인지정서행동치료(REBT)
단기 상담 사례 연구

Short Term Counseling Cases of
Rational Emotive Behavior Therapy

2024년 2월 10일 1판 1쇄 인쇄
2024년 2월 15일 1판 1쇄 발행

지은이 • 박경애
펴낸이 • 김진환
펴낸곳 • ㈜학지사
04031 서울특별시 마포구 양화로 15길 20 마인드월드빌딩
대표전화 • 02-330-5114 팩스 • 02-324-2345
등록번호 • 제313-2006-000265호

홈페이지 • http://www.hakjisa.co.kr
인스타그램 • https://www.instagram.com/hakjisabook

ISBN 978-89-997-3116-7 93180

정가 19,000원

저자와의 협약으로 인지는 생략합니다.
파본은 구입처에서 교환해 드립니다.